Shambhala

Jodorf, Daniela:	Lektorat: Dr. Juliane Molitor
Shambhala –	Typografie/Satz: KleiDesign
Reise ins innerste Geheimnis	Umschlag-Gestaltung:
© Kamphausen Media GmbH	Wilfried Klei
Bielefeld 2004	Druck: CPI Books GmbH

info@kamphausen.media
www.kamphausen.media

12. Auflage 2024

Bibliografische Information der Deutschen Nationalbibliothek

Die Deutsche Nationalbibliothek verzeichnet diese
Publikation in der Deutschen Nationalbibliografie;
detaillierte bibliografische Daten sind im Internet
über **http://dnb.de** abrufbar.

ISBN Printausgabe: 978-3-89901-031-2
ISBN E-Book: 978-3-95883-051-6

Daniela Jodorf

Shambhala

Reise ins innerste Geheimnis

Shambhala —

Reise ins innerste Geheimnis

Utopie oder Wirklichkeit?

Caroline von Teubner wünscht sich nichts sehnlicher, als der Routine ihres journalistischen Alltags in Berlin durch eine neue Herausforderung zu entfliehen. Als ihr Wunsch unerwartet in Erfüllung geht und sie nach Neu Dehli, Indien, versetzt wird, folgt sie dem Ruf nach Veränderung, trotz großer Bedenken und Zweifel.

In der indischen Metropole angekommen, wird sie binnen weniger Tage in ein Spiel verstrickt, das andere für sie geschrieben zu haben scheinen. Bedeutungsvolle Zufälle, seltsame Begegnungen, archetypische Zeichen und Symbole sprechen zunächst ihren journalistischen Instinkt an. Bald wird aus reinem beruflichen Interesse eine höchstpersönliche Verwicklung, die sie auf die Spuren des sagenumwobenen Shambhala, des buddhistischen Paradieses, führt. Je weiter sie bereit ist, sich auf die Fragen, die sich ihr stellen, und die Antworten, die sie in den Ereignissen findet, einzulassen, desto tiefer offenbaren sich ihr das Wesen der buddhistischen Religion und das seit Jahrtausenden behütete Geheimnis um Shambhala. Das, was als bloße Herausforderung begann, wird zur Suche nach der Wahrheit, zu einem Weg der tantrischen Initiation, zu einer spirituellen Reise, die Caroline die tief versteckten Wahrheiten des diamantenen Fahrzeugs des Buddhismus und des Kalachakra-Tantra, des Rades der Zeit, am eigenen Leib erfahren lässt.

Dieser Weg führt sie zurück in die eigene schreckliche, schuldbeladene Vergangenheit, zu Illusionen, Verzweiflung, Angst und Kampf, aber auch hin zu der Liebe zu Daniel Nirula, einem indischen Tibetologen, mit dem gemeinsam sie die härtesten Prüfungen im annektierten Tibet besteht, einer Liebe, die ihr den Weg zur Wahrheit weist. Ihr Kollege, Rudolf Rondorf, entpuppt sich als ihr ärgster Feind, der ihr die größten Steine auf der Suche nach der Wahrheit in den Weg legt und sie zwingt, ihrem eigenen Schatten ins Gesicht zu sehen. Viele Lamas, Yoginis und buddhistische Heilige führen Caroline, schützen sie durch ihren festen Glauben an Carolines geistigen Kräfte und lehren sie die wahre Bedeutung der menschlichen Existenz – die Entwicklung des Bewusstseins bis hin zur letzten Erfahrung der Wirklichkeit, die Verwirklichung der buddhistischen Leere, *shunyata*, der Erfahrung des „Verlöschens", *nirvana*, des Nichts, das doch alles bedeutet.

Nur so kann die Utopie Shambhala zu gelebter Wirklichkeit werden…

eine Wangen glühten vor Aufregung, als ich das orangerote Bettlaken mit geübter Leichtigkeit um meine schmale Hüfte drapierte, um es dann über die Schulter zu werfen und mit einem einfachen Knoten vor dem Bauch zu befestigen. Die Zimmertür hatte ich abgeschlossen. Ich wollte meine Ruhe haben, wollte abtauchen in die bunte Welt meiner Phantasie, die in diesem Moment viel wirklicher war als die Realität. Das warme Orange meines selbst kreierten Gewandes beflügelte meine Sinne. Der weiche Stoff fiel locker über meine Schulter und gab mir ein Gefühl von schwebender Anmut. Ich fühlte mich leicht, beschwingt und merkwürdig erhaben. Meine Robe gab mir Kraft, Kraft und Würde. Ich war aufgeregt, hellwach und dennoch ganz ruhig und entspannt.

Dann wandte ich mich dem Plattenspieler zu, den ich letztes Jahr zum Geburtstag bekommen hatte. Ich legte eine Platte auf, und als die Nadel die schwarze Scheibe berührte, erklangen sanfte, sehnsüchtige Flötentöne. Ich wusste weder, wer die Musik komponiert hatte, noch wer sie spielte. Die Schallplatte hatte ich in dem Regal gefunden, in dem meine Eltern ihre alten Platten aufbewahrten. Nun gehörte sie mir und war unverzichtbarer Bestandteil meines Lieblingsrituals. Im Takt der Musik bewegte ich mich langsam in die Mitte des Raumes und begann zu tanzen. Ich konzentrierte mich ganz auf den Rhythmus der zauberhaften, fremdartigen Melodie und die beflügelnde Wirkung meines orangeroten Gewandes. Spontan und ohne Zögern setzte ich jede Bewegung, die mir einfiel, in eine Form um. Bald nahm ich nur noch die Flötentöne wahr, die wie aus weiter Ferne an mein Ohr drangen und mich führten.

Es klopfte. „Caro, mach die Tür auf! Das Essen ist fertig!"

Ich erwachte wie aus tiefem Schlaf und brauchte einige Zeit, um mir bewusst zu werden, wo ich war. Meine Konzentration brach zusammen wie ein Kartenhaus und ich konnte mir gut vorstellen, wie Mama jetzt spöttisch grinsend vor der Tür stand, weil sie es lächerlich fand, dass ich mich verkleidete und zu dieser Musik tanzte, die sie längst nicht mehr hörte.

„Ich komme gleich", rief ich.

„Beeil dich, das Essen wird kalt."

Ich stellte die Musik ab, wickelte mich aus meiner Robe und stand in meinem giftgrünen kurzen Kleidchen da. Ein Blick in den Spiegel zeigte mir, was ich eigentlich schon wusste: der Zauber war verflogen. Ich war wieder ich, war wieder Caroline. Meine Augen blickten mir traurig und leer entgegen. Ich fühlte mich plötzlich nackt und schutzlos. Es fühlte sich an, als hätte ich etwas, das zu mir gehörte, das mich sogar erst zu mir selber machte, weggeben müssen, um ganz „normal" und alltäglich sein zu können. Mürrisch schloss ich die Tür auf und lief hinunter ins Esszimmer. Das Essen stand schon auf dem Tisch.

Anna, unsere Haushaltshilfe, goss mir ein Glas Limonade ein und wechselte einen verschwörerisch unterstützenden Blick mit mir. Ich grinste frech zurück und wandte mich dann meiner Mutter zu, die mir gegenüber saß. Augenblicklich verwandelte sich meine Wut wieder in tiefe Zuneigung. Meine Mutter war wunderschön. Die kurzen blonden Haare standen ihr gut. Ich liebte ihre klaren blauen Augen und die geschwungenen Lippen, die nun, da sie mich anlächelte, zwei Reihen blütenweißer Zähne enthüllten. Ihr Hals war lang und stolz.

Dann fiel mein Blick auf die Kette, die sie Tag und Nacht trug. Es war eine lange silberne Kette, an der ein Jadebuddha hing. Der kleine dickbauchige Kerl grinste mich fröhlich an und strahlte eine überirdische Ruhe aus. Ich betrachtete den Buddha am schlanken Hals meiner Mutter als meinen Freund. Er schien geradezu lebendig und er beschützte den Menschen, der ihn trug. Da war ich mir ganz sicher.

1

Die Tür knallte hinter mir ins Schloss, und ich raste die Stufen hinunter. Als ich auf die windige Straße trat, flogen meine Haare in alle Himmelsrichtungen. Während ich mit der rechten Hand versuchte, meine Jacke zuzuknöpfen, durchwühlte ich mit der linken die Handtasche nach meinem Handy. In zehn Minuten war ich am anderen Ende der Stadt mit Julie auf einer Auktion verabredet. Ich hatte mich nach dem Mittagessen nur kurz hinlegen wollen, doch als ich endlich aufgewacht war, war es schon viertel vor drei gewesen, und die Auktion sollte um drei beginnen. Es klingelte nur ein Mal, und schon hatte ich Julie am Ohr.

„Julie, ich bin's", schrie ich hektisch. „Ich bin gleich bei dir. Halte mir einen Platz frei. Ich habe verschlafen."

„Caro?! Beeil dich. Wann wirst du endlich lernen, pünktlich zu sein?"

Dann hörte ich nur noch glucksendes Lachen. Ich warf das Handy zurück in die Tasche und sprang in mein Auto.

Zwanzig Minuten später hatte ich mich mit meinem Presseausweis auf einen reservierten Parkplatz direkt vor dem Auktionshaus gemogelt und betrat mit energischem Schritt den Versteigerungsraum, der bis auf den letzten Platz gefüllt war. Die Versteigerung war bereits in vollem Gange, und der Auktionator näselte in sein Mikrophon. Die Stimmung im Saal war anders als sonst. Es war ruhiger, und die Leute wirkten gespannter und konzentrierter. Verwundert blieb ich an der Tür stehen und suchte die Sitzreihen nach Julie ab. Im Grunde war ich ihretwegen hier. Wenn es nach mir gegangen wäre, hätte ich den Samstagnachmittag verschlafen, statt ihn mir im Angesicht unbezahlbarer Kunst um die Ohren zu schlagen. Und eigentlich langweilten mich diese Auktionen. Sie waren Julies liebster Zeitvertreib.

Endlich entdeckte ich Julie ganz vorn in der zweiten Reihe. Und war das nicht Michael neben ihr? Oh, nein! Mein erster Impuls war, auf dem Absatz kehrtzumachen. Aber da hatte Julie mich schon entdeckt und winkte mir fröhlich zu. Der ganze Saal schien sich missbilligend nach mir umzudrehen. Ich fühlte mich wie ein Störenfried. Verlegen winkend signalisierte ich Julie, dass ich sie gesehen hatte, und wartete auf eine Gelegenheit, mich unauffällig nach vorn zu schleichen. Wieder bemerkte ich die außergewöhnliche Stille im Raum. Niemand hustete, niemand flüsterte. Alle starrten gebannt auf den Auktionator, als erwarteten sie etwas sehr Besonderes.

Der Hammer fiel, und während die nächsten Versteigerungsobjekte auf die Bühne gebracht wurden, entstand eine kurze Pause, die ich nutzte, um zu Julie zu gelangen. „Na endlich!" Julie schüttelte den Kopf. Sie hasste meine chronische Unpünktlichkeit. Ich hasste sie auch, konnte aber nichts daran ändern. Deshalb machte ich gar nicht erst den Versuch, mich zu entschuldigen. Auch Julie war sofort bereit, das Thema zu wechseln. Mit zuckersüßem Lächeln sagte sie: „Ich habe Michael mitgebracht." Ich schnitt eine Fratze, als Michael gerade wegschaute, und zischte: „Hab' ich gesehen, du Luder!"

Julie wusste genau, dass ich Michael nicht ausstehen konnte. Er war ein lieber Kerl, aber er langweilte mich. Seit mehr als zwei Jahren glaubte er, in mich verliebt zu sein. Er lud mich ein, er schickte mir Blumen, er war nett, zu nett… Ich war ein oder zwei Mal mit ihm ausgegangen, aber ich empfand nichts für ihn. Das hatte ich ihm auch zu verstehen gegeben, aber er wollte von Ablehnung nichts hören. Zwar war er nicht der Typ, der eine Frau belästigte, aber seine bloße Gegenwart hatte etwas Devotes, das mich abstieß und sogar körperliche Abneigung in mir auslöste. Julie wusste das, aber es schien ihr Spaß zu machen, mich immer wieder an meiner empfindlichen Stelle zu kitzeln, indem sie regen Kontakt mit Michael pflegte und ihn oft zu unseren Treffen mitbrachte. Ich war wütend auf Julie. Aber ich ließ mir nichts anmerken und grüßte freundlich, sobald er zu mir herübersah.

Dann schwoll die Stimme des Auktionators wieder an, um die Aufmerksamkeit des Publikums auf die nächsten Versteigerungsobjekte zu lenken: „Und nun kommen wir zum Höhepunkt der heutigen Auktion. Wir sind sehr stolz, Ihnen aus einer ungewöhnlichen Privatsammlung eine Reihe von Temperabildern des russischen Malers Nicholas Roerich anbieten zu können. Er malte sie Anfang diesen Jahrhunderts von Eindrücken inspiriert, die er auf einer Himalaja-Expedition sammelte. Die Gemälde sprechen in ihrer Technik und Schönheit für sich."

Sechs Bilder wurden auf die Bühne getragen. Ihre Farben vibrierten mit einer Leuchtkraft, wie ich sie nie zuvor erlebt hatte. Sie berührten das Auge, aber ich glaubte sie sogar mit den Ohren hören und mit den Händen fühlen zu können. Alle Sinne schienen von der Schönheit dieser Bilder gleichermaßen verzaubert. Mein Geist, der noch eben unruhig und getrieben gewesen war, wurde plötzlich ruhig und gelassen. Anspannung und Stress der vergangenen Tage waren ebenso vergessen wie sämtliche Verpflichtungen, die vor mir lagen. Die Zeit schien stehen zu bleiben oder sich auf eigenartige Weise auszudehnen. Ich konnte nicht genau benennen, was ich erlebte, so fremd und neu war es. Die Bilder erlaubten mir, nur die Gegenwart wahrzunehmen, wie einen winzigen Punkt, der sich ausdehnte, solange und soweit die Bilder meine voll konzentrierte Aufmerksamkeit gefangen nahmen. Instinktiv fühlte ich, dass es vielen der Anwesenden ebenso erging. Mein Blick glitt über die Bilder, die in vibrierendem Grün, Braun, Blau und Gelb gemalt waren, bis er auf dem zweiten Bild von links zur Ruhe kam. Ich tauchte in tiefe Blautöne ein, in die klare Luft einer gigantischen Gebirgslandschaft. So hatte ich mir den Himalaja immer vorgestellt: erhaben, kühl und irgendwie unberührt. Mir schien, als breite sich die angenehme Kühle des Bildes in meinem Körper aus, begleitet von einer unbeschreiblichen Klarheit der Gedanken, die ich noch nie zuvor so intensiv erlebt hatte. Das Bild wirkte auf mich und meinen Geist, und ich beobachtete mich selbst dabei, wie ich auf das Bild reagierte. Noch immer hatte ich jegliches Zeitgefühl verloren. Da war nur ein einziger, ewiger Moment. Auch der Raum, der mich umgab, kam mir anders vor, völlig fremd ob seiner unendlichen Weite, in der es keine Begrenzungen gab. Tiefer Frieden erfüllte mich, und ich hatte das Gefühl, als sei alles an seinem Platz und als gäbe es nichts, worum ich mir Sorgen machen musste, weil alles gut war, so wie es war. Wenn ich es nicht besser gewusst hätte, hätte ich gesagt: Ich habe mich verliebt! Ja, es war Liebe, die mich durchdrang, und ich wusste nicht, ob das Bild dieses Gefühl in mir auslöste oder ob das Gefühl in mir das Bild zum Leben erweckte. Da war nichts in mir als selbstvergessene Freude, wacher und aufmerksamer als alles, was ich bisher erlebt hatte. Ich war glücklich und konnte es selbst kaum fassen. Ich war absolut glücklich beim Anblick jener blauen Berge auf dem Gemälde von Nicholas Roerich. Glücklich und in Frieden mit mir selbst.

Doch dieser Zustand der friedvollen Selbstvergessenheit dauerte nur kurz. Die Stimme des Auktionators, der das erste Mindestgebot nannte, holte mich zurück in die Realität. War mir zuvor gewesen, als gäbe es kein Wünschen und kein Wollen in mir, so dachte ich jetzt nur eines: „Ich muss dieses Bild haben, koste es, was es wolle!"

Der Auktionator bezifferte das Mindestgebot für jedes Bild mit 5.000 Euro. Ein Raunen ging durch die Menge und mir stockte der Atem, als ich diesen Preis hörte. Meine Kehle verengte sich und Nervosität breitete sich erneut in mir aus. Aber ich hatte nur einen Gedanken: „Ich will das Bild mit den blauen Bergen!"

Für das erste Bild fiel der Hammer bei 12.000 Euro. „Es wird mir nicht leicht fallen, soviel Geld aufzutreiben", dachte ich. Doch als gleich darauf „mein" Bild zum Verkauf stand, schob ich jeden Gedanken an seine Finanzierung beiseite. Gedanklich gehörte das Bild bereits mir, emotional erst recht. Julie sah mich herausfordernd an. Sie wusste nur zu gut, was in mir vorging. Auf all den vielen Auktionen, die ich mit ihr besucht hatte, hatte ich nie etwas gekauft. Julie hingegen wollte den Nervenkitzel spüren, die Gier, das Verlangen, das immer stärker wurde, bis der Hammer fiel und sie das begehrte Objekt endlich ihr eigen nennen konnte. Wie oft hatte Julie etwas ersteigert, das sie weder brauchte noch wirklich wollte. Manchmal glaubte ich, dass sie mich vor allem aus einem Grund mit auf diese Auktionen nahm: um sich besser unter Kontrolle zu haben. Meine Gegenwart wirkte irgendwie ernüchternd auf sie.

Doch heute war das anders, heute hatte mich das Verlangen gepackt. Als der Auktionator anfing, den Preis in die Höhe zu treiben, stieg ich bei 7.000 Euro ein. Es war mir egal, ob ich mir das Bild leisten konnte oder nicht. Es gab kein Wenn und Aber. Schneller als ich denken konnte, stieg der Preis höher und höher. Ich handelte nicht mehr bewusst oder rational, sondern wie im Rausch, nur noch von dem Wunsch getrieben, dieses Bild und mit ihm die Klarheit und Freiheit des unbezahlbaren Glücks, das es in mir geweckt hatte, zu besitzen.

Nach einer Weile hatte ich nur noch einen einzigen Mitbieter, dessen Gesicht ich vergeblich in der Dunkelheit der hinteren Reihen auszumachen versuchte. Ich kämpfte gegen ein Phantom, gegen eine männliche Stimme mit fremdländischem Akzent, die mir irgendwie vertraut vorkam, obwohl ich sie gar nicht kennen konnte.

Ich ließ mich dadurch zwar nicht verunsichern und kämpfte entschlossen weiter, aber immerhin kam ich endlich soweit zur Besinnung, dass mein Verstand mir ein Preislimit von 15.000 Euro setzen konnte. Da merkte ich, dass auch mein Mitbieter zögerlicher wurde und sich nicht mehr so sicher zu sein schein. Das war die Gelegenheit, den Zweikampf für mich zu entscheiden, denn ich wusste ganz sicher, was ich wollte, und das brachte ich durch mein nächstes, klar und bestimmt vorgetragenes Gebot zum Ausdruck: „13.000 Euro!"

Der Auktionator rief erfreut: „Zum Ersten, zum Zweiten und…" Da meldete sich die vertraute Stimme etwas verhaltener als zuvor: „13.250."

Wütend sah ich mich um und fragte Julie: „Wer zum Teufel ist das?"

Sie zuckte nur mit den Schultern und ich ließ mich zu einem weiteren Gebot hinreißen: „13.500!"

„13.500 sind geboten. Bietet jemand 14.000?"

Mit unerschütterlicher Gewissheit wusste ich, dass das Bild mir gehörte. Ich hatte gewonnen!

„13.500 zum Ersten, 13.500 zum Zweiten. Bietet jemand 14.000? 13.750? Zum Ersten, zum Zweiten und…13.500…zum Dritten!"

Das Fallen das Hammers ging unter in Julies Jubelrufen und meiner eigenen Begeisterung. Das Bild gehörte mir! Jetzt, wo sie vorbei war, wirkte die begehrliche Anspannung, die ich eben noch empfunden hatte, seltsam irreal und unwirklich. Auf der Bühne wurde das dritte Bild zur Versteigerung angeboten. Es interessierte mich nicht mehr. Auch Michaels Gratulation und seine bewundernden Blicke nahm ich nur am Rande zur Kenntnis. Wieder und wieder drehte ich mich um, suchend, fragend. Steigerte mein Konkurrent auch bei dem dritten Bild mit? Aus den hinteren Reihen kam kein Gebot. Warum mein Bild? War es wirklich so besonders, wie ich glaubte? War es vielleicht wertvoller als die anderen Bilder? Oder hatte der Fremde es nur haben wollen, weil ich es so unbedingt wollte? Meine Phantasie ging mal wieder mit mir durch.

Während die restlichen Bilder versteigert wurden, ertappte ich mich immer wieder dabei, dass ich die hinteren Reihen nach dem unbekannten Mitbieter absuchte. Er musste gegangen sein. Seine Stimme wurde kein zweites Mal laut. Seltsam! Noch seltsamer war meine Enttäuschung, jenes eigenartige Gefühl der Leere, das sich in mir breit machte, als hätte ich etwas Wichtiges verloren.

Erst als der letzte Hammer fiel, merkte ich, dass meine Wangen fiebrig glänzten. Ich fühlte mich müde, geschlaucht und ohne jede Energie. Jetzt, wo ich wieder nüchtern war, bereute ich das Geschehene fast. Je länger ich darüber nachdachte, desto verrückter fand ich mein Verhalten. Ich schämte mich, dass ich mich derart hatte mitreißen lassen. So unüberlegt zu handeln, war wirklich nicht meine Art.

Julie und Michael erhoben sich von ihren Plätzen, aber ich fühlte mich zu schwach zum Stehen. Mir war kalt, und ich zitterte am ganzen Körper.

„Caroline, was ist los mit dir? So habe ich dich ja noch nie erlebt", hörte ich Julies Stimme wie aus weiter Ferne.

Verzweifelt suchte ich nach einer Erklärung: „Ich glaube, die letzten Tage waren einfach zu anstrengend für mich. Für die Reportage in Frankreich waren wir ständig unterwegs. Um noch letzte Bilder und Interviews zu machen, sind wir von einem Termin zum nächsten gehetzt. Eigentlich war die Zeit viel zu knapp, aber wir haben trotzdem alles geschafft. Seit ich wieder zu Hause bin, könnte ich immer und überall einschlafen. Ich glaube, ich habe Fieber. Ich muss sofort nach Hause und mich hinlegen."

Julie hakte mich besorgt unter und führte mich durch die engen Stuhlreihen hinaus in den Flur. Während sie die notwendigen Formalitäten mit dem Auktionshaus für mich erledigte, organisierte Michael ein Glas Wasser. Langsam kam ich wieder zu Kräften. Als Julie vom Auktionspult zurückkehrte und mir einen Schein in die Hand drückte, der den Erwerb des Bildes und seine Lieferung bestätigte, konnte ich wenigstens wieder klar denken.

Später, nachdem Julie mich nach Hause gefahren hatte und ich endlich allein war, konnte ich meine Torheit nicht fassen. Wie hatte ich nur glauben können, dass dieser Roerich 13.500 Euro wert war? Ich musste übergeschnappt gewesen sein, verrückt. Die Reue überfiel mich mit ebensolcher Macht wie mich die Besitzgier während der Versteigerung übermannt hatte. Ich fühlte mich schäbig und ausgelaugt. Mir kam sogar der Gedanke, beim Auktionshaus anzurufen und das Bild zurückzugeben. Was war nur mit mir los? Wie hatte ich der Leidenschaft derart erliegen können?

Als ich am Montagmorgen in die Redaktion kam, fand ich eine Notiz auf meinem Schreibtisch:

„Bitte um 11.00 Uhr zum Chef kommen, Renner, Montag, 8.30 Uhr!"

Was hatte das nun wieder zu bedeuten? Ich war erst am Freitagabend spät aus Frankreich zurückgekommen. Gab es eine dringende Änderung meines Artikels über separatistische Bestrebungen in Frankreich und im spanischen Baskenland, der für die nächste Ausgabe geplant war? Das hätte mir gerade noch gefehlt.

Energisch schob ich alle Bedenken beiseite und ging zu meiner Assistentin, die mir die Notiz auf den Tisch gelegt hatte.

„Haben Sie eine Ahnung, was der Chef von mir will, Frau Renner?"

„Nein, Frau von Teubner, leider nicht. Er hat nichts gesagt."

Ich fühlte mich unbehaglich. Unterredungen, noch dazu mit dem Chef, auf die ich mich nicht vorbereiten konnte, weil nicht klar war, was ich zu erwarten hatte, waren mir zuwider. Musste ich womöglich eine Rüge einstecken? Nervös kehrte ich in mein Büro zurück und warf einen letzten Blick auf das in der letzten Woche zusammengestellte Foto- und Interviewmaterial. Es gab nichts auszusetzen. Ich war mit unserer Arbeit zufrieden. Auch der Artikel stand im Wesentlichen. In der morgigen Redaktionssitzung sollten nur noch kleine Änderungen besprochen werden. Armin hatte aussagekräftige Bilder geliefert: beschmierte korsische Gemäuer, durchschossene Straßenschilder, friedvolle alte Menschen auf der Straße, Regierungsgebäude, Gendarmerie mit Maschinengewehren im Anschlag, zerstörte Feriendörfer und Bungalows... Ich konnte zufrieden sein, und doch hatte ich quälende Selbstzweifel.

Bald ging ich wie ein Tiger im Käfig in meinem Büro auf und ab und schaute alle fünf Minuten auf die Uhr. Gegen zehn warf Frau Renner einen mitleidigen Blick herein, schloss die Tür aber gleich wieder, weil sie meine stumme Bitte richtig verstanden hatte: „Ich möchte allein sein."

Zehn vor elf schnappte ich die Mappe mit meinem neusten Artikel, ging freundlich nickend an Frau Renner vorbei und dann den langen Korridor entlang zum Aufzug. Was war nur los mit mir? In der Regel brachte mich eine bevorstehende Unterredung mit dem Chef nicht derart aus dem Häuschen.

Ich wäre gerne allein gewesen, aber auf dem Weg zum Aufzug traf ich zahlreiche Kollegen, die mich freundlich und – so schien es mir – ein wenig mitleidig grüßten. Sie musterten mich und tauschten vielsagende Blicke aus. Blickten sie etwa hämisch? Schadenfroh? Wieder lief meine Phantasie Amok, und ich versuchte, die Ruhe zu bewahren oder eher wieder zu finden. Ein unmögliches Unterfangen. Als mir die Blicke zu eindringlich wurden, nahm ich kurz entschlossen die Feuertreppe nach oben.

Schwer atmend erreichte ich die sechste Etage, öffnete die Stahltür und trat auf den hell beleuchteten Flur. Die Bewegung hatte meine Gedanken nun doch noch so weit beruhigt, dass ich das Vorzimmer des Chefredakteurs äußerlich gefasst betreten und ein betont lockeres „Guten Morgen, Frau Wittich. Herr Aurich erwartet mich?", rufen konnte.

„Guten Morgen, Frau von Teubner. Ja, gehen Sie nur durch. Möchten Sie eine Tasse Kaffee?"

„Glauben Sie, ich werde ihn brauchen?", hätte ich gerne gefragt, aber damit hätte ich Unsicherheit gezeigt. Also schluckte ich diese Bemerkung hinunter und flötete stattdessen: „Mit Milch, ohne Zucker, bitte."

„Kommt sofort."

Auch die Wittich grinste heute irgendwie mitleidig.

Ich musste mich voll konzentrieren, um einigermaßen souverän zu wirken. Als ich das Vorzimmer durchquert, an die Tür zum Chefzimmer geklopft und auf Antwort gewartet hatte, riss ich die Tür eine Spur zu schnell und zu kraftvoll auf. Auf dem Weg zum Schreibtisch meines Vorgesetzten versuchte ich, mich erneut zu sammeln. Dann setzte ich ein strahlendes Lächeln auf und blickte Herrn Aurich fest in die kleinen grünen Augen.

Er erhob sich, kam um den Schreibtisch herum und sagte: „Frau von Teubner, schön, Sie zu sehen!"

Das klang echt.

„Ich habe Ihnen den aktuellen Separatisten-Artikel mitgebracht", sprudelte es ungefragt aus mir heraus. Und noch bevor ich ihm meine heiße Hand zur Begrüßung entgegenstreckte, legte ich die blaue Mappe auf seinen Schreibtisch. Klein und ein wenig knubbelig stand Herr Aurich vor mir und lächelte mich gewinnend an. Sein Händedruck war fest und freundlich. Plötzlich erfüllte mich die beruhigende Gewissheit, dass ich nichts zu befürchten hatte.

Herr Aurich machte eine einladende Geste und wies auf einen der beiden schwarzen Lederstühle vor seinem Schreibtisch: „Bitte, nehmen Sie doch Platz, Frau von Teubner."

Ich setzte mich, während er erneut seinen Platz auf der anderen Seite des Schreibtischs einnahm. Wir schwiegen. Ich blickte ihn zwar erwartungsvoll an, war aber nicht in der Lage, nach dem Grund meines heutigen Besuches zu fragen. Herr Aurich zündete sich langsam und bedächtig seine Pfeife an. Offensichtlich wollte er mich auf die Folter spannen. Alles Taktik. Als die Pfeife qualmte und er einen genüsslichen Zug getan hatte, warf er – noch immer schweigend – einen Blick in die blaue Mappe, die ich auf seinen Schreibtisch gelegt hatte, und nickte anerkennend. Endlich brach er das Schweigen.

„Ich bin sehr beeindruckt von Ihrer Arbeit, Frau von Teubner. Sie sind nun seit fünf Jahren bei uns und haben sich sehr verdient gemacht. Alle Kollegen, die bisher mit Ihnen gearbeitet haben, loben Ihre klare und einfache Arbeitsweise. Sie verstehen es, detaillierte Hintergrundinformationen so verständlich und prägnant zu formulieren, dass sich Ihre Artikel auch dann noch mit Leichtigkeit lesen lassen, wenn sie sehr komplexe Sachverhalte schildern."

Mir schoss das Blut in die Wangen. Es war mir unangenehm, so gelobt zu werden. „Redet der von mir?", fragte ich mich selbstkritisch. Ich errötete noch mehr, als mir klar wurde, dass ich meine Unsicherheit gerade mit einer verlegenen Geste zu überspielen versucht hatte, die Herr Aurich natürlich sofort bemerkt hatte. Er grinste kaum wahrnehmbar. Vielleicht machte es ihm sogar Spaß, mich zu verunsichern.

„Während Sie in Frankreich waren, hatten wir eine Redaktionssitzung, in der unter anderem Veränderungen in unserer Personalstruktur auf der Tagesordnung standen."

Also doch! Meine Angst vor einer Kündigung war also berechtigt gewesen. Ich musste mich zwingen, Herrn Aurich weiter zuzuhören.

„Es ist notwendig, das Asienressort um einen fähigen Journalisten zu erweitern. Rudolf Rondorf wird in spätestens zwei Jahren aufhören für „Das Magazin" zu schreiben und in den Ruhestand treten. Bis dahin sollte sein Nachfolger vor Ort eingearbeitet sein."

Obwohl Herr Aurich scheinbar gelassen sprach, entging ihm keine meiner Regungen.

Also doch keine Kündigung. Was dann? Ich kombinierte fieberhaft: Rudolf Rondorf war unser Korrespondent in Indien. Wenn dort ein Posten frei wurde, war Philipp Stein die ideale Besetzung. Aber was hatte das alles mit mir zu tun? Sollte ich etwa das Ressort von Philipp übernehmen? Philipp war zwar für Osteuropa zuständig, aber er arbeitete von der Zentralredaktion Berlin aus. Ein wenig zu schnell fand ich die Sprache wieder und sagte: „Ich danke Ihnen für Ihr Vertrauen, Herr Aurich. Ich werde Herrn Stein sofort bitten, mich einzuarbeiten…"

„Herrn Stein…?"

Aurich blickte mich erstaunt und ein wenig amüsiert an.

„Ich glaube, Sie haben mich missverstanden, Frau von Teubner. Sie denken zuviel und sind viel zu bescheiden. Ich habe nicht Herrn Stein, sondern Sie als Korrespondentin in Indien vorgeschlagen!"

Ich musste mich verhört haben.

„Sie haben mich als Korrespondentin in Indien vorgeschlagen?"

„Ja, und mein Vorschlag wurde einstimmig angenommen! Wir beobachten Ihre Arbeit seit mehr als zwei Jahren und waren uns die ganze Zeit einig, dass wir, sobald Sie ausreichend Handwerkszeug erworben hätten, eine neue Aufgabe für Sie finden müssten. Vor einer Woche habe ich mit Herrn Rondorf gesprochen. Er bestätigte zum ersten Mal persönlich, was sich längst als Gerücht verbreitet hat. Er möchte spätestens in zwei Jahren aussteigen. Genug Zeit für Sie, sich einzuarbeiten und einen neuen Kontinent so gut kennen zu lernen, dass Sie Herrn Rondorf ersetzen können."

Ich fühlte mich überrumpelt. Überschätzt. Geschmeichelt. Aber wollte ich überhaupt weg aus Berlin? Aus Deutschland? Wollte ich nach Asien? Nach Indien?

„Bis wann habe ich Zeit, mich zu entscheiden?"

Die Frage klang in meinen eigenen Ohren zu defensiv, aber sie spiegelte meine erste ablehnende Reaktion. Und ich hatte nichts davon, wenn ich mir selbst etwas vormachte und vorgab, mich zu freuen. Herr Aurich hingegen schien das ganz anders zu sehen.

„Ist das überhaupt eine Frage für Sie, Frau von Teubner? Sie brauchen eine neue Herausforderung. Andernfalls wird Ihr Enthusiasmus bald verbraucht sein. Die Routine wird Sie ersticken. Gewöhnung lähmt Sie. Das sehe ich."

Ungläubig blickte ich in das Gesicht dieses kleinen, schelmischen Mannes, der mich besser zu kennen schien als ich für möglich gehalten hätte. Herr Aurich und ich hatten nur selten ein persönliches Wort gewechselt. Alle redaktionellen Besprechungen mit ihm hatten sich auf das Nötigste beschränkt. Es erstaunte mich zu hören, dass die Entscheidungsträger der Redaktion meine Arbeit seit mehr als zwei Jahren intensiv verfolgten und ich unter seiner persönlichen wohlwollenden Beobachtung stand. Wie war es möglich, dass Herr Aurich mich so gut kannte, dass er die brennenden Zweifel, die mich das gesamte vergangene Jahr gequält hatten, in einem Satz zusammenfassen konnte? Seit fünf Jahren arbeitete ich in der Redaktion Südeuropa. Und seit über einem Jahr hatte ich das Gefühl, in einer beruflichen Sackgasse zu stecken. Die tägliche Arbeit war zu einer nüchternen Pflichtübung geworden, die ich gewissenhaft erledigte, wenngleich sie mich nicht mehr erfüllte. Ich musste mich immer stärker konzentrieren, um nicht aus bloßer Langeweile und Unterforderung Fehler zu machen. Seit einigen Monaten spielte ich mit dem Gedanken, mich bei US-amerikanischen Zeitungen zu bewerben. Dass ich diesen Gedanken noch nicht in die Tat umgesetzt hatte, machte meine Unzufriedenheit nur noch größer. Glücklicherweise war die Separatisten-Reportage eine Herausforderung gewesen, angesichts derer ich wieder zu meiner alten Hochform zurückgefunden hatte. Unwillkürlich musste ich lachen.

„Woher kennen Sie mich so gut, Herr Aurich?"

„Ich sehe es an Ihrer Arbeit, an der Art, wie Sie einen Raum betreten, an der Art, wie Sie mit mir reden. Sie haben einen scharfen, kritischen Verstand. Mir scheint, dass er die Herausforderung des Neuen braucht."

„Ich bin nicht sicher, ob ich zu diesem Zeitpunkt die Herausforderung des Neuen will. Ich brauche zumindest einige Tage Bedenkzeit."

„Selbstverständlich. Wir würden niemals auf die Idee kommen, Sie zwangsweise an einen 6.000 Kilometer entfernten Ort zu versetzen. Nehmen Sie sich die Zeit, die Sie brauchen, und denken Sie in aller Ruhe über meine Worte nach."

Ich würde nichts anderes tun, als über seine Worte nachzudenken. Er hatte mich besser beschrieben, als ich mich selbst zu beschreiben wagte. Jetzt hing alles von mir ab.

Frau Renner empfing mich freudestrahlend.

„Herzlichen Glückwunsch, Frau von Teubner!"

„Sie wussten es?"

„Ja", sagte sie verlegen und schüttelte mir mit tief empfundener Zuneigung die Hand.

„Sie werden mir fehlen. Ich habe gerne mit Ihnen gearbeitet."

„Wer sagt, dass ich gehe?"

„Natürlich gehen Sie, das wissen Sie so gut wie ich!"

Heute schienen mich alle besser zu kennen als ich mich selbst. Ich fühlte mich machtlos. Offensichtlich hatten andere bereits für mich entschieden, was mir erhebliche Kopfschmerzen bereitete. Warum sah meine Entscheidung für Außenstehende so einfach und klar aus?

Als ich das nächste Mal auf die Uhr sah, traf mich fast der Schlag. Es war viertel vor vier, und um vier sollte das Bild geliefert werden, das ich Samstag ersteigert hatte. Ich griff nach Tasche und Mantel und verließ das Büro wie gewohnt im Laufschritt. Im Fahrstuhl nach unten traf ich Michael, der die neuesten Nachrichten offenbar auch schon gehört hatte.

„Man munkelt, dass du nach Indien auswanderst!"

„So, munkelt man das?"

Das bekannte Gefühl der Abneigung regte sich in mir. Was Michael auch sagte oder tat, es war einfach immer falsch. Sollte er sich doch fragen, ob ihm das Objekt seiner Begierde weiterhin räumlich so nah sein würde, dass er es ungehindert anschmachten konnte, oder ob es sich verflüchtigen würde. Von mir bekam er jedenfalls keine Antwort. Der Fahrstuhl hielt in der Tiefgarage.

„Ich bin in Eile. Mein Bild wird gleich geliefert."

„Brauchst du Hilfe?"

„Nein!"

Im nächsten Moment bereute ich den schroffen, beinahe aggressiven Ton, mit dem ich Michael abgewiesen hatte. Manchmal verstand ich mein Verhalten ihm gegenüber selbst nicht.

Unterwegs blieb ich im Stau stecken, und als ich endlich in die Dunkerstraße einbog, stand der Lieferwagen des Auktionshauses schon vor meiner Haustür. Ich parkte im absoluten Halteverbot, erwischte die Bilderpacker gerade noch, bevor sie samt Gemälde wieder davonfuhren, klemmte mir das Bild kommentarlos unter den Arm und brachte es eigenhändig hinauf in meine Wohnung. Dort stellte ich es erst mal im Flur ab, nahm eine Flasche Wasser aus dem Kühlschrank, wankte damit ins Wohnzimmer und legte mich aufs Sofa. Ich war erledigt, müde, ausgelaugt.

Das Klingeln des Telefons drang wie aus weiter Ferne an mein Ohr. Wo war ich? Zunächst wähnte ich mich noch in meinem französischen Hotelzimmer, doch dann fiel mir schlagartig ein, was heute geschehen war, und ich griff mechanisch neben mich, um den Hörer abzunehmen. „Jaa!?"

„Caro! Da bist du ja."

„Julie? Ich bin noch gar nicht richtig wach!"

Schweigen.

„Julie, bist du noch da?"

„Warum hast du mir nichts von deiner Versetzung nach Indien erzählt?"

„Woher hast du diesen Blödsinn?"

„Woher wohl? Von Michael natürlich!"

„Wo bist du, Julie?"

„Zu Hause. Wo sollte ich um diese Uhrzeit schon sein?"

„Wie spät ist es denn?"

„Es ist schon halb neun."

Ich hatte also fast vier Stunden geschlafen.

„Willst du vorbeikommen? Ich möchte mit jemandem reden."

Julie war besänftigt, ihr Ärger verflogen. Sie fühlte sich wieder als meine Vertraute.

„Bin schon unterwegs."

Fünf Minuten später stand Julie breit grinsend in der Tür. Sie umarmte mich eine Spur herzlicher als sonst und eine Sekunde länger. Auch sie schien bereits für mich entschieden zu haben.

„Hast du den Roerich schon aufgehängt?"

„Nein, da steht er."

„Dann machen wir das jetzt gemeinsam!"

Julie schleppte das Bild ins Wohnzimmer und brachte gleich eine Schere aus der Küche mit. Mit wenigen Schnitten lockerte sie das Papier, so dass wir es mit den Händen freilegen konnten. Wie in einem Traum ging ich ein paar Schritte zurück, während Julie die letzten Reste der Umhüllung entfernte. Da war es wieder, dieses unbeschreibliche Gefühl, das mich bei der Auktion überwältigt hatte. Das leuchtende Blau des Bildes hüllte mich ein, alle Anspannung fiel von mir ab. Ich war nicht mehr ich, sondern nur noch vibrierende Freude, Ruhe, Klarheit, angenehme Kälte und aufmerksame Wachheit. All das stand in krassem Gegensatz zu der Müdigkeit und Nervosität, die mich seit Tagen gequält hatte. Selbstzweifel und Entscheidungsschwierigkeiten waren vergessen. Meine müden, schweren Glieder waren plötzlich leicht und kraftvoll. Ich hätte stundenlang so selbstvergessen mit der Schönheit der blauen Berge Zwiesprache halten können. Auch die Reue, die ich unmittelbar nach dem Kauf des Bildes empfunden hatte, war vergessen. Natürlich war dieses magische Bild jeden Cent wert, den ich dafür bezahlt hatte. Ich liebte es.

Julie riss die letzten Reste des Packpapiers ab und stellte sich neben mich. Ob sie den Zauber des Bildes auch spürte? Ich hatte Angst, sie danach zu fragen, tat es aber doch.

„Spürst du das auch, Julie?"

„Was?"

Ein Blick in ihre Augen zeigte mir, dass sie das Bild anders betrachtete als ich. Sie sah es als Kunstgegenstand und Geldanlage, als etwas von rein materiellem Wert.

„In ein paar Jahren wird es das Doppelte wert sein!"

Weshalb spürte ich diesen eigenartigen Zauber? Warum schien das Bild mich zu verwandeln? Warum trug es mich in eine intensivere, lebendigere, freudvollere Erfahrungswelt? Und warum geschah das nicht auch mit meiner besten Freundin, mit der ich in den letzten Jahren fast alles geteilt hatte – Freude und Leid? Zum ersten Mal fühlte ich mich in Julies Gegenwart einsam. Etwas, von dem ich spürte, dass es mir bald sehr wichtig werden würde, konnte sie weder verstehen noch nachempfinden, ja nicht einmal sehen. Diese noch vage Erkenntnis verstärkte das Gefühl, das ich seit der Unterredung mit Herrn Aurich nicht mehr losgeworden war: Ich war machtlos – und noch schlimmer: Ich war allein!

Vielleicht spürte Julie es auch, denn plötzlich wechselte sie das Thema.

„Jetzt will ich endlich wissen, warum Michael in der ganzen Welt herumerzählt, dass du nach Indien versetzt worden bist."

Was sollte ich sagen?

„Das wüsste ich auch gerne, warum ich nach Indien versetzt worden bin…"

Ich sah, wie Julie entrüstet nach Luft schnappte.

„Dann ist es also wahr."

„Ja, es stimmt. Herr Aurich hat mich heute in sein Büro zitiert und mir das Asienressort in Delhi angeboten."

„Warum hast du mir das nicht gleich erzählt? Wahnsinn! Bist du stolz?"

„Ich weiß nicht, ob stolz das richtige Wort ist. Ich fühle mich überfahren, überfordert. Ich will nicht aus Berlin fort. Ich liebe meinen Job. Ich fürchte, Delhi ist eine Nummer zu groß für mich."

„Und wir reden seit einem Jahr davon, dass dein Job dich zu Tode langweilt und du dich nach einer neuen Herausforderung sehnst. Caro, das ist die Chance, die du dir gewünscht hast. Wie kannst du nur daran zweifeln?"

„Vielleicht ist das ja das Erschreckende. Als Herr Aurich mir heute das Angebot machte, wurde mir schlagartig bewusst, dass über Unzufriedenheit und mangelnde Herausforderung zu reden, eine Sache ist, und eine andere, die Chance zu ergreifen und etwas zu ändern, und zwar grundlegend."

„Ich verstehe deine Bedenken, aber diese Aufstiegsmöglichkeit kannst du dir unmöglich entgehen lassen. Wenn du das Angebot ausschlägst, bleibst du für den Rest deines Lebens eine x-beliebige Redakteurin. Endstation! Caro, wach auf. So eine Chance bekommst du kein zweites Mal."

Julie hatte recht.

„Siehst du, was grübelst du also noch? Pack deine Sachen und nimm den nächsten Flug nach Delhi."

Lange nach Mitternacht, als die Tür hinter Julie ins Schloss gefallen war, fing ich an zu weinen. Es schien mir unmöglich, ohne meine Freunde zu leben, alles Vertraute hinter mir zu lassen und mich so kraftlos, wie ich mich fühlte, dem Unbekannten zu stellen.

Unter meinen nackten Füßen knisterte das achtlos im Wohnzimmer verstreute Packpapier. Lustlos sammelte ich die Fetzen ein und warf dabei immer wieder einen Blick auf das Bild. Sofort kehrte die mir mittlerweile vertraute Empfindung von Klarheit und Wachheit zurück. Ich war wieder eins mit mir selbst, wo ich zuvor zerrissen und voller Zweifel gewesen war. Wann war ich jemals so glücklich gewesen wie beim Anblick dieses Bildes?

Als ich die letzten Reste des Packpapiers unter dem Bild hervorzog, entdeckte ich einen weißen Briefumschlag. Neugierig griff ich danach. Die Klebelasche war lose eingesteckt. Meine Finger begannen zu zittern, als ich sie herauszog, und mein Herz schlug schneller. In dem Umschlag steckte eine Karte, und auf dieser standen in feinen geschwungenen Buchstaben zwei Sätze: „Die Antwort liegt in Indien. Seien Sie achtsam, damit Sie mich als Ihren Freund erkennen, wenn wir uns begegnen."

Meine Hände zitterten noch heftiger als zuvor. Ich drehte die Karte um und suchte nach einer Unterschrift. Es gab keine. Wieder und wieder las ich die geheimnisvolle Botschaft. Indien. Das musste ein Trick von Julie sein, um mich neugierig auf dieses Land zu machen und meine Zweifel zu zerstreuen. Nur war das nicht Julies Schrift. Doch außer Julie, den Lieferanten und mir war niemand dem Paket mit dem Bild so nah gekommen, dass er diese Nachricht darin hätte verstecken können.

2

Eine Woche vor meiner Abreise setzte ich mich persönlich mit Herrn Rondorf, meinem neuen Kollegen in Delhi, in Verbindung. Ich kannte ihn bisher nur aus den Geschichten, die man sich über ihn erzählte, und denen zufolge war Rudolf Rondorf ein außergewöhnlicher Journalist, so etwas wie eine lebende Legende. Er wurde vielfach als derber Haudegen beschrieben, der gerne vulgäre Sprüche machte und entsprechende Witze erzählte, und doch wurde er von den meisten in der Berliner Redaktion hoch geachtet, wenn nicht sogar gefürchtet. Die Mimik zahlreicher Gesichter erzählte mir eine Geschichte, die ich nicht glauben wollte: Mit Rondorf kann man nicht zusammenarbeiten.

Am Telefon gab er mir eine Kostprobe seines außergewöhnlichen Charakters.

„Sie sind also das junge Ding, das bald mit mir zusammenarbeiten wird?"

Seine Stimme war tief und rau, und er schrie so laut ins Telefon, dass mir die Ohren dröhnten. Die Kommunikation wurde zusätzlich dadurch erschwert, dass die Verbindung sehr schlecht war und mir alles, was ich selbst sagte, mit zeitlicher Verzögerung als Echo entgegenkam.

„Ich bin Caroline von Teubner", hörte ich meine beleidigte Stimme und fühlte mich wie ein Idiot.

„Nun, wie auch immer, Frau Von und Zu. Kommen Sie erst mal her, dann klären wir die Lage. So aus der Ferne hat es gar keinen Sinn, irgend etwas besprechen zu wollen. Wann kommen Sie an?"

„Am Elften um 0.30 Uhr aus Zürich", antwortete ich einsilbig.

Immerhin versprach Rondorf, mich abholen zu lassen.

„Ich werde einen Fahrer zum Flughafen schicken, der Sie zum Hotel bringt. Alles Weitere klären wir dann, wenn Sie ausgeschlafen haben."

Ich traute meinen Ohren nicht, als es in der Leitung klickte, weil Rondorf ohne ein Abschiedswort eingehängt hatte. Ich musste verrückt sein, freiwillig die Harmonie meiner ruhigen Berliner Redaktion gegen die Zusammenarbeit mit diesem rüpelhaften Einzelgänger einzutauschen.

Im Flugzeug von Zürich nach Delhi schlief ich die meiste Zeit und erwachte erst wieder, als wir bereits im Dunkeln in einer neuen Zeitzone über Pakistan flogen. Bis Delhi hatten wir noch mehr als eine Stunde Flugzeit. Ich blickte angestrengt aus dem Fenster zu meiner Rechten und ließ mich von den Lichtern einzelner Städte und unzähligen Feuern, die die öde Wüstenlandschaft unter uns erhellten, in die Welt meiner Phantasie entführen. Zum ersten Mal in meinem Leben war ich im Orient. Ich fühlte mich wie ein neugieriges Kind auf Entdeckungsreise – aufgeregt und voller Begeisterung. Alles, was auf mich zukam, war neu und spannend. Ein angenehmer Schauer lief durch meinen Körper, und ich drückte meine Nase an die Scheibe des vereisten Fensters, um besser sehen zu können. Mit einem Mal verstand ich kaum noch, warum ich auch nur einen Moment lang gezögert hatte, mich für Indien zu entscheiden.

Dann ging alles sehr schnell. Nach einer halben Stunde flogen wir bereits über die Vororte der indischen Hauptstadt. Gelbliche Straßenlaternen verbreiteten ein gespenstisches Licht, das in Schleiern bis in unsere sich stetig verringernde Flughöhe drang. Auch hier waren überall brennende Feuer zu sehen. Unter mir pulsierte das Leben. Das also war Indien!

Kurz nach der Landung wurde die Klimaanlage im Flugzeug abgestellt, und als die Türen aufschwangen, schlug mir ein Schwall feuchtwarmer Luft und ein starker, fast beißender Geruch nach verbranntem Holz entgegen. Ich saß in einer der vordersten Reihen und wurde von den hinausdrängenden Passagieren mitgerissen, sobald ich den Mittelgang betreten hatte. Das Flughafengebäude war moderner und sauberer als ich erwartet hatte. Ein neuer Geruch nahm mir kurze Zeit den Atem: Mottenpulver oder Desinfektionsmittel? Ich versuchte, langsam und tief durchzuatmen, bis es mir ohne Husten gelang, die fast pulverige Luft in mich aufzunehmen.

Inzwischen befand ich mich, dem Strom folgend, auf dem Weg zur Passkontrolle im Erdgeschoss. Vor den Schaltern, hinter denen Beamte der Einreisebehörde in abgewetzten Uniformen saßen, hatten sich bereits endlos lange Schlangen gebildet. Ich machte mich auf stundenlanges Warten gefasst und betrachtete die Menschen um mich herum. Hier entdeckte ich eine junge Frau in einem blauen Sari, die ihr höchstens drei Monate altes Baby auf dem Arm wiegte und dabei vor sich hin summte. Vor mir wartete ein Sikh mit weißem Turban und dichtem schwarzem Vollbart. Links neben mir entdeckte ich einen indischen Geschäftsmann im maßgeschneiderten Anzug, direkt neben einer bunt gemischten Gruppe junger deutscher Rucksacktouristen. Meine ersten Eindrücke hätten nicht widersprüchlicher sein können. Hier aufgeregte Touristen auf der Suche nach mystischen Erlebnissen im spirituellen Indien, dort Inder, die gelassen warteten und mich mit ihrer unbekümmerten Ruhe ansteckten. Durch das neutrale Beobachten meiner Umgebung gewann ich Distanz zu meinen eigenen Gedanken und Gefühlen und erkannte plötzlich ganz deutlich, dass ich aus reiner Trägheit und Feigheit fast bereit gewesen wäre, die Bequemlichkeit und Sicherheit meines eingespielten Berliner Lebens dem Neuen und Ungewissen vorzuziehen, das mich hier erwartete.

Das Leben hatte es mir immer leicht gemacht. Es war ein sehr angenehmes Leben gewesen, aber leider auch ein geradliniges, vorprogrammiertes, stets berechenbares. Ich war als behütetes einziges Kind wohlhabender Eltern aufgewachsen. Mein Großvater hatte eine Reederei in Bremen besessen und war vor Ausbruch des Zweiten Weltkrieges in die USA ausgewandert, um der Nazi-Herrschaft zu entgehen. Politik war ihm von jeher ein Dorn im Auge gewesen. Als „reine Zeitverschwendung" hatte er sie bezeichnet, bis ihm die Umstände eine politische Stellungnahme abverlangten. Er wählte die Emigration ins feindliche Ausland. Einzig die Tatsache, dass Friedrich von Teubner loyale Freunde in hohen Positionen hatte, ermöglichte es ihm, sein Vermögen und die Reederei über die Kriegsjahre hinwegzuretten, wenn auch mit Rüstungsaufträgen.

Zwischen 1940 und 1945 gründete mein Großvater eine zweite Reederei in Boston, die bald noch mehr Gewinn abwarf als die deutsche Muttergesellschaft. Nach dem Krieg beschloss er, in Boston zu bleiben, schickte aber seine beiden im Exil geborenen Söhne – meinen Vater Karl und seinen

Bruder Frank – auf ein deutsches Internat. Zu diesem Zeitpunkt war das Leben der beiden Söhne bereits verplant. Jeder sollte später eine der Reedereien übernehmen – eine Entscheidung, die mit dem Einverständnis der Jungen getroffen worden war. Frank würde die Reederei in Boston bekommen, Karl die Werft in Bremen. Und so geschah es, als Großvater 1960 starb.

1964 heiratete mein Vater, und fünf Jahre später wurde ich geboren. Meine Eltern hielten eine fundierte Schulbildung für die beste Mitgift, die sie ihrer Tochter geben konnten. Daher schickten sie mich, sobald ich alt genug war, auf ein Schweizer Internat. Von da an war ich nur noch selten zu Hause in Bremen. Früh hatte ich – sehr zur Freude meines konservativen Vaters – meinen Traumberuf gewählt: Journalistin. Natürlich ließ er es sich nicht nehmen, mir die besten Ausbildungsplätze zu vermitteln: zuerst ein Volontariat bei einer bekannten Hamburger Tageszeitung und anschließend zwei Jahre auf einer Journalistenschule in West-Berlin. Später arbeitete ich kurze Zeit als freie Journalistin und verbrachte anschließend drei Jahre an einer Bostoner Eliteuniversität, wo ich mit Auszeichnung abschloss.

Zurück in Berlin war ich zum ersten Mal nicht gezwungen, auf Vaters Beziehungen zurückzugreifen. Ich traf einen Bekannten von der Journalistenschule wieder, Philipp Stein. Er arbeitete mittlerweile bei der Zeitschrift „Das Magazin" und gab mir den Rat, meine Bewerbung „blind" an die Redaktion zu senden. Er hatte gehört, dass in absehbarer Zeit ein Posten in der Südeuropa-Redaktion frei werden könnte. Und so war es. Meine vielversprechende Karriere beim „Magazin" hatte begonnen.

Doch leider hatten all diese glücklichen Fügungen einen schalen Beigeschmack für mich, der mich häufig an mir selbst und meinen Fähigkeiten zweifeln ließ. Vieles war mir in den Schoß gefallen, vieles hatte mein Vater mir ermöglicht, und manchmal kam es mir vor, als beruhte nichts auf meiner eigenen Leistung. Wäre ich allein, ohne fremde Unterstützung jemals in der Lage gewesen, all das zu erreichen? Manchmal fühlte ich mich wie ein Trapezkünstler, der sich geschmeidig durch die Lüfte schwingt, weil er weiß, dass unter ihm ein Netz ist, das andere zu seiner Sicherheit aufgespannt haben. Was wäre, wenn diese Menschen das Netz nicht mehr hielten? Würde ich dann abstürzen? Ins Nichts?

Die Versetzung nach Indien und die damit einhergehende Beförderung war nichts als eine logische Konsequenz des Vorausgegangenen. Auch wenn Herr Aurichs Angebot mich überrascht hatte, waren die Dinge doch letztlich ganz so gelaufen, wie ich es gewohnt war – glatt, für meinen Geschmack zu glatt. Wieder hatte ich das Gefühl, mir diese Versetzung nicht selbst erkämpft zu haben, obwohl sie unbestreitbar auf meinen „herausragenden" persönlichen Leistungen beruhte. Diesmal war es nicht mein Vater gewesen, der mich protegiert hatte, sondern Herr Aurich.

In dem Moment, als ich als Beobachter in der Schlange der Wartenden stand, wurde mir klar, dass dies meine Chance war. Bisher hatten andere meinen Lebensweg geebnet. Jetzt war ich auf mich allein gestellt. Jetzt würde sich zum ersten Mal zeigen, was und ob ich überhaupt etwas konnte. Jetzt würde sich zeigen, ob ich in der Lage war, ohne Netz am Trapez zu turnen.

Ich war an der Reihe. Der Grenzbeamte winkte mich zu sich heran, und ich reichte ihm meine Papiere. Während er meine Daten in den Computer eingab, fragte er mit hart rollendem R:

„Is this your first time in India?"

„Yes."

„You'll work here?"

„Yes, for a german news magazine."

Er stempelte meinen Pass, gab ihn mir zurück und lächelte.

„Welcome to India, Madam."

Meine beiden Koffer warteten schon auf mich. Jemand hatte sie mit anderen Gepäckstücken fein säuberlich neben das Transportband gestellt. Ich warf sie auf einen Gepäckwagen und schob sie entschlossen vor mir her – hinaus in die indische Nacht.

Die Geräuschkulisse im Inneren des Flughafens war seltsam ruhig und gedämpft gewesen, so als schlucke der Marmor der Böden und Wände alle Lebensäußerungen, aber nun trat ich wie durch eine unsichtbare Schleuse und tauchte in das Gemurmel Tausender von Stimmen ein, die sich in fremdartigen Lauten artikulierten. Mein Blick fiel auf das Ende des Ganges, der hinaus ins Freie führte. An einem Zaun aus Maschendraht hingen Menschen über Menschen. Sie klebten förmlich in den Maschen, winkten und riefen laut oder starrten jeden Ankommenden stumm und durchdringend an. Panisch schob ich meinen Gepäckwagen in die vorgegebene Richtung und suchte in dieser Menschentraube verzweifelt nach dem Fahrer, den Rondorf mir zu schicken versprochen hatte. Ich war schon sicher, dass ich ihn in diesem Chaos niemals finden würde, als jemand meinen Namen rief: „Miss von Teubnerrr!"

Suchend blickte ich mich um und entdeckte einen schmächtigen Kerl mit Schnauzbart, der ein weißes Schild mit meinem Namen durch die Luft schwenkte. Erleichtert steuerte ich auf ihn zu und signalisierte ihm, dass ich die Gesuchte war. Er übernahm wortlos meinen Wagen, und ich presste meine Handtasche an mich und gab mir alle Mühe, meinen eiligen Führer im Gedränge nicht aus den Augen zu verlieren. Zum Glück hatte er das Auto – einen beigefarbenen Ambassador – gleich hinter dem Eingang zum Parkplatz abgestellt. Er warf meine Koffer in den Kofferraum, verfrachtete mich auf den Rücksitz und ließ den Motor an. Noch immer hatten wir kein einziges Wort gewechselt.

Wir ließen das Flughafengelände, das sich mit seinen geraden Straßen bis in weite Ferne zu erstrecken schien, schnell hinter uns. Ich klebte mit der Nase an der Scheibe und versuchte angestrengt, ein paar Blicke auf die Stadt zu erhaschen, die mein neues Zuhause werden sollte. Auch mein Fahrer taute allmählich auf und kramte in seinem spärlichen Repertoire nach den englischen Worten für Moschee, Bahnhof und Krankenhaus. Schließlich steigerte sich seine Fremdenführerleidenschaft so sehr, dass er immer öfter den Blick von der Straße und die Hände vom Lenkrad nahm, um mich wild gestikulierend auf die Sehenswürdigkeiten seiner Stadt hinzuweisen. Ich brachte nicht mehr als ein klägliches „Aha" heraus und hoffte inständig, dass ihm die Straße vor uns ebenso wichtig war wie diese Sightseeingtour, für die ich weder Augen noch Ohren hatte.

Irgendwann landete ich wider Erwarten sicher im Hotel und fand mich kurz darauf – endlich allein – auf meinem Zimmer wieder. Mit letzter Kraft hievte ich einen meiner beiden Koffer auf den Kofferständer, um wenigstens das Nötigste auszupacken. Da schreckte mich das Klingeln des Telefons aus meiner mechanischen Tätigkeit. Rondorfs polternde Stimme schrie mir ein paar raue Willkommensworte ins Ohr und kam dann ohne diplomatische Umschweife zur Sache: „N'abend, Frau Von und Zu. Sie sind also sicher gelandet. Ich überlasse Ihnen Kuber, den Fahrer, der Sie vom Flughafen abgeholt hat, für die nächste Zeit, bis Sie einen eigenen gefunden haben. Wir treffen uns morgen in meinem Büro. Die Adresse haben Sie ja. Sagen wir … um elf. Ich nehme an, dass Sie von der langen Reise müde sind und ein bisschen Schlaf brauchen."

Zunächst wollte ich seinen Redefluss unterbrechen und ihn daran erinnern, dass mein Name Caroline von Teubner war. Aber das erschien mir plötzlich lächerlich und ich war froh, dass ich die kleinlichen Worte gerade noch hatte hinunterschlucken können, um seine Instruktionen für den folgenden Tag entgegenzunehmen. Widerspruch meinerseits war nicht vorgesehen. Bevor Rondorf das Gespräch abrupt beendete, hatte ich gerade noch Gelegenheit, den Termin zu bestätigen: „Morgen um elf in Ihrem Büro."

Dann war die Leitung tot und ich stand müde, deprimiert und fassungslos mit dem Hörer in der Hand vor dem breiten Bett und meinen unausgepackten Koffern.

Pünktlich um 10.30 Uhr durchquerte ich ausgeschlafen und gut gelaunt das Foyer meines Hotels und trat hinaus in das morgendliche Delhi. Der Geruch der nächtlichen Feuer hatte sich im Licht des Tages bereits verflüchtigt, und die laue Luft duftete nach Frühling. Obwohl die Temperaturen in der Nacht nicht unter 20 Grad gefallen waren, hatte die Dunkelheit Erfrischung gebracht. Der Wagenmeister kam freundlich nickend auf mich zu und fragte nach der Nummer meines Wagens. Ich kannte sie nicht. Die ersten Eindrücke kurz nach meiner Ankunft waren so überwältigend und vielfältig gewesen, dass ich kaum an das Notwendige hatte denken können. Schließlich kam ich gleichzeitig mit dem Wagenmeister auf die Idee, den Fahrer mit „Mr. Rondorf's car" rufen zu lassen. Die Ansage hallte durch den Lautsprecher auf den Parkplatz, und wenige Minuten später kam der beige Ambassador vor meinen Füßen zum Stehen. Kuber sprang aus dem Wagen und riss eine der hinteren Türen für mich auf. Ich fragte mich, ob er die ganze Nacht im Auto verbracht hatte.

Während der Fahrt fing Kuber plötzlich wieder an, wild mit den Händen zu fuchteln und aufgeregt aus dem Fenster zu zeigen. Wir passierten wohl wieder eine Sehenswürdigkeit, die seinen Stolz erregte. Aufgeregt rief er:

„India Gate, Madam, India Gate, yes, yes!"

Inmitten einer gepflegten Grünfläche, von breiten Prachtstraßen umgeben ragte ein Triumphbogen empor. Der rötliche Sandstein, aus dem er erbaut war, gab ihm etwas Weiches, beinahe Melancholisches. Mein Blick glitt über die Rasenfläche auf die gegenüberliegende Straßenseite und in die Ferne, wo ich auf einem Hügel den Regierungspalast, Rashtrapati Bhawan, erkannte. Ich hatte Glück, denn der Wagen hielt gerade an einer Ampel und so konnte ich mich ganz dem beeindruckenden Gebäude und meinen Gedanken an jene imperialistische Macht widmen, die es einst erbaut hatte. Ich fühlte mich plötzlich zurückversetzt in die Zeit der britischen Herrschaft, des British Raj, in der ein englischer Vizekönig in Indien regiert hatte. Ich dachte an stilvolle Picknicks im Freien, an Gewürze und Tee, Handel und Expansion. Und an den Tag der indischen Unabhängigkeit im August 1947...

Der Wagen fuhr wieder an und schlängelte sich an zahlreichen Verkehrsinseln vorbei, die mit den buntesten und größten Blumen bepflanzt waren, die ich je gesehen hatte. Schließlich erreichten wir Connaught Place, ein Zentrum aus Geschäften, Restaurants und Büros in mehreren konzentrischen Kolonnaden, welches ebenfalls von den Briten erbaut worden war. Hier, wo die Häuser alle gleich aussahen, hatte auch Rondorf sein Büro. Kuber hielt auf dem überfüllten Parkplatz vor einem Gebäudekomplex namens N-Block. Irgendwo zwischen kreuz und quer parkenden Wagen stellte er den Motor ab und deutete auf eine schmale Tür, die den Eingang zu einem Treppenhaus erkennen ließ. „Office!"

Das also war mein zukünftiger Arbeitsplatz.

Die Hitze schlug mir ins Gesicht, als ich aus dem klimatisierten Wagen stieg. Mir wurde schwarz vor Augen. Ich hielt einen Moment inne, bis der unangenehme Schwindel verflogen war, und kletterte dann über Stoßstangen und Motorradrikschas hinüber zum Hauseingang.

Die Atmosphäre am Connaught Place gefiel mir. Preiswerte Hotels, Restaurants, Cafés, Reisebüros und einfache Läden reihten sich unter schattigen Arkaden aneinander. Alles wirkte ein bisschen schmuddelig. Neben der Treppe, die Kuber zufolge in Rondorfs Reich führte, lag die Filiale einer englischen Fastfood-Kette. Ich musste ein Lachen unterdrücken, als ich mir zum Vergleich Bilder der repräsentativen Berliner Redaktion in Erinnerung rief. Vergeblich suchte ich nach einer Klingel. Die Tür stand offen, ohne einladend zu wirken. Eine Reihe schmutziger Schilder gab Auskunft über die im Haus Ansässigen. Zögernd trat ich in das Halbdunkel des engen Flures. Es dauerte einige Zeit, bis sich meine Augen an das gedämpfte Licht gewöhnt hatten und ich meine Füße sicher auf die ausgetretenen Treppenstufen setzen konnte. Sie knarrten unter meinen Füßen und derselbe beißende Geruch, der mir heute Nacht am Flughafen den Atem genommen hatte, stieg mir in die Nase. Das Büro lag im ersten Stock. Neben der Tür glänzte ein poliertes Messingschild. Darunter fand ich einen Klingelknopf. Nervös zupfte ich den Kragen meines Kleides zurecht und drückte entschlossen auf die Klingel. Ein blecherner Ton erklang. Keine Reaktion. Ich lauschte angestrengt. Der Lärm der Straße war so deutlich zu hören, als seien die Wände aus Papier. Im Inneren des Büros regte sich nichts. Ich klingelte erneut, diesmal energischer und drei Mal hintereinander. Wieder Stille. Zaghaft stieß ich gegen die Tür. Sie war nur angelehnt, aber dennoch fühlte ich mich wie ein Eindringling, als ich das Büro betrat. Es war nicht viel größer als dreißig Quadratmeter. Unmittelbar hinter der Tür grenzte eine Art Tresen, der ursprünglich vielleicht als Rezeption gedacht war, den Raum vom Eingangsbereich ab. Stickige Luft, die nach abgestandenem Rauch und Alkohol roch, schlug mir entgegen. Eine Klimaanlage gab es hier offensichtlich nicht. Mein erster Impuls hieß Flucht. Ich wollte rückwärts zur Tür hinauslaufen, die Treppe hinunter rennen, zum Flughafen fahren und mit der erstbesten Maschine zurück nach Berlin fliegen.

„Feigling!", beschimpfte ich mich selbst. „So schnell gibt man nicht auf."

Ich quetschte mich also links am Tresen vorbei und konnte nun den ganzen Raum überblicken. Und endlich entdeckte ich Rondorf in einer Nische, die ich vorher nicht hatte einsehen können. Er saß mit dem Rücken zu mir auf seinem chaotischen Schreibtisch und telefonierte in fließendem Englisch. Weil ich nicht unaufgefordert mithören wollte, wandte ich meine Aufmerksamkeit dem abstoßenden Raum zu. Trotz der schwülen Warme fröstelte ich. Rondorfs Schreibtisch war aus schwerem, dunklem Holz. Zwischen Bergen von Papier und überquellenden Aschenbechern stand ein Notebook und daneben ein altmodisches, schwarzes Telefon, das er gerade benutzte. Rondorfs Schreibtisch gegenüber stand ein nagelneuer, blank gescheuerter Holztisch, von dem ich vermutete, dass er erst kürzlich für mich angeschafft worden war.

Der Lärm der Straße drang an mein Ohr, und die Mittagshitze nahm unbarmherzig Besitz von dem kleinen Raum. Allein die Vorstellung, jeden

Tag so eng mit Rondorf zusammenarbeiten zu müssen, löste heftigen Widerwillen in mir aus. Zerknirscht setzte ich mich auf einen Stuhl, den ich in einer Ecke neben achtlos an die Wand gelehnten Büchern fand, und beobachtete Rondorf, der keine Anstalten machte, das Gespräch zu beenden und sich mir zuzuwenden. Er schien mich absichtlich zu ignorieren.

Endlich warf er den Hörer ärgerlich auf die Gabel. Dann erst stand er auf und kam, ohne ein Wort zu sagen, auf mich zu. Auch ich erhob mich der Höflichkeit halber und blickte ihm direkt in die Augen. Rondorf war ein attraktiver Mann. Seine ehemals blonden, jetzt von grauen Strähnen durchzogenen Haare waren ein wenig schütter, was seiner rauen Attraktivität allerdings keinen Abbruch tat. Eisblaue Augen blickten aus fast 1,90 Meter Höhe kühl und prüfend auf mich herab. Rondorf besaß Charisma. Auf unheimliche Weise schien er den ganzen Raum zu füllen und mir so gut wie keinen Platz zu lassen. Ich wollte mich dagegen wehren, aber es war bereits zu spät. Ich spürte, dass Rondorf mich einschüchtern wollte. Unwillkürlich hatte ich das Gefühl, als prüfe er gnadenlos, ob ich ihm gewachsen war. Binnen Sekunden hatte er das Büro in eine Arena verwandelt, in der sich nun ein unerbittlicher Zweikampf entwickelte, der von sehr subtilen Regeln bestimmt wurde. Rondorf schaute mich unverwandt an, blickte auf mich herab, wie um mir zu zeigen, dass ich ihm niemals gewachsen sein würde.

Ich hatte keine Wahl. Rondorf hatte mich von der ersten Sekunde, noch bevor wir uns persönlich begegnet waren, in ein Spiel verwickelt, das ich nicht spielen wollte. Rondorfs Blick tat seine Wirkung, denn ich war nicht stark genug, ihm standzuhalten. Unsicher wich ich diesen stahlblauen Augen aus, die mich eindringlich musterten und mir zu sagen schienen: „Das ist mein Territorium!"

Ich war arglos hierher gekommen. Was man sich über Rondorf erzählte, hatte ich für absolut übertrieben gehalten. Rondorf sollte ein schwieriger, aber brillanter Journalist sein. Nun gut, hatte ich gedacht, eine kleine Meise haben wir alle. Das bringt der Beruf mit sich, und wer ein bisschen skurril ist, hat oft ein feines Gespür für interessante Geschichten. Wie zum Teufel hätte ich auf eine solche Situation gefasst sein sollen? Noch stärker als zuvor spürte ich den Impuls, wegzulaufen. Aber mein Wille siegte erneut. Also blickte ich Rondorf so offen wie möglich in die Augen und sagte, während ich ihm provokativ die Hand entgegenstreckte, mit sanfter, aber fester Stimme: „Guten Tag, Herr Rondorf. Ich bin Caroline von Teubner. Ich freue mich auf unsere Zusammenarbeit."

Gleich danach schämte ich mich für die offensichtliche Heuchelei. Rondorf griff achtlos nach meiner Hand und drückte sie rau.

„Ha", brummte er verächtlich. „Nehmen Sie Platz. Ihren Schreibtisch haben Sie ja schon gefunden. Wollen Sie etwas trinken? Tee, Wasser, Cola?"

„Cola, gerne."

Ich ließ mich schwitzend zurück auf den Stuhl fallen, auf dem ich vor dieser anstrengenden Begrüßung gesessen hatte. Rondorf ging in einen Nebenraum und kam mit zwei Gläsern, Eiswürfeln und einer Flasche Cola zurück. Er stellte die Gläser auf meinen Schreibtisch und goss sie bis obenhin voll. Ich hatte nicht den Mut, ihm zu sagen, dass ich kein Eis wollte, weil mein Magen noch nicht an das indische Wasser gewöhnt war. Das hätte Schwäche signalisiert, zumindest hätte Rondorf es so gewertet. Also hielt ich den Mund und schlürfte gegen meinen Willen Cola mit Eiswürfeln.

Rondorf setzte sich auf meinen Schreibtisch und schien sich plötzlich zu erinnern, dass Höflichkeit unser Kennenlernen erleichtern könnte. Mit etwas freundlicherem Blick fragte er: „Sind Sie in Ihrem Hotel gut untergebracht?"

„Ja, bestens, danke."

„Nun, Sie haben eine Woche Zeit, sich eine permanente Bleibe zu suchen."

Er stand auf, ging zu seinem Schreibtisch, fischte erstaunlich zielsicher einen Zettel aus dem Chaos und drückte ihn mir in die Hand.

„Das ist die Adresse eines Maklers, mit dem die meisten Ausländer zusammenarbeiten, wenn sie nach Delhi kommen. Sie können ihn gleich von hier aus anrufen, ich habe Sie bereits angekündigt. Er wird Ihnen ein paar vorausgewählte Wohnungen zeigen. Achten Sie darauf, dass das Apartment bewacht ist und wählen Sie eine gute Gegend. Ich empfehle Greater Kailash oder Defence Colony. Dort sind die Mieten zwar sehr hoch, aber Sie sind wenigstens sicher. Das ist das Wichtigste für eine alleinstehende, ausländische Frau in Delhi."

Alleinstehend klang aus Rondorfs Mund wie eine Krankheit. Argwöhnisch fragte ich mich, woher diese plötzliche Besorgnis rührte. Noch bevor ich antworten konnte, setzte er seinen Monolog fort: „Ich habe gleich noch einen Termin. Nehmen Sie sich diese Woche Zeit für die Wohnungssuche und um sich zu akklimatisieren. Wenn Sie Hilfe brauchen, rufen Sie mich an. Ansonsten sehen wir uns nächsten Montag um neun hier im Büro! Übrigens – entschuldigen Sie die brüllende Hitze. Die AC ist ausgefallen. Sie können mein Telefon benutzen, um den Makler anzurufen. Nächste Woche haben Sie einen eigenen Anschluss."

Während ich noch kombinierte, dass mit AC wahrscheinlich die Aircondition gemeint war, die ich vorhin vermisst hatte, streckte Rondorf mir die Hand zum Abschied entgegen und ging. Als er schon fast aus der Tür war, rief er über die Schulter: „Ihr Büroschlüssel liegt auf dem Tresen. Schließen Sie bitte beide Schlösser ab, bevor Sie gehen."

Mit Rondorf verschwand die unerträgliche Spannung aus dem Raum. Ich sackte auf meinem Stuhl zusammen, erleichtert und erschüttert zugleich. Warum hatte ich mich nur dazu hinreißen lassen, meinen herrlichen Job in Berlin für die Arbeit mit diesem Ekel aufzugeben? Warum nur? Ich versuchte, mich mit der Aussicht zu beschwichtigen, dass es nur zwei Jahre wären, bevor Rondorf in Pension ging. Zwei Jahre konnten endlos lang sein. Warum ich? Ich fühlte mich schon jetzt unterjocht, unfrei und gefangen in einem winzigen Raum, in dem es auch noch laut, stickig und heiß war. Rondorf würde mich unnachgiebig daraufhin prüfen, ob ich eine würdige Nachfolgerin für ihn war. Und ich wusste schon jetzt, wie sein Urteil ausfallen musste. Rondorf würde alles daran setzen, mir zu beweisen, dass ich niemals so gut sein konnte wie er.

Am liebsten hätte ich Julie in Berlin angerufen. Aber dort war es jetzt kurz nach sieben. Julie schlief bestimmt noch. Resigniert trank ich meine geeiste Cola aus und wählte die Nummer des Maklers.

Die Wohnungssuche ging schnell und unkompliziert vonstatten. Mr. Chopra, der Makler, war höflich und zuvorkommend. Er hatte schon am selben Nachmittag Zeit und zeigte mir vier von Rondorf vorausgewählte Objekte. Ich entschied mich spontan für das vierte Apartment, das wir uns ansahen. Es war groß und hell und lag in einer ruhigen Straße in Greater Kailash, ganz in der Nähe des Marktes. Und es stand leer. Ich konnte also nächstes Wochenende einziehen, sobald meine Möbel aus Deutschland da waren.

36

3

Ich nutzte meine freie Woche für Einkäufe und Sightseeing und erkundete die Stadt, in der ich nun zu Hause war. Zunächst besuchte ich verschiedene Tempel und fuhr nach Old Delhi, um Gewürze und Stoffe einzukaufen. Dann sah ich mir die prächtigen Bauten aus der Zeit der Moghul-Herrschaft an: das Rote Fort und Jama Masjid, die größte Moschee Indiens. Zuletzt stand das Taj Mahal in Agra auf meinem Programm.

Ich schloss mich einer Reisegruppe aus dem Hotel an, die am frühen Donnerstagmorgen in einem klimatisierten Reisebus aufbrach. Der Bus war bis auf den letzten Platz mit hektischen Touristen besetzt, die mir schon vor der Abfahrt auf die Nerven gingen. Aus meinem Entschluss, die Reise schlafend zu verbringen, wurde nichts, denn immer wieder wurde ich durch lautes Hupen geweckt oder fast von meinem Sitz geschleudert, weil der Bus ungebremst über ein Schlagloch gefahren war. Also gab ich es auf und schaute aus dem Fenster. Die Gegend um Delhi war keineswegs so trocken und unfruchtbar, wie ich mir vorgestellt hatte, sondern saftig grün. Immer wieder konnte ich einen Blick auf den Fluss Yamuna erhaschen, der in der Sonne glänzte und der Ebene ihre Fruchtbarkeit verlieh. Mit wachsender Begeisterung betrachtete ich die hübschen Dörfer, die an uns vorüberzogen, und amüsierte mich über die heiligen Kühe, die gemächlich die Straße kreuzten, bei der es sich laut Reiseführer um die „einzige autobahnähnliche" in ganz Indien handelte.

Kurz vor Agra erwachten meine Mitreisenden einer nach dem anderen aus ihrer Lethargie, und Mr. Govil, unser Reiseleiter, machte sich bereit für die anstehende Exkursion, indem er sich das blauschwarze Haar kämmte. Ich fühlte mich als sähe ich den Film meiner eigenen Reise nach Indien, einen Film, in dem ich zwar mitspielte, den ich aber gleichzeitig wie ein unbeteiligter Dritter, ein stiller Beobachter, betrachtete. Als solcher erlebte ich alles distanziert und tief berührt zugleich. Meine Wahrnehmung war plötzlich von anderer, intensiverer Qualität.

Der Bus hielt an unserem Ziel, und bevor wir ausstiegen, warnte Mr. Govil uns eindringlich vor Taschendieben und aufdringlichen Souvenir-verkäufern. Wir folgten ihm durch den Torbogen aus rotem Sandstein in die weitläufige Gartenanlage, die das Taj Mahal umgibt. Unter schattigen Säulenarkaden machten wir Halt, um uns anzuhören, was er über diesen Traum von einem Bauwerk zu sagen hatte. Sehen konnten wir es von hier aus immer noch nicht. Es lag hinter einer weiteren Mauer aus rotem Sandstein.

„Meine Damen und Herren, ich hoffe, Sie hatten eine angenehme Fahrt hierher nach Agra. Mehr noch als Delhi repräsentiert Agra das Reich der indischen Großmoguln, die ursprünglich aus Zentralasien nach Indien kamen. Ihre islamische Kultur vermischte sich mit der indischen und brachte Bauwerke hervor, die zu den schönsten und bedeutendsten des Subkontinents gehören, und das, obwohl die Großmoguln nicht einmal zweihundert Jahre lang herrschten und es ihnen nie gelang, ihren Herr-schaftsbereich auf ganz Indien auszudehnen. Agra erlangte seine größte Bedeutung, als Kaiser Akbar zu Beginn seiner Regierungszeit im Jahre 1556 die Hauptstadt des Moghul-Reiches von Delhi etwas weiter südlich nach Agra verlegte. Die neue Hauptstadt stand für sein Bestreben, das Reich nach Süden hin auszudehnen."

Grenzen. Historische Grenzen, kulturelle Grenzen, militärische Gren-zen, nationale Grenzen, persönliche Grenzen, notwendige Grenzen, will-kürliche Grenzen... Warum tauchte dieses Thema immer wieder auf? Es schien sich wie ein roter Faden durch die Ereignisse der letzten Monate meines Lebens zu ziehen.

„Später wählte Shah Jahan, Akbars Enkel, Agra als Standort für das Denkmal seiner ewigen Liebe zu Arjumand Banu, die seit seiner Krönung den Namen Mumtaz Mahal trug. Das bedeutet soviel wie „Erwählte des Palastes", denn obwohl Shah Jahan wie die meisten Moghul-Kaiser einen Harem hatte, in dem mehr als zweihundert Frauen lebten, galt seine Lie-be nur dieser einen. Als Mumtaz Mahal im Alter von nur achtunddreißig Jahren bei der Geburt ihres vierzehnten Kindes starb, trauerte Shah Jahan zwei Jahre lang und ließ dann jenes Bauwerk für sie errichten, das Worte nicht zu beschreiben vermögen und dessen ganze Schönheit von keinem Fotografen der Welt jemals wiedergegeben werden konnte. Es ist ein Meisterwerk der Baukunst, das mit seinen idealen Proportionen perfekte Harmonie zum Ausdruck bringt. Jedes Mal, wenn ich das Taj sehe … und das ist zwei bis drei Mal die Woche …" – die Gruppe lachte –" … denke ich: Diese äußere Schönheit ist der Glanz der Seele. Die Betrachtung des Taj gibt mir immer das Gefühl, dass alles am richtigen Platz ist. Die perfekte Anordnung von Wasserläufen, gezähmter Pflanzenwelt und einem von Menschenhand geschaffenen Mausoleum, errichtet aus den edelsten Materialien, weißem Marmor und Halbedelsteinen, muss man mit eigenen Augen gesehen haben, um seinen ganzen Zauber erfassen zu können. Ich versichere Ihnen, wenn Sie es sehen, werden Sie sich ungläubig, vielleicht sogar sehnsüchtig fragen, ob es eine Liebe wie die, die das Taj Mahal symbolisieren soll, überhaupt geben kann. Sie scheint den göttlichen Funken in jenem entfacht zu haben, der es erbauen ließ. Zwanzigtausend Arbeiter haben mehr als zweiundzwanzig Jahre lang an der Vollendung dieses Monuments gearbeitet, das nach Plänen des Liebenden, Shah Jahan persönlich, entstanden sein soll."

Mr. Govil machte eine Pause, um seine Worte auf uns wirken zu lassen. Als er mit dem Ergebnis sichtlich zufrieden war, fuhr er fort: „Doch leider hat, wie immer im Leben, diese faszinierende Schönheit und bewundernswerte Verehrung auch ihre Schattenseite. Sämtlichen am Bau des Taj Mahal Beteiligten wurden die Hände und Zungen abgehackt, um zu verhindern, dass sie ihr Wissen weitergeben konnten. Das Taj sollte um jeden Preis einzigartig bleiben. Zudem verschlang der Bau des marmornen Grabmals Unsummen von Geld und brachte den Staat unter der Herrschaft von Shah Jahan an den Rand des Ruins. Das ermöglichte seinem machthungrigen Sohn, Aurangzeb, den Vater zu stürzen und ihn für die letzten acht Jahre seines Lebens in einem Zimmer im Roten Fort von Agra einzusperren.

So war Shah Jahan, entgegen seinem ursprünglichen Vorhaben, nicht mehr in der Lage, für sich selbst ein spiegelgleiches Grabmal aus schwarzem Marmor am gegenüberliegenden Ufer des Flusses Yamuna erbauen zu lassen. Statt dessen saß er Tag für Tag in einem Erkerzimmer des Roten Forts, von dem aus er das Denkmal seiner Liebe sehen konnte. Als er die Umrisse des Taj nicht mehr mit bloßem Auge erkennen konnte, zeigte Aurangzeb Verständnis und ließ einen riesigen geschliffenen Diamanten in die Wand des väterlichen Gefängnisses einbauen. Der Diamant spiegelte auf wundersame Weise das sieben Kilometer weit entfernte Grabmal, so dass der Inhaftierte es bis zu seinem eigenen Tod weiterhin täglich betrachten konnte.

Sie haben jetzt Gelegenheit, das Taj Mahal zu erkunden. Wir sehen uns um 14:30 Uhr dort unter dem Baum wieder. Bitte achten Sie darauf, dass Sie nach dem entsprechenden Hinweisschild keine Fotos mehr machen. Vor dem Betreten des Grabmals müssen Sie Ihre Schuhe ausziehen. Man darf das Taj nur barfuß betreten. Bis später!"

Die Gruppe applaudierte. Ich blieb an dem Platz sitzen, den ich mir während des Vortrags unter den Säulenarkaden gesucht hatte. Erst als alle anderen durch den Sicherheitseingang rechts vom Haupttor verschwunden waren und ich mich mit meinen Wahrnehmungen und Gedanken ungestört wusste, näherte ich mich dem Unbeschreiblichen.

Während ich mich langsam auf das weiße Marmorgebäude zu bewegte, dessen Kuppel sich in dem schnurgeraden Wasserlauf davor spiegelte, merkte ich, dass ich in Gedanken unentwegt zwei Sätze wiederholte, die der Reiseleiter gesagt hatte: „Diese äußere Schönheit ist der Glanz der Seele. Die Betrachtung des Taj gibt mir immer das Gefühl, dass alles am richtigen Platz ist." In meinem Inneren breitete sich tiefer, von einer eigentümlichen Wachheit begleiteter Frieden aus. Es war dasselbe Gefühl, dass ich regelmäßig hatte, wenn ich mein Bild mit den blauen Berge betrachtete, jenes Gefühl, das ich niemals mehr verlieren wollte. In diesem Moment gab es nichts auf der Welt außer dem Taj Mahal und mir. Ich war wie in Trance. Als ich die Stufen zum Grabmal erreicht hatte, gab ich meine Schuhe ab und ging, ohne auch nur eine Spur von Schmerz zu empfinden, über den glühendheißen Stein die letzten Stufen hinauf. Jetzt sah ich die Intarsien aus Halbedelsteinen: Blumen und arabische Schriftzeichen in grün, blau, rot und schwarz. Überrascht dachte ich: „Es ist gar nicht rein weiß. Seltsam, dass es aus der Entfernung so wirkt."

Im Inneren des riesigen Gebäudes war es angenehm kühl. Die Särge von Mumtaz Mahal und Shah Jahan standen hinter aus Marmor gemeißelten Gitterwänden nebeneinander. Ihre Liebe, ihre tiefe, zeitlose Verbundenheit füllte den ganzen Raum. Vielleicht war es Einbildung, die mich das spüren ließ, Einbildung, hervorgerufen durch Mr. Govils lebhafte Erzählung. Oder es war die in mir erwachende Sehnsucht nach einer Liebe, die wahrhafte Schönheit und Hamonie sichtbar machen und alles mit allem in Einklang bringen konnte. Nüchtern und kontrolliert ermahnte ich mich, Träume nicht für erfahrbare Realität zu halten. Hatte Mr. Govil nicht auch gesagt: „Doch leider hat, wie immer im Leben, diese faszinierende Schönheit und bewundernswerte Verehrung auch ihre Schattenseite"?

Erst als sich die Grabkammer füllte und flüsternde Stimmen die Ruhe zerrissen, flüchtete ich hinaus ins Freie. Der weiße Marmor reflektierte die Sonne, und die plötzliche Helligkeit traf mich wie ein Blitz. Geblendet suchte ich Halt an einem Geländer. Rechts von mir erkannte ich im Schatten uralter Bäume die Umrisse einer Moschee. Ein herrlicher Platz für eine kurze Rast, dachte ich und lehnte mich erschöpft an einen der Bäume. Dann muss ich eingeschlafen sein. Jedenfalls hatte ich das Gefühl, aus tiefem Schlaf zu erwachen, als ich eine schnelle Bewegung neben mir wahrnahm. Erschrocken fuhr ich hoch. Vor mir saß ein dürrer alter Mann und starrte mich ungeniert an. Er trug traditionelle indische Kleidung: ein langes weißes Hemd über einer schmalen Hose in der gleichen Farbe. Mit vor der Brust zusammengelegten Händen machte er eine kleine Verbeugung und grüßte mich: „Namasté."

Ich erinnerte mich an Mr. Govils warnende Worte und fürchtete die Attacke eines aufdringlichen Händlers. Aber das kindliche Lächeln des Alten ließ meine Abwehr lächerlich erscheinen und so legte auch ich die Hände zusammen und erwiderte seinen Gruß mit ungewohnter Offenheit.

Mit ruhigen, anmutigen Bewegungen öffnete er den flachen runden Korb, den er bei sich trug, holte eine Schlange hervor und hielt sie mir entgegen. Angewidert wollte ich ablehnen, aber der Mann ließ keinen Widerspruch zu und legte mir das Reptil um Arm und Schulter. Der Ekel machte Freude und ehrfürchtiger Verwunderung Platz. Instinktiv wusste ich, dass ich dem Alten vertrauen konnte und die Schlange nicht zu fürchten brauchte. Das Tier wickelte sich geschmeidig um meinen rechten Arm und züngelte mich an. Es fühlte sich kühl und warm zugleich an, geschmeidig und weich, fest und doch biegsam. Mit einem Lächeln dankte ich dem Alten dafür, dass er mir seine Schlange anvertraut hatte. In diesem Moment trafen sich unsere Blicke, und ich war von seinem durchdringenden Blick gefesselt. Er besaß die faszinierendsten Augen, in die ich je gesehen hatte: braun mit einem schmalen blauen Ring, der sich wie ein Band aus Stahl um die Pupille legte, und wenn er lächelte, leuchteten sie in einem tiefen, silbrigen Glanz. Ich war gebannt von der Schönheit dieses alten Mannes, die nicht äußerlich war und gänzlich alterslos wirkte.

„Nur wenige Touristen finden diesen Ort."

Ich schwieg.

„Mein Name ist Baba, was in deiner Sprache ‚Väterchen‘ bedeutet. Seit vielen Jahre lebe ich in der Nähe des Taj. Ich habe dich schon gesehen, als du durch das Eingangstor kamst. Du bist anders als die anderen."

„Wie anders?"

„Du bist wach. Du siehst die Bedeutung hinter den Mauern. Das ist eine sehr große Gabe. Wie heißt du, mein Kind?"

„Caroline."

„Ein schöner Name. Ich glaube, er bedeutet ‚freier Mensch‘."

Und dann sagte der Alte etwas, dessen Bedeutung ich nicht verstand, das aber etwas in mir zum Klingen brachte: „Caroline, in Indien liegt der Schlüssel zu deiner Freiheit."

Unsere Blicke trafen sich erneut, und in diesem Moment spürte ich etwas in mir, das ich noch nie zuvor gespürt hatte. Es kam mir vor, als könne Baba in die tiefsten Tiefen meines Geistes blicken. Und einen winzig kleinen Moment lang sah ich in seinen Augen, was er in mir sah. Er war der Spiegel, der das Unbekannte in mir spiegelte, das Unsichtbare, das Formlose. In ihm sah ich etwas, das jenseits von mir lag, jenseits meiner mir bekannten Persönlichkeit. Dieses Etwas war viel mehr als ich, und doch so etwas wie ich im reinsten, authentischsten Sinne. Im stummen Zwiegespräch mit Baba fühlte ich es mehr, als dass ich es sehen konnte. Ich erahnte es, ohne es wirklich zu erkennen. Es erinnerte mich an die blauen Berge auf meinem Bild und an ein unbeschreibliches Gefühl tiefster Liebe und Glückseligkeit.

Ich hätte schwören können, dass Baba nicht laut zu mir sprach. Es schien, als seien seine Gedanken meine Gedanken. Aber war das überhaupt möglich?

„Du kommst aus einem Land, in dem die Christen immer noch glauben, dass es nur einen einzigen wahren Weg zu Gott gibt. Wie töricht ist diese Einstellung. Keine Religion ist besser als die andere, kein Weg zu Gott ist besser als der andere. Sie alle sind individuelle Wege, die den Einzelnen führen können, wenn er bereit ist, sich führen zu lassen. Kein Weg ist für jeden der richtige. Es ist alles eine Frage der Persönlichkeit, der individuellen Neigungen und Prägungen des Geistes. Letztlich verfolgen alle Religionen nur ein einziges Ziel und liegen nur scheinbar miteinander im Wettstreit. Der Kampf um die Vorherrschaft der einen vor der anderen entspringt der Unwissenheit der Gläubigen. Im Kern sind alle Religionen eins, so wie alle Wesen eins sind. Sie alle weisen einen Weg und stellen die notwendigen Mittel zur Verfügung, um der Wahrheit oder des Göttlichen unmittelbar gewahr werden zu können. Wer sie nur mit dem Verstand begreift, wird niemals erfassen können, welche Kraft sie alle miteinander verbindet, denn er wird nur sehen, was sie voneinander unterscheidet. Nur wer den Punkt sieht, an dem alle Religionen einander berühren, ist der Wahrheit nahe. Die Religionen sind wie die Speichen eines Rades, die sich in der Nabe des Göttlichen treffen.

Indische Weisheitslehrer wie Buddha lehrten die Suchenden, dass der Schlüssel zur Befreiung in ihnen selbst zu finden ist. Buddha sprach nicht von Gott, sondern von Leere, Befreiung und Erlösung."

Mir war, als wolle Baba mir einreden, dass auch ich eine Suchende war, und dieser Gedanke missfiel mir. Ich war glücklich und zufrieden. Mir fehlte nichts. Ich war kein gläubiger Mensch. Und religiös war ich schon gar nicht. Der Begriff „Gott" hatte keine persönliche Bedeutung für mich.

Falls Baba meine Gedanken ebenso wahrnahm wie ich seine, ließ er es sich nicht anmerken. Ungerührt fuhr er fort: „Hier gibt es kein Leben ohne Religion. In Indien sind Religion und weltliches Leben eins. Solltest du gewöhnt sein, religiöse und weltliche Erfahrung voneinander zu trennen, so wirst du in Indien gezwungen sein, beide wieder miteinander zu vereinen. Ein Leben ohne spirituelle Ambitionen und Ziele ist leer und bedeutungslos. Es ist wie ein Bogen, der lasch gespannt und auf kein konkretes Ziel gerichtet ist. Der Pfeil eines solchen Lebens wird irgendwo im Nichts landen. Er wird nichts bewirken, denn ihm fehlt die Kraft, sein Ziel zu erreichen. Und wie das Ziel des Pfeils die Mitte der Scheibe ist, ist das Ziel des Lebens die Erkenntnis der Wahrheit. Leider habt ihr Europäer das längst vergessen. Ihr sucht das Geheimnis des Lebens noch immer in den falschen Dingen und lebt wie im Schlaf. Ihr wollt die Welt erforschen, ohne euch selbst zu erforschen. Ihr geht ständig über Grenzen, ohne euch der

Tatsache bewusst zu sein, dass euch nur die inneren Grenzen, die Grenzen des ‚kleinen' Ichs von dem trennen, was ihr begehrt."

Baba schwieg. Betreten blickte ich auf die Schlange, die sich in meinen Armen zusammengerollt hatte. Lebten wir wirklich wie im Schlaf? Ich glaubte zu verstehen, was Baba mir sagen wollte, aber die Bestimmtheit, mit der er es vorgebracht hatte, schien mir zu vehement. Ich fühlte mich zu Unrecht angegriffen und der Unwissenheit beschuldigt.

„Ich will dich und deine Kultur nicht verurteilen. Ihr seid wie ihr seid, und das ist gut so. Nein, ich will dir, dir ganz persönlich zeigen, was möglich ist, weil ich sehe, dass das, was du bist, dir selbst nicht genug ist. Du hast das Potenzial, die Wahrheit zu erkennen. Du solltest es nicht sinnlos vergeuden oder brach liegenlassen. Suche nach dem verborgenen Shangri-La, das du nur finden wirst, wenn du verstehst, ...wenn du den Schlüssel gefunden hast. Und du wirst ihn niemals im Außen finden."

Wieder schwieg der Alte. Dann hob er einen kurzen Stock vom Boden auf und zeichnete etwas in den roten Sand zwischen uns. Es war eine Schlange, die sich selbst in den Schwanz biss und so einen Kreis beschrieb.

„Suche die Schlange, die sich in den Schwanz beißt. Sie bedeutet Anfang und Ende, Geburt und Tod, Leben und Vergehen, Vereinigung der scheinbar unvereinbaren Gegensätze. Sie ist die Vollendung des Kreises der Verwandlung, das Ende der Transformation. Die Schlange ist Weisheit und die Anwendung dieser Weisheit. Die Schlange ist das Leben in seiner reinsten, vollkommensten Form."

Unvermittelt erwachte die Schlange auf meinem Arm zu neuem Leben. Wie auf einen stummen Befehl hin schlängelte sie sich über mein Knie zurück zu ihrem Herrn. Der Alte öffnete den Korb und ließ sie hinein.

Unsicher wagte ich eine letzte Frage: „Wenn all das wahr ist, woher weiß ich dann, dass ich eine Suchende bin?"

„Der erste Keim des Erwachens ist die Sehnsucht nach Liebe!"

Wie konnte er das wissen? Er musste mich vorhin im Mausoleum beobachtet haben.

Er wartete nicht auf meine Antwort, sondern stand auf, verbeugte sich mit gefalteten Händen und verschwand so lautlos, wie er gekommen war.

Ich war verwirrt und wusste nicht, ob ich geträumt hatte oder ob der Alte wirklich da gewesen war. Ich blickte auf meine Uhr und konnte kaum glauben, dass nicht mehr als eine halbe Stunde vergangen war, seit ich mich unter dem Baum niedergelassen hatte. Ich hätte schwören können, dass der Alte und ich Stunden um Stunden miteinander verbracht hatten.

Ich machte mich auf den Weg zum Ausgang. Bevor ich den Garten um das Taj Mahal durch das Haupttor verließ, schaute ich mich noch einmal nach Baba um, aber er hatte sich anscheinend in Luft aufgelöst. Mir war heiß, ich war todmüde und ich wollte so schnell wie möglich zurück nach Delhi.

Nach und nach fanden sich alle Mitglieder unserer Reisegruppe am vereinbarten Treffpunkt ein. Und während wir noch auf die letzten Nachzügler warteten, unterhielt uns Mr. Govil mit einer Anekdote: „Man erzählt sich, dass im Garten um das Taj Mahal ein alter Schlangenbeschwörer lebt. Der Alte soll Baba heißen, aber man weiß nicht, ob er wirklich existiert, denn niemand hat ihn jemals von Angesicht zu Angesicht gesehen."

Ich horchte auf.

„Wir Inder glauben an die Unsterblichkeit der Seele. Dieser unsterbliche Teil von uns, der immer war und immer sein wird, weiß um das Geheimnis des individuellen Lebens und seiner Rolle im kosmischen Spiel. Man erzählt sich, Baba sei ein Seher, der die Seele eines jeden Menschen erkennen kann, sobald dieser durch jenes Tor tritt. Den von ihm Auserwählten begegnet er in der Nähe des Flusses und erzählt ihnen Dinge, die sie niemals vergessen, aber erst ganz verstehen können, wenn sie den unsterblichen Teil ihrer Seele gefunden haben."

Aus der Gruppe kamen Kommentare wie:

„Das ist doch absurd!"

„Die Inder haben eben eine lebhafte Phantasie!"

„Ich liebe Sagen und Märchen!"

„Das passt zu diesem Ort. Man beginnt zu träumen und verliert die Realität ganz aus den Augen!"

Wie recht sie alle hatten. Ich war dumm. Ich war eine Traumtänzerin. Ich war weltfremd. Ich hatte mich einfach eine halbe Stunde lang in meinen Träumen und Sehnsüchten verloren. Zugegeben, es war seltsam, dass Mr. Govil von Baba erzählte. Aber er war eine Legende, nicht mehr.

Spät am Abend traten wir die Rückfahrt nach Delhi an. Je weiter wir uns von Agra entfernten, desto schwächer wurde meine Erinnerung.

4

eine Möbel aus Deutschland trafen am Freitag-
nachmittag ein. Außerdem hatte die Frau des Mak-
lers eine Notiz in meinem Apartment hinterlassen. Sie wollte am Samstag mit einer geeigneten Haushälterin bei mir vorbeischauen. Ihr Mann
hatte mich davon überzeugt, dass ein indischer Haushalt ohne Haushälterin undenkbar war. Während die Möbelpacker meine Umzugskisten
auspackten, fuhr ich in die Stadt, um ein paar indische Einrichtungsge-
genstände zu kaufen. Ich fand einen Teetisch, silberne Becher und einen bronzenen Buddha von stattlicher Größe und erhabener Schönheit.
Während ich über seine kühle metallene Haut strich, dachte ich: „Buddha,
der Erwachte."

Jemand schien auf meine Gedanken zu antworten. Ich sah das Bild eines sehr vertrauten, weisen Mannes vor meinem geistigen Auge: „Buddha
ist der Erwachte, aber auch du kannst erwachen. Du suchst das Geheimnis
des Lebens noch immer in den falschen Dingen und lebst wie im Schlaf. Es
ist an der Zeit, aufzuwachen."

Plötzlich wusste ich auch, wer da so entschieden mit mir sprach. Es
war Baba, der Schlangenbeschwörer vom Taj Mahal. Krachend fiel der
Bronzebuddha aus meinen kribbelnden Fingern, die plötzlich nicht mehr
greifen konnten. Ich fühlte Hunderte von Augenpaaren auf mich gerichtet.
Ein Verkäufer rannte herbei, hob den Buddha vom Boden auf und fragte
besorgt, ob ich in Ordnung sei. „No problem", gab ich indisch gelassen
zur Antwort.

Der Verkäufer verpackte den Buddha, der den Sturz unbeschadet überstanden hatte, in eine feste Tragetasche und reichte sie mir mit verständnis-
vollem Lächeln. Ich zahlte schnell, um von meiner Verlegenheit abzulenken.

Erst als ich wieder im Wagen saß, entspannte ich mich. Es geschahen seltsame Dinge. Sehr seltsame Dinge.

Kuber fuhr am Connaught Place vorbei. Kurz entschlossen bat ich ihn, am Büro zu halten. Es schien mir eine gute Idee, Rondorf vor dem Wochenende noch einmal aufzusuchen und mein berufliches Engagement zu bekunden. Vielleicht konnte ich mir zur Einarbeitung Material mit nach Hause nehmen. Ich brauchte endlich eine Aufgabe. Mir fehlte die geistige Beschäftigung schon so sehr, dass mir meine Phantasie die übelsten Streiche spielte. Das kannte ich zwar, aber diesmal war es so schlimm wie nie zuvor. Ich stand also wieder ein wenig nervös im schmierigen Flur des N-Blocks und betätigte die Klingel unter dem Messingschild. Mein eigener Schlüssel lag irgendwo in meiner Wohnung.

„Herein! Die Tür ist offen."

Weiter als bis zum Tresen kam ich nicht. Papiere über Papiere lagen kreuz und quer auf dem Boden und auf beiden Schreibtischen. Dazwischen und darauf standen benutzte Kaffeetassen, verschmierte Colagläser und leere Whiskyflaschen. Es roch nach kaltem Rauch, Alkohol und Fett aus dem Fastfood-Restaurant unter uns. Dieser Rondorf war einfach ekelhaft. Und schon stapfte er durch das Chaos auf mich zu. „Waren wir nicht für Montagmorgen verabredet?", fragte er spöttisch grinsend und mit hochgezogener Augenbraue. Dass ihm mein Besuch ungelegen kam, entging mir nicht. „Sie haben uns verabredet", dachte ich.

„Ich war in der Nähe und dachte, ich könnte vielleicht ein paar Unterlagen mit nach Hause nehmen, um mich übers Wochenende vorzubereiten."

„Sehr ambitioniert, Frau Kollegin. Aber ich glaube nicht, dass das nötig sein wird. Ich bin die ganze nächste Woche in Mumbai und Sie haben das Office und alle Unterlagen für sich. Das sollte als Vorbereitung doch wohl genügen, oder nicht?"

Sein Ton ließ mich ahnen, dass er mich für beschränkt hielt und alles andere als kollegiale Zusammenarbeit im Sinn hatte. Auf diese schroffe Unverschämtheit konnte ich nur abweisend reagieren. Ich drehte mich also auf dem Absatz um und rief im Hinausgehen: „Schönes Wochenende, Herr Rondorf!"

Ich war in Rage. So war bisher noch niemand mit mir umgesprungen. Dieser Rondorf weckte meine Wut ebenso wie meinen Kampfgeist. Auf der ganzen Rückfahrt nach Hause murmelte ich vor mich hin: „Dir zeig ich's. Jetzt erst recht. Möge der Bessere gewinnen."

Ich hatte also nicht wirklich etwas zu tun an meinem ersten Wochenende in Delhi. Außer Rondorf kannte ich keine Menschenseele, und die wichtigsten Touristenziele hatte ich bereits erkundet. Um mich zu beschäftigen und das aufkommende Heimweh zu bekämpfen, kaufte ich am Samstagmorgen in aller Herrgottsfrühe nicht nur Lebensmittel, sondern auch Werkzeug und bewaffnete mich gleich nach dem Frühstück mit Hammer und Nägeln, um meine Bilder aufzuhängen. Kaum hatte ich mein Lieblingsbild, den Roerich, im Schlafzimmer aufgehängt, klingelte es.

Zwei Frauen standen vor der Tür. Mrs. Chopra, die Frau des Maklers, trug einen Blütenkranz und ein goldglänzendes Tablett, auf dem zwei Töpfchen standen. Eines davon war mit Reis gefüllt, das andere enthielt eine blutrote, kreidige Paste. Die kleine Frau neben ihr verbeugte sich mit vor der Brust zusammengelegten Händen, als Mrs. Chopra sie vorstellte: „Sahana, Ihre künftige Haushaltshilfe." Dann erklärte sie: „Wir Inder weihen jedes neu bezogene Haus mit einer Puja ein. Das ist ein religiöser Ritus, der das Haus und seine Bewohner segnet und ihnen Glück und Reichtum bringt. Normalerweise macht das ein Priester, aber es kann auch ein älteres Familienmitglied übernehmen. Ich denke, in Ihrem Fall reicht es, wenn das Ritual von einer älteren Freundin durchgeführt wird. Was meinen Sie?" Ich nickte und bat die beiden Frauen herein. Mrs. Chopra sah sich suchend nach einem geeigneten Platz für die Puja um und fand ihn vor dem Buddha, der seit gestern auf dem Teetisch in einer Ecke des Wohnzimmers stand. Sahana breitete eine mitgebrachte Decke vor dem Altar aus, auf der wir alle drei nach Mrs. Chopras Anweisung niederknieten. Mrs. Chopra legte dem Buddha die Blumengirlande um, zündete Räucherstäbchen an, die köstlich nach Sandelholz dufteten, und steckte sie dem Buddha in die gefalteten Hände. Dann legte sie die Hände vor der Brust zusammen. Ich tat es ihr nach. Während sie ein paar Sanskritworte murmelte, spürte ich eine ungeheure Kraft um uns herum. Sie schien den ganzen Raum zu erfüllen, und ich fragte mich staunend, ob eine Segnung eine tatsächlich spürbare Sache war. Während Mrs. Chopra mir viel Glück und Segen in meinem neuen Heim wünschte, tauchte sie den Ringfinger ihrer rechten Hand zuerst in den Reis, dann in das rote Pulver und drückte mir die klebrige Masse schließlich zwischen die Augenbrauen. Ich spürte ein leichtes Kribbeln, einem Ziehen gleich, das mein Bewusstsein augenblicklich auf diesen Punkt, der auch als das Dritte Auge bezeichnet wird, zu konzentrieren schien. Das Kribbeln verschwand, sobald der Druck von Mrs. Chopras Finger nachließ, und ich sah zu, wie Mrs. Chopra die gleiche Geste nun auch bei Sahana ausführte. Dann reichte sie mir das Tablett und bat mich, auch ihr die Segnung zuteil werden zu lassen. Verlegen kam ich ihrer Bitte nach.

Es überraschte mich, wie selbstverständlich Mrs. Chopra sofort nach der Zeremonie zum Alltagsgeschäft überging. Für sie hatte der Ritus offenbar keinen höheren Stellenwert als die nachfolgende Konversation über Sahanas Bezahlung und ihre Arbeitsbedingungen, bei der wir uns schnell und zur Zufriedenheit aller einig wurden.

Mrs. Chopra sah sich bewundernd im Wohnzimmer um.

„Sie haben das Apartment sehr schön hergerichtet."

Ich führte sie und Sahana durch die Wohnung. An der Schlafzimmertür blieb Mr. Chopra wie angewurzelt stehen und starrte verzückt auf den Roerich, den ich gerade über dem Bett angebracht hatte. Ihre Reaktion berührte mich. Da war jemand, der angesichts dieses Bildes genau dasselbe empfand wie ich: Ruhe, Frieden, tiefen Respekt, Freude und Wachheit der Sinne.

„Gefällt Ihnen das Bild?", fragte ich, um das Schweigen zu beenden.

„Woher haben Sie es?", fragte sie zurück.

„Es stammt aus Russland. Ich habe es erst kürzlich auf einer Versteigerung in Berlin gekauft."

„Da haben Sie einen unermesslichen Schatz erworben. Hüten Sie ihn wohl!"

Ihre Worte klangen prophetisch, irgendwie raum- und zeitlos und gerade deshalb so bedeutsam, dass ich den Eindruck hatte, als kämen sie nicht aus dem Mund der Frau, die mir gegenüberstand. Es ließ sich nicht mehr verleugnen: Meinem neuen Leben in Indien wohnte etwas Geheimnisvolles inne, das jede Gelegenheit nutzte, sich bemerkbar zu machen. Überall tauchten Bilder und Vieldeutigkeiten auf. Fremde Menschen sagten mir Dinge, die mich so tief berührten, als kämen sie aus meiner eigenen Seele. Und doch machten sie keinen Sinn, ließen sich nicht einordnen, verstehen oder gar erklären. Zeitweise hatte ich das Gefühl, dass sich meine Grenzen erweiterten oder dass sich etwas in mir unmerklich auflöste, vergrößerte und weitete. Meine Wahrnehmung veränderte sich, wurde zunehmend schärfer und objektiver. Gleichzeitig schlich sich eine grauenhafte Kälte in meine Glieder, die mich regelrecht erstarren ließ. Ich hatte Angst; Angst, den Verstand zu verlieren.

Rondorf trug einen hellen, zerknitterten Sommeranzug und wühlte in dem Wust von Unterlagen auf seinem Schreibtisch. Mein Schreibtisch war leer, mein Telefon angeschlossen und auch der Rest des Büros sah wesentlich besser aus als am Freitag. Rondorf machte sich allerdings nicht die Mühe, sich mir zur Begrüßung zuzuwenden. Er murmelte nur ein kurzes „Guten Morgen" in die vor ihm liegenden Unterlagen und wühlte dann weiter in dem Papierberg, der kurz davor war, vom Schreibtisch zu fallen. Endlich hatte er gefunden, wonach er gesucht hatte. Eilig warf er die Papiere in eine abgegriffene Ledertasche, die er sich unter den Arm klemmte, und erklärte im Telegrammstil: „Ich bin spät dran. Meine Maschine geht in einer Stunde. Freitag bin ich zurück. Wir sehen uns Montag. Und ... machen Sie hier mal ein bisschen Klarschiff!"

Während ich mich scheinbar ungerührt an meinen Schreibtisch setzte, schimpfte ich innerlich: „Bin ich hier die Putzfrau? Verschwinde endlich, Blödmann!"

Treffsicher kombinierte ich, dass die Aufgabe, mit der ich mich nun eine Woche lang vertraut machen durfte, im Aufräumen des Büros bestand, und riss als Erstes alle Fenster auf. Dann suchte ich mir im Branchenbuch einen Reparaturdienst, der die Klimaanlage noch heute in Ordnung bringen konnte, und steckte meine ganze Wutenergie in die rigorose Beseitigung des herumliegenden Unrats. Während ich die zerknitterten Papiere sortierte, stieß ich immer wieder auf Notizen und kopierte Artikel neuesten Datums zu einem Thema: „Die Rolle der Frau in der indischen Gesellschaft". Ich lachte laut. Unvorstellbar, dass der rüde Rondorf sich mit einem so sensiblen Thema beschäftigte. Gerne hätte ich die sortierten Papiere ordentlich abgelegt, aber dieses Büro hatte kein Archiv. Es gab wohl einen Raum mit ausreichend Regalen, aber auch dort lag alles nur wild durcheinander. Selbst Rondorf musste inzwischen den Überblick verloren haben. Und doch: Wenn ich hier irgendwie arbeiten wollte, musste ich diese Sisyphusarbeit hinter mich bringen. Am Donnerstagabend heftete ich mit schweren Gliedern und schmerzendem Rücken die letzten Blätter in einen der von mir persönlich gekauften Ordner. Das Büro erstrahlte in neuem Glanz, und kühl war es auch wieder. Ich war zufrieden.

Das Telefon klingelte. Ich war schon so darauf eingestellt, ausschließlich Rondorfs willkürliche Befehle auszuführen, dass ich ganz selbstverständlich davon ausging, nur er könne am anderen Ende der Leitung sein. Aber es war Philipp Stein aus der Berliner Redaktion.

„Caro, ich wollte mal hören, wie es dir so geht! Was machst du? Wie ist Rondorf? Julie hat mir erzählt, du hättest schon ein Apartment gefunden. Ich soll dir Grüße von Michael bestellen."

Philipp redete wie ein Wasserfall auf mich ein und schien weniger an meinen Antworten als an seinen eigenen Fragen interessiert. Endlich fand ich eine Gelegenheit, ihn zu unterbrechen: „Phil, jetzt mach' mal halblang. Wie soll ich so viele Fragen auf einmal beantworten?"

Philipp lachte glucksend und bat mich zu erzählen, wie es mir bisher ergangen war. Ich versuchte, meine Enttäuschung so neutral wie möglich zu formulieren.

„Carolinchen, Carolinchen, das hört sich an, als müsstest du nun doch endlich erwachsen werden."

Ungehalten maulte ich: „Ich bin erwachsen! So ein dämlicher Kommentar ist das Letzte, was ich zur Zeit gebrauchen kann. Was bist du, mein Freund oder Rondorfs Komplize?"

„So war das nicht gemeint. Du weißt doch, wie sehr ich deine Arbeit schätze. Ich wollte nur sagen, dass du in Indien sicher viel lernen wirst", fügte er schnell hinzu, aber zu spät. Seine Worte hatten mich an meiner empfindlichsten Stelle getroffen, und das wussten wir beide. Schlagartig fühlte ich mich von meiner Angst, meiner Schwäche und meiner Einsamkeit überwältigt. Ich hörte mich in den Hörer jammern: „Phil, kannst du nicht bald mit Julie herkommen? Ich fühle mich so allein. Rondorf ist ein Ekel. Ich brauche jemanden zum Reden, richtig, nicht nur am Telefon."

„Ich werde mit Julie reden. Mal sehen, was sich machen lässt. Aber du weißt ja, der Job lässt mir nicht viel Zeit für private Reisen."

Ich spürte einen fetten Kloß im Hals. Um die Fassung zu wahren, beendete ich das Gespräch abrupt – und bereute es sofort. Bald würde ich vom Alltag meiner Berliner Freunde so weit entfernt sein, dass ich nicht mehr in der Lage war, Freuden, Hoffnungen, Sorgen und Befürchtungen mit ihnen zu teilen. Schon jetzt hatte ich das Gefühl, dass mein neues Leben Philipp so fremd war, dass ich über die für mich wichtigsten Ereignisse gar nicht mit ihm gesprochen hatte.

5

Ich wartete auf einen Brief von Julie, aber in der Post fand ich nichts als eine Flut von Werbung. Gerade wollte ich den gesamten Inhalt meines Briefkastens in den Müll werfen, als eines der Faltblätter meine Aufmerksamkeit erregte. Der indische Ableger einer amerikanischen Frauenzeitschrift veranstaltete in einem großen Hotel in der Stadt die jährliche „Fashion Fair" und lud mich persönlich ein. Da ich sonst nichts zu tun hatte, ließ ich mich am nächsten Tag von Kuber hinfahren. Gelangweilt schlenderte ich zwischen den unterschiedlichsten Messeständen herum: Kosmetika, Haarpflege, Epilation, Schmuck, Schönheitsoperationen, Maniküre... Die Menschenmengen machten mich nervös und die weibliche Schönheitshysterie erst recht. Obwohl ich nichts Bestimmtes erwartet hatte, war ich von diesem seichten, oberflächlichen Programm enttäuscht und nach weniger als einer halben Stunde drauf und dran, der „Fashion Fair" den Rücken zu kehren. Im letzten Moment entdeckte ich eine junge Hostess und fragte sie eher beiläufig nach interessanteren Veranstaltungen. Sie schickte mich in die erste Etage zu einem Vortrag über indisches Scheidungsrecht. Warum eigentlich nicht?

Der Raum war zum Bersten gefüllt. Vor dem Rednerpult stand eine attraktive, hellhäutige Inderin, die sich angeregt mit ein paar jungen Frauen unterhielt. Ich stellte mich als deutsche Journalistin vor und bat um die Erlaubnis, den Vortrag auf Band aufnehmen zu dürfen. Auch meiner Bitte nach einem anschließenden Interview wurde freundlich stattgegeben. Mrs. Singh entpuppte sich als höchst versierte, eloquente Anwältin, deren Ausführungen auch der juristische Laie leicht folgen konnte. Die Scheidungsrate in Indien war in den letzten beiden Jahrzehnten rasant gestiegen und wuchs jährlich um ein Vielfaches. Die gesetzlichen Regelungen sahen eine Ehescheidung zwar grundsätzlich vor, waren aber so veraltet, dass sie den Notwendigkeiten der heutigen Zeit kaum Rechnung tragen konnten. Mrs. Singh bezeichnete die Scheidung gleichzeitig als ein Privileg und ein Problem der städtischen Mittel- und Oberschicht. Junge indische Frauen waren heute bedeutend gebildeter und selbstbewusster als ihre Mütter und Großmütter. Während sich die Frauen früher aus Traditions- und Pflichtbewusstsein in ihre klar definierte Rolle gefügt hatten, brachte das neue Selbstbewusstsein der Frauen vor allem kritische Urteilskraft und den Wunsch nach Selbstverwirklichung und Selbstbehauptung mit sich. Ehen waren kompliziert geworden. Sie forderten auch von den Männern eine Abkehr von tradiertem Rollenverhalten – und drohten an dieser neuen Komplexität zu scheitern.

Ich sah mich prüfend im Saal um. Die hier Versammelten gehörten ohne Zweifel der urbanen Mittel- und Oberschicht an. Goldschmuck und feinste Stoffe deuteten auf überdurchschnittlichen Wohlstand hin. Sie suchten juristischen Rat bei Mrs. Singh, applaudierten heftig und emotional, als sie ihren Vortrag beendet hatte, und drängten sich in Scharen um sie, um Fragen zu stellen und Termine zu vereinbaren. Erst als sich der Tumult um Mrs. Singh ein wenig gelegt hatte, kam ich näher und lud sie zu einer Tasse Tee ein. Während wir uns durch die noch diskutierende Menge drängten, verteilte die junge Anwältin unermüdlich Visitenkarten.

„Sie haben heute sicher viele neue Klientinnen gewonnen. Ihr Vortrag war hervorragend", lobte ich. Wir fanden einen Tisch in der Nähe des Fensters.

„Welchen Eindruck haben Sie von den indischen Frauen, Miss von Teubner?"

„Spontan scheint es mir, als suchten sehr viele von ihnen nach einer neuen, einer eigenen Identität. Ich bin sehr beeindruckt von der Art und Weise, wie diese Suche, dieser Wandel vonstatten geht."

Mrs. Singh lächelte. „Ja, wir suchen eine neue Identität. Das ist die eigentliche Ursache der vielen Konflikte und leidvollen Trennungen. Scheidung ist nur das sichtbare Ergebnis gescheiterter Konfliktlösung. Es ist, als hätten wir zum ersten Mal in der Geschichte die Wahl, zu entscheiden, was wir wirklich wollen. Es ist wie ein kollektives Erwachen, und für den Einzelnen kann es sehr schmerzhaft sein. Wie werden Sie Ihren deutschen Lesern das Thema präsentieren?"

Eigentlich war es ja Rondorfs Thema. Doch plötzlich begann es, mich selbst zu interessieren. Ich redete ohne nachzudenken: „Grundthema soll die neue Rolle der indischen Frau in der Gesellschaft sein. Ein wichtiger Aspekt ist sicher der sozialwissenschaftliche, den Sie vorhin angesprochen haben: der Wandel der traditionellen Rolle in Abhängigkeit von der sozialen Schicht oder Kaste. Eher emotional könnte die Frage interessant sein, warum eine wachsende Zahl von deutschen Frauen wieder nach der Geborgenheit in einer festen ehelichen Partnerschaft sucht, während die Inderinnen aus dieser auszubrechen versuchen."

Wir diskutierten angeregt über mögliche Gründe für eine solche Entwicklung. Noch immer war die Ehe in Indien vor allem ein soziales Arrangement auf der Basis reiner Vernunft. Die Liebesheirat, wie wir sie kennen, kam zwar immer häufiger vor, war aber für die meisten nach wie vor ein sentimentales Ideal, das sich nur selten als alltagstauglich erwies. Je mehr Wert auf materiellen Wohlstand gelegt wurde, desto größere Bedeutung hatte die Mitgift, was soweit gehen konnte, dass Frauen zur reinen Handelsware für skrupellose Mitgiftjäger wurden. Auch die zunehmende Orientierung an westlichen Werten führte zu Problemen. Es schien, als seien die Inder plötzlich bereit, ihre Jahrtausende alte Kultur hinter sich zu lassen und westlichen Lebensmodellen zu huldigen, die materiellen Wohlstand und romantische Liebe über alles andere stellen. Daraus ergaben sich groteske Unstimmigkeiten, zum Beispiel die, dass Frauen auf der einen Seite zu einer Art Handelsware gemacht wurden und man ihnen auf der anderen Seite den Traum von der glücklich machenden Liebesheirat vorgaukelte.

Mrs. Singh beurteilte das Thema sehr einfühlsam: „Die Menschen suchen nach Glück und Zufriedenheit. Doch die Mittel, die sie einsetzen, um dieses Glück zu bekommen, machen sie oft nur noch unglücklicher, zerrissener und orientierungsloser. Sie scheinen gar nicht zu wissen, was Glück bedeutet und wie man es findet."

Ich nahm ihre Worte mit wachsendem Interesse auf. Sprach sie etwa auch von den Grenzen des „kleinen" Ichs, von denen der alte Schlangenbeschwörer gesprochen hatte? Die Welt, in der wir leben, gibt uns Werte und Wünsche mit, und oft wissen wir nicht, ob es unsere eigenen oder fremde sind. Wir alle sind eingeschränkt durch das soziale Gefüge, in dem wir aufgewachsen sind, durch gemeinschaftliche und persönliche Werte,

Erfahrungen, Erwartungen, Hoffnungen und Befürchtungen. Und nur allzu gern würden wir diese Grenzen überschreiten. Wir fühlen uns als Gefangene eines fest gefügten sozialen Systems, in dem es keinen Raum für individuelle Entfaltung und persönliche Freiheit gibt. Aber vielfach besteht der Preis der Veränderung in vollkommener Grenzenlosigkeit oder im Übernehmen von Werten, die nicht der eigenen Natur entsprechen, und das bedeutet den völligen Verlust der eigenen Identität. Auf unserer richtungslosen Suche sind wir blind bereit, andere Glaubens- und Sozialsysteme zu übernehmen, ohne uns zu fragen, wer wir eigentlich sind, wo unsere Wurzeln liegen und was wir selbst wollen. War es mir nicht mit meinem verzweifelten Wunsch nach einer neuen Herausforderung ebenso ergangen? Ich hatte ausbrechen wollen aus der Berechenbarkeit, aus der engen Tradition meines eigenen Lebens, und sah mich nun in ein gänzlich fremdes Leben versetzt. Würde ich richtungslos umherschwimmen oder indische Werte zu meinen eigenen machen, nur um mich sicher zu fühlen?

„Miss von Teubner?", hörte ich Mrs. Singhs Stimme.

„Entschuldigen Sie. Ich war ganz in Gedanken."

„Seit wann sind Sie in Indien?"

„Seit nicht ganz zwei Wochen."

„Es müssen sehr viele Eindrücke sein, die Sie in diesen Tagen zu verarbeiten haben. Dann ist das, was ich gerade zu erklären versuchte, bestimmt sehr schwer verständlich für Sie."

„Ganz im Gegenteil. Das Thema berührt mich sehr persönlich. Es macht sehr viel Sinn."

Eine noch vage Vermutung kam mir in den Sinn: Betrafen die Fragen, mit denen ich in Bezug auf die indische Gesellschaft konfrontiert wurde, nicht auch meine persönliche Entwicklung? Sprach Sangeeta Singh nicht nur über die indischen Frauen, sondern auch über mich? War es möglich, dass alles, was ich erlebte, und alles, was ich dachte und fühlte, miteinander korrespondierte? Innen und Außen waren plötzlich nicht mehr so eindeutig und klar voneinander zu trennen, wie ich es gewohnt war. Ein unbeschreibliches Gefühl der Sinnhaftigkeit und Verbundenheit mit den äußeren Umständen erfüllte mich mit Staunen und stiller Freude.

Mrs. Singh überreichte nun auch mir ihre Visitenkarte. „Mein Mann und ich geben nächsten Samstag eine Dinner-Party. Ich würde mich freuen, wenn Sie kämen! So gegen acht?" Vor dem Eingang des Hotels verabschiedeten wir uns. Sangeeta Singhs leichter Gang zeugte von einer gelassenen Selbstbewusstheit. Sie war eine schöne Frau – und sie hatte mich tief beeindruckt.

6

n meinem Eifer bemerkte ich nicht, dass ich zwei
kapitale Fehler gemacht hatte. Erstens hatte ich
Rondorfs Refugium durch meine Säuberungsaktion verändert und ihm
meine Ordnung aufgezwungen. Zweitens hatte ich sein neues Reportagethema unerlaubt zu meinem eigenen gemacht. Als ich das Büro gut
gelaunt betrat, würdigte mich Rondorf keines Blickes. Er hämmerte, das
Zweifingersystem perfekt beherrschend, auf seinen Computer ein und
ignorierte mich angestrengt. Selbst als ich uns einen indischen Instant-
Kaffee mit viel Zucker und Milch kochte, wie ich es von Sahana gelernt
hatte, grunzte er nur und strafte mich weiterhin mit Nichtachtung. Ich
nahm meine Notizen zur Hand und las den fertigen Bericht noch einmal
durch, nur um etwas zu tun zu haben und meine Unsicherheit zu überspielen. Was sollte ich bloß tun? Ich musste versuchen, so offen und
unbefangen wie möglich mit Rondorf zu reden, um seinen Einschüchte-
rungsversuchen keine Nahrung zu geben. „Waren Sie in Mumbai, um für
Ihren Artikel über die Rechte der indischen Frauen zu recherchieren?",
fragte ich freundlich.

Rondorf machte sich endlich die Mühe, kurz aufzusehen. „Frau von
Teubner, ich arbeite, wie Sie sicher sehen. Und wenn ich arbeite, möchte ich nicht gestört werden. Doch bevor Sie unnütz hier herumsitzen
und Löcher in die Wand starren, können Sie ein paar Anrufe für mich
erledigen."

Es war nicht zu fassen. Er degradierte mich schon wieder zu seiner
Hilfskraft. Ich fühlte mich entmündigt, gedemütigt und kontrolliert. Genervt hielt er einen Zettel hoch. Es dauerte einige Sekunden bis ich verstand: Ich sollte aufstehen und mir meine Arbeit abholen.

Auf dem Zettel hatte er in schwer leserlichem Gekritzel eine Liste von Frauenorganisationen zusammengestellt. Dahinter stand in dicken Blockbuchstaben: Terminvereinbarung! Unter Rondorfs kritischem Blick telefonierte ich die Liste durch. Weil ich wusste, dass ich ihm nichts Recht machen konnte, versuchte ich es gar nicht erst und ließ mir gleichgültig von jeder Organisation einen Termin nennen. Die Liste sprach Bände über Rondorfs Artikel: Women's Commonwealth Association, Women's Help the Hungry, British Council for Women's Studies und last, but not least, Women's Entrepreneur Society. Konservative Schiene. Einen Moment lang kam mir Rondorf selbst fast unwirklich vor, eher wie ein Prototyp als wie ein real existierender Mensch. Er war dominant, herrschsüchtig, aufbrausend, cholerisch, ein John Wayne mit Füllfederhalter. Themen wie politische Entwicklungen, der Indien-Pakistan-Konflikt, ökonomische Bestrebungen Indiens, Indien als Schwellen- oder Entwicklungsland hatten ihm seinen Ruf als brillanter Schreiber eingebracht. Warum schrieb er an diesem Thema? Warum so undifferenziert, wie ich vermutete? Und warum zum Teufel war ausgerechnet ich an ihn geraten?

Rondorf klimperte noch gegen Mittag auf seiner Tastatur. Obwohl es im Raum angenehm kühl war, standen ihm Schweißperlen auf der Stirn. Die knautschige Jacke seines einzigen Anzugs hing achtlos über der Lehne seines Stuhles. Ich nahm mir ungefragt das Recht, eine ausgiebige Mittagspause zu Hause zu verbringen. Wortlos legte ich ihm die abtelefonierte Liste nebst Terminen und meinen Wochenendbericht auf den Schreibtisch und verschwand. Wenn er Schweigen wollte, konnte er Schweigen haben.

Zwei Stunden später traf mich fast der Schlag. Rondorf musste während meiner Abwesenheit wie ein Hurrikan gewütet haben. Überall waren Zettel und Stifte verstreut und meinen Schreibtisch hatte er ebenfalls wieder okkupiert. Er selbst war nicht zu sehen, und auch seine knautschige Jacke hing nicht mehr über dem Stuhl. Ich erlaubte mir einen lautstarken Tobsuchtsanfall. Keine Tränen, nur Wut. Nachdem ich mich ausgetobt hatte, entdeckte ich auf meinem Schreibtisch eine Mappe, an der ein Zettel mit Instruktionen im üblichen Telegrammstil befestigt war: „Korrektur lesen!" Die Verachtung, die Rondorf mir gegenüber in jedem Wort und jeder Geste zum Ausdruck brachte, machte mich rasend. Ich konnte einfach nicht mit ihm zusammenarbeiten, wenn ich noch einen Funken Selbstachtung besaß.

Erst nach einem weiteren Kaffee hatten sich meine Nerven so weit beruhigt, dass ich mich den Korrekturfahnen widmen konnte, ohne sie vor Wut zu zerreißen. Rondorf berichtete langatmig und schleppend. Aus seiner Sicht waren die gegenwärtigen Probleme der indischen Frauen kein Resultat ihrer Suche nach einer neuen Identität, sondern eine Folge dessen, was er als „weiblichen Egoismus" bezeichnete. Die Frauen lehnten sich gegen gute und bewährte Traditionen auf, und das war die Wurzel allen Übels. Keine Spur von Rondorfs brillanter sprachlicher Prägnanz. Er schrieb wie ein Inquisitor, selbstgerecht und verurteilend. Mit jedem Wort, das ich las, verschwand ein weiteres Stück des Respekts, den ich einmal vor ihm als dem Erfahreneren gehabt hatte. Endlich begann ich zu begreifen, wie Rondorf tickte. Ich las nüchterner Korrektur und strich gnadenlos alle Fehler und schiefen Formulierungen an. Als ich die Korrekturfahne wieder auf seinen Schreibtisch legte, entdeckte ich zufällig meinen, in kleine Schnipsel gerissenen Bericht in seinem Papierkorb. Das war zuviel der Respektlosigkeit.

Kuber fuhr mich nach Hause, aber ich fand keine Ruhe. Nervös rannte ich von Zimmer zu Zimmer, stellte erst den Fernseher an, dann Musik und griff schließlich nach dem Telefon, um Julie in Berlin anzurufen. Aber was sollte ich ihr erzählen? Und was erwartete ich von ihr? Mitleid? Eine Lösung? Wer außer mir selbst konnte eine Lösung für mein Problem finden?

In ungewohnt harschem Befehlston pfiff ich Kuber heran und ließ mich im Jogginganzug in die Lodi-Gärten fahren. Bei Frust half nur Laufen. Schon nach wenigen Metern fühlte mich wieder frei von dem Zwang, zu denken, eins mit mir selbst, mit meinem Körper und der Natur. Rondorf war weit weg und unwichtig. Ich verlangsamte meine Schritte, als ein Gebäude in einem Bambushain meine Aufmerksamkeit auf sich zog. Das musste das Grabmal eines Lodi-Kaisers sein. Das schmutzige, leicht verfallene Sandsteingebäude lag auf einer kleinen Anhöhe und schien im abendlichen Sonnenlicht von innen heraus zu leuchten. Ich entdeckte eine Tür und unterbrach meinen Lauf, um die Quelle dieses Leuchtens ausfindig zu machen. Es dauerte einen Moment, bis sich meine Augen an die Dunkelheit gewöhnt hatten. Etwas flatterte wild auf mich zu. Eine Fledermaus. Dutzende von ihnen hingen schlafend an der Decke. Ihr Dung verbreitete einen scharfen Gestank. Angeekelt steckte ich die Nase in mein T-Shirt.

Der steinerne Sarkophag stand nur wenige Schritte vor mir, und als ich näher trat, traf mich fast der Schlag. Er war mit einem Relief geschmückt: eine Schlange, die sich in den Schwanz biss... Mit einem seltsamen Gefühl der Wehmut ließ ich meine Hände darüber gleiten. Die Schlange beschrieb einen vollkommenen Kreis, und mir war, als erwache sie durch meine Berührung zum Leben. Es war Babas Schlange, die ich auf dem Arm gehalten hatte. Meine Begegnung mit Baba war kein Traum gewesen. Baba war Realität. Nicht anders, nicht weniger als Rondorf. Warum fiel es mir nur so schwer, das zu glauben?

Wieder strich ich sanft über das Relief und hatte plötzlich das vage Gefühl, dass dieses Symbol etwas in mir ansprach, das mir bisher fremd gewesen war. Der Anblick der Schlange zog mich nach innen. Sie wirkte wie mein Bild der blauen Berge und sogar noch intensiver, noch mitreißender, noch verführerischer. Ich war auf einmal ganz sicher, dass dieses unfassbare Etwas der eigentliche Grund für meine Reise nach Indien war. Es war wie ein lautloser Ruf, den ich nur vernehmen konnte, wenn ein Symbol ihn hörbar werden ließ. Es kam mir vor, als wisse ich längst um die symbolische Bedeutung der Schlange und hätte sie nur vergessen. Die Schlange schien eine eigenartige Macht über mich zu haben. Ihre kreisförmige Windung war wie ein Strudel, der mich tiefer und tiefer in mein eigenes Inneres zog. Ich fürchtete, mich in der inneren Dunkelheit zu verlieren. Energisch kämpfte ich gegen den aufkommenden Schwindel an und schleppte mich mühsam ins Freie. Vor dem Gebäude fiel ich schwer atmend ins Gras.

Ich hatte vorgehabt, heute genau das Spiel zu spielen, das Rondorf gestern mit mir gespielt hatte: Ignorieren. Aber er machte mir einen Strich durch die Rechnung. Kaum war ich im Büro, kam er mir leutselig entgegen: „Trinken Sie auch einen Kaffee?"

Ich erwartete, dass er mich in die Küche schickte. Falsch. Rondorf machte Kaffee. Nach wenigen Minuten kehrte er mit zwei dampfenden Tassen zurück, nur um mich noch mehr zu überraschen: „Übrigens, danke für die Überarbeitung. Sie haben mir sehr geholfen."

Mir fiel keine Antwort ein. Ich war seinen Launen ausgesetzt wie ein Fähnlein dem Wind. Rondorf schmierte mir Honig ums Maul: „Auch Ihr Bericht war hervorragend. Warum haben Sie mir nicht von Ihrem Interview erzählt?"

In mir schimpfte es: „Klar war mein Bericht hervorragend. So hervorragend, dass du ihn in den Papierkorb geworfen hast." Und dennoch taten mir Rondorfs Worte gut. Ich gierte förmlich nach seinem Lob und seiner Anerkennung. Mit jedem freundlichen Satz aus seinem Mund wich meine vorsichtige Zurückhaltung. Ich wollte so gern glauben, dass er es ehrlich meinte. Mein Selbstbewusstsein erlebte einen ungeahnten Aufschwung, als Rondorf mich bat, am Nachmittag einen Termin bei der Gattin des Britischen Botschafters für ihn wahrzunehmen. Das war eine wahrhaft steile Karriere: binnen zwei Wochen, von der Putzfrau über die Sekretärin zur offiziellen Stellvertreterin. Und doch blieb ich argwöhnisch. Meine innere Stimme sagte mir, dass ich Rondorf nicht vertrauen konnte. Sobald er das Büro verlassen hatte, rief ich Philipp in der Berliner Redaktion an und bat ihn um einen Gefallen. Er sollte für mich ausspionieren, an welchem Thema Rondorf momentan arbeitete. Philipp meldete sich ansteckend gut gelaunt: „Berliner Redaktion des Magazins, Stein am Apparat. Was kann ich für Sie tun?"

„Philipp, ich bin's, Caro."

„Caro. Schön, dass du anrufst. Wie geht es dir?"

Ehrlich antwortete ich: „Gut und schlecht", und sprach, ohne Philipps Reaktion abzuwarten, von meinem Unbehagen gegenüber Rondorf, von seiner ruppigen, unberechenbaren Art, dem Mangel an selbständiger Arbeit, unter dem ich litt, von meiner Befürchtung, es mit Rondorf keine zwei Jahre auszuhalten, von meiner Einsamkeit und dem Verdacht, dass Rondorf mich absichtlich verunsicherte und einschüchterte. „Ich wundere mich über Rondorfs unorthodoxe Arbeitsweise. Er schreibt seit Wochen wie ein Besessener an einem Artikel, den man in zwei Wochen fertig haben könnte. Er reist nach Mumbai, angeblich geschäftlich, aber ich sehe keinen Bezug zu seinem aktuellen Reportagethema. Immer wieder schickt er mich weg oder gibt mir sinnlose Aufgaben, als wolle er mich loswerden. Könntest du für mich herauskriegen, welchen Beitrag Rondorf als nächstes plant?"

Phil äußerte berechtigte Bedenken: „Willst du wirklich hinter seinem Rücken Nachforschungen über ihn anstellen? Was ist, wenn er dahinter kommt, wo er dir doch jetzt schon das Leben zur Hölle macht?"

Das Risiko musste ich eingehen. „Rondorf verkauft mich für dumm. Ich muss herausfinden, was hier vor sich geht. Nur dann habe ich eine Chance zu bestehen."

„Sprich doch mit Herrn Aurich über dein Problem", schlug Philipp vor.

„Unmöglich. Was soll ich ihm sagen? Entschuldigen Sie bitte, Herr Aurich, ich bin zwar erst seit zwei Wochen in Delhi, weiß aber bereits sicher, dass ich der Aufgabe nicht gewachsen bin. Rondorf und ich kommen nicht miteinander klar. Außerdem habe ich das Gefühl, dass Rondorf etwas vor mir verheimlicht. Ich würde mich lächerlich machen, Philipp."

„Also gut, Caro. Ich will sehen, was ich für dich tun kann. Ich melde mich! Pass auf dich auf!"

Das schmiedeeiserne Tor der British High Commission öffnete sich wie von Geisterhand, nachdem ich dem Wachmann meinen Presseausweis vorgelegt hatte. Mrs. Montgomery erwartete mich. Rondorf musste mich also angekündigt haben.

„Herzlich willkommen. Ich freue mich über Ihren Besuch, Miss von Teubner."

Sie bat mich zum Tee in den Salon. Während sie das Personal instruierte, schaute ich mich um. Das Zimmer war geschmackvoll eingerichtet. Englische und indische Antiquitäten mischten sich in perfekter Kombination. Durch eine große Schiebetür hatte man einen freien Blick in den gepflegten Garten. Ich sah einen Pool und einen riesigen Teich, in dem überdimensionale Seerosen blühten. Über dem Rasen flimmerte die schwüle Hitze. Im Raum sorgte ein langsam rotierender Deckenventilator für kühle Frische. Es dauerte nur wenige Sekunden, bis der Tee serviert wurde. Mrs. Montgomery schenkte zwei Tassen ein und bot mir englisches Gebäck an.

„Sind Sie schon lange in Indien, Miss von Teubner?"

„Nein, erst seit zwei Wochen. Ich lebe mich noch ein."

„Ja, Indien ist sehr fremd für uns. Meine ersten Wochen hier waren die interessanteste Zeit meines Lebens. Und wenn ich interessant sage, meine ich alles andere als einfach. Ich war hin und her gerissen zwischen Faszination und unerträglicher Irritation. Ein paar Mal war ich kurz davor, meinen Mann in Indien zu lassen und allein nach England zurückzukehren. Die Hitze machte mich krank, der Gestank ekelte mich an, die Unzuverlässigkeit und die Geldgier der Inder ging mir auf die Nerven. Und gleichzeitig war ich wie verzaubert von ihrer Anmut, ihrer Schönheit, ihrer unerschütterlichen Gelassenheit und ihrer tiefen Spiritualität. Nun leben wir schon drei Jahre hier, und ich kann mir nicht vorstellen, Indien jemals leichten Herzens zu verlassen."

„Wie alt sind Sie?", rutschte es mir heraus. Die Frage war völlig unpassend. Ich schuldete der Gattin des Botschafters mehr Respekt. Leider war es zu spät, die flapsige Bemerkung zurückzunehmen, aber Mrs. Montgomery schien mir den Fauxpas nicht übel zu nehmen. Sie lachte über meine Impulsivität. „Ich bin sechsunddreißig. Mein Mann ist zwanzig Jahre älter als ich. Dies ist sein dritter Botschafterposten. Zuvor war er in Paris und Mombasa. In Kenia haben wir uns kennen gelernt. Ich habe dort als Ärztin für eine Hilfsorganisation gearbeitet." Mrs. Montgomery unterbrach sich. „Aber Sie sind bestimmt nicht gekommen, um über meine Lebensgeschichte zu plaudern. Wie ich höre, arbeiten Sie an einem Artikel über die Rechte der indischen Frauen?"

„Ja, das ist richtig." Ich erzählte ihr von meinem interessanten Ausflug zur Fashion Fair und von Mrs. Singh, der ich dort begegnet war. Erfreut rief Mrs. Montgomery: „Ah, Sie kennen Mrs. Singh bereits. Ihren Namen hätte ich Ihnen als ersten genannt. Sie ist eine hervorragende Anwältin, die sich sehr für die Rechte der Frauen einsetzt. Wir haben schon viele interessante Veranstaltungen gemeinsam besucht und organisiert."

„Mrs. Singh und ich sprachen darüber, dass die indische Frau auf der Suche nach einer eigenen Identität zu sein scheint."

„Suchen wir nicht alle nach einer eigenen Identität?", sagte Mrs. Montgomery nachdenklich. „Indien ist ein hervorragendes Beispiel dafür. Dieses Land hatte niemals wirklich die Chance, eine eigene, gemeinsame Identität zu finden. Erst seit 1947, also seit seiner Unabhängigkeit, ist Indien ein Staat mit einer zentralen Regierung. Das hat es in der ganzen Geschichte des Subkontinents nicht gegeben. Früher bestand das Land aus zahlreichen Fürstentümern mit zum Teil sehr unterschiedlichen Sitten, Gebräuchen und Sprachen. Auch die Briten haben es nicht geschafft, über ganz Indien zu herrschen, wohl aber gelang es ihnen, dem Land eine einheitliche Verwaltungsstruktur zu geben, die Verkehrsverbindungen, vor allem das Eisenbahnnetz, auszubauen sowie ein staatliches Rechts- und Bildungswesen einzuführen. Ich selbst würde diese Errungenschaften nicht pauschal als positiv bezeichnen. Einem Land, dessen Wesensmerkmal die Vielfalt ist, das aus den unterschiedlichsten Bevölkerungs- und Glaubensgruppen besteht, wurde systematisch ein europäisches System übergestülpt, das seiner Vielfalt nicht gerecht werden konnte. Wäre es nicht besser gewesen, eine den indischen Bedürfnissen und der indischen Vielfalt entsprechende Verwaltungsstruktur zu schaffen? Aber hätten die Briten das für Indien tun können? Muss so etwas nicht vielmehr wachsen? Sich selbst entwickeln?

Meines Erachtens hat Indien erst heute die Chance, seiner eigenen Vielfalt gerecht zu werden. Unabhängig kann ein Land nur sein, wenn es seine Identität kennt und akzeptiert. Wer oder was ist dieses Indien, das frei und unabhängig sein will? Manchmal glaube ich, die Inder wissen es selbst nicht. Ist es nicht paradox, dass Indien in seiner ersten Verfassung von 1950 fast alle von den Briten geschaffenen Institutionen übernahm? Ist die Verfassung eines Landes nicht so etwas wie sein Herz? Wenn die Verfassung eines Landes, das sich gerade befreit hat, auf dem aufbaut, was die ehemaligen „Unterdrücker" hinterlassen haben, hat sich das Herz des Landes noch nicht befreit. Vielleicht ist das die Ursache vieler typisch indischer Probleme. Und da wären wir auch wieder bei den Rechten der Frauen… Hat sich deren Herz wirklich schon befreit? Kennen sie sich selbst und ihre eigenen Bedürfnisse?"

Mir war, als stelle Mrs. Montgomery mir diese Frage. Kannte ich mich und meine eigenen Bedürfnisse? Nachdenklich blickte ich hinaus in den Garten. Mrs. Montgomerys Worte hatten mich tief berührt: Nur ein befreites Herz ist wahrhaft unabhängig. Wieder spürte ich diese eigenartige Wachheit, die mir inzwischen schon vertraut war. Und wieder dachte ich: Die Ereignisse und meine persönlichen Fragen und Probleme passen auf magische Weise zusammen. Alles schien durch einen roten Faden miteinander verbunden und hatte einen tieferen Sinn. War es das, was Baba als Erwachen bezeichnet hatte? Ein eigenartiges, tieferes Erkennen? Innere Führung? Es war mehr als bloßes Verstehen, mehr, als sich durch logische Schlussfolgerungen ergründen ließ. Es lag hinter dem Beweisbaren und entsprach eher einem tiefen Gefühl, einem unerklärlichen Wissen, das sich auf das richtige Stichwort hin auftat. Dieses Wissen erfüllte mich mit einer tiefen Freude und eigenartiger Sicherheit. Mir war plötzlich klar, dass ich herausfinden musste, wer ich wirklich war. Ich musste herausfinden, ob ich wirklich frei und unabhängig war. War ich ein „freier Mensch" mit einem befreiten Herzen?

„Was denken Sie?", unterbrach Mrs. Montgomery mein inneres Zwiegespräch.

„Ich bin zum ersten Mal glücklich, in Indien zu sein!"

„Hätten Sie Lust, sich das Haus und den Garten anzusehen?"

Gern folgte ich meiner Gastgeberin durch ihr stilvolles Heim. Im
Garten nahmen wir einen Drink am Pool und gerieten unmerklich in
ein immer persönlicher werdendes Gespräch, in dessen Verlauf Mrs. Montgomery mich spontan einlud, zum Abendessen zu bleiben. Bald nannten
wir uns beim Vornamen, und unsere Unterhaltung wurde von Minute zu
Minute vertrauter. Ich erzählte Elly, warum ich nach Delhi gekommen war,
und sprach auch von der Unzufriedenheit und dem Wunsch nach einer
neuen Herausforderung, die dem Angebot des Magazins vorausgegangen
war. Zum Abendessen tranken wir Rotwein. Nach dem zweiten Glas hörte
ich mich plötzlich fragen: „Haben Sie schon einmal von einem Ort namens
Shangri-La gehört?"

Elly legte ihr Besteck zur Seite. „Wie kommen Sie darauf?"

„Der Name ist mir in Indien zum ersten Mal begegnet. Ich wüsste gern
mehr über seine Bedeutung."

Trotz der Vertrautheit, die ich Elly gegenüber empfand, und der Offenheit, mit der wir redeten, zögerte ich, ihr von meiner Begegnung mit dem
weisen Alten vom Taj Mahal zu berichten. Die Frage nach Shangri-La hatte
mich schon genug Überwindung gekostet.

„Soweit ich weiß, wird Shangri-La immer in Verbindung mit Argatha
und Shambhala genannt, verborgenen Städten im Himalaja, von denen
niemand so recht weiß, ob es sie wirklich gibt. Diesen mystischen Orten
soll eines gemeinsam sein: Es sind Orte fast übermenschlichen Wissens,
beinahe so wie die sagenumwobene Himmelspforte, ein spirituelles Reich
jenseits der profanen und alltäglichen Welt. Shangri-La ist so etwas wie
das keltische Avalon. Ein Ort, der im Nebel liegt und allen verborgen bleibt,
die nicht eingeweiht sind."

„Ein bloßer Mythos also." Ich war enttäuscht.

„Mythos ist sicher die beste Beschreibung, aber Mythen enthalten
sehr viel Wahrheit, Caroline. Das lernt man nirgendwo besser als in
Indien."

Sollte ich Elly auch nach dem Schlangensymbol fragen? Die Worte
des alten Schlangenbeschwörers hallten in mir wider: „Suche nach dem

verborgenen Shangri-La, das du nur finden wirst, wenn du verstehst, ...
Suche die Schlange, die sich in den Schwanz beißt."

Einem inneren Zwang folgend, fragte ich Elly: „Sind Sie in Indien schon einmal dem Symbol einer Schlange begegnet, die sich in den Schwanz beißt?"

Es mochte reine Einbildung sein, aber ich hatte das Gefühl, dass Elly mich einen Moment lang kritisch musterte. Fast hörte ich ihre Frage: „Wer ist diese Frau?" Ein gewisses Unbehagen machte sich in mir breit. Ich fürchtete, Elly zuviel von mir offenbart zu haben, zu weit in die Welt des Neuen und Sonderbaren vorgedrungen zu sein. Gleich darauf hatte Elly sich wieder unter Kontrolle, und die Falte, die sich zwischen ihren Augenbrauen gebildet hatte, glättete sich. Ohne direkt auf meine Frage zu antworten, sagte sie: „Sie müssen unbedingt einen Freund von mir kennen lernen. Daniel ist Tibetologe. Niemand kennt sich so gut mit indischer und tibetischer Mythologie aus wie er. Er sagt, dass in den Mythen und Symbolen der alten Völker die Wahrheit verborgen liegt. Sie seien wie ein Rätsel, hinter dem sich das Göttliche verbirgt. Es reiche aus, nur eines der tiefgründigen Symbole vollständig zu erfassen, um den Zusammenhang allen Lebens zu ergründen. Daniel ist ein interessanter Mann, der ein ungewöhnliches Leben lebt. Eigentlich ist er nie richtig erwachsen geworden. Wie ein kleiner Junge scheint er immer auf der Suche zu sein. Wenn man ihn auf seine Rastlosigkeit anspricht, reagiert er nur abweisend und sagt: „Ich bin, wie ich bin." Er lehrt mit Leib und Seele, liebt seine Frau und seine drei Kinder, und ist doch ein schrecklicher Einzelgänger. Jedes Jahr reist er drei Monate lang allein nach Dharamsala oder Tibet, um dort zu studieren und zu praktizieren. Dabei ist er keiner dieser verrückten Weltverbesserer oder Aussteiger, sondern eigentlich ein sehr konservativer Mensch und auf seine Art fast weise. Ich bin sicher, dass er Ihnen einiges über dieses Schlangensymbol erzählen kann. Ich werde Sie sobald wie möglich miteinander bekannt machen."

7

I m Büro fertigte ich eine Abschrift des Interviews
mit Elly Montgomery an. Rondorf kam eine Stunde
später. Er sah aus, als hätte er die Nacht durchgezecht. Seine Augen
waren rot geädert, er war unrasiert, und eine widerliche Alkoholfah-
ne wehte ihm voraus. Breitbeinig wankte er zu seinem Schreibtisch. Ich
kochte Kaffee – so stark, dass der Löffel darin stehen blieb. Rondorf schüt-
tete ihn kochend heiß in sich hinein und fragte: „Wie war das Interview mit
der Gattin des Botschafters?" Immerhin konnte er sich an meine gestrige
Aufgabe erinnern.

„Die Abschrift liegt vor Ihnen."

Er nahm das Papier zur Hand und las mit zusammengekniffenen Augen. Dann brach er in schallendes Gelächter aus: „Das ist ja ein idealistischer Blödsinn, den Sie da mit der lieben Elly Montgomery verzapft haben.
Mir war klar, dass Sie noch ziemlich grün hinter den Ohren sind, aber das
hier schlägt dem Fass den Boden aus."

Ich spürte einen Kloß im Hals. War es Verletztheit, Angst oder Wut?

„Die Suche der indischen Frau nach einer eigenen Identität…" Rondorf
schwieg einen Moment lang bedrohlich. Dann fing er an zu schreien, während ich mich ängstlich auf meinem Stuhl zusammenkauerte.

„Soll ich Ihnen mal was sagen? Hier geht es nicht um Identität, um
eitel Sonnenschein und große Ideale. Hier geht es um Macht! Die Frauen
wollen die Macht der Männer. Das ist das Problem. Punkt. Wachen Sie endlich auf, Frau Von und Zu. Das, was Sie hier treiben, ist kein Journalismus,
sondern Gefühlsduselei."

Ich sagte kein Wort, aber in mir schrie es: „Ratte, mieses Schwein,
Säufer" und Schlimmeres. Krampfhaft biss ich mir auf die Lippen. Warum

war ich nur so feige und sagte ihm nicht die Meinung? Doch was hätte ein offenes Wort genützt? Rondorf hatte sein vernichtendes Urteil über mich längst gefällt. Es war reine Energieverschwendung, ihn vom Gegenteil überzeugen zu wollen. Vielleicht hatte er ja sogar Recht und ich war wirklich idealistisch und naiv. In Rondorfs Gegenwart kannte ich mich selbst nicht wieder. Ich fand mich schwach und hasste mich für meine Schwäche. Und dennoch forderte mich eine leise innere Stimme auf zu kämpfen. Ich durfte nicht klein beigeben. Ich musste herausfinden, ob Rondorfs Urteil gerechtfertigt war. War ich eine naive Traumtänzerin? Oder war Rondorf ein gescheiterter Pessimist? Ich hing am Trapez und unter mir war kein Netz. Das war meine Prüfung.

Rondorf warf mir das Interview herüber. Es fiel neben meinem Schreibtisch zu Boden. „Das können wir so auf keinen Fall gebrauchen. Sehen Sie zu, was Sie daraus machen können. Wenn Sie nicht bald anfangen, der Realität ins Auge zu sehen, haben Sie hier in Indien keine Chance!!"

Der Satz stand bedrohlich im Raum. Realität! Welcher Realität? Rondorfs Realität oder meiner? Gab es vielleicht noch eine dritte Realität, die weit realer war, als diese beiden?

„Ich gehe jetzt nach Hause und ruhe mich aus. Wenn ich zurückkomme, will ich etwas Anständiges sehen."

Als Rondorf die Tür hinter sich zugeschlagen hatte, brach ich in Tränen aus. Noch nie zuvor hatte ein Mensch derart vernichtende Kritik an mir geübt. Aber es war nicht damit getan, Rondorf als Rüpel abzustempeln und ihm die Schuld für mein Leid zu geben. Irgendwie glaubte ich, meine Misere selbst verschuldet zu haben. Ich hatte mir eine Herausforderung gewünscht. Hier war sie. Einen Moment lang überlegte ich, ob ich das Interview mit Elly Montgomery überarbeiten sollte. Ich tat es nicht. Das Gespräch war so verlaufen, wie ich es beschrieben hatte.

Meine Wut entlud sich wieder einmal in einem Anfall von Putzwut. Ich räumte das Chaos auf, das Rondorf hinterlassen hatte: die Flaschen in den Müll und die Papiere in die Aktenordner. Als ich einige Papiere in den Ordner mit der Aufschrift „Verschiedenes" heftete, fiel eine graue Mappe heraus, die letzte Woche ganz bestimmt noch nicht hier gewesen war. Ich besah sie mir von allen Seiten. Auf dem Deckel stand in ungelenker

Handschrift „Frauenrechte". Warum hatte Rondorf den Inhalt nicht zu den anderen Papieren mit dem Thema gepackt? Ich fühlte mich wie eine Verräterin, als ich die Mappe öffnete. Auf der Innenseite des abgegriffenen Deckels klebte ein Zettel mit einer Buchstaben-Zahlenkombination: „Lf 202".

„Wenn Rondorf jetzt zurückkommt, bringt er mich um", dachte ich. Doch meine Neugier war stärker als meine Angst. Die Mappe enthielt eine Menge unzusammenhängender Notizen: Adressen von verschiedenen indischen Bibliotheken, die Adresse der Theosophischen Gesellschaft und den Namen eines Geschichtsprofessors aus Mumbai: Ananda Kapoor. Außerdem fand ich die Kopie einer Karte oder eines Lageplans mit der Aufschrift NORBULINGKA. Der Name kam mir irgendwie bekannt vor. Aber woher? Mit Frauenrechten hatte das alles jedenfalls bestimmt nichts zu tun. Viel eher war es ein klarer Beweis dafür, dass Rondorf etwas vor mir verheimlichte und dass seine Einschüchterungsversuche das Ziel hatten, mich abzulenken. Ich legte die Mappe zurück in den Ordner, aus dem sie gefallen war, und stellte ihn wieder ins Regal. Was hatte das zu bedeuten? Adressen von Bibliotheken des ganzen Landes, die Theosophische Gesellschaft, der Name Norbulingka. Interessierte sich Rondorf plötzlich für religiöse Themen? Das kam mir noch unwahrscheinlicher vor als seine ernsthafte Auseinandersetzung mit dem Frauenthema. Dunkel erinnerte ich mich, dass er vor etwa zwei Jahren über Professor Kapoor berichtet hatte. Hatte dieser Artikel nicht einen ganz anderen Tenor gehabt als das, was Rondorf sonst schrieb?

Ich verließ das Büro, damit ich Rondorf an diesem Tag nicht noch einmal begegnen musste. Zu Hause hängte ich mich umgehend ans Telefon und rief Philipp in der Berliner Redaktion an. „Was hast du herausgefunden, Phil?"

„Also, Caro, ich habe ein bisschen mit Frau Wittich geflirtet und sie hat mir die aktuelle Liste der zur Zeit in Arbeit befindlichen Auslandsberichte gezeigt. Rate mal, was bei Rondorf vermerkt war."

„Was?" Ich schrie fast in den Hörer.

„N.N."

„Das glaube ich nicht."

„Ich habe anschließend sofort mit Bernd gesprochen. Er war bei der letzten Redaktionssitzung dabei. Rondorf wollte das nächste Thema erst nach eingehender Recherche benennen und hat um eine Bearbeitungszeit von mehreren Monaten gebeten. Er hat angeblich sehr geheimnisvoll getan und man hatte den Eindruck, als wolle er sich mit einem Knüllerthema einen tollen Abgang verschaffen."

Das erklärte die Besessenheit, mit der Rondorf bei der Sache war.

„Was für ein Knüllerthema, Philipp? Doch wohl kaum ‚Die Rechte der indischen Frau und ihre sich wandelnde Rolle in der Gesellschaft'?"

„Ich sagte es ja schon: Bezüglich des Themas hüllt sich Rondorf in Schweigen."

„Sagt dir der Name Norbulingka etwas?", fragte ich Philipp.

„Kommt mir bekannt vor, mehr aber auch nicht."

„Was ist mit Ananda Kapoor, Professor für Geschichte an der Universität Mumbai? Erinnerst du dich, dass Rondorf vor ungefähr zwei Jahr über ihn und seine Forschungen berichtet hat? Könntest du mir den Artikel aus dem Archiv besorgen und per Kurier nach Delhi schicken?"

„Gern. Ich glaube, es ging in dem Artikel um den roten Faden in der Evolution der Menschheit und einige mystische Verknüpfungen. Das Thema passte nicht zu Rondorf, und die Art, wie er es behandelte, auch nicht. Ich war versucht zu glauben, dass er seinen journalistischen Stil ändern wollte. Aber die folgenden Artikel trugen wieder seine alte Handschrift: nüchtern, sachlich, ein wenig zynisch."

In meinem Hirn arbeitete es fieberhaft. „Was sagt dir der Begriff Theosophische Gesellschaft?"

„Nichts."

„Phil, pass bitte auf, dass keiner mitkriegt, was wir mit Rondorf vorhaben. Rondorf ist ein unberechenbarer Choleriker."

Phil versprach, Vorsicht walten zu lassen und mir den Artikel noch heute zuzuschicken. In der Zwischenzeit konnte ich mich ja mit den Informationen beschäftigen, die ich bereits hatte, zum Beispiel mit dem Namen „Norbulingka". War das ein Ort? Ein Bauwerk? Die Zeichnung legte so etwas nahe. Ich hätte sie mir kopieren sollen. Plötzlich kam mir eine Idee. Ich kramte meinen Indien-Reiseführer aus dem Regal und suchte im Inhaltsverzeichnis. N, No, Nor,… Unglaublich, da war es! Norbulingka, Seite 273. Ich las: „Das Norbulingka-Institut liegt etwa 14 km von Mc Leod Ganj und 4 km von Dharamsala, der buddhistischen Enklave der Exiltibeter in Indien, entfernt. Es ist ein Nachbau des einstigen Sommerpalastes des Dalai Lama, des religiösen und politischen Oberhaupts der Tibeter.

Der ursprüngliche Palast in Lhasa wurde im Jahre 1754 vom 7. Dalai Lama erbaut und beherbergte ein blühendes Zentrum tibetischer Kunst und tibetischen Wissens sowie zahlreiche Tempel und Klöster. Um das alte Wissen auch nach der Annektierung Tibets durch die Chinesen zu erhalten und zu verbreiten, bauten die Exiltibeter unter der Führung des 14. Dalai Lama eine exakte Kopie des Sommerpalastes. Der Grundriss der Palastanlage ist der Gestalt eines Buddha nachempfunden. Sie liegt in einem herrlichen, nach japanischem Vorbild angelegten Garten und beherbergt Tempel, Klöster und eine Bibliothek."

Erst am nächsten Tag wagte ich mich wieder in die Höhle des Löwen. Mein Kampfgeist war erwacht und ich hatte beschlossen, Rondorfs Einschüchterungsversuche als das zu werten, was sie waren: Manöver zur Ablenkung der lästigen Kollegin. Trotz meiner guten Vorsätze schlug mir die beklemmende Stimmung im Büro aufs Gemüt. Rondorf sagte kein Wort zu der Tatsache, dass ich das Interview nicht überarbeitet hatte, und hüllte sich auch sonst in missbilligendes Schweigen. Erst gegen Mittag kam er auf mich zu: „Frau von Teubner, …"

Er kannte meinen Namen also doch.

„…für den Rest der Woche brauche ich Sie nicht mehr. Ich habe Ihnen eine Liste mit Interviewpartnern zusammengestellt, die Sie abklappern können. Es reicht, wenn Sie am Montagnachmittag wieder hier sind."

Heute war Donnerstag. Rondorf gab mir zwei volle Tage frei?

Ich warf einen Blick auf die Liste. Bis auf zwei neu hinzugefügte Adressen waren es dieselben Institutionen, mit denen ich bereits Termine gemacht hatte. Ich stellte mich dumm und fragte: „Aber Herr Rondorf, waren Sie denn dort nicht schon?"

Unwirsch kam die Antwort: „Das habe ich nicht geschafft. Ich habe Ihnen neue Termine gemacht."

Widerstandslos nahm ich meine Aufgabe entgegen. Die Aussicht auf vier Tage ohne Rondorf war einfach zu verlockend. Im Auto kam mir die rettende Idee. Ich würde mein eigenes Spiel eröffnen, bei dem Rondorf nach meinen Regeln spielen musste. Den Eröffnungszug hatte ich klar und deutlich vor Augen. Rondorf wollte, dass ich einem Artikel über die sich wandelnde Rolle der indischen Frau schrieb. Und genau das würde ich tun – aber auf meine Art.

Am frühen Nachmittag rief ich wieder in Berlin an, diesmal nicht bei Philipp, sondern bei Aurich persönlich.

„Frau von Teubner. Wie geht es Ihnen in Indien?"

„Hervorragend!", log ich.

„Was kann ich für Sie tun?"

„Ich brauche Ihr Einverständnis für einen Bericht, den ich gern selbständig schreiben würde. Ich bin seit meiner Ankunft immer wieder auf ein Thema gestoßen, das einen ausführlichen Bericht wert ist. Ich bin nicht sicher, inwieweit Sie davon ausgehen, dass Rondorf und ich gemeinsam arbeiten, solange er noch im Dienst ist. Jedenfalls wäre ich Ihnen sehr dankbar, wenn Sie mir für dieses Thema freie Hand ließen."

„Haben Sie Kompetenzstreitigkeiten mit dem lieben Rondorf? Er ist für seine Dominanz bekannt. Deshalb arbeitet er schon seit Jahren allein. Er ist nicht Ihr Vorgesetzter, das wissen Sie! Es steht Ihnen frei, Ihre Themen selbständig zu wählen und zu bearbeiten. Sie sollen sich in Indien lediglich so weit etablieren, dass Sie eigenständig arbeiten können, wenn Rondorf eines Tages die Feder fallen lässt."

Das war es, was ich hören wollte.

„Leider sind eindeutige Arbeitsplatzbeschreibungen unter den gegebenen Umständen nicht viel wert. Ich möchte das Problem auf meine Weise lösen, aber dazu brauche ich Ihr Okay."

„Das haben Sie. Ich muss den Artikel natürlich auf der nächsten Redaktionssitzung noch vorstellen. Wie lange werden Sie dafür brauchen?"

„Zwei Wochen."

„Ich stehe hinter Ihnen."

„Danke, Herr Aurich!"

„Viel Erfolg."

Damit war der erste Schritt getan. Endlich war ich so frei, die Mittel meiner Berichterstattung selbst zu wählen. Eigentlich war der Artikel im Wesentlichen fertig. Ich brauchte nur noch aussagekräftige Bilder. Sie zu besorgen würde nicht länger als zwei Tage dauern. In der restlichen Zeit wollte ich herausfinden, was Rondorf vorhatte.

Am Freitag kam das Paket aus Berlin an. Es enthielt die April-Ausgabe des „Magazins" von 1997. Ich setzte mich auf die Terrasse, um Rondorfs Bericht eingehend zu studieren. Professor Kapoor lehrte an der Universität Mumbai

Geschichte mit dem Schwerpunkt Evolutionstheorie. Im Zuge seiner Forschungen hatte er wichtige Erkenntnisse über den Lauf der Geschichte gewonnen. Die Ansichten der Wissenschaftler zu diesem Thema gingen auseinander.

Manche waren der Meinung, der Lauf der Geschichte sei von einem übergeordneten schöpferischen Wesen vorherbestimmt, das die Ereignisse hervorbrachte und sie wieder zu sich zurückführte. Diese Ansicht war vor allem in gottesfürchtigen Gesellschaften und im christlichen Europa der frühen Jahrhunderte verbreitet. Man glaubte an die Macht des Schicksals und daran, dass das Leben des Einzelnen und der Gemeinschaft bis ins Detail vorherbestimmt war. Ein freier Wille des Individuums existierte nicht.

Die Weltsicht der Renaissance und der Aufklärung stellte die menschliche Vernunft über das Schicksal und gab dem Menschen sein ersehntes Selbstbestimmungsrecht. Geschichte war der Ausdruck dieser Freiheit des menschlichen Willens, die Zukunft etwas, das der Mensch nach eigenen Vorstellungen gestalten konnte. Die Vernunft triumphierte über die Natur und den göttlichen Willen. Der Mensch wurde als stark und mächtig angesehen, als Ebenbild Gottes im wahrsten Sinne des Wortes. Er wurde selbst zum Schöpfer.

Später entwickelte sich der so genannte Historismus. Seine Verfechter glaubten weder an ein Wirken Gottes noch an einen Einfluss des Menschen auf den Lauf der Geschichte. Geschichte verlief nach diesem Modell rein chaotisch, ohne Ausgangspunkt und Ziel, ohne Sinn und roten Faden. Der Mensch war nicht mehr dem göttlichen Willen, sondern dem willkürlichen Zufall ausgeliefert und fühlte sich aufgrund dessen noch ohnmächtiger als gegenüber einem göttlichen Schöpfer, den er zumindest für gerecht und allwissend hielt.

Modernere Philosophen und Wissenschaftler betrachteten Geschichte als zyklisch, beziehungsweise periodisch. Geschichte sei nichts anderes als die konstante Wiederholung der gleichen Gegebenheiten in den verschiedenen Kulturen, die willkürlichen Schwankungen unterliegt. Hegel prägte den Begriff der „rhythmischen Veränderung", die zwar kulturelle Fortentwicklung bedeutet, aber auf dem Zufallsprinzip beruht und keinen höheren Sinn hat, obwohl sie periodisch auftretenden, erkennbaren Mustern folgen soll.

Rondorf präsentierte die unterschiedlichen Ansichten mit Hilfe von Interviews, Tabellen und Analysen des Instituts von Professor Kapoor. Die gegenwärtig herrschende Meinung sprach sich grundsätzlich für ein Geschichtsmodell aus, das auf dem Zufallsprinzip beruht. Höhepunkte und Krisen in Kulturen wiederholten sich zwar in regelmäßigen Abständen, aber das ließ auf kein Muster mit klarem, einheitlichen Ziel schließen.

Konträr dazu stand die innovative und singuläre Theorie Professor Kapoors. Die Art, wie Rondorf diese Theorie präsentierte, hatte nichts mehr mit dem knallharten Stil zu tun, den man von ihm gewohnt war. Er verlor die Distanz und drückte sich plötzlich ungewöhnlich emotional und schwammig aus. Rondorf zitierte den Professor, der den Lauf der Geschichte bis zum Beginn des 21. Jahrhunderts leidenschaftlich als kulturelle Evolution mit höherem Ziel beschrieb. Geschichte war nach Professor Kapoor keine bloße Anhäufung willkürlicher Begebenheiten, sondern vielmehr ein sinnvoller Evolutionsprozess, der Zustände höherer Einheit zum Ziel hatte. Während Aristoteles von einem „großen Beweger" gesprochen hatte, war der zentrale Begriff in Professor Kapoors Lehre die „höhere Einheit", der alles zustrebt. Professor Kapoor räumte dem Göttlichen wieder einen Platz im Geschichtsmodell und im Leben der Menschen ein. Wenn eine Kultur unterging, wie beispielsweise das alte Rom, dann geschah das nur, weil sie überholt war und einer neuen Art des Sozialgefüges und der zwischenmenschlichen Auseinandersetzung weichen musste, damit sich die Menschheit weiterentwickeln konnte. Das Alte musste sterben, damit das Neue an seinen Platz treten konnte. Kapoor war der Ansicht, die Zeit ermögliche eine Evolution des individuellen und des kollektiven Bewusstseins. Das lebende System der verschiedenen Kulturen mache eine sinnvolle, zielgerichtete Entwicklung durch und strebe nach höchstmöglichem Bewusstsein und nach höchster Erkenntnis. Auf der jetzigen „Entwicklungsstufe", auf der nach Kapoors Meinung so etwas wie globales Bewusstsein entstand, war es entscheidend, dass sich jeder einzelne Mensch dieser historischen beziehungsweise menschlichen Evolution bewusst wurde. Nur so konnte die Menschheit aus den Fehlern der Vergangenheit lernen und ihre Aufgabe für die Zukunft erkennen. Diese Aufgabe verlangte von jedem Einzelnen echtes Verständnis des Lebens und seiner Gesetzmäßigkeiten und damit die Entwicklung seines individuellen Bewusstseins. Höhere Einheit war nur durch höheres

Bewusstsein zu erlangen. Erst dann erfüllte das individuelle Leben seinen Sinn und war im Einklang mit den kosmischen Gesetzmäßigkeiten. Und bis dahin lebten wir als bloße Vernunft-Tiere und erfüllten lediglich unsere körperlichen Bedürfnisse, während wir unsere geistigen Bedürfnisse nicht erkannten, geschweige denn unsere spirituellen.

Hier endete der Artikel. Rondorf ließ offen, wie dieses höhere Bewusstsein erworben werden konnte, und die beeindruckende Hypothese des Professors blieb reine Theorie. Das passte absolut nicht zu Rondorfs journalistischem Stil. Er war dafür bekannt, dass er Hypothesen und Theorien verabscheute, wenn es keine Beispiele für ihre praktische Anwendung gab. Ich fragte mich, warum er seinen Grundsätzen ausgerechnet dieses eine Mal untreu geworden war.

Suchte Rondorf etwa nach Beweisen für die praktische Anwendbarkeit dessen, was Professor Kapoor theoretisch beschrieben hatte? Die Vermutung schien mir ebenso absurd wie Rondorfs Beschäftigung mit der Rolle der indischen Frau. Oder hatten diese Themen etwas gemeinsam? Schließlich ging es in beiden Fällen um Wandel und Entwicklung – um Evolution! War das derselbe Rondorf, der mich kürzlich als naive Weltverbesserin beschimpft hatte? Wie konnte dieser Choleriker nach einer schönen neuen Welt suchen, einer höheren Einheit, die meines Erachtens nicht anders zu nennen war als … Gott? Wie konnte er überhaupt an die Existenz eines höheren Sinnes glauben, Pragmatiker und Realist, der er war? Rondorf war weit davon entfernt, seine Karriere als Esoteriker zu beenden, der durch plötzliche Eingebung und wundersame Läuterung dazu bewegt worden war, über den metaphysischen Grund des Lebens zu sinnieren. Es musste mehr dahinter stecken. Mehr – oder etwas anderes. Vielleicht eine andere Motivation?

In mir reifte ein Plan, den ich sofort in die Tat umsetzen wollte. Kurz nach Mitternacht zog ich mich tiefschwarz an und bestellte ein Taxi zum Connaught Place. Obwohl ich mir einredete, in edler Mission unterwegs zu sein, fühlte ich mich wie ein Einbrecher. Nachdem ich die knarzende Treppe überwunden hatte, öffnete ich blitzschnell die Tür zum Büro, schlich zu Rondorfs Schreibtisch und schaltete seinen Computer ein. Mir war noch nie aufgefallen, was für einen Lärm der Rechner beim Hochfahren machte. Der Schweiß tropfte mir von der Stirn. Mittlerweile war es auch nachts feuchtheiß. Mein Herz klopfte laut und das Atmen fiel mir schwer. Der Computer verkündete mit einem Piepen, dass er für die Nutzung bereit war. Nur etwas fehlte noch. Das Passwort. Kannte ich Rondorf gut genug, um seinen Assoziationen auf die Schliche zu kommen? Ich hatte drei Versuche. Rondorf war weder verheiratet noch hatte er Kinder. Diese Namen fielen also flach. Sein Geburtsdatum? Kannte ich nicht. Es war unwahrscheinlich, dass er seine Whiskymarke als Passwort gewählt hatte. Was wusste ich über Rondorfs Lebenslauf? In Berlin geboren und aufgewachsen, dann im Ausland unterwegs, zunächst in Südamerika, dann in Asien. Mindestens zehn Jahre hatte er in China verbracht. Nach Indien war er erst Mitte der Achtziger gekommen. Mir fiel nicht ein brauchbares Wort ein. Leichtsinnig gab ich „China" ein. Falsch. Zwei Versuche blieben. Der Computer war relativ neu. Es musste etwas sein, das Rondorf in den letzten ein bis zwei Jahren beschäftigt hatte. Im Geiste rief ich die Überschriften seiner letzten Artikel ab. Vor einigen Jahren hatte Rondorf über die Herrschaft der Großmoguln in Indien geschrieben. Er hatte damals die aggressive, expansive Politik des Nachfolgers von Shah Jahan gelobt. „Aurangzeb". Nervös gab ich die Buchstaben ein. Wieder falsch! Mir blieb ein lächerlicher Versuch. Halbherzig gab ich einer plötzlichen Eingebung folgend „Shangri-La" ein – und Sesam öffnete sich. Ich erschrak. War Rondorf etwa derjenige, der die Fährte legte, die mich zu Babas Shangri-La führte?

Ich kopierte sämtliche Dateien von der Festplatte auf eine mitgebrachte Diskette und durchsuchte das Archiv nach weiteren versteckten Ordnern. Doch außer der grauen Mappe, die ich schon kannte, fand ich nichts. Vorsichtig warf ich den Kopierer an und kopierte sämtliche Notizen, inklusive der Zeichnung vom Norbulingka. Dann fuhr ich den Computer wieder herunter und schaltete ihn ab. Plötzlich hörte ich das wohlbekannte Knarzen der morschen Holztreppe. Geistesgegenwärtig versteckte ich mich unter Rondorfs Schreibtisch. Die Tür öffnete sich und der Lichtstrahl einer Taschenlampe schwenkte durch den Raum. Schritte kamen auf Rondorfs Schreibtisch zu. Mein Herz hämmerte wild. Über mir blätterte jemand in den Papieren. Der Einbrecher trug teure englische Mokassins. Wer außer mir wagte es, nachts in das Büro einzudringen, und warum?

Nach einer Ewigkeit entfernten sich die Schritte fast geräuschlos und hielten an meinem Schreibtisch inne. Der Einbrecher wühlte nun auch in meinen Papieren. Der Lichtstrahl der Taschenlampe glitt suchend über alle Möbel und Wände. Endlich entfernten sich die Schritte in Richtung Ausgang. Ich atmete erleichtert auf. Doch dann zögerte der Eindringling und kam zurück. Er musste das Archiv entdeckt haben. Ich hörte, wie er die Tür hinter sich schloss. Blitzschnell verließ ich mein Versteck, schlich über die knarzende Treppe ins Freie und kauerte mich in eine dunkle Nische des schräg gegenüberliegenden Hauseingangs. Lange Zeit rührte sich nichts. Dann trat ein Mann aus dem Eingang zum Büro. Er war groß und schlank und trug schwarze Kleidung, genau wie ich. Sein Gesicht war von einer Mütze verdeckt. Er bewegte sich leicht und mit ungewöhnlicher Grazie. Auf dem Parkplatz riss er sich die Mütze vom Kopf und drehte mir sein Gesicht zu. Es war klassisch schön und von dunkler Färbung. Ein Inder. Er sah zufrieden aus. Offenbar hatte er gefunden, wonach er gesucht hatte. Dann stieg er in einen bereitstehenden Jeep und fuhr davon. Ich merkte mir das Kennzeichen: DL 2344 CH.

Schon vor Sonnenaufgang war ich wieder auf den Beinen und durchforstete die kopierten Dateien nach brauchbaren Anhaltspunkten. Aber offenbar war die ganze Mühe umsonst gewesen. Ich fand lediglich eine Liste mit den wichtigsten Bibliotheken des Landes und weitere Informationen zum Thema kulturelle und historische Evolution. In welchem Zusammenhang stand das alles mit Shangri-La?

8

Am Samstagmorgen rief Sangeeta Singh an und erinnerte mich an die Party, zu der sie mich eingeladen hatte. Ich hätte sie fast vergessen.

Die gigantische Auffahrt zu dem großen weißen Haus im Kolonialstil war mit Luxuslimousinen europäischer Herkunft zugeparkt, denen festlich gekleidete Paare der oberen Gesellschaftsschichten entstiegen. Kuber ließ mich vor dem Tor aussteigen und fuhr wieder nach Hause. Mrs. Singh stand in der Eingangstür und begrüßte ihre Gäste. Sie erkannte mich sofort. „Ah, Miss von Teubner. Ich freue mich, dass Sie kommen konnten."

„Schön, Sie zu sehen", erwiderte ich von Herzen. „Danke für die Einladung."

„Darf ich Ihnen meinen Mann vorstellen? Alec Bullard, Caroline von Teubner."

Wir reichten uns die Hand. In meinem Kopf arbeitete es: „Bullard, Bullard? War das nicht diese berühmte Diplomatenfamilie, die seit der Kolonialzeit in Delhi lebte? Die jüngere Generation hatte sich als Anwälte, Bankiers oder Kaufleute einen Namen gemacht. Alter englischer Geldadel also. Gute Partie, Sangeeta."

Alec Bullard lächelte mich an. Sein aufmerksamer Blick schien zu fragen: „Wo sind Sie, Miss von Teubner?" Wie gut ich diesen Blick kannte. Mit aller Kraft schlug ich die Tür zur Welt meiner inneren Zwiegespräche zu und kehrte in die Gegenwart und zu meinem freundlichen Gastgeber zurück.

„Ich freue mich, Sie kennen zu lernen, Miss von Teubner. Meine Frau hat mir von Ihrer interessanten Unterhaltung berichtet. Sie war begeistert, eine westliche Journalistin kennen gelernt zu haben, die bereit ist, sich für ihre Belange und damit die Belange der indischen Frauen einzusetzen. Noch dazu über die Grenzen Indiens hinaus."

Ich nickte verlegen. So engagiert war ich gar nicht. Setzte ich mich nicht vielmehr ausschließlich für meine eigenen Belange ein? Ich nutzte die Chance, die der nächste Gast mir bot, zur feigen Flucht. Ich wollte nicht in die Verlegenheit geraten, Alec Bullard über meine wahren Motive aufklären zu müssen.

Die Stimmung im Garten verzauberte mich, sobald ich meinen Fuß auf den Rasen gesetzt hatte. Kunstvoll gedeckte Tische standen in indischen Zelten aus buntem Stoff. Kerzen und Fackeln tauchten den Garten in ein sanftes gelbes Licht. Die milde Abendluft war erfüllt vom Zirpen der Grillen und dem Klang einer Sitar. Ich zog mich in eine ruhige Ecke zurück, um das Schauspiel mit allen Sinnen in mich aufnehmen zu können. Die Szene, die ich aus meiner distanzierten Position betrachtete, kam mir wie ein köstlicher Traum vor. Die warmen Farben schmeichelten dem Auge, die gedämpften Töne dem Ohr, die Luft streichelte die Haut und die Düfte verwöhnten den Geruchssinn. Das war etwas anderes, als die Welt der Erscheinungen, wie ich sie wahrzunehmen gewöhnt war. Ich driftete hinein in die stille Freude des Betrachtens und vergaß darüber mich selbst und all meine Fragen und Probleme.

War es nicht eigenartig, dass ich entweder vollkommen in den Ereignissen verstrickt war und mich von ihnen bedroht und wider Willen mitgerissen fühlte oder absolut frei neben ihnen stand, erlöst von der Qual des fortwährenden Denkens, Planens und Reagierens? Ich war entweder vollkommen im Außen oder ganz und gar bei mir. Wirklichen Frieden fand ich nur, wenn ich allein war. Sobald die Außenwelt ihre scheinbaren Anforderungen an mich stellte, gab ich diesen Frieden auf und verlor die Gelassenheit und Wachheit, die er mit sich brachte. Ob es eine Art des Erlebens gab, die beides miteinander verband, ohne das eine dem anderen zu opfern?

Nach einer ganzen Weile verließ ich meinen stillen Beobachterposten und gesellte mich zu den anderen Gästen. Ein indisches Ehepaar kam auf mich zu, stellte sich als Mr. und Mrs. Aggarwal vor und fragte: „Arbeiten Sie auch für die AWRA?"

„Nein. Sie müssen meine Unwissenheit entschuldigen. Ich bin erst seit wenigen Wochen in Delhi. Was bedeutet AWRA?"

„Attorney's for Womens Rights Association. Mrs. Singh ist unsere Präsidentin. Sie und ihr Mann treten sehr engagiert für die Rechte der indischen Frauen ein."

„Ich habe Mrs. Singh erst vor kurzem bei einem öffentlichen Vortrag über das Scheidungsrecht kennen gelernt. Ich bin Journalistin und schreibe an einem Artikel über die Rolle der indischen Frau für ein deutsches Nachrichtenmagazin."

Das war das Stichwort für die engagierten Aggarwals.

„Viele aufgeklärte indische Frauen haben Fürchterliches mitmachen müssen. Daher kämpfen wir Anwälte nicht nur für ein praktikables und gerechtes Scheidungsrecht, sondern vor allem für ein besseres Strafrecht, das sowohl die Prävention von Gewalttaten gegen Frauen als auch deren Verfolgung und Ahndung umfasst. Das Scheidungsrecht gibt den Frauen vergleichsweise viele Rechte, aber Sie glauben gar nicht, was in den Strafgerichten alles passiert."

Sie erzählten mir Geschichten, die davon zeugten, dass den indischen Frauen nicht nur keine eigenen Rechte, sondern nicht einmal menschliche Würde zugesprochen wurde. Rondorf hatte Recht gehabt. Ich hatte ja keine Ahnung, was hier wirklich vor sich ging, wie viel Leid und Schmerz hinter all dem steckte, womit ich mich seit Tagen intellektuell beschäftigte. Wieso glaubte ausgerechnet ich, die Leiden der indischen Frauen zu verstehen?

Aufgeregte Bewegung auf der Veranda unterbrach unser Gespräch. In einer Menschentraube erkannte ich Elly Montgomery, die sich bei einem Mitfünfziger untergehakt hatte. Der Botschafter, wie ich vermutete. Jetzt traten auch Sangeeta und ihr Mann hinzu. Das war das Zeichen, dass alle Gäste versammelt waren.

Da war sie wieder – diese absolute Präsenz. Ich fühlte mich wach und klar. All meine Sinne waren geschärft und richteten sich auf die Gruppe um Elly Montgomery und ihren Mann. Warum? Hatte ich etwas wahrgenommen, das noch nicht bis in mein Bewusstsein vorgedrungen war? Aufmerksam betrachtete ich die Szene, die wie ein Film vor mir ablief. Gesprächsfetzen drangen zu mir herüber. Ein Name fiel: Daniel. Und da sah ich ihn. Er stand lässig neben Elly und unterhielt sich mit ihr und ihrem Mann. Sangeeta trat hinzu. Wie aus weiter Ferne hörte ich sie sagen:

„Daniel, wie schön, dass Sie mal wieder bei uns vorbeischauen. Wir haben uns lange nicht gesehen." Seine Antwort ging im lauten Gemurmel unter. Schlagartig wurde mir klar: Ich kannte diesen Mann! Ich war ihm erst gestern begegnet. Daniel hatte nachts im Büro eingebrochen! Abwehr mischte sich mit Faszination, Misstrauen mit einem unerklärlichen Gefühl der Verbundenheit. Außer ihm und mir schien plötzlich niemand auf dieser Party mehr von Bedeutung. Da trafen sich unsere Blicke. Zwischen uns lagen mehr als hundert Meter Rasen, standen andere Menschen, Stühle, Tische und bunte Zelte. Doch keine dieser Barrieren existierte wirklich. Wir tauschten einen intensiven Blick, der das Blut in meinen Adern heftig pulsieren ließ, einen Blick, der eine Million Bedeutungen hatte, und ich war nicht in der Lage, auch nur eine einzige davon zu erfassen. Hastig wandte ich mich ab, winkte einen Kellner heran und nahm mir ein Glas Wasser von dem dargereichten Tablett. Daniels Blick lag auf mir wie eine schwere Last. „Ist Ihnen nicht gut, Miss von Teubner?", fragte Mr. Aggarwal besorgt.

Ich log schlecht: „Danke. Es geht schon wieder. Die schwüle Hitze…"

Elly hatte mich entdeckt. Sie winkte und steuerte mit ihrer kleinen Gruppe auf mich zu. Ich versuchte, meine Unsicherheit zu überspielen, indem ich das Gespräch mit dem engagierten Anwaltsehepaar gespielt lässig wieder aufnahm. Obwohl ich nach außen hin ruhig und gelassen wirkte, übermannten mich Gefühle, deren Leidenschaftlichkeit mir fremd war. Ich wollte, dass Elly mit Daniel zu mir kam, konnte es kaum erwarten, ihn neben mir zu spüren, und gleichzeitig fürchtete ich seine Nähe, als bedrohe sie meine Existenz. Was war nur los mit mir? Mein Verstand funktionierte nicht mehr. Was sollte ich sagen? Daniel hatte gestern Nacht in unserem Büro eingebrochen. Ich konnte ihm unmöglich einfach so gegenübertreten.

„Guten Abend, Caroline. Wie geht es dir?"

Ellys Herzlichkeit hatte einen Moment lang die Kraft, mich aus dem Gefühlschaos zu ziehen.

„Ich möchte dir meinen Mann vorstellen." Erleichtert wandte ich mich dem Botschafter zu. Mr. Montgomery gab mir die Hand und wie aus weiter Ferne hörte ich seine interessierte Frage: „Meine Frau erzählte mir, dass Sie sich mit der Rolle der indischen Frau befassen. Wie kommt es, dass Sie als deutsche Journalistin so ein brisantes Thema wählen?"

„Sagen wir, das Thema hat mich gewählt."

„Ah,... wie ich höre, hat der indische Bazillus Sie bereits infiziert!"

Alle lachten. Selbst ich, wenn auch ein wenig gezwungen, denn nun ließ sich nicht mehr vermeiden, wonach ich mich sehnte und was ich zugleich fürchtete. Elly zog Daniel zu uns herüber. „Ich hatte dir doch versprochen, dich mit meinem Freund Daniel bekannt zu machen. Daniel, das ist Caroline von Teubner. Caroline, Daniel Nirula."

Er blickte mich durchdringend an, als gäbe es keine Trennung zwischen ihm und mir, und reichte mir dann mit einer fließenden Bewegung die Hand zur Begrüßung. Ich zögerte, sie zu ergreifen. Jede Berührung schien mir zu intim. Seine warme, weiche Hand nahm die meine. Ich spürte ein undefinierbares Kribbeln in der Handfläche, als sich unsere Hände zu lange, zu eindringlich, zu vertraut und viel zu heiß trafen und scheinbar aneinander kleben blieben.

„Miss von Teubner." Der Klang seiner Stimme riss mich endgültig fort.

„...und das ist Daniels Frau, Malika Nirula."

Erst jetzt sah ich die zarte Frau im kostbaren Brokatsari. Ihre Anwesenheit traf mich wie eine Ohrfeige. Ihr ruhiger Blick warnte mich. Sie hatte die Intimität zwischen ihrem Mann und mir gespürt. Ich wunderte mich über die Vielzahl der Wahrnehmungen, die ich machte. Ich sah alles und jeden und war mir gleichzeitig aller Gefühle bewusst, die sich zwischen uns abspielten.

Sangeeta erlöste mich von meiner Qual. Das Quietschen des Mikrophons, in das sie sprach, ging durch Mark und Bein. Sie forderte die Gäste auf, ihre Plätze einzunehmen, damit das Dinner serviert werden konnte. Nach dem Essen seien einige Spiele vorgesehen, die der Sammlung von Spenden für die AWRA dienten. Dann wünschte Sangeeta ihren Gästen einen angenehmen Abend und der Organisation „reiche Unterstützung". Alle lachten. Nur mir war nicht nach Lachen zumute.

Ich saß an einem Tisch mit jungen indischen Rechtsanwälten. Während Kellner in traditioneller Uniform das scharfe, wohlschmeckende Menü servierten, beteiligte ich mich halbherzig an den Tischgesprächen. Das Alltägliche interessierte mich plötzlich nicht mehr. Es kam mir schal und sinnlos vor. Immer wieder ertappte ich mich, wie ich nach Daniel Ausschau hielt. Er saß mit Elly und ihrem Mann am Tisch der Gastgeber. Zwischen uns lagen zwei Zelte, deren Seitenwände aufgerollt waren. Ich sah ihn im

Profil. Er aß ruhig und unterhielt sich angeregt. Scheinbar erzählte er eine Geschichte, der alle gespannt lauschten. Auch Malika. Es war offensichtlich, dass sie ihren Mann liebte.

„Daniel ist ein interessanter Mann, der ein ungewöhnliches Leben lebt. Eigentlich ist er nie richtig erwachsen geworden. Wie ein kleiner Junge scheint er immer auf der Suche zu sein…" Ellys Worte hallten wie zur Warnung durch mein Gedächtnis. In diesem Moment trafen sich unsere Blicke erneut und ich glaubte plötzlich sicher zu wissen, dass ich ein Teil seiner Suche war. Nervös rutschte ich auf meinem Stuhl hin und her. Gleich nach dem Dessert entschuldigte ich mich und verließ den Tisch, um mich in einen ruhigen Winkel zurückzuziehen. Ich konnte die Menge und ihre belanglosen Gespräche nicht mehr ertragen. Meine Seele lag bloß.

Ich zog mich in das Kaminzimmer zurück, von wo aus ich einen ungehinderten Einblick in den Garten hatte und doch weit genug von dem Treiben dort entfernt war, um mich wohler und sicherer zu fühlen. Entspannt lehnte ich mich gegen die Rückwand einer Couch und beobachtete aus der Dunkelheit die Partygäste, die inzwischen mit den Spielen begonnen hatten.

„Sie scheinen eine Vorliebe für dunkle Räume zu haben."

Erschrocken fuhr ich herum. Daniel stand hinter mir und musterte mich eindringlich.

„Und Sie scheinen eine Vorliebe für unaufgefordertes Eindringen zu haben", entgegnete ich schnippisch.

„Sagen wir, es gibt Zwecke, die unlautere Mittel heiligen!"

Da waren wir wohl einer Meinung. Das weiche Licht fiel auf sein spitzbübisches Grinsen.

„Hätte ich gestern Abend gewusst, dass wir uns heute begegnen, hätte ich Sie sicherlich aus Ihrem unbequemen Versteck unter dem Schreibtisch Ihres Kollegen befreit!"

Er hatte mich also gesehen.

„Darf ich fragen, was Sie in unseren Büroräumen zu suchen hatten?"

„Vielleicht das Gleiche wie Sie?"

„Ich arbeite dort!"

„Aha. Und deshalb sind Sie nachts mit einer Taschenlampe unterwegs und knacken den Computer Ihres Kollegen. Alles klar. Haben Sie etwas Brauchbares gefunden?"

Daniel redete in herablassendem und dennoch scherzendem Ton. Seine Arroganz stieß mich ebenso ab wie mich der dahinter verborgene Humor anzog. Er provozierte mich absichtlich und wusste genau, was er tat und damit erreichen wollte. Dann lehnte er sich ebenfalls gegen das Sofa. Sein scheinbar unbeteiligter Blick glitt hinaus auf die Statisten, die draußen im Garten die Kasse der AWRA aufbesserten. Unsere Schultern berührten sich leicht.

„Ich könnte Sie anzeigen", sagte ich herausfordernd, ohne es wirklich zu meinen.

„Das werden Sie nicht tun."

„Warum nicht?"

„Weil ich etwas habe, das Sie brauchen."

Meine Anspannung entlud sich in einem etwas zu lauten Lachen. „Und was sollte das sein?"

Seine Antwort überraschte mich. „Wissen!"

Er nutzte meine Überraschung, um mir körperlich noch näher zu kommen. Nun berührten sich unsere Schultern, Arme und Beine. Ich konnte nicht mehr klar denken. Die Berührung verursachte einen eigenartigen, sehnsuchtsvollen Schmerz. Ich begann zu zittern, als mir klar wurde, dass ich mich nach seiner zärtlichen Umarmung sehnte. Krampfhaft versuchte ich, meine Stimme nüchtern und beherrscht klingen zu lassen.

„Welche Art von Wissen meinen Sie?"

„Nun, Elly erzählte mir, dass Sie sich für tibetische Mythologie interessieren."

Ich wollte nicht, dass er meiner Antwort entnehmen konnte, welche Bedeutung dieses Interesse für mich hatte. „Ein bisschen. Ich dachte mir, es könnte nicht schaden, mich auf diesem Gebiet persönlich weiterzubilden."

„Aha!"

Er nahm mir die Lüge nicht ab. Es war aber auch offensichtlich, dass er mit seiner gespielten Arroganz von sich ablenken wollte. Ich ließ ihn nicht weiter ausweichen und wandte mich ihm zu.

„Professor Nirula, weshalb dringen Sie nachts in unser Büro ein? Haben Sie gefunden, wonach Sie suchten?"

„Vielleicht. Und was haben Sie bisher über Shangri-La herausgefunden, Caroline?"

Die vertraute Anrede verwirrte mich. Mir war, als hätte er mich schon Hunderte von Malen mit meinem Namen angesprochen. Sein Atem berührte meine Wange, schien meine Haut zu durchdringen und berührte eine tiefere Schicht in mir. Irgendwie gelang es mir, Worte zu formulieren und sinnvolle Sätze zu bilden.

„Nicht viel. Elly hat mir Shangri-La als einen mystischen Ort im Himalaja beschrieben, ähnlich dem keltischen Avalon. Nicht jeder vermag ihn zu finden. Deshalb halten ihn viele für ein reines Phantasieprodukt. Mehr weiß ich nicht. Und ehrlich gesagt, ich glaube, dass ich auch nicht mehr wissen will." Er legte seinen linken Arm um meine Schultern.

„Kennen Sie die Geschichte von Parzival?" Er wartete meine Antwort nicht ab. „Viele waren auf der Suche nach dem heiligen Gral. Die klügsten, mutigsten und edelsten Männer scheiterten. Nur einer vermochte den höchsten vorstellbaren Schatz zu bergen. Einer, von dem es niemand erwartet hätte. Parzival fand die Gralsburg und den Gral. Und wissen Sie, warum?" Fragend sah ich Daniel an. Seine Augen waren von ungewöhnlicher Klarheit. Sie schimmerten bräunlich blau. Ich dachte an den alten Schlangenbeschwörer, der mich auf dieselbe Weise angesehen hatte. „Parzival fand den Gral wegen seiner Einfachheit. Er war unbeschwert, unschuldig, kindlich und rein. Und vor allem war er frei von Vorurteilen und Ehrgeiz. Er glaubte an das, was er sah, und nur daran. Deshalb gelang es ihm, Dinge zu sehen und Erfahrungen zu machen, die anderen Menschen vorenthalten blieben. Parzivals Natur war einfach und unvoreingenommen. Also offenbarte ihm das Leben seine Geheimnisse, obwohl oder gerade weil er nicht darum gebeten hatte. In den Augen vieler war er naiv, ein reiner Tor. Aber seine Torheit war nichts anderes als Weisheit. Sind Sie bereit, zu erleben und zu erfahren, was andere Menschen nicht sehen können, Caroline?"

Mein Verstand war zu kritisch, mein Weltbild zu festgefahren, als dass ich so schnell bereit gewesen wäre, mit neuen Augen sehen zu lernen. Ungewollt offen antwortete ich: „Ich habe immer geglaubt, mit Anfang Dreißig wüsste ich, was Leben bedeutet. Ich war sicher, dann endlich erwachsen und etabliert zu sein, einen erfüllenden Beruf auszuüben und vielleicht sogar Familie zu haben. Ich habe mich sehr getäuscht. Warum bin ich ausgerechnet jetzt gezwungen, alles in Frage zu stellen, was ich immer für sicher gehalten habe? Ich will das nicht!"

„Vielleicht gerade deshalb! Wenn Sie noch länger warten, könnte es zu spät sein!"

Ich sah zu ihm auf und als wäre es die natürlichste Sache der Welt wandte er sich mir zu und legte liebevoll beide Arme um mich. Und ich ließ die unüberwindliche Barriere meiner eisernen Kontrolle fallen, indem ich mir erlaubte, den Moment in den Armen dieses vertrauten Fremden zu genießen. Daniels Nähe ließ mich einen weit entfernten Frieden ahnen. Die Gedanken verstummten, bis sie ganz schwiegen, und köstliche Ruhe breitete sich in mir aus. Daniel war ebenso ein Teil dieser Ruhe wie ich.

Irgendwann löste er sich von mir, streichelte meine Wange und ging. Er ließ mich einsam zurück mit einer inneren Leere, die in schmerzhaftem, fast unerträglichem Kontrast zu dem zuvor gespürten Frieden stand. Ich konnte mich nicht bewegen, ich wollte mich nicht bewegen. Meine Augen folgten ihm bis zu seinem Platz an der Seite seiner Frau. Ich sah Ellys fragenden Blick, sah, wie sie aufstand und durch die Terrassentür auf mich zukam.

„Wie findest du Daniel?", fragte sie.

Gequält antwortete ich: „Er ist ein interessanter Mann. Sehr charismatisch!"

„Hat er deine Fragen beantworten können?"

„Teilweise."

„Die Gelegenheit für ein Gespräch wird sich sicher noch einmal ergeben."

Ich wusste, dass wir uns nicht das letzte Mal begegnet waren, und folgte Elly hinaus ins Freie. Leidlich interessiert kaufte ich ein Los und gewann einen Gutschein für eine ayurvedische Massage. Gegen Mitternacht verließen fast alle Gäste gleichzeitig das Fest. Die Gastgeber, die Montgomerys, die Aggarwals und die jungen Anwälte, mit denen ich am Tisch gesessen hatte, verabschiedeten sich herzlich von mir. Daniel war der Einzige, der mir kühl und distanziert die Hand reichte. Ob er wohl bereute, was vorhin geschehen war?

9

Als ich am nächsten Tag vom Jogging nach Hause kam, fand ich ein Päckchen vor meiner Haustür. Auf dem Umschlag stand kein Absender. Als ich das Papier abgerissen hatte, kam ein dünnes Taschenbuch zum Vorschein: James Hilton, „Der verlorene Horizont". Kein Brief, keine Karte, nichts. Ich schlug das Buch auf. „Vielleicht kann James Hilton Ihnen eine erste Antwort auf Ihre dringende Frage geben. Utopie oder Wirklichkeit? DN", stand auf dem Vorsatzblatt.

Daniel Nirula? Die schwarze Tinte floss weich über das gelbliche Papier. Wo hatte ich diese Schrift bloß schon einmal gesehen? Ich drehte das Buch um und las den Text auf der Rückseite:

„Die Mönche im Lama-Kloster von Shangri-La, im „Tal aller heiligen Zeiten",
halten ihre Gemeinschaft für die letzte Oase, in der die geistigen Schätze der
Menschheit aufbewahrt und lebendig erhalten werden, geschützt vor Kriegen
und Katastrophen und vor der Hast und den Zwängen der technischen Welt...
James Hiltons berühmter Roman „Der verlorene Horizont" gehört heute zu
den klassischen utopischen Romanen. Er entwirft das Idealbild einer mensch-
lichen Gesellschaft und liest sich spannend wie ein Kriminalroman. In den un-
sicheren Jahren zwischen den beiden Weltkriegen geschrieben, entspricht diese
romantische Utopie dem Wunsch unzähliger Menschen nach Frieden und kon-
fliktfreiem Zusammenleben und hat auch heute nichts von ihrer Anziehungs-
kraft verloren." (1)

Zumindest die Verleger schienen sicher zu sein, dass Hiltons Roman keinen realen Hintergrund hatte. Er hatte eine schöne neue Welt beschrieben, den Wunschtraum seiner Zeit. Noch tendierte ich dazu, diese Meinung zu teilen, doch wusste ich gleichzeitig, dass ich diese Ansicht nicht mehr lange aufrechterhalten konnte. Gespannt begann ich zu lesen, ließ mich in diesen „seltsamen, über jeden Horizont hinausgehenden Traum vom Tal der heiligen Zeiten" entführen. Mit jeder Zeile, die ich las, erfasste ich ein wenig mehr vom Geist jener friedlichen Gemeinschaft, die im Verborgenen existierte. Gleichzeitig näherte ich mich einem Punkt völliger Konzentration. Das Buch führte mich in die Abgeschiedenheit meiner inneren Welt, die ich so liebte und gleichzeitig fürchtete. Ich vergaß Raum und Zeit, und mir war, als reiste ich selbst ins verborgene Shangri-La.

Kluge, alterslose Menschen mit hohen ethischen Werten lebten in einer Gemeinschaft aller Rassen und Nationalitäten. Unbegrenzte Auffassungsgabe, kreative Schöpferkraft, liebende Güte, übermenschliche Weisheit und atemberaubende Schönheit zeichneten diese Wesen aus, die in geistigem und materiellem Überfluss lebten und deren Bedürfnisse auf wundersame Weise erfüllt wurden – leicht und ohne Anstrengung. Ich spürte eine tiefe Sehnsucht nach dieser friedlichen Welt, wo alles mit allem in Harmonie zu sein schien.

Ich las das Buch in einem Zug durch. Mit der letzten Zeile tauchte ich widerwillig aus den Untiefen meiner Phantasie auf, fühlte mich hinauskatapultiert aus dem süßen Traum, zurück in die nackte Realität. Und sofort meldete sich meine kritische Stimme, die sich irgendwie nach Rondorf anhörte: idealistischer Blödsinn! Da kam mir eine Idee. War es möglich, dass Rondorf Kenntnisse hatte, die diesen idealistischen Blödsinn zumindest vorstellbar machten? Suchte er nach dem verborgenen Shangri-La? War Rondorf ein moderner Gralssucher? Wusste Daniel, dass Rondorf nach Shangri-La suchte und suchte er ebenfalls danach? Und welche Rolle spielte ich verdammt nochmal in diesem Spiel? Es gab nur eine Möglichkeit, mehr herauszufinden. Ich musste nach Mumbai fliegen und mit Professor Kapoor sprechen. Er war der Einzige, der mir vielleicht sagen konnte, was Rondorf vorhatte und wofür Shangri-La wirklich stand. Ich buchte einen Flug für den nächsten Tag. Das Frauenthema musste warten.

Mumbai versank im Sumpf der frühsommerlichen Schwüle. In einem nicht klimatisierten Taxi fuhr ich durch schmutzige Straßen Richtung Norden. Ich schwitzte, rang nach Luft und war heilfroh, als das Taxi endlich vor dem Hauptgebäude der Universität zum Stehen kam. Über eine breite steinerne Treppe gelangte ich ins Innere des Gebäudes, wo es im Vergleich zu draußen angenehm kühl war. Ich fand Professor Kapoors Räume im hinteren Trakt. In einem kühlen Vorzimmer mit hellgrünen Wänden und kalten Neonlampen an der Decke saß eine junge Inderin und schaute mich fragend an.

„Ich habe leider keinen Termin, aber ich hätte gern Professor Kapoor gesprochen."

„Der Professor hat sehr viel zu tun."

Er war also da, aber sie wollte mich abwimmeln.

„Das kann ich mir vorstellen. Aber ich bin nur heute in der Stadt. Heute Abend reise ich weiter nach Delhi. Professor Kapoor ist eine Koryphäe auf dem Gebiet der kulturübergreifenden Geschichtswissenschaft. Ich bin Journalistin und arbeite an einem Artikel zu diesem Thema für eine Bostoner Zeitung."

Als die Vorzimmerdame Boston hörte, änderte sich ihr Gesichtsausdruck.

„Nehmen Sie doch bitte einen Moment Platz. Ich werde den Professor fragen, ob er Zeit für Sie hat. Wie ist Ihr Name?"

Blitzschnell besann ich mich auf den Namen einer alten Freundin, die beim Boston Chronicle arbeitete: „Jennifer Vance."

Sie verschwand im Zimmer des Professors und kehrte nach wenigen Minuten zurück. „Der Professor hat in einer halben Stunde seine erste Vorlesung, aber er kann vorher kurz mit Ihnen sprechen."

Professor Kapoor war schätzungsweise Anfang sechzig, und seine kleinen wachsamen Augen musterten mich eindringlich. Ich hatte den Eindruck, dass eine übertriebene Furchtsamkeit von ihm ausging, aber vielleicht täuschte ich mich auch. „Guten Morgen, Mrs. Vance."

„Guten Morgen, Professor Kapoor. Ich bin Ihnen sehr dankbar, dass Sie so früh und so kurzfristig Zeit für mich haben."

„Ich lebe vom Dialog mit Menschen und vor allem mit Vertretern der Medien." Der Professor bot mir einen Stuhl an und kam dann gleich zur Sache. „Worüber schreiben Sie?"

„Ich schreibe an einem Artikel über die Bedeutung der Geschichte für die Entwicklung der Menschheit. Dabei bin ich immer wieder auf Ihre Arbeiten gestoßen. Es geht mir vor allem darum, den Zusammenhang zwischen Geschichte und Mythologie herauszuarbeiten, die feine Trennlinie zwischen Realität und Sagenwelt."

„Ein interessantes Thema. Wie kommen Sie darauf?"

„Zunächst aus rein persönlichem Interesse, aber auch, weil ich sehe, dass sich die Menschen immer mehr zum Mystischen hingezogen fühlen. Mir scheint, wir erleben gegenwärtig eine Renaissance der Mystik und Spiritualität. Ich denke, dass es Aufgabe der Medien ist, auf dieses Interesse zu reagieren", gab ich zur Antwort.

„Sie sprechen mir aus dem Herzen."

Der Professor war mir sympathisch. Er wirkte äußerst sensibel und introvertiert. „Sie haben vor einigen Jahren einem deutschen Nachrichtenmagazin ein interessantes Interview gegeben!"

Ein kaum wahrnehmbares Erschrecken weitete Professor Kapoors Pupillen. Kurz und knapp bestätigte er meine Feststellung. Seine Hände wurden unruhig und er strich sich nervös über die Stirn. Die Furchtsamkeit, die mir schon zu Beginn unserer Begegnung aufgefallen war, war immer deutlicher zu spüren. „Haben Sie eine Kopie dieses Interviews? Ich habe alles versucht, es mir zu beschaffen."

„Ich werde meine Sekretärin bitten, Ihnen eine Kopie auszuhändigen."

Mehr wollte er zu diesem Thema nicht sagen. Ich wagte mich dennoch weiter vor. „Glauben Sie wirklich, dass man aus der Geschichte eine Evolution des menschlichen Bewusstseins ablesen kann?"

„Das ist keine Frage des Glaubens. Ich bin Wissenschaftler. Ich weiß es!"

Ich erwartete eine Erklärung. Der Professor blieb sie mir schuldig. Also bohrte ich nach: „Wo, denken Sie, wird diese Evolution enden?"

„In einer vollkommenen Gemeinschaft!"

„Was bedeutet das? Haben Sie eine konkrete Vorstellung vor Augen, ähnlich den Utopien, die viele Philosophen formuliert haben?"

Die Antwort des Professors ließ keinen Zweifel aufkommen. „Nein, keine Utopie. Eine ganz reale Welt. Die einzig wirkliche Wirklichkeit…"

Er ließ den Blick aus dem Fenster schweifen. Sein Gesichtsausdruck nahm etwas sehnsüchtig Verklärtes an. In diesem Moment wusste ich, was ich wissen wollte. Rondorf und der Professor arbeiteten nicht einvernehmlich zusammen. Dieser Mann hatte eine enorme visionäre Kraft. Er forschte mit Leib und Seele, um auch Skeptiker zu überzeugen und mit wissenschaftlichen Mitteln zu beweisen, was keiner glauben wollte: Die Menschheit verfügte über ein weit größeres Potenzial als sie sich vorstellen konnte.

„Ist diese vollkommene Gemeinschaft, von der Sie sprechen, das heilige Shangri-La oder Shambhala?"

Seine Augen weiteten sich. „Woher wissen Sie davon?", fragte er erstaunt oder erschreckt.

Ich fühlte mich, als sei ich soeben unbefugt in das heiligste Heiligtum eingedrungen. „Nun, eigentlich weiß ich nichts davon", stotterte ich. „Ich bin ein oder zwei Mal auf den Namen dieses Ortes gestoßen und dachte, Sie könnten mir etwas darüber erzählen, weil es in Ihr Forschungsgebiet gehört…"

„Über Shangri-La spricht man nicht!"

„Warum nicht?"

„Weil man Shangri-La oder das heilige Shambhala nicht zu verstehen vermag. Worte können seine Größe nicht annähernd beschreiben. Man muss es selbst erfahren!"

„Wie meinen Sie das?"

„Das müssen Sie selbst herausfinden." Seine Hände bewegten sich unruhig über die Schreibtischplatte. Nervös sah er auf die Uhr. Feine Schweißperlen zeichneten sich auf seiner Stirn ab. „Das Wissen über Shangri-La muss man sich diszipliniert erwerben. Sie müssen es aus tiefster innerer Überzeugung suchen wollen. Nur dann können Sie es finden…"

Warum nur diese Geheimnistuerei? Warum war niemand bereit, mir eindeutige Antworten zu geben, wo ich doch so dringend nach ihnen verlangte? Suchte ich etwa nicht aus tiefster innerer Überzeugung?

Der Professor stand auf und reichte mir über seinen Schreibtisch hinweg die Hand. „Bitte entschuldigen Sie meine Unhöflichkeit. Die Pflicht ruft!"

Ich war eindeutig zu weit gegangen, aber immerhin hatte ich mehr über Shambhala erfahren, als ich zu hoffen wagte. James Hilton hatte kein Märchen geschrieben. Irgendwo musste es diesen Ort wirklich geben.

Mir blieben noch mehr als fünf Stunden bis zu meinem Rückflug nach Delhi. Was sollte ich mit dieser Zeit anfangen? Da fiel mein Blick auf den Wegweiser zur Universitätsbibliothek. Rondorf hatte sich auch die Adressen zahlreicher Bibliotheken notiert. Vielleicht konnte ich hier neue Informationen finden. Obwohl mich die Größe der Bibliothek fast erschlug, fand ich den Weg zum Zentralregister. Doch wurde ich weder unter dem

Suchbegriff Shangri-La noch unter Shambhala fündig. Es kam mir vor, als hielte man diese Dinge absichtlich unter Verschluss, um sie vor neugierigen Blicken zu schützen. Sie waren da und waren es doch nicht. Wenn man nach ihnen greifen wollte, lösten sie sich in Luft auf.

Da kam mir eine Idee: Lf 202. Das war die Buchstaben-Zahlenkombination, die ich auf einem von Rondorfs Zetteln gefunden hatte. Mit etwas Glück konnte es sich um die Registernummer eines Buches handeln. Ich wechselte vom Stichwortverzeichnis zum Ordnungsregister. L, Lf. Da war es: Lf 202. „James Hilton, Der verlorene Horizont." Treffer!

Angeregt durch den Fund wurde ich mutig. Außer den unleserlichen Notizen und den Dingen, mit denen ich mich schon ansatzweise befasst hatte, war in Rondorfs Mappe noch eine Notiz gewesen, mit der ich bisher nichts anfangen konnte: Theosophische Gesellschaft. Im Sachregister gab es zahlreiche Einträge zu diesem Thema. Ein Bibliothekar brachte mir unter anderem ein Einführungswerk in die Theosophie. Ich schlug es auf und las:

„Das Wort Theosophie bezeichnet das Wissen über göttliche Dinge (griechisch: theos = Gott, Göttlichkeit, sophia = Weisheit), ein Wissen, das auf esoterischem Wege über die innere Erkenntnis aus Einsicht und Erfahrung in Kombination mit intellektuellem Studium gewonnen wird. Die Theosophische Bewegung ist mehr als 2.000 Jahre alt. Charismatische Hauptperson, die heute aus der Theosophie nicht mehr wegzudenken ist, ist die gebürtige Russin Helena Petrovna Blavatsky. Sie hat in zahlreichen Büchern ihre Philosophie formuliert, die kein strenges Dogma ist, sondern lediglich als Wegweiser auf der individuellen Suche nach dem Göttlichen dient. Grundidee der Theosophie ist die essentielle Einheit aller Wesen, aller Dinge…"

Auch Baba hatte von dieser Einheit gesprochen und von der Einheit der Religionen, die sich in der einen Wahrheit trafen wie die Speichen in der Nabe des Rades. Ich war auf der richtigen Fährte. Hinter mir hörte ich ein Geräusch, als sei jemand gestolpert. Ich drehte mich um und mein Herz klopfte wild. Ich witterte Gefahr. „Caro, reiß dich zusammen, du wirst allmählich paranoid!", beschimpfte ich mich selbst. Alles war wieder still, aber ich fühlte mich irgendwie beobachtet. Angespannt las ich weiter: „*…Alles kosmische Leben entstammt einer Quelle, der Göttlichkeit. Diese Quelle ist Ausgangspunkt und Endpunkt einer fortwährenden* **Evolution.**"

Ich kramte in meiner Tasche nach Papier und Bleistift und machte mir Notizen. Je weiter ich las, desto aufgeregter wurde ich. Endlich hatte ich einen brauchbaren Hinweis gefunden. Ich begann zu begreifen, was Professor Kapoor mit Evolution meinte.

„Die Evolution ist Reflexion des Selbstausdrucks des Göttlichen in mannigfaltigen Formen und Fähigkeiten. Spirituelle, intellektuelle, psychologische, ätherische und materielle Bewusstseins- und Substanzebenen spiegeln das Göttliche, das sich in all diesen unterschiedlichen Ebenen als ihr Kern wiederfinden lässt. Zyklisch kehrt alles Leben zu dieser göttlichen Quelle zurück. Der Prozess von Entstehen und Vergehen, Leben und Tod, ist Ausdruck dieses göttlichen Kreislaufs."

Blitzartig schoss mir ein Symbol durch den Kopf: die Schlange, die sich in den Schwanz beißt.

Ich nahm meine Brille ab und las ohne Anstrengung weiter. Erst später fiel mir auf, dass die Buchstaben gestochen scharf in mein Bewusstsein drangen und durch meinen Bleistift auf das Papier flossen. Ich schrieb:

„Als in diesem göttlichen Kern verwurzelte Menschen können wir alle zur Quelle der letztendlich verbindlichen Wirklichkeit, zur absoluten Wahrheit, zurückfinden. Alles, was es dafür braucht, ist der Wunsch, zu einem Forscher zu werden, einem Forscher, der lernen will zu unterscheiden zwischen wahr und falsch, zwischen Illusion und Realität.

> *„Wurde uns nicht wieder und wieder gesagt,*
> *dass wir unser Gewissen befragen müssen,*
> *bevor wir irgend etwas akzeptieren?*
> *Um das zu tun, müssen wir denken;*
> *wir wissen auch, dass, wenn wir bei einer solchen*
> *   Vorgehensweise*
> *durch unsere Blindheit oder Unfähigkeit*
> *eine dargebotene Wahrheit ablehnen,*
> *wir nichtsdestoweniger das Richtige getan haben,*
> *denn wir waren unserem Gewissen treu,*
> *… der innere Mensch versteht,*
> *und in ergebenen Herzen wird die Wahrheit mit*
> *   der Zeit dämmern." (2)*

Noch während ich schrieb, hörte ich die geheimnisvollen Worte des Schlangenbeschwörers in meinem Innern: „In Indien sind Religion und weltliches Leben eins. Leider habt ihr Europäer das längst vergessen. Ihr sucht das Geheimnis des Lebens noch immer in den falschen Dingen und lebt wie im Schlaf. Der Schlüssel kann niemals im Außen liegen…" Der Schlüssel lag in mir.

Wieder hörte ich ein Geräusch, lauter diesmal und eindeutig zu identifizieren. Ganz in meiner Nähe atmete jemand. Panisch wandte ich mich in die Richtung, aus der das Geräusch meiner Meinung nach kam, aber im Halbdunkel zwischen den meterhohen Regalwänden konnte ich nichts und niemanden erkennen. Ich schaute auf die Uhr. Schon so spät! Die Fahrt zum Flughafen dauerte mindestens zwei Stunden. Hastig schlug ich das Buch zu. Da fiel mein Blick auf den Buchdeckel, den ein majestätisches Wappen zierte. Ein Hexagramm, das ich als Siegel Salomos oder jüdischen Davidstern kannte, war von einem vollkommenen Kreis umgeben – und diesen Kreis formte eine Schlange, die sich in den Schwanz biss… Ich ließ mich zurück auf den Stuhl fallen und atmete so gleichmäßig, ruhig und kontrolliert wie möglich. Wieder und wieder blickte ich ungläubig auf das, was ich eindeutig vor Augen hatte. Die Schlange war das Wappentier der Theosophischen Gesellschaft.

Ich hatte keine Zeit mehr. Das Flugzeug würde nicht auf mich warten. Also nahm ich all meine Kraft zusammen und eilte Richtung Ausgang. Draußen winkte ich nach einem Taxi. Wieder und wieder blickte ich mich nervös um. Ich war sicher, dass mich jemand beobachtete. Beklemmung mischte sich mit Unbehagen, bleierne Müdigkeit mit Erstaunen. Was hier geschah, war logisch nicht erklärbar. Während sich das Taxi durch den kriechenden Verkehr quälte, kamen meine Gedanken nicht einen Moment lang zum Stillstand. „Wie…, wie nur sollte ich den verdammten Schlüssel finden, von dem Baba gesprochen hatte? Wie sollte ich die Wahrheit finden, wie sollte ich Illusion von Realität unterscheiden lernen?" Ich fühlte mich klein, unfähig, allein, überfordert, schwach und von den Ereignissen überrollt. Ich sah keinen Ausweg, kein Ziel und keinen Weg zurück. Ich ahnte schon zuviel, um kehrtmachen zu können. Außerdem hatte mich Rondorf so wütend gemacht, dass ich schon aus diesem Grund nicht aufgeben wollte. Ich musste es ihm zeigen. Wieder fühlte ich mich grauenhaft unfrei, hilflos und getrieben. Hatte ich irgendetwas von dem, was in den letzten Monaten geschehen war, selbst entschieden? War es bloßer Zufall, der mich trieb, oder war es göttlicher Wille? Was war mit mir? Warum fragte niemand, was ich wollte? Es waren immer dieselben Gedanken, die mich in der tiefsten Verzweiflung übermannten. Ich konnte einfach nichts dagegen tun.

Der Verkehr kam teilweise zum Stillstand, wir waren noch etliche Kilometer vom Flughafen entfernt und die Zeit lief. An der nächsten Kreuzung bog der Fahrer in eine ruhigere Nebenstraße ein, weil er hoffte, so schneller voranzukommen. Als ich zufällig aus dem Heckfenster blickte, bemerkte ich einen schwarzblauen Muratti, der mir schon vor der Universität aufgefallen war. Er hatte direkt vor dem Portal geparkt. Nun fuhr er hinter uns, und das nach mehr als zwanzigminütiger Fahrt! Auf meinen harschen Befehl hin erhöhte der Taxifahrer das Tempo auf fast 80 Stundenkilometer. Auch der Muratti gab Gas. Meinem Fahrer machte die Verfolgungsjagd sichtlich Spaß.

Der Muratti war immer noch hinter uns, als wir auf die Rampe vor der Abflughalle schossen und ich aus dem Taxi sprang. Bis zum Schalter der Air India kam ich unbehelligt durch. Nervös um mich blickend checkte ich ein und rannte dann gleich weiter zum vermeintlich sicheren Gate. Das Gedränge am Flughafen empfand ich heute als Segen, denn ich hoffte, mich ganz unauffällig unter die anderen Reisenden mischen zu können. Doch leider war ich die einzige weiße Frau auf diesem Flug. Groß und auffällig ragte ich aus der Menge. Als ich versuchte, mich weiter nach vorne zu drängen, spürte ich plötzlich eine Hand, die mich am Arm packte und fest zudrückte. Ich wandte mich nach links und blickte in die dunkel funkelnden Augen eines maskenhaft angespannten Gesichtes.

„Kommen Sie mit, und halten Sie die Klappe!"

Der Kerl drückte meinen Arm so fest, dass ich vor Schmerz kaum atmen konnte, und zerrte mich in eine dunkle Ecke. Niemand schien unseren Kampf zu bemerken. Ich nahm all meinen Mut zusammen und schrie: „Was wollen Sie von mir? Lassen Sie mich los oder ich rufe um Hilfe."

Der Kerl erhöhte den Druck auf meinen verdrehten Arm. Er stank nach Schweiß und einem penetranten Aftershave. Jetzt zückte er ein Messer, hielt es mir an die Kehle und zischte: „Halten Sie sich da raus! Ich warne Sie nur einmal, ein einziges Mal. Hören Sie? Lesen Sie morgen die Zeitung, dann wissen Sie, was mit Leuten geschieht, die nicht tun, was man ihnen sagt. Stecken Sie Ihre hübsche Nase…" Er strich mit der glatten Seite der Messerklinge über meinen Nasenrücken. Ich unterdrückte einen Schrei. „… nicht in Dinge, die eine Nummer zu groß für Sie sind." Er lachte widerwärtig. „Mehr als eine Nummer zu groß!"

Um seine Warnung zu unterstreichen, verpasste er mir mit einer blitzschnellen Bewegung einen Schnitt in den Hals. Es tat kaum weh, aber ich spürte, wie mir das warme Blut den Hals hinunter und in den Ausschnitt lief. Endlich ließ er von mir ab, drehte sich um und tauchte in der Menschenmenge unter.

Ich zitterte am ganzen Körper, kramte nach einem Taschentuch und drückte es geistesabwesend auf die Wunde. Auf dem Weg zum Gate fand ich eine Toilette, wo ich die Wunde notdürftig reinigen konnte, aber dann musste ich mich beeilen, um meinen Flug nicht zu verpassen. Mein Name wurde bereits ausgerufen.

„Ist Ihnen nicht gut, Madam?" fragte die Stewardess, als sie mein leichenblasses Gesicht sah. „Danke, es geht schon wieder. Nur ein kleiner Schwächeanfall."

Am Abend traf ich müde und zerschlagen zu Hause ein. Sahana war schon weg. Sie hatte mir eine Kleinigkeit zu essen hingestellt. In der Wohnung war es dunkel und still. Ich war zu faul, das Licht anzuknipsen. Wozu auch? In meinem schmerzenden Kopf jagten die Gedanken wild durcheinander. Barfuß tapste ich ins Wohnzimmer und ließ mich in den erstbesten Sessel fallen.

„Sie scheinen wirklich eine Vorliebe für dunkle Räume zu haben."

Das war Daniels Stimme! Erst jetzt sah ich die Umrisse einer Gestalt, die lässig auf meinem Sofa saß. Ich rannte zum Lichtschalter und schrie hysterisch: „Was fällt Ihnen ein, in mein Haus einzudringen?"

Er grinste selbstgefällig. Vielleicht spürte er die Freude über seine Anwesenheit, die sich hinter meinen Worten verbarg.

„Was haben Sie in Mumbai herausgefunden?", fragte er ungerührt.

„Woher wissen Sie, dass ich in Mumbai war?"

„Intuition! Ich hoffe, Sie wissen, dass das sehr leichtsinnig war. Sie haben sich und den Professor in ernstliche Gefahr gebracht. Wie konnten Sie nur so dumm sein?"

Seine Schelte missfiel mir. „Was geht Sie das überhaupt an? Sie spielen sich hier als geheimnisvoller Mystiker und Tibetkenner, als angeblich

Wissender auf, tun, als wüssten Sie all die Dinge, nach denen ich so verzweifelt suche, und geben nichts von Ihrem ach so kostbaren Wissen preis. Wollen Sie sich bei mir unentbehrlich machen?" Meine Wut war echt, aber mein Gefühlsausbruch schien ihn nicht zu beeindrucken, denn er lachte nur und stand auf. Dann stellte er sich hinter mich und berührte die Schnittwunde an meinem Hals. Seine tiefe Stimme wurde ruhig und weich. Sie klang mitfühlend und tröstlich. „Ich möchte Sie vor Verletzungen solcher und schlimmerer Art schützen. Das ist alles."

Seine Finger glitten über meinen Hals und ich wünschte, er würde niemals aufhören, mich zu berühren. Dennoch fragte ich bissig: „Was wollen Sie von Rondorf? Was haben Sie bei uns im Büro gesucht, und was zum Teufel suchen Sie hier bei mir?"

„Das hier hat mit Ihrem Büro und Rondorf nichts zu tun…"

Er war wegen mir hier? Ich wünschte mir nichts sehnlicher als das.

„Ich kann und darf nicht mit Ihnen darüber sprechen."

„Warum sollte ich Ihnen dann erzählen, was ich in Mumbai gemacht habe?"

Er ging langsam und geschmeidig wie ein Panther zum Sofa zurück. Jede seiner Bewegungen wirkte sanft und bewusst. Das Schweigen dauerte mir zu lange. Es legte tausend Fragen, tausend Sehnsüchte, tausend Erinnerungen und tausend Träume bloß – Gefühle von nie gekannter Intensität. Endlich sagte Daniel: „Vertrauen Sie mir!"

„Wie kann ich das?"

„Verlassen Sie sich auf Ihr Gefühl!"

Das war das Problem. Mein Gefühl lief Amok, und es war nicht nur ein Gefühl. Hüh und hott, angezogen und abgestoßen, misstrauisch und doch vertrauensvoll, sehnsüchtig und abweisend, begehrend und ablehnend „ eine ganze Reihe ambivalenter Reaktionen lief in Sekundenschnelle in mir ab, wenn ich auf Daniel Nirula traf. Ich versuchte von mir abzulenken: „Woher wissen Sie, dass ich in Mumbai war, weil ich Professor Kapoor treffen wollte?"

„Das war nicht schwer zu erraten. Ich habe dieselben Notizen in Ihrem Büro gefunden wie Sie. Ich kenne den Professor persönlich und wusste, dass Rondorf sich mehrmals mit ihm getroffen hat, auch nachdem der Artikel in Ihrem Magazin bereits veröffentlicht war. Ich glaube, das war 1997. Korrigieren Sie mich!"

Ich nickte zustimmend.

„Professor Kapoor war Ihr erster Anhaltspunkt. Deshalb sind Sie nach Mumbai geflogen."

„Warum glauben Sie, dass ich den Professor und mich in Gefahr gebracht habe?"

„Das fragen Sie noch? Warum hat man Sie wohl bedroht und verletzt?"

Mir fielen die Worte des Messerstechers wieder ein: „Lesen Sie morgen die Zeitung, dann werden Sie wissen, was mit Leuten geschieht, die nicht tun, was man ihnen sagt." Der Professor war in Gefahr und ich war Schuld daran.

„Warum diese Drohungen und diese Gewalt?", fragte ich verzweifelt.

„Es geht dabei um Wissen, Caroline. Das sagte ich bereits. Und Wissen bedeutet in diesem Fall mehr als in allen anderen Fällen Macht. Reine Macht. Viele streben danach. Manche wollen andere daran hindern, sie zu erwerben. Und die meisten denken dabei nur an sich selbst und ihren persönlichen Profit – nicht an den Geist, der hinter all dem steht."

„Welcher Geist steht denn hinter all dem?"

„Der Geist des Neuen, des friedlichen, altruistischen Miteinander. Macht und das Streben nach Macht wird unnötig werden. Sie ist das Werkzeug des trennenden Egoismus. Das mächtige Wissen muss in der rechten Gesinnung und auf die rechte Art und Weise erworben und angewendet werden."

„Sie meinen, die Suchenden müssen unterscheiden lernen, zwischen wahr und falsch…"

Während mein Verstand die Bedeutung der Worte zu erfassen suchte, die ich gerade gesprochen hatte, nahm ich Daniels Reaktion darauf nur am Rande wahr. Sein Blick wurde fragend. Meine Worte schienen ihn zu überraschen. Plötzlich sprach er meine Gedanken aus und vollendete den Satz: „…zwischen Illusion und Realität,…zwischen Utopie und letzter Wirklichkeit." Wir dachten und sprachen wie ein Wesen.

Dann wechselte er abrupt das Thema. „Was halten Sie von James Hiltons Roman?"

„Er ist zu schön, um wahr zu sein."

„Vielleicht, vielleicht auch nicht…" Daniel zitierte:

„In gewissen Regionen des Himalaja, zwischen den
      zweiundzwanzig Tempeln,
   bildet Argatha die mystische Null, das unauffindbare
   Alles und Nichts…"

Er schwieg kurz, als wolle er der Bedeutung der Worte nachspüren. Dann fuhr er leise und ungewohnt ehrfürchtig fort: „Argatha wird auch mit Shangri-La, oder mit dem verlorenen Königreich Buddhas, dem heiligen Shambhala gleichgesetzt. Alle drei, oder wenn man so will, das Eine, das hinter diesen drei Namen steht, ist ein mystisches Königreich, wie Ihnen Elly ganz richtig erklärt hat. Ob es tatsächlich existiert, ist bis heute reine Spekulation. Für die einen symbolisiert die Legende um Shambhala den Wunsch des Menschen nach einem paradiesischen Zustand vollkommenen Glücks und vollkommener Erfüllung. Für viele andere handelt es sich um einen tatsächlich existierenden Ort, den jeder finden kann, dessen Bewusstsein reif genug ist. Sie glauben, der einzige Weg nach Shambhala sei der Weg der wachsenden Bewusstwerdung, der individuellen Evolution, der Weg der inneren Stimme. Das eigene Gefühl oder die eigene Sehnsucht führt einen zu einem unbekannten Ziel. Wenn man ihm vorurteilslos und voller Hingabe folgt, wird man am Ende mit umfassender Selbsterkenntnis belohnt. Selbsterkenntnis ist sozusagen die Eintrittskarte nach Shambhala. Hinter der Wahrheit liegt das Tor zu einer neuen Welt… Aber Shangri-La ist mehr als das Ziel der Entwicklung individueller Menschen. Es ist ein Ort der größten Vollkommenheit mit einer vollkommenen Gesellschaftsstruktur – wie er in James Hiltons Roman beschrieben wird – ein Ort des friedlichen, altruistischen Miteinanders, ganz im Sinne der buddhistischen Lehre von Karuna, der liebenden Güte. Es ist ein Ort des gemeinschaftlichen Wachstums, ein Ort, an dem jeder vor allem für den anderen lebt."

Ich wünschte, ich hätte die Kraft, daran zu glauben, und wusste, dass Daniel daran glaubte. Plötzlich spürte ich, wie sich allein durch dieses Wissen eine fast unüberbrückbare Kluft zwischen uns auftat. Wir waren grundverschieden. Vielleicht lag es an Daniels Herkunft. Wer in Indien groß geworden war, hatte keine Scheu vor dem Geheimnis, dem Unvorstellbaren, den bunten Träumen der eigenen Seele, vor Erlösungsversprechen und der Berührung mit dem Göttlichen. Hier war das Göttliche etwas

Alltägliches, vor dem man sich nicht zu fürchten brauchte. Ich war anders erzogen worden. Mein Leben war bestimmt von Vernunft, von nackten Tatsachen, von eindeutig Erklärbarem. Schon meine intensiven Tagträume und Phantasien erschreckten mich, weil sie völlig subjektiv und nicht beweisbar waren. Wie oft hatte ich mich selbst als Träumer beschimpft und zur Wahrnehmung der Realität ermahnt? Vernunft und Emotionen hatte ich immer für unvereinbare Gegensätze gehalten.

Daniel sah mich prüfend an. Ich wusste, dass ich nichts vor ihm verbergen konnte. Und eigentlich nur, um von meinen Schamgefühlen abzulenken, begann ich zu erzählen: „Ich bin nach Indien gekommen, weil ich eine neue Herausforderung gesucht habe. Mein Leben in Deutschland war schal und leer geworden. Es schien so sinnlos. Jeder Tag war eine exakte Wiederholung des vorangegangenen. Meine Arbeit befriedigte mich nicht mehr, und ich hatte das dringende Bedürfnis nach etwas Neuem, nach etwas, das mich herausforderte und berührte... Da kam das Angebot meiner Redaktion, Rondorfs Stelle zu übernehmen. Nach langem Hin und Her nahm ich an. Aber ich zweifelte. Ich zweifelte vor allem an einem: an mir. Ich wusste nicht, ob ich einer solchen Herausforderung gewachsen war, fachlich und persönlich. Vom ersten Tag an stieß ich bei Rondorf auf heftigste Ablehnung. Er gab mir keine Chance, mit ihm zusammenzuarbeiten. Aber das war nicht alles, was mich verstörte. Seit ich in Delhi angekommen bin, sind viele seltsame Dinge passiert, die ich bis heute nicht verstehe. Es fällt mir schwer, darüber zu sprechen. Ich möchte nicht, dass Sie mich für verrückt halten!"

Nun war es heraus. Warum erzählte ich ihm das? Ich hatte nicht darüber sprechen wollen. Vertraute ich ihm etwa doch? Ich brauchte seine Hilfe und sein Verständnis in dem gleichen Maße, in dem ich seine Nähe brauchte, die Ruhe und die Gelassenheit, die von ihm ausgingen. Ich wollte wissen, ob ihm diese Dinge fremd waren oder ob er diese Art des Erlebens kannte, bei dem alles mit allem zu korrespondieren schien.

Einfühlsam und dennoch gnadenlos fragte er: „Halten Sie sich selbst für verrückt?"

Ich stotterte: „Ja..., nein..., ich weiß nicht... Die Geschichte ist auf jeden Fall bizarr. Ich würde nicht wagen, sie meinen deutschen Freunden zu erzählen."

„Erzählen Sie sie mir!"

Und so erzählte ich. Ich redete mir die ganze Anspannung von der Seele. Ich erzählte von meiner Fahrt zum Taj Mahal, von der Ruhe, dem Frieden und der Harmonie, die ich ob der Schönheit des Taj empfunden hatte. Ich sprach von meiner eigenen Sehnsucht nach Liebe, die mir dort zum ersten Mal bewusst geworden war. Ich erzählte von Baba, dem Schlangenbeschwörer, und von seiner Aufforderung, nach dem verborgenen Shangri-La zu suchen, das nur wieder auftauchen würde, wenn ich den verborgenen Schlüssel fand, den Schlüssel, der niemals im Außen zu finden war… Ich beschrieb Babas Schlange und das Symbol, das er in den Sand gezeichnet hatte, jenes Symbol, das mir wenig später im Lodi-Garten begegnet war … und heute im Wappen der Theosophischen Gesellschaft.

Ich versuchte, Daniel zu erklären, wie mich meine Auseinandersetzung mit unterschiedlichen Lebens- und Gesellschaftsformen zu neuen Fragen und Antworten geführt hatte, die auch und vor allem mich selbst betrafen. Rondorf, seine Nachforschungen über Shangri-La, Elly Montgomery, Sangeeta Singh, Professor Kapoor und seine Theorie zur Evolution des Bewusstseins und zuletzt er, Daniel. All das gehörte zusammen und führte in eine bestimmte Richtung. Frage ergab Antwort, Antwort ergab neue Frage. Es schien, als hätte ich eine Reihe von Ereignissen losgetreten wie Tausende und Abertausende aneinander gereihter Dominosteine.

Während ich sprach, blickte ich ins Nichts. Ich wagte nicht, Daniel anzusehen. Ich fürchtete, in seinen Augen Verständnis oder Ablehnung lesen zu müssen. Ich war so unsicher, dass mich das eine oder das andere bestimmt in der Beurteilung meiner Geschichte beeinflusst hätte.

„Diese Schlange ist ein archetypisches Symbol, das schon die alten Griechen kannten. Sie nannten es Ouroboros. ‚Ouro' bedeutet König und ‚Ob' heißt Schlange. Der Ouroboros wird auch die kosmische Schlange genannt. Sie symbolisiert Anfang und Ende, Geburt und Tod, den ewigen Kreislauf der Energien, Transformation. Die Schlange ist in vielen Kulturen ein Symbol für Veränderung, für Zeit und Nicht-Dauer. Ihre Häutung steht für die Trennung von Altem, für Wachstum, Wandlung, Entwicklung, Evolution. Sie ist daher auch ein kraftvolles Symbol für Vollkommenheit und für das Ende eines Zyklus. Beißt sie sich in den Schwanz, so steht sie gleichzeitig für Endlosigkeit und Ewigkeit – für den Punkt, an dem sich Anfang und Ende, Vergangenheit und Zukunft in der absoluten Gegenwart treffen. Die mystische Null!"

Ich wiederholte Daniels Worte: *„In gewissen Regionen des Himalaja, zwischen den zweiundzwanzig Tempeln, bildet Argatha die mystische Null, das unauffindbare Alles und Nichts…"*

Abrupt drehte er sich zu mir um. „Was hast du gesagt?"

„Nichts, ich habe nur laut gedacht…Könnte es sein, dass die kosmische Schlange auf der individuellen Ebene das symbolisiert, was Shangri-La, oder Shambhala oder Argatha, wie es auch immer heißen mag, auf der kollektiven Ebene darstellt?"

Ich hatte die Frage unbedacht in den Raum geworfen. Sie schien mir die logische Schlussfolgerung unseres Gesprächs zu sein. Daniel kam zu mir herüber. Das klare Leuchten in seinen Augen faszinierte mich. Unerträgliche Spannung baute sich zwischen uns auf. Ich las tiefe Zuneigung in seinen Zügen, aber auch krampfhaft gewahrte Distanz und eine eigentümliche Frage: Wer bist du? Elly hatte mich neulich ganz ähnlich angesehen. Dann sagte er, den Blick immer noch unverwandt auf mich gerichtet: „Höchste Vollkommenheit, Göttlichkeit!"

„Die absolute Wahrheit!"

Wir warfen uns die Ideen zu wie Bälle. Jeder Gedanke, den er äußerte, brachte mir eine weitere Idee zu Bewusstsein, die ich spontan aussprach. Plötzlich fiel die Spannung von uns ab, schneller als sie sich aufgebaut hatte. Wir sprachen normal weiter, obwohl wir die Energie noch spürten, die unsere Gedanken zu höchsten Höhen emporgetragen hatte.

„Der Schlangenbeschwörer vom Taj ist eine legendäre Gestalt. Er ist ein Seher, ein Rishi. Man sagt, er lebe auf dem Gelände des Taj Mahal, weil die Magie dieses Ortes die Suche nach der Wahrheit erleichtert. Er betrachtet die Besucher des Taj und greift sich sehr, sehr selten jemanden aus der Menge heraus, dem er ansieht, dass er auf der Suche ist und über die Fähigkeit zu umfassender Erkenntnis verfügt. Angeblich ist es die Liebesfähigkeit, die er in dem Betreffenden sehen kann. Nur wer zu allumfassender Liebe fähig ist, wird den Weg zu Baba finden!"

„Er sagte mir, ich sei wach und fähig, die Bedeutung hinter den Mauern zu sehen. Wie konnte er das beurteilen? Es macht mir Angst. Es grenzt an Zauberei."

„Nenne es Hellseherei, Zauberei oder Magie, Gabe oder Fluch, beängstigend oder faszinierend. Es liegt an dir, wie du es sehen willst, Caroline."

Schon wieder machte er mir unbarmherzig bewusst, dass nur vorurteilsfreies Erleben die Pforten zur Weisheit öffnen kann. Es fiel mir so schwer, über meinen Schatten zu springen.

„Rishis leben in einer anderen Welt als wir. Sie haben längst Befreiung erlangt. Daher erleben sie alles Leben als Einheit. Dies ist der eigentliche, der wirkliche Zustand des Menschen. Nur deshalb kennen sie die Gedanken ihres Gegenübers. Das wirkt auf uns wie Zauberei, weil uns unsere einschränkenden Glaubenssätze blind gemacht haben. Rishis sind „normaler", wirklicher als wir. Sie sehen die Welt, wie sie ist. Wir sehen die Welt durch die Brille unserer Vorstellungen. Wenn der Alte dir sagte, dass du anders durch das Tor gekommen bist als die anderen, dann konnte er spüren und sehen, wer du wirklich bist, nicht, wer du heute zu sein glaubst."

Verständnislos fragte ich: „Gibt es da einen Unterschied?"

„Ja, und ich denke, dass der Alte dich auf eben diesen Unterschied hinweisen wollte. Hindus und Buddhisten glauben, dass es nicht nur das Ego gibt, als das wir uns kennen, die Persona oder die alltägliche, konstante Persönlichkeit, als die wir, durch Erziehung und Erfahrung geprägt, durchs Leben gehen. Sie glauben vielmehr, dass das Ego Illusion ist und dass hinter der Fassade dieses Egos etwas wohnt, das göttliche Qualitäten besitzt, das wahre, höhere oder subtile Selbst. Es ist eine Frage der Bewusstheit, ob man Zugang zu diesem göttlichen Teil in sich findet. Wenn man in ihm wohnt, hat man *Moksha* verwirklicht und ist zum Buddha geworden, zum Erleuchteten. Man hat erkannt, was das kleine geltungsbedürftige Ego an Leiden verursacht und hat es daher Schritt für Schritt integriert, transformiert und überwunden. Vielleicht fragst du dich, wer so verrückt sein könnte, das überwinden zu wollen, was ihm am liebsten ist: sich selbst. Dann antworte ich dir, dass nur dadurch wirkliche Freiheit möglich ist – Freiheit des Geistes und Freiheit der Entscheidung. Freiheit des Seins. Liebe. Ein solcher Mensch sieht wirklich die Bedeutung hinter den Mauern. Er reißt die Grenzen des Egos nieder und überwindet die schmerzhafte, leidvolle Trennung vom Ganzen in einem Akt der Hingabe. Und doch ist und bleibt er ein ganz normaler Mensch. Nur sieht und erreicht er mehr als alle um ihn herum."

„Du glaubst also, der Alte konnte sehen, was in mir steckt, ohne dass ich selbst es sehen kann, weil das Gleiche in ihm steckt?" Ich beantwortete meine Frage selbst: „Das würde jenes eigenartige Gefühl erklären, das ich hatte. Es fühlte sich an, als könne er in die tiefsten Tiefen meines Geistes blicken, als sei er der Spiegel, der das Unbekannte, das Formlose, das Unsichtbare in mir wiedergibt."

Wieder fühlte ich, wie jene bleierne Müdigkeit von mir Besitz ergriff, die mich immer davor warnte, mehr von mir zu verlangen, als zur Zeit möglich war. Ich beneidete Daniel um seine Sicherheit. Er schien genau zu wissen, was er tat, welches Ziel er verfolgte und wie er es erreichen konnte. Er wirkte so bestimmt, so klar, so ohne jeden Selbstzweifel.

„Es ist schon spät."

Ich schaute auf die Uhr. Es war zwei Uhr nachts!

„Ich werde jetzt gehen. Versprich mir, auf dich aufzupassen. Versuche als Erstes, Rondorfs Fahrer loszuwerden. Durch ihn ist Rondorf über jeden deiner Schritte informiert."

Daran hatte ich auch schon gedacht. Kuber war zwar bequem, aber ein absolutes Risiko. Daniel reichte mir einen Zettel. „Wenn irgend etwas sein sollte,… hier ist meine Handynummer."

Wir gingen gemeinsam zur Tür. Bevor er sie öffnete, blieb Daniel stehen und sah mich traurig, fast wehmütig an. Zum ersten Mal sah ich in seinen Augen die Sehnsucht, von der Elly gesprochen hatte. Er schien alles zu haben, was man sich nur wünschen konnte, einen faszinierenden Beruf, eine wunderschöne Frau, eine glückliche Familie, die Freiheit zu reisen und zu forschen, Attraktivität, große Intelligenz und intuitives Verständnis, sogar Weisheit. Ich ahnte jedoch, dass seine Sehnsucht gerade mit Letzterem zusammenhing. Er wusste, dass er noch lange nicht am Ziel war. Vielleicht war es schlimmer, das Ziel zu kennen und sich unendlich weit davon entfernt zu wissen, als keine Ahnung von seinem eigentlichen Lebensziel zu haben. Vielleicht war ich trotz der Ängste, der Einsamkeit, der Selbstzweifel, der Unsicherheit und der Schwäche, die in den letzten Wochen Besitz von mir ergriffen hatten, glücklicher als Daniel, weil ich die Kluft zwischen dem, was war, und dem, was sein konnte, nicht so stark empfand wie er.

10

Am nächsten Morgen griff ich als Erstes nach der Zeitung und las die Schlagzeile: „Selbstmord! Berühmter Geschichtsprofessor erhängte sich in seinem Büro an der Universität Mumbai." Ich stieß einen Schrei aus. Professor Kapoor war tot und ich war schuld daran. Natürlich war sein Selbstmord nur vorgetäuscht. Ich zwang mich zum Weiterlesen. „Der bekannte, 58-jährige Geschichtsprofessor aus Mumbai erfreute sich wachsender Popularität, vor allem im westlichen Ausland. Er arbeitete mit führenden amerikanischen Universitäten zusammen und publizierte viele seiner Arbeiten in den USA, England, Deutschland und Frankreich. Der Professor war als ruhiger, introvertierter Idealist aufgefallen. Mit seinen Forschungen wollte er belegen, dass die menschliche und kulturelle Entwicklung die Möglichkeit eines friedlichen Miteinanders bereit hält." Der Artikel endete mit der berechtigten Frage: „Warum sollte sich ein solcher Mensch das Leben nehmen?"

Das Telefon klingelte. Wie betäubt nahm ich den Hörer ab. „Hast du die Zeitung gelesen?"

Es war Daniel. Ich atmete erleichtert auf. Es hätte schließlich auch Rondorf sein können. „Ja", gab ich knapp zurück.

„Können wir uns irgendwo treffen?" Seine Bitte klang dringend.

„Sicher. Wann und wo?"

„14:30 Uhr im Tearoom des Taj Palace."

Bevor ich antworten konnte, hatte er bereits eingehängt.

Er winkte mir zu, als er sah, dass ich einen Kellner im Tearoom nach ihm fragte. Schon von weitem nahm ich wahr, dass er distanziert, unpersönlich, ja beinahe geschäftsmäßig kühl wirkte.

„Warum treffen wir uns hier und nicht bei mir?", fragte ich.

„Darf ich dich daran erinnern, dass der Professor umgebracht wurde, weil du ihm neugierige Fragen gestellt hast? Meinst du, du kannst von nun an weiter so ungeniert mit jedem an jedem beliebigen Ort über alles sprechen wie bisher?"

Ich war sicher, dass dies nicht der einzige Grund für sein Verhalten war, aber ich behielt meinen Verdacht für mich.

„Du meinst, es könnte sein, dass ich abgehört und beschattet werde?", fragte ich statt dessen. Er lachte nur.

„Warum wolltest du mich sprechen?"

„Ich habe nachgedacht... Was du mir gestern Abend über dich erzählt hast, hat mich sehr berührt. Der Alte vom Taj hatte Recht. Du bist ein besonders wacher und bewusster Mensch. Aber du musst noch viel lernen. Du stehst erst am Anfang einer Entwicklung, in deren Verlauf sich sehr viel verändern wird. Es hat den Anschein, als würde diese Entwicklung sehr schnell vor sich gehen. Daher könnte es sein, dass du in der nächsten Zeit äußerst verletzlich sein wirst. Alles, was ich dir geben kann, ist das, was ich selbst über die mysteriösen Vorgänge weiß. Es ist nicht viel, aber es kann dir vielleicht helfen, dich zurechtzufinden, wenn es schwieriger wird. Und wenn ich nicht mehr da bin...".

Er fiel in nachdenkliches Schweigen und sah aus, als fürchte er die Konsequenz seines letzten Gedankens: Wir würden getrennt sein. Ich wagte nicht, darüber nachzudenken, was das wirklich bedeutete. Daniel hatte sich schnell wieder gefangen.

„Rondorf kam Ende 1996 mit Professor Kapoor ins Gespräch, als er an dem Artikel für euer Magazin schrieb. Kapoor war damals so begeistert von seiner Idee, dass er sie mit jedem teilte. Blauäugig erzählte er Rondorf von einer höheren Gesellschaftsform, die in den buddhistischen Mythen genauestens beschrieben ist. Er berichtete vom materiellen Reichtum dieser Gesellschaft, von ihrer Alterslosigkeit und ihrer Macht. Professor Kapoor erzählte Rondorf von Shambhala. Ich vermute, dass sich Rondorf damals längst für Shambhala interessierte und Professor Kapoors Vertrauensseligkeit für seine Zwecke ausnutzte. Deshalb bin ich neulich in euer Büro eingedrungen. Ich habe nach Beweisen für den Stand von Rondorfs Recherche gesucht. Ich selbst bin in die Sache hineinzogen worden, als ich letztes Jahr in Dharamsala mit Professor Kapoor zusammentraf. Er erzählte von einem deutschen Journalisten, der seit einigen Jahren großes Interesse an seinen Forschungen zeigte. Und er schien absolut begeistert von dem „klugen Mann". Ich mahnte ihn zur Vorsicht. Vor wenigen Wochen rief er mich völlig verängstigt an. Der deutsche Journalist ließe ihn nicht mehr in Ruhe. Er dränge ihn, ihm mehr über das Geheimnis von Shambhala zu verraten. Rondorf und seine Leute scheuen vor Gewalt nicht zurück, Caroline. Sie streben nach der Macht, und zwar mit allen Mitteln. Du musst mir versprechen, vorsichtig zu sein. Professor Kapoor war ähnlich gutgläubig und offen wie du."

Ich überhörte die Warnung. Für mich war im Moment nur eine Frage von Bedeutung: „Warst du schon einmal dort?"

Daniel konnte mir nicht folgen. „Wo?"

„In Shambhala?"

„Nein. Ich bin noch nicht so weit!"

„Woher weiß man, ob man soweit ist?"

„Wenn man soweit ist, weiß man es mit absoluter Gewissheit. Man ist erfüllt von tiefem Frieden und großer geistiger Klarheit, man begehrt nichts, man fürchtet nichts. Man hat die Leerheit der Erscheinungen erfahren und erfasst. Shambhala ist ein Geschenk. Dorthin gerufen zu werden ist göttliche Gnade. Man kann nichts dafür tun, außer sich die illusorische Existenz des Egos wieder und wieder bewusst zu machen, alles zu hinterfragen und alles zu vergessen, was man je gelernt hat. Man muss nichts werden. Ja, das ist die beste Beschreibung… Erst wenn man ein Nichts geworden ist, kann man Shambhala finden!"

Daniels Worte klangen so rätselhaft wie alles, was ich bisher erfahren hatte. Nur die Informationen, die er mir über Rondorf gab, waren konkret und greifbar. Also hielt ich mich an sie.

„Mit wem arbeitet Rondorf zusammen?"

„Ich habe vage Vermutungen, über die ich im Moment aber noch nicht sprechen möchte." „Wieder eine Sackgasse", dachte ich. Es war zum Verzweifeln.

„Woher weißt du von Shambhala, Daniel?"

„Durch meine Großmutter bin ich schon als kleiner Junge spielerisch mit dem Buddhismus in Berührung gekommen. Sie erzählte mir immer neue buddhistische Gleichnisse und Geschichten. Großmutter war der eindrucksvollste Mensch, den ich jemals kennen gelernt habe, voller

Würde, Wärme, Stärke und Liebe. Die Geschichten, die sie erzählte, lebten. Irgendwie war sie ein Kind geblieben, spontan, lebenslustig und begeisterungsfähig. Als ich älter wurde, führten wir endlos lange Dispute nach buddhistischem Vorbild. Das schulte meine Denkfähigkeit und meine Unterscheidungskraft. Ich wusste immer, dass Erfüllung nicht in materiellen Dingen zu finden ist. Meine ganze Umgebung hat mir dieses Wissen vermittelt. Ich hatte keine Wahl. Nie wieder konnte mir etwas so vertraut werden wie die buddhistische Weltsicht. Lange Zeit sah ich mich jedoch nicht als religiösen Menschen, sondern vielmehr als Forscher, als Wissenschaftler des Geistes. Während meines Studiums machte ich meine ersten Reisen nach Tibet. Ich war schockiert über den Zustand des Landes. Nach der chinesischen Annexion stirbt das seit Jahrtausenden unangetastete und authentisch bewahrte Kulturgut langsam aus. Ich hatte plötzlich das Gefühl, etwas bewahren zu müssen, das immer schwerer erreichbar und irgendwann vielleicht ganz verloren war. Klingt irgendwie seltsam, nicht?"

„Ganz und gar nicht", beruhigte ich ihn.

„Deshalb reiste ich immer wieder nach Dharamsala. In Tibet sind chinesische Patrouillen und Kontrolleure allgegenwärtig. Das empfand ich als sehr bedrückend. Ich konnte mich dort nie entspannt dem Studium oder der Meditation widmen, fühlte mich immer beobachtet und kontrolliert. Im Gegensatz dazu liebte ich die Atmosphäre von Dharamsala. Der dort trotz der widrigen Umstände herrschende Pioniergeist steckte mich an und riss mich mit. Seit zehn Jahren reise ich regelmäßig dorthin und arbeite intensiv mit einem Lama, der mich in der Meditation und in den alten Schriften unterweist. Mein Lehrer ist ein tantrischer Meister. Er vermittelt die Lehre des Kalachakra-Tantra, des höchsten tibetischen Textes, der auch den Mythos um Shambhala enthält. Es bedarf besonderer Einweihungen, um mit den Lehren des Kalachakra-Tantra arbeiten zu können. Ich habe die erste Einweihung vor drei Jahren erhalten."

Daniel wirkte so wach und lebendig, wie ich ihn noch nie gesehen hatte. Es war offensichtlich, dass er über das Thema sprach, das ihm am wichtigsten war. Ich nahm seine Hand und sagte: „Ich wünschte, mein Weg läge so klar vor mir wie der deine!" Das war mehr als eine Floskel. Es war mein tief empfundener Wunsch, meine persönliche Sehnsucht. Sie war erwacht, während Daniel redete. Es war die Sehnsucht nach dem persönlichen Sinn, nach tiefer Einsicht in des Wesen des Lebens, nach Erkenntnis und Erfüllung.

Daniel zog seine Hand weg. Er schien unsicher, irgendwie verstört.

„Nichts ist klar, Caroline", sagte er hart.

„Bist du sicher, Daniel? Was du sagst, hört sich so klar und eindeutig an!"

„Was ich dir erzählt habe, mag ohne Zweifel sein. Aber vieles ist noch ungeklärt. Manchmal fühle ich mich zerrissen, geplagt von dem Gefühl, einem Traum hinterherzujagen, der auf bloßem Wunschdenken beruht. Erst wenn alle Zweifel ausgeräumt sind, Caroline, erst dann herrscht wirkliche Klarheit und wahrhaftiger Frieden. Ich weiß nicht, ob das jemals sein wird. Mal ist dieser Zustand nah, mal ist er unendlich fern."

Abrupt stand er auf, legte das Geld für den Kellner abgezählt auf den Tisch und verabschiedete sich mit knappen Worten: „Ich muss gehen. Meine Frau wartet auf mich."

Es dauerte eine Weile, bis ich den Schmerz und die Demütigung empfand.

11

Als ich am Montag wieder im Büro aufkreuzte, wartete Rondorf schon mürrisch und ungehalten auf mich. Falls er von meinem Ausflug nach Mumbai wusste, behielt er es für sich. Er maulte mich an: „Es wird aber auch Zeit, dass Sie sich hier sehen lassen. Ich habe einige Dinge, die Sie erledigen müssen."

Sein Gehabe ließ mich kalt.

„Haben Sie die Interviewabschriften?"

„Nein!"

„Wie, nein? Was haben Sie denn das ganze Wochenende gemacht?"

„Die Interviews waren völlig unnötig, reine Zeitverschwendung."

Ich wusste, dass Rondorf Widerworte hasste. Deshalb gab ich sie heute mit besonderer Genugtuung.

„Ich brauche diese Interviews. Sie sind Teil meines Konzepts."

„Dann machen Sie sie selbst."

Rondorf wurde kreidebleich. Auch der nächste Hieb gegen seine eingebildete Führungsrolle saß. „Ich habe mit Berlin abgesprochen, dass ich meinen eigenen Artikel zu dem Thema schreiben werde. Es könnte für unsere Leser interessant sein, vergleichend Ihre und meine Sichtweise kennen zu lernen." „Falls Sie überhaupt an dem Thema arbeiten, Herr Rondorf", fügte ich in Gedanken hinzu.

Rondorf schluckte. Dann schnauzte er: „Tun Sie, was Sie nicht lassen können."

Ich erhöhte den Druck noch. „Ich habe mit dem "Magazin" vereinbart, dass der Artikel in zwei Wochen druckreif ist. Ich werde übrigens ab heute zu Hause arbeiten. Wenn Sie mich brauchen, erreichen Sie mich in meinem Apartment."

Ohne Rondorfs Zustimmung abzuwarten, verließ ich das Büro. Ich fühlte mich eigenartig frei. Rondorfs Dominanz und sein eiserner Wille, der mich immer wieder schwach und willenlos in die Ecke gedrängt hatte, wirkten nicht mehr auf mich. Ich hatte Klarheit über meine Ziele gewonnen, und plötzlich war es ganz einfach, Rondorf fest und sicher gegenüberzutreten. Es überraschte mich selbst, zu erkennen, dass mein Wille nicht minder stark war als seiner. Dennoch gab ich mich nicht der Euphorie des ersten Sieges hin. Daniel hatte Recht. Ich musste von nun an besonders achtsam und vorsichtig sein. Rondorf hasste es, wenn man ihn in die Defensive drängte. Deshalb war er eine akute Bedrohung, die proportional zu meiner Unabhängigkeit und Stärke wachsen würde. Dessen war ich mir sicher.

Am Nachmittag rief mich Elly an, um mich für den morgigen Abend zu einem inoffiziellen Essen einzuladen. Als sie merkte, dass ich zögerte, die Einladung anzunehmen, sagte sie: „Du bist mein wichtigster Gast. Sangeeta und ihr Mann haben zugesagt und natürlich Daniel und Malika. Ich habe sie alle nur deinetwegen eingeladen."

Der nächste Tag verging wie im Flug mit konzentrierter Arbeit an meinem Artikel. Ich hatte einen guten Fotografen gefunden, der mir wunderbare Fotos zugeschickt hatte. Er hatte offenbar sofort erfasst, wie ich mir die bildliche Gestaltung des Artikels vorstellte. Erst als ich mir das Abendkleid anzog, in dem ich mich sehr attraktiv und sexy fühlte, erinnerte ich mich an die schauspielerische Höchstleistung, die mir am heutigen Abend abverlangt werden würde. Niemand durfte die Vertrautheit zwischen Daniel und mir bemerken. Und niemand durfte spüren, dass es mir unerträglich war, ihn gemeinsam mit seiner Frau zu erleben.

Um halb neun nahm ich ein Taxi zu meinen Gastgebern. Ich war die Erste. Sangeeta, Alec, Daniel und Malika trafen wenig später ein. Ich begrüßte sie gespielt gelassen, obwohl mir das Herz bis zum Hals schlug und ich sicher war, dass mir jeder meine intensiven Gefühle für Daniel von der Nasenspitze ablesen konnte. Dann zwang ich mich, ihn und Malika zu betrachten. Sie waren ein attraktives Paar. In dem gleichen Maße, in dem Daniel männlich wirkte, wirkte Malika weiblich. Sie war eine schöne Frau, groß, schlank und ungewöhnlich anmutig – ganz anders als europäische Frauen. Und genau wie Daniel wusste sie um ihre Attraktivität. Sie schienen sich perfekt zu ergänzen. Ich wünschte, ich hätte Malika wenigstens ablehnen können. Doch so sehr ich auch suchte, ich fand keinen Grund, sie nicht zu mögen. Sie war eine faszinierende Frau, deren natürliches Selbstbewusstsein ansteckend wirkte. Ja, sie war eine dieser Frauen, die sich ihre innere Unabhängigkeit bewahrt hatten, obwohl sie als verheiratete Frau eigentlich eine traditionelle Rolle spielte, eine Rolle, die sie erfüllte. Sie war stolz darauf, Daniels Frau und die Mutter seiner Kinder zu sein. Sie liebte ihn wirklich. Mehr wollte ich nicht sehen.

Blind stürzte ich mich auf Sangeeta und ihren Mann, um ungefragt über meinen Artikel und seinen Fortschritt zu berichten. Das war das einzige Thema, bei dem ich mich zur Zeit einigermaßen sicher fühlte, weil ich es beherrschte und weil es frei von verräterischen Emotionen war. Ich redete mehr und lauter als gewöhnlich. Es gelang mir fast, Daniels Anwesenheit zu verdrängen. Sein Blick suchte zwar immer wieder den meinen, aber ich wich ihm aus.

Daniel hatte seinen Arm um Malika gelegt. Ihre Körper sprachen von langjähriger, inniger Verbindung, von Vertrauen, Verständnis und Gemeinsamkeit… und von Liebe. Ich fühlte mich so arm, so einsam und so unattraktiv neben ihnen. Daniels Liebe zu Malika bedeutete für mich nur eines: Ich war nicht begehrenswert. Malikas Glück schien mein eigenes Unglück zu sein. In meiner Wahrnehmung ließ sich das eine nicht vom anderen trennen. Neid und Eifersucht vergifteten mich. Und dafür hasste ich mich zusätzlich, denn ich glaubte, kein Recht auf diese Eifersucht zu haben. Wie kam ich dazu, einen Mann zu begehren, der einer anderen gehörte?!

Elly reichte einen Aperitif in der Bibliothek. Bereits der erste Drink stieg mir zu Kopf. In diesem Zustand schaffte ich es sogar, ein paar nette Worte mit Malika zu wechseln, die sich nun auch noch von ihrer gebildet eloquenten Seite zeigte. Falls sie etwas von meiner eigenartigen Reaktion ihrem Mann gegenüber bemerkt haben sollte, irritierte es sie nicht. Ihre ganze Haltung verriet, dass sie sich seiner Treue absolut sicher war. Ein Grund mehr, mich Daniel gegenüber abweisend und distanziert zu verhalten. Doch irgendwo in meinem Innern wusste ich, dass ich Daniel damit verletzte und nicht nur Daniel, sondern auch mich selbst. Ich verleugnete meine Gefühle.

Während des Essens drehte sich das allgemeine Gespräch um politische Dinge. Ich saß weit weg von Daniel und konzentrierte mich auf die

Speisen. Elly war eine hervorragende Gastgeberin, die ihren Gästen jeden Wunsch von den Augen ablas. Und sie war eine scharfe Beobachterin.

„Daniel, du sagst ja gar nichts. Was ist los mit dir? So schweigsam kenne ich dich gar nicht!"

Alle sahen Daniel erwartungsvoll an. Er schaute Hilfe suchend zu mir herüber. Ich konnte förmlich hören, wie er verzweifelt nach einer plausiblen Erklärung suchte, aber ihm fiel nur eine jämmerliche Ausrede ein: „Elly, ich glaube ich werde langsam alt. So sehr wie dieses Jahr hat mir die Hitze noch nie zu schaffen gemacht." Alle lachten. Niemand hatte bemerkt, dass Daniel log. Nicht einmal Malika.

Nach dem Essen setzten wir das Gespräch auf der Terrasse fort. Alec suchte meine Nähe und zeigte großes Interesse an deutscher Europapolitik. Ich suchte krampfhaft nach einer Möglichkeit, mich von ihm loszueisen. Als sich auch der Botschafter zu uns gesellte, nutzte ich die Gelegenheit, mich zu entschuldigen. Ich wusste, dass Daniel mir folgen würde wie bei unserer ersten Begegnung in Sangeetas Haus. Wir trafen uns in der Bibliothek. Er wirkte ernst, traurig und verletzt.

„Was soll dieses Spiel?"

Ich tat unwissend. „Welches Spiel?"

„Warum behandelst du mich wie Luft?"

Gegen meinen Willen spielte ich die Unnahbare und konterte knapp: „Das bildest du dir ein."

Als Daniel merkte, dass er mit Worten nicht zu mir durchzudringen vermochte, tat er das einzig Wirksame. Er trat auf mich zu und umarmte mich. Die Wärme seines Körpers, sein Geruch und seine Zuneigung lösten den Panzer der Einsamkeit, der mich den ganzen Abend so grausam und hart gemacht hatte. Dann sprach er aus, was ich längst wusste, aber nicht hören wollte. „Wir dürfen uns nicht mehr sehen!"

„Warum haben wir uns dann getroffen?", fragte ich verzweifelt. Wieso diese Nähe, wenn die Kluft zwischen uns größer war als sie? Warum begehrte ich ihn so sehr, wenn ich nicht mit ihm zusammen sein durfte? Liebte ich ihn nicht genug? War ich nicht liebenswert genug?

„Die Zeit ist noch nicht reif, Caroline. Auch für die Liebe muss man reif sein… wie für Shambhala."

Ich hasste es, wenn er die Wahrheit sprach und ich es wusste, es aber nicht akzeptieren wollte. Daniels Stirn berührte die meine. Unsere Gedanken

schwiegen. Wir waren nichts als ein gemeinsames Gefühl der innigen Verbundenheit und Liebe, ohne Anfang und ohne Ende, ohne Ich und ohne Du.

„Das heißt, unsere Wege trennen sich hier?"

„Ja."

„Ich habe nicht den Mut, den Weg allein zu gehen. Ich brauche dich!"
Das hatte ich noch nie zu jemandem gesagt. Daniel nahm mein Gesicht
in seine Hände und zwang mich, ihm in die Augen zu schauen. „Du
kannst es…"

Sanft küsste er mich. Die weiche Berührung unserer Lippen breitete
sich wie ein sanftes Vibrieren in meinem Körper aus. In diesem Moment
wusste auch ich, dass ich noch lange nicht reif war für das, was ich zwischen uns spürte. Es war so viel größer als ich. Größer als meine Vorstellungskraft. Es riss mich mit sich fort und raubte mir die Bewusstheit.

Ich löste mich aus der Umarmung. Diesmal war ich diejenige, die
ihn allein zurückließ. Augenblicklich war der Schmerz wieder da. Der
Schmerz, von dem getrennt zu sein, was ich am meisten liebte – vielleicht
mehr als mich selbst. Ich fühlte mich so leer und so sinnlos.

Als ich wieder zu den anderen zurückkehrte, fragte Elly natürlich, wo
ich so lange gewesen sei. Ich hätte Probleme mit dem Magen, log ich und
nahm die Ausrede zum Anlass, mich auf der Stelle zu verabschieden.

Erst als ich zu Hause allein in meinem Bett lag, überwältigte mich der
Schmerz. Ich weinte und weinte so verzweifelt und hilflos wie nie zuvor,
bis ich irgendwann erschöpft einschlief.

12

Ich erwachte mit neuem Mut, außergewöhnlicher innerer Ruhe und großer Kraft. Durch das hemmungslose Weinen musste in der Nacht etwas von mir abgefallen sein. Leiser Zweifel an der Echtheit dieses Gefühls überfiel mich beim Frühstück. Ich war nun ganz auf mich allein gestellt und hatte Rondorf den Krieg erklärt. In dieser Situation konnte ich mich unmöglich gut fühlen. Rondorf würde alles daran setzen, mich wieder klein zu kriegen. Damit er mich nicht erneut zum Reagieren zwingen konnte, musste ich schneller sein als er. Meine Schnelligkeit war mein großer Vorteil. Rondorf war langsam und unflexibel, irgendwie starr und begriffsstutzig. Ihm fehlte vor allem eines: Spontaneität.

Ich beschloss, mit meiner Recherche da zu beginnen, wo ich in Mumbai aufgehört hatte: bei der Theosophischen Gesellschaft. Sie hatte ihren internationalen Hauptsitz in Madras. Also buchte ich den ersten Flug nach Madras am frühen Freitagmorgen. Schon am frühen Nachmittag erreichte ich das Theosophische Zentrum im Ortsteil Adyar. Das Taxi bog von der Hauptstraße in einen riesigen urwaldähnlichen Park ein. Zwischen dichten, bemoosten Baumstämmen hindurch konnte ich einen Blick auf das tiefblaue Meer erhaschen. Der Wagen fuhr an grünen Rasenflächen und mit Lotos bewachsenen Teichen vorbei zum Hauptgebäude im viktorianischen Stil.

Im Inneren des Hauses war es angenehm kühl. Ich wusste sofort: Dies war wieder einer dieser magischen Orte, der mich tief berührte, mich über mich selbst hinauswachsen ließ und gleichzeitig mit innerem Frieden erfüllte, ein Ort, der zu meiner Seele sprach. Ein junger Mann im einfachen indischen Gewand kam auf mich zu. „Was kann ich für Sie tun, Madam?"

Seine Frage lud zum Bleiben ein, zum offenen Mitteilen, zum endlosen Gespräch. Dennoch stotterte ich. Die Worte wollten mir nicht recht über die Lippen kommen. Es war immer dasselbe in diesem Zustand. Mein Verstand verabschiedete sich. Ich fühlte mich dumm und unbeholfen und schämte mich für meine Verwirrung.

„Nun, äh, entschuldigen Sie mein unangemeldetes Auftauchen. Ich interessiere mich für die Arbeit Ihrer Organisation. Ich wollte meinen Aufenthalt in Madras nutzen, um einen persönlichen Einblick in die Theosophie zu gewinnen." Ich hatte das Lügen langsam satt.

„Herzlich willkommen. Wir freuen uns über jeden Suchenden, der den Weg zu uns findet."

Da war es wieder. Der Junge nannte mich „Suchende". Alle schienen davon auszugehen, dass bestimmte Fragen mit einer bestimmten Lebenseinstellung zu tun hatten. Automatisch schaltete ich auf Abwehr. Ich würde mir nichts einreden lassen. Jetzt konnte ich wenigstens wieder klar denken und sprechen.

„Ich schreibe gerade an einer Doktorarbeit über indische Religionsphilosophie im Allgemeinen und religiöse Mythen im Besonderen. Mein Interesse gilt der Evolution des Bewusstseins, sowohl des individuellen als auch des kollektiven." Mein Mund formte die Worte wie von selbst. Worte, die mir vor kurzem noch gänzlich fremd gewesen waren.

„Was wissen Sie über die Arbeit der Theosophischen Gesellschaft?"

„Offen gestanden nicht viel. Ich weiß, dass Sie die Suche nach der Wahrheit unterstützen, nach der Wahrheit, die beinhaltet, dass alles im Universum einer einzigen göttlichen Quelle entspringt und dass die vielen Formen nichts anderes sind als unterschiedliche Spielarten dieses einen Wesenskerns. Sie verstehen sich nicht als Religionsgemeinschaft, sondern als Zusammenschluss unabhängiger Geister, die keinem festen Dogma folgen, sondern ausschließlich ihrem eigenen Gewissen."

Der junge Mann lächelte mich an. „Was wollen Sie dann noch wissen?"

„Wie sieht diese letzte Wahrheit aus?"

„Sehen Sie, genau das können auch wir Ihnen nicht sagen."

Ich spürte Enttäuschung. Ich war so sicher gewesen, dass ich hier konkrete Antworten bekommen würde.

„Warten Sie bitte hier." Er wies auf eine Sitzgarnitur in der großen Eingangshalle. Wenige Minuten nachdem der junge Mann den Raum durch eine Flügeltür verlassen hatte, brachte mir ein barfüßiger Bediensteter in aufgekrempelter Hose und blütenweißem Hemd einen Becher Wasser auf einem silbernen Tablett. In einer Nische neben der Eingangstür entdeckte ich zwei lebensgroße Steinfiguren. Ich ging hinüber und las auf der darunter angebrachten Plakette, dass es sich um die beiden Gründer der Theosophischen Gesellschaft handelte: Madame Blavatsky und Colonel Olcott. „Madame"..., das mutete nach okkulten Kräften und Wahrsagerei an. Selbst von der steinernen Nachbildung ihrer Figur ging eine einschüchternde Macht aus. Stechende, leicht hervortretende Augen blickten aus einem einfachen, groben Gesicht spöttisch auf mich herab. Madame schien zu sagen: „Mein Kind, was weißt du schon vom Leben. Du wirst dich noch wundern." Ich wandte mich lieber der weniger bedrohlich wirkenden theosophischen Ahnengalerie zu: Fotos vieler großer Persönlichkeiten. Unter einem Bild Gandhis hing ein Zitat: *Die Theosophie ist die Lehre der Madame Blavatsky und Hinduismus im besten Sinne. Sie bedeutet die Bruderschaft der Menschheit.* „Der Mahatma ein Theosoph?

Der junge Mann war ebenso lautlos zurückgekehrt, wie er gegangen war.

„Madam, kommen Sie!"

Ich folgte ihm durch einen langen Korridor, an dessen Ende er eine Tür öffnete. Wir betraten einen hellen Raum. Durch hohe Fenster glitt mein Blick über den wilden Garten auf das dunkelblaue Meer. Erst nach einigen Sekunden des stillen Staunens bemerkte ich die schlanke Gestalt, die hinter einem Schreibtisch in der Ecke des Raumes saß und jetzt aufstand, um mich zu begrüßen: „Willkommen im Haus der Theosophischen Gesellschaft, Madam. Mein Name ist Subash Dawar."

„Vielen Dank, dass Sie Zeit für mich haben, Mr. Dawar. Ich bin Catherine Jones."

„Wir freuen uns über jeden, der Interesse an den Zielen unserer Gesellschaft zeigt."

Mr. Dawar strahlte tiefe Ruhe und Selbstgenügsamkeit aus. Eine ablehnende Haltung gegenüber neugierigen Suchern war ihm offenbar fremd. „Allan sagte mir, dass Sie sich für unsere Organisation interessieren, weil Sie an einer Arbeit über die Entwicklung des Bewusstseins aus der Sicht der östlichen Philosophien schreiben."

„Ja, das stimmt. Ich habe mir eben im Eingangsbereich die Fotos Ihrer prominenten Mitglieder angeschaut und war sehr überrascht, Mahatma Gandhi darunter zu finden!"

„Nur die wenigsten wissen, dass Gandhi außerordentliches Mitglied der Theosophischen Gesellschaft war. Er sagte einmal, Madame Blavatsky habe ihn von der Vorstellung befreit, Hinduismus sei Aberglaube. Welche Bedeutung diese Erkenntnis für unser Land hatte, brauche ich Ihnen nicht zu erklären."

„Ihre Lehren basieren demnach auf hinduistischem Gedankengut?"

„Ja und nein. Grundgedanke unserer Lehre ist die Einheit allen Lebens. Dieser Gedanke ist sicherlich hinduistisch, Sie finden ihn aber auch im Buddhismus und im Taoismus. Wir verstehen uns als völlig unabhängig von jeder religiösen Zuordnung. Wir versuchen, das allen Religionen Gemeinsame zu finden und aufzuzeigen, ebenso wie das allen Menschen und allen Phänomenen Gemeinsame. Wir meinen, dass Erkenntnisfähigkeit unabhängig ist von Rasse, Glaube, Geschlecht, Kaste oder Farbe, und dass alle Religionen Wege beschreiben, die zu dem gleichen Ziel führen, wenn auch mit unterschiedlichen Methoden."

„Theosophie ist also eine solche Methode und keine Religion?"

„Genau! Theosophie, Gottesweisheit, ist ein Weg für die Suche nach dem Sinn des individuellen und des kollektiven Lebens. Die Lehren sind nur das Fahrzeug. Wir helfen unseren Mitgliedern, ihr eigenes Fahrzeug zu finden und ihren eigenen Weg zu gehen. Wir erheben nicht den Anspruch auf Ausschließlichkeit. Alles, was zur Einsicht in die Wirklichkeit führen kann, ist uns legitimes Mittel. Was unsere Mitglieder am Ende finden, ist sehr persönlich und niemals Gegenstand öffentlicher Diskussion. Sie finden ihre ganz eigene Beziehung zum Göttlichen und zum Weltlichen."

„Das klingt nach großer Eigenverantwortung und viel Freiheit. Sind Ihre Mitglieder dem gewachsen?"

„Jeder Suchende muss bereit sein, die volle Verantwortung für sein Leben und seine Taten zu übernehmen. Verantwortung heißt nicht nur Pflicht, wie wir den Begriff zu verstehen gewohnt sind. Reifes Verantwortungsbewusstsein ist die Fähigkeit, auf die Fragen und Bedürfnisse des eigenen Lebens und fremder Leben zu antworten. Verantwortungsbewusstsein ist eine Form von Hingabe. Die Bereitschaft, die volle

Verantwortung für das eigene Leben und das eigene Glück zu übernehmen, ist unabdingbare Voraussetzung für die Mitgliedschaft in unserer Gesellschaft. Wer hofft, die Verantwortung an Gott, eine Kirche, die Theosophische Gesellschaft, seine Regierung, eine Institution oder einen Partner abgeben zu können, wird niemals ein freier Mensch sein. Ihm fehlt die Freiheit der Entscheidung und die Freiheit des Willens, denn er wird immer im Sinne dessen entscheiden, dem er sich gerade unterstellt. Unser Ziel ist es, das volle Potenzial eines jeden Menschen ebenso zu fördern wie das der Gemeinschaft. Das erfordert Willenskraft und Wachheit. Menschen, die nicht bereit sind, eigenverantwortlich zu handeln, können diese Kraft nicht finden, geschweige denn verantwortungsvoll nutzen. Eigenverantwortlich handelt nur der Mensch, der sich von seiner Trägheit und seiner lähmenden Angst vor dem Leben befreit hat und sich auf nichts mehr stützt, außer auf seine innere Führung."

Ich fragte mich, ob ich diese Kraft hatte.

Mr. Dawar erhob sich. „Kommen Sie, Mrs. Jones. Ich zeige Ihnen unser Gelände." Wir gingen gemeinsam in den herrlichen Park. Das Meer rauschte in weiter Ferne und die feuchte, salzige Luft füllte meine Lungen. Mr. Dawar beobachtete mich amüsiert, sagte aber nichts, denn offenbar teilte er meine wachsende Begeisterung, die kindliche Freude, die jede Pflanze, jeder Busch und jedes Gebäude in mir weckte. Adyar war ein wunderbarer Ort, ein Ort, an dem ich die Kraft zu spüren glaubte, von der Mr. Dawar eben gesprochen hatte. Ich fühlte mich eigenartig beschützt und getragen.

Es fiel mir leicht, mich mit den ethischen Zielen der Theosophen zu identifizieren: „Geistige Evolution ist, anders als die biologische Evolution der Arten, etwas typisch Menschliches. Nur der Mensch ist zur Erkenntnis des Göttlichen fähig, weil nur er ein vernunftbegabtes Wesen ist. Die Theosophische Lehre beruht auf drei großen Wahrheiten. Erstens: Die Seele des Menschen ist unsterblich und die Möglichkeiten ihres Wachstums sind unbegrenzt. Zweitens: Das schöpferische Prinzip, das seine Quelle in uns hat, ist unsterblich und von grenzenloser Güte. Man kann es nicht hören, sehen oder riechen, aber jeder, der es finden will, wird es finden. Und drittens: Jeder von uns ist sein eigener Gesetzgeber, jede Handlung liegt in unserer eigenen Verantwortung, und jeder von uns muss ernten, was er sät."

„Was genau verstehen Sie unter geistiger Evolution?"

„Geistige Evolution ist Bewusstwerdung. Wir leiten unsere Mitglieder an, sich selbst zur Frage zu werden, um eines Tages bis zur Quelle ihrer Gedanken und ihres persönlichen Bewusstseins vorzudringen. Sie sollen ihre verdrängten Gefühle und Motivationen kennen lernen, ihre Schwächen und Stärken. Das ist ein wichtiger Schritt zu wirklicher Freiheit, denn nur wer seine persönlichen Motivationen, Neigungen und Abneigungen, Wünsche und Ängste kennt, kann verantwortungsvoll so mit ihnen umgehen, dass er weder sich selbst noch anderen Schaden zufügt. Wer sich selbst kennt, lernt auch die Bedürfnisse anderer verstehen. Er entwickelt ein Gefühl für kollektive Motivationen, Neigungen und Abneigungen, Wünsche und Ängste und lernt, diese in gleichem Maße zu respektieren wie seine eigenen. Intellektuelles Verständnis, ethische und gesetzliche Ge- und Verbote reichen hierfür nicht aus. Sie dienen dem menschlichen Miteinander nur auf der Ebene des Verstandes. Nur wer seiner Seele, dem göttlichen Kern in sich, täglich näher kommt, wird irgendwann ausschließlich evolutionäre Handlungen begehen, also Handlungen, die Wachstum fördern und im Einklang mit den kosmischen Gesetzen stehen. Die Intuition wird ihn leiten, und sein persönlicher Lebenssinn wird offenbar werden. Er wird sein *Dharma* finden, seine Aufgabe in der kosmischen Ordnung, im göttlichen Plan. Wie die Ameisen in einem Ameisenstaat, so haben auch die Menschen ihre Aufgaben. Doch anders als die Ameisen werden wir nicht vom Instinkt geleitet. Deshalb fällt es uns schwer, unsere Aufgabe zu finden und sie anzunehmen. Es bedarf eines klaren, geläuterten Geistes, um diese höhere Ordnung sehen zu können und sich ihr bewusst zu unterstellen. Die meisten sind zu sehr im täglichen Kampf um Geld, Leistung, Anerkennung, Liebe und vieles mehr verstrickt. Doch auch in ihrem Leben gibt es diesen Sinn. Er liegt nur hinter der Zerstreuung und all den Verstrickungen des täglichen Lebens verborgen. Deshalb muss der einzelne Mensch den Wunsch und den Mut finden, sich nach innen zu wenden. Erst aus dem Blickwinkel der Seele offenbart sich der letzte Sinn. Vielleicht denken Sie: ‚Wie soll ich das machen, wenn ich von morgens acht bis abends sechs arbeite, wenn meine Kinder schreien und mein Mann sein Essen auf dem Tisch haben will, wenn ich mir Sorgen um meine Freunde und meine Eltern mache und vieles mehr?' Nun, hier beginnt Ihre Verantwortung. Wollen Sie eine

Sklavin der Ereignisse und der Bedürfnisse bleiben – Ihrer eigenen und der anderer – oder wollen Sie den wahren Wert all dessen verstehen und verantwortungsvoll darauf antworten?"

„Wie sieht es mit dem kollektiven Sinn aus?", fragte ich zurück.

„Der kollektive Sinn oder das kollektive Ziel ist das ideale harmonische Zusammenspiel aller. Es ist die gemeinsame Verwirklichung einer idealen Gesellschaft. Haben Sie schon einmal etwas von dem mystischen Shambhala gehört?"

Ich biss mir auf die Unterlippe, um nicht in Freudengeschrei auszubrechen. „Nur wenig. Gibt es Shambhala wirklich?"

Subash Dawar grinste. Er hatte meine Frage bestimmt schon oft gehört.

„Ja. Aber wie das innere Shambhala wirklich ist, das wissen nur die, die den Weg dorthin aus eigener Kraft gefunden haben."

Mir fiel auf, dass er das Wort „innere" betonte.

„Äußerlich symbolisiert Shambhala den Idealzustand einer menschlichen Gesellschaft, in welcher der Einzelne Herr über die Materie geworden ist, weil er die in ihr verborgenen Lektionen gelernt hat. Er hat das göttliche Spiel durchschaut und die Welt der Dinge als Illusion erkannt, hinter der die eine Wirklichkeit verborgen liegt. Shambhala ist unser aller höchstes Ziel, ob wir uns dessen bewusst sind oder nicht."

In meinem Kopf tobten die Gedanken. In diesem Moment war ich wieder einmal sicher, dass Shambhala nichts als ein schöner Traum war. Ein Traum, den die Menschen träumen mussten, um an den alltäglichen Dingen nicht zu verzweifeln und der Sinnlosigkeit ihrer kurzen Existenz zu entfliehen. Shambhala war der Traum vieler, die hofften, das Leben möge mehr sein, als was sie erlebten, die sich nach etwas sehnten, das es nicht gab – nach unendlichem Frieden, nach Erfüllung und Glückseligkeit, nach Harmonie und Freiheit. Natürlich glaubten diese Träumer an die Unsterblichkeit der Seele. Nur so konnten sie sich mit der Kürze ihres unsinnigen Lebens abfinden. Sie konstruierten eine unsterbliche Seele, die mit unterschiedlichen Inkarnationen und damit verbundenen Erfahrungen eine Chance auf Wachstum und letztendliche Befreiung in ferner Zukunft hatte. Alles wurde angetrieben vom Rad des *Karma*, vom Kreislauf der Ursachen und Wirkungen, und das oberste Prinzip war *Dharma*, die Verantwortung. Wer die Verantwortung für seine Taten übernahm, würde irgendwann auf den Sinn seines Lebens stoßen, und dieser war eng verbunden mit dem kollektiven Sinn, denn der Einzelne war nur ein Rad im Getriebe des Ganzen… Nein, auch wenn ich es wollte, das konnte ich nicht glauben.

Wir näherten uns der malerischen Mündung des Flusses, der sich in weichen Windungen ins Meer ergoss. Mr. Dawar deutete auf eine Bank auf einer Anhöhe und lud zu einer Pause ein. Ich war in Gedanken schon bei der nächsten Frage und hatte kaum Augen für die Schönheit der Umgebung.

„Wie findet man dieses Shambhala, dieses reine Land?"

„Viel mehr als eine irdische, äußere Reise ist der Weg nach Shambhala eine geistige, innere Reise, eine Reise der Selbstwerdung, der Selbsterkenntnis. Shambhala ist kein materielles Ziel, sondern ein spirituelles. Deshalb ist es auch nicht mit materiellen, sondern nur mit spirituellen Mitteln zu erreichen. Nur der wird Shambhala finden, der gelernt hat, mit den inneren Augen zu sehen. Sein Geist muss soweit von Verunreinigungen, Neigungen und Abneigungen, Wünschen und Ängsten befreit sein, dass er tiefere Geistesschichten bewusst zu erleben vermag. Er muss spirituellen Prinzipien folgen und Shambhala mit einem Herzen voll liebender Güte finden wollen, um danach andere auf dem Weg zur Selbsterkenntnis zu führen. Egoistische Motive sind nicht stark genug. Bei der Suche nach Shambhala ist das Verantwortungsprinzip, das sich im Begriff des *Dharma* niederschlägt, ebenso wichtig wie das Gesetz der Resonanz, das da heißt: Gleiches zieht Gleiches an. Nur der kann Shambhala finden, der so rein ist wie das reine Land selbst. Das Resonanzgesetz ist das Gesetz des *Karma*, das die Europäer Schicksal nennen. *Karma* ist die individuelle, innere Ordnung eines Lebens, während *Dharma* die kosmische Ordnung ist, der göttliche Plan. Verstehen Sie?"

Ich nickte vorsichtig. Ich war nicht sicher. Diese Dinge waren noch so neu für mich.

„Das Wichtigste, was wir von Shambhala lernen können, ist daher, dass wir uns von egoistischen Wünschen frei machen müssen. Über mehr sollten wir zunächst gar nicht nachdenken. Es würde uns nur unnötige Gedanken kosten. Wir können Shambhala nicht verstehen!"

Mr. Dawar musste etwas Wichtiges gesagt haben, denn meine Wahrnehmung veränderte sich. Ich nahm Mr. Dawar, seine Worte, mich selbst und die Umgebung gleich klar, präsent und bedeutsam in mich auf – wie in einer ganzheitlichen Schau. Gleichzeitig merkte ich, wie die Energie in mir und um uns herum anstieg. Ich wusste nicht, wohin damit und sprang abrupt auf, nur um irgendetwas zu tun.

„Ist der Mythos um Shambhala buddhistisch oder universell?"

„Shambhala ist so universell wie die Theosophie. Es ist die Wiege der Menschheit, unser aller Ziel und ewiges Zuhause."

Da war es wieder, dieses Sehnen. Manchmal hatte ich das Gefühl, als könne ich mich an etwas erinnern, das dieses Shambhala so lebendig und real machte, als sei ich schon einmal dort gewesen, als sei es mir nicht fremd, sondern viel näher als ich glaubte. Wie absurd!

Es wurde langsam dunkel. Mr. Dawar führte mich durch den Park, am Strand entlang ins Landesinnere, durch einen Kokospalmenhain, vorbei an Teichen und Tempeln. Im Abendrot wirkte der Park noch magischer. Er leuchtete überirdisch schön. Ich konnte mich an seiner Pracht gar nicht satt sehen.

Wieder zurück im Haus entschuldigte sich Mr. Dawar einige Minuten lang, während ein Diener den Tee brachte. Müde legte ich den Kopf in den Nacken, rieb mir die Schläfen und schaute hinaus in den Park. Erst als ich mich umdrehte, sah ich es. Der Schreck fuhr mir in die Glieder und entwurzelte mich augenblicklich. Ich wusste nicht, warum es mich so erschreckte. Vielleicht war es einfach zuviel für diesen Tag. Zuviel des Fremden, zuviel des Unerklärlichen, zuviel des Neuen, zuviel des Unberechenbaren, des Magischen und des Bedeutungsvollen. Es war derselbe magnetische Strudel, gegen den ich schon im Mausoleum der Lodi-Kaiser angekämpft hatte, der mich in die Tiefen meines Geistes zog und mir die Bewusstheit raubte, ohne dass ich mich dagegen wehren konnte. Wie durch Watte nahm ich wahr, dass mich jemand hochhob. Ich wurde weggetragen, irgendwohin. Es war mir egal. Als ich wieder zu mir kam, fühlte ich feuchte Tücher um meine Handgelenke und Beine. Ich hatte Schüttelfrost. Jemand beugte sich über mich und streichelte meine Stirn. Es war der junge Mann, der mich heute Morgen begrüßt hatte. War das heute Morgen gewesen?

Meine Lippen waren völlig ausgetrocknet. Mein Mund brannte vor unerträglichem Durst. Ich wollte etwas sagen, aber ich konnte nicht. Der Junge gab mir etwas zu trinken. Mühsam hob ich meinen tonnenschweren Kopf. Das Wasser lief mir aus einem Mundwinkel, doch das wenige Nass, das ich zu schlucken vermochte, erfrischte mich in nie gekannter Weise.

„Wie geht es Ihnen, Madam?", fragte Mr. Dawar, der sich nun ebenfalls besorgt über mich beugte.

„Besser. Was... was ist geschehen?", fragte ich mühsam.

„Sie sind plötzlich ohnmächtig geworden. Wir haben uns große Sorgen um Sie gemacht."

Da fiel es mir wieder ein. Das Bild. Ich hatte das Bild gesehen. Das Bild, das aussah wie mein Roerich, wie die blauen Berge...

Heiser flüsterte ich: „Das Bild, das Bild!"

„Welches Bild?"

„Die blauen Berge!"

„Sie meinen die blauen Berge von Nicholas Roerich?"

Mir war, als würde eine unausgesprochene Prophezeiung wahr. Eigentlich hatte ich schon gewusst, dass mein Bild irgendwie in Zusammenhang mit den Ereignissen stand, die auf seinen Kauf in Berlin folgten. Es schien so etwas wie ein Bote zu sein, ein Bote aus einer fernen Zukunft, aus einer anderen, faszinierenden, sagenhaften Welt. Hier und heute trafen zwei Welten mit solcher Macht aufeinander, dass ich für kurze Zeit den Boden unter den Füßen verloren hatte. Dort die alte Welt, mein fernes Berlin, das Leben, das ich bisher gekannt hatte. Und hier die neue Welt: Indien, Bilder, Symbole, Mythen, Religionen, Fragen und Gefühle von erschütternder Intensität.

„Weshalb hat Sie das Bild so erschreckt, Miss Jones?"

„Ich... ich habe erst kürzlich in Berlin ein Bild desselben Malers ersteigert. Es sieht fast genauso aus. Ich habe es gekauft, weil eine eigentümliche Kraft von ihm ausging. Bei seinem bloßen Anblick fühlte ich mich wach und konzentriert. Es wirkte irgendwie auf mein Bewusstsein und machte mich glücklich und lebendig. Fast glaube ich, dass es ein Gefühl der Liebe und Geborgenheit in mir auslöste. Das war, bevor ich entschied, nach Indien zu kommen, bevor ich überhaupt eine Ahnung von Theosophie, Buddhismus, Hinduismus, von Shambhala und all den anderen Dingen hatte..."

Ein schmerzhaftes Schluchzen erstickte meine Worte. Mr. Dawar legte sanft die Hand auf meine Schulter. „Weinen Sie ruhig. Tränen sind wertvoll für die Reinigung der Seele. Das Bild, das Sie gesehen haben, heißt ‚Der Weg'. Vielleicht hat Nicholas versucht, den Weg nach Shambhala zu malen. Ich weiß es nicht. Aber eines weiß ich sicher: Es muss eine Bedeutung für Ihren eigenen Weg haben!"

Das wollte ich noch immer nicht hören. Ich war auf keinem Weg, ich wollte auf keinem Weg sein, und ich war keine Suchende.

„Nicholas Roerich und seine Frau Helena waren außergewöhnliche Menschen, die selbst nach Shambhala, nach der höheren Wahrheit, suchten. Helena war Pianistin und Autorin, Nicholas ein Universalgenie. Er studierte Kunst und Jura, interessierte sich für Archäologie, Botanik, Religion und Yoga, und malte im Laufe seines Lebens fast siebentausend Bilder: weibliche Gottheiten, religiöse Führer und die kühlen, klaren Landschaften des Himalaja. Die letzten zwanzig Jahre ihres Lebens verbrachten die Roerichs in Kullu, im indischen Teil des Himalaja. Sie wünschten sich nichts sehnlicher als die Verwirklichung einer einheitlichen menschlichen Gemeinschaft und arbeiteten unermüdlich dafür. Das einende Medium zwischen allen Menschen sollte ihrer Ansicht nach Schönheit und Weisheit sein, weil Schönheit und Weisheit die Seele berühren. Diese Intention drückte Nicholas in seinen eigenen Bildern aus. Sie berühren die Seele. Könnte es sein, dass auch Sie sich nach Einheit sehnen, Madam?"

Ich hörte Mr. Dawars Frage kaum. Sie schwebte durch mein Bewusstsein hindurch, so unwirklich und wenig greifbar wie die Gefühle und Gedanken, die der Roerich in mir ausgelöst hatte. Ich merkte nicht einmal, dass ich mit einer sachlichen Frage von meinen eigenartigen Gefühlen ablenkte. „Wie spät ist es, Mr. Dawar?"

„Gleich acht."

„Oh nein, dann habe ich meinen Flieger verpasst. Kann ich mal telefonieren?", rief ich nervös.

Mr. Dawar ließ mir ein Telefon ans Bett bringen. Ich ignorierte seinen mitfühlenden Blick und bat ihn, mich allein zu lassen. Dann telefonierte ich mit der Fluggesellschaft, um meinen Rückflug auf morgen umzubuchen. „Ach, wenn ich doch nur schon wieder zu Hause wäre", dachte ich. Bisher hatte ich mich in Adyar so wohl gefühlt, aber jetzt fühlte ich mich auf eigenartige Weise bedroht.

Später, als alle schliefen, nahm ich all meinen Mut zusammen und schlich hinunter in Mr. Dawars Arbeitszimmer. Der Raum war nur vom

Schein der Nachtlampen aus dem Park erhellt, der durch die großen Fenster fiel. Das Bild war gerade genug beleuchtet, dass ich die Umrisse der Berge erkennen konnte. Sie wirkten dunkler, grauer, weniger vibrierend als bei Tageslicht. Diesmal erlaubte ich ihnen, mich zu verzaubern, und gab meinen Widerstand bewusst auf. Ich versuchte, mich nicht gegen die magische Kraft des Bildes zu wehren, sondern wach zu erleben, wie sie auf mich wirkte. Meine Gedanken beruhigten sich, wie ich es schon kannte, und die angenehme Kühle des Bildes nahm von meinem Körper Besitz. Ich hatte fast das Gefühl, leicht und schwerelos im Raum zu schweben, ungewohnt kraftvoll und energetisch, gelassen und unerschütterlich. Mein Bewusstsein kam zur Ruhe, wurde klar und unbewegt wie ein See und so weit und dunkelblau wie die Berge, die ich betrachtete. Dann wandelte sich die gedankliche Ruhe in einen Strom von Bildern, die ich aus einer unsichtbaren Quelle entstehen und vergehen sah. Ich sah Daniel, Rondorf, mich selbst und ein buddhistisches Kloster... Dann brach die Bilderkette so plötzlich ab, wie sie entstanden war, und löste sich auf in der Ruhe und Unbewegtheit des Geistes, aus der sie hervorgegangen war.

Ein leises Klopfen ließ mich endgültig aus der Welt des Unterbewusstseins auftauchen. Es war Mr. Dawar, der sich noch immer Sorgen um mich machte. „Geht es Ihnen besser?"

„Viel besser!"

„Was sagt Ihnen das Bild?"

Ich holte tief Luft. Jetzt, wo ich mich bewusst auf die Wirkung des Bildes eingelassen hatte, spürte ich keine Furcht mehr. Ich dachte ungewöhnlich klar und konnte meine Gedanken präzise wiedergeben.

„Ich werde in den Himalaja reisen. Mit zwei Männern. Der eine von ihnen weiß um die Geheimnisse von Shambhala und ist so etwas wie ihr und mein Hüter. Der andere möchte diese Geheimnisse für seine Zwecke missbrauchen. Er weiß bereits, dass ich seine Gegnerin bin. Ich muss auf der Hut sein"

Mr. Dawar nahm meine Hand. „Ich wünschte, ich könnte Ihnen mehr sagen, mein Kind. Aber zu diesem Zeitpunkt darf ich es nicht. Es würde Sie in noch größere Gefahr bringen. Nur soviel: Fahren Sie in den Himalaja. Shambhala ruft Sie und Sie dürfen diesen Ruf nicht ignorieren. Sie sind hier, um die Evolution des Bewusstseins zu erleben. Gehen Sie Ihren Weg mit den offenen Augen eines Kindes, nicht mit den ängstlichen Augen einer verschlossenen Erwachsenen. Haben Sie keine Angst vor Ihrer eigenen Kraft! Nur sie vermag Sie zu führen. Und jetzt schlafen Sie."

13

Nach meiner Rückkehr kostete es mich unbändige Willenskraft, nicht bei Daniel anzurufen und ihm von meiner „Vision" zu erzählen. Immer wieder sah ich die Bilder aus Adyar vor meinem inneren Auge: den Himalaja, Schnee und Eis, ein Kloster, Daniel, Rondorf und mich… Bedeutete das nicht, dass unsere Trennung nur vorübergehend war? Ich musste mich irgendwie ablenken. Da war mir die Massage eingefallen, die ich auf Sangeetas Party gewonnen hatte.

Jetzt genoss ich die Fahrt im mäßigen Sonntagabendverkehr, das sanfte Dahingleiten des Wagens, die Ruhe, das Alleinsein, das Nicht-Denken-Müssen. Der Wagen hielt vor einem mit Jasmin bewachsenen Eingangstor, über dem ich auf einem hölzernen Schild „Ayurvedic Massages" las.

Ich hatte mir telefonisch einen Termin geben lassen. Man erwartete mich schon. Ich folgte zwei wunderschönen jungen Frauen in einen Massageraum und gab mich ganz in ihre geübten Hände, die nach indischen Gewürzen dufteten. Ich war überrascht, wie leicht es mir fiel, mich von der synchronen Bewegung der massierenden Hände in eine Art Trance wiegen zu lassen. Mein Blut begann im Rhythmus der Massagebewegung zu pulsieren. Ich atmete tief durch und seufzte. „Good, Madam?", fragten die Masseurinnen.

„Very good."

Als ich mich auf den Bauch gedreht hatte, wurde ich ein wenig dösig und wünschte, diese Massage möge niemals zu Ende gehen. Nach über einer Stunde zogen sich die heißen, öligen Hände von meinem entspannten Körper zurück. Ich öffnete die Augen.

„Stay! Bleiben Sie!" Die Frauen verließen den Raum. Ich döste weiter vor mich hin, bis mich das Geräusch der sich öffnenden Tür aus dem entspannten Dämmerschlaf holte. Ich richtete mich auf und blickte erschrocken in Rondorfs rotes Gesicht. Er baute sich drohend im Türrahmen auf und schaute mich finster an. Dann drehte er den Schlüssel in der dicken Holztür um. Ich suchte den Raum nach einer Fluchtmöglichkeit ab. Aussichtslos! Es gab weder ein Fenster noch eine zweite Tür. Ich saß in der Falle.

„Schreien ist zwecklos, mein Teubchen. Ich habe hier ein wenig Geld unter die Leute gebracht. Für Geld tun Inder alles, wie Sie sicher wissen."

Wusste ich nicht. War mir aber auch vollkommen egal. Mich interessierte nur eines: Was wollte Rondorf von mir? Er ließ seinen gierigen Blick über meinen nackten Körper gleiten und schließlich auf meinen Brüsten ruhen. Mir wurde speiübel. Die Augen starr auf meine runde Weiblichkeit gerichtet, fragte Rondorf mit gefährlich ruhiger Stimme: „Warum mischen Sie sich in meine Angelegenheiten?"

„Ich mische mich nicht in Ihre Angelegenheiten."

„Ach, und was soll das plötzliche Interesse für Professor Kapoor und die Theosophie?"

„Das sind *meine* Angelegenheiten. Wenn Sie sich mit den gleichen Dingen beschäftigen, ist das Ihr Problem."

„Deshalb schleichen Sie sich nachts ins Büro, kopieren meine Dateien und durchsuchen meine Notizen?"

Woher wusste er das? Da half nur Flucht nach vorne. „Ihr Verhalten war mehr als merkwürdig. Ich wollte wissen, warum."

„Und, wissen Sie es jetzt, Teubchen?"

„Nein, aber ich werde es herausfinden!" Meine Augen verengten sich zu drohenden Schlitzen. Mit fester Stimme fügte ich hinzu: „Unterschätzen Sie mich nicht, Herr Rondorf. Das wäre ein großer Fehler."

Ich hatte keine Angst. Eigenartigerweise war ich immer dann am stärksten, wenn es wirklich gefährlich wurde. Rondorf war allein mit mir. Er konnte mir den Hals umdrehen, wenn er wollte. Und ich saß unerschütterlich da und forderte ihn auch noch heraus. Ich musste wahnsinnig sein.

„Überschätzen *Sie* sich nicht, Teubchen!"

Rondorf fühlte sich stark. Irgendwann würde er einen Fehler machen, weil er sich zu stark fühlte und nicht mehr achtsam war.

„Was wollen Sie hier, Rondorf?"

„Ich will Sie ein letztes Mal warnen. Halten Sie Ihr neugieriges kleines Näschen aus meinen Angelegenheiten heraus, und Ihnen wird nichts passieren. Wenn ich Sie aber noch einmal in meinem Revier erwische…"

Draußen waren Stimmen und schnelle Schritte zu hören. Jemand schrie etwas auf Hindi. Dann polterte es gegen die Tür. „Caroline, mach' auf!"

Daniel?! Rondorf grinste mir verächtlich ins Gesicht. „Ah, da kommt Ihr holder Retter."

Dann öffnete er mit einem Ruck die Tür. „Regen Sie sich ab, Mann", schrie er Daniel an. „Diesmal ist ihr noch nichts passiert. Aber wo Sie gerade vorbeischauen, kann ich auch Sie gleich warnen. Halten Sie sich aus meinen Angelegenheiten raus!"

Dann ging alles rasend schnell. Eine dunkle Faust flog durch die Luft und Rondorf sackte aus der Nase blutend zusammen. Kreischende Masseurinnen eilten in Scharen herbei. Ich brach in hysterisches Gelächter aus. Daniel stand über dem ohnmächtigen Rondorf im Türrahmen und wirkte riesig, viel größer und kräftiger als sonst. „Zieh dich an, wir müssen hier weg. Rondorf ist nicht allein. Hinter dem Haus warten seine Leute."

Ich sah an mir herunter und wurde mir erneut meiner Nacktheit bewusst. Daniel sprang über Rondorf hinweg und half mir von der glitschigen Liege. Als seine Hände meine Hüfte berührten, erstarrte ich unter der Intensität seiner Berührung, die sich wie ein elektrischer Schlag in meinem Körper ausbreitete. Ich begehrte ihn so sehr, dass es mir physische Schmerzen bereitete.

In Windeseile hatte ich mein Kleid übergeworfen und mir ein Handtuch um den Kopf gewickelt. Ich schlüpfte in meine lose geschnürten Turnschuhe, schnappte meine Tasche und rannte mit Daniel durch den Haupteingang ins Freie. Wir liefen ein ganzes Stück die Straße entlang. In einer Heckennische parkte eine Motorriksha. Daniel setzte sich ans Steuer und warf den Motor an. Ich stand wie angewurzelt vor dem Gefährt.

„Komm schon. Worauf wartest du?"

Daniel fuhr bereits an, als ich meine Tasche unter die Überdachung warf und auf die Rückbank sprang. Ich kauerte mich zusammen und hielt mich krampfhaft an den Haltegriffen fest, während das Moped mit mörderischer

Geschwindigkeit über die Schlaglöcher der sandigen Straße holperte. Erst als wir schon längst im ruhigen Fluss des Stadtverkehrs untergetaucht waren, wagte ich aufzusehen und die Straße nach etwaigen Verfolgern abzusuchen. Es war nichts Auffälliges zu sehen.

Als Daniel die Riksha vor meinem Appartmenthaus in Greater Kailash zum Stillstand brachte, machte es den Anschein, als wolle er mich allein in meine Wohnung schicken.

„Kommst du nicht mit?", fragte ich.

„Ich weiß nicht, ob das so eine gute Idee ist."

„Bitte. Ich kann jetzt nicht allein sein."

Zögernd parkte er die Riksha und folgte mir schweigend.

Erschöpft und dennoch eigenartig glücklich trat ich ins Wohnzimmer, nachdem ich mich unter der Dusche von den letzten Resten des Massageöls befreit hatte. Es war dunkel geworden. Daniel hatte nur wenig Licht gemacht. Er stand, mit dem Rücken gegen das Geländer gelehnt, auf dem Balkon und betrachtete mich, während ich ihm durstig das Glas aus der Hand nahm, das er mir reichte. Ohne seinen Blick von mir zu wenden, flüsterte er: „Du bist das Schönste, das ich je gesehen habe!"

Es kam mir vor, als lägen die tiefsten Empfindungen, zu denen Daniel fähig war, in diesen Worten: Ehrfurcht vor dem Leben, Sehnsucht, Begehren, Liebe, Achtung, demütige Anbetung und vor allem anderen die Einsicht, dass ich ihm etwas gab, das ihm niemand sonst zu geben vermochte. Ich freute mich über seine Worte und Gefühle und fürchtete sie gleichermaßen. Was war nur los mit mir? Warum löste dieser Mann derart kontroverse Gefühle in mir aus? Ich fürchtete die Trennung von ihm, ich fürchtete seine Ablehnung, aber wenn er bei mir war, fürchtete ich seine Nähe und seine tiefen, aufrichtigen Gefühle für mich, dieselben Gefühle, die ich auch für ihn hatte!

„Ich habe mir Sorgen um dich gemacht. Rondorf war ganz schön wütend", sagte er.

„Wie hast du mich gefunden?"

„Als ich neulich an deinem Haus vorbeifuhr,..."

Warum war er an meinem Haus vorbeigefahren? Absichtlich oder zufällig?

„...sah ich, wie jemand dich von der gegenüberliegenden Straßenseite aus beobachtete. Das kam mir verdächtig vor. Deshalb kam ich mehrmals wieder. Jedes Mal sah ich denselben Mann vor deiner Haustür. Einmal sah ich sogar, wie er mit deinem Guard sprach und ihm etwas zusteckte. Am nächsten Tag war niemand da. Ich nutzte die Gelegenheit, den Guard auszufragen. Er erzählte bereitwillig, dass du nach Madras geflogen seist. Ich rief gleich am Flughafen an. Ich kenne dort ein paar Leute, und fand heraus, dass du mit der Abendmaschine zurück sein wolltest. Und als du nicht gekommen bist, habe ich mir fürchterliche Sorgen gemacht. Erst als ich erfuhr, dass du kurzfristig umgebucht hattest, war ich beruhigt. Ich legte mich vor deinem Haus auf die Lauer und sah auch, dass dein Beobachter wieder aufgetaucht war. Als du gestern nach Hause kamst, wollte ich zunächst zu dir hinaufkommen, um dich zu warnen. Frag' mich jetzt bitte nicht, warum ich es nicht getan habe! Heute kam ich wieder und sah, wie du in einem Taxi wegfuhrst. Ich folgte dir in der Riksha, hätte dich aber im dichten Verkehr fast verloren. Erst als ich sah, in welche Richtung du fuhrst, kam ich auf die Idee, dass du vielleicht deinen Massagegutschein einlösen wolltest, und glaubte dich sicher."

„Dass er sich daran erinnert hat!", schoss es mir durch den Kopf.

„Ich wartete in einiger Entfernung und wollte dich nach der Massage unauffällig einladen und nach Hause bringen. Doch als du so lange weggeblieben bist, kam mir ein schrecklicher Verdacht. Ich bin froh, dass ich noch rechtzeitig zur Stelle war."

„Rondorf wollte mir nichts tun. Ich glaube nicht, dass er wirklich gewalttätig ist. Dafür hat er seine Leute. Er selbst ist eher ein Meister der eindrucksvollen Drohgebärden. Es bereitete ihm eine widerliche Genugtuung, mich nackt und hilflos vor sich zu sehen. Bisher hatte er sich nicht anmerken lassen, dass er wusste, dass ich ihm auf den Fersen war. Er hat heute sozusagen die zweite Runde des Spiels eröffnet."

„Was hast du in Madras gemacht? Warum hast du mir nicht gesagt, dass du wegfährst?"

„Wir hatten uns verabschiedet, Daniel. Wir waren uns einig, dass jeder von uns allein weitergehen muss", sagte ich tonlos.

Nachdenklich erwiderte er: „Da haben wir uns wohl etwas vorgemacht!"

„Ja, das haben wir", gab ich zurück und erzählte ihm von meinem Aufenthalt in Madras, von meinem Gespräch mit Mr. Dawar, von meiner Reaktion auf den zweiten Roerich und von der Vision, die das magische Bild in mir ausgelöst hatte. „Ich wusste, dass ich bald in den Himalaja reisen werde. Ich sah zwei Männer. Rondorf und dich. Ich wusste, dass Rondorf unser Gegner ist, und dich sah ich als Hüter von Shambhala! Verstehst du, Daniel? Rondorf ist *unser* Gegner. Wir müssen diese Aufgabe gemeinsam bewältigen. Der Himmel weiß warum."

Erschöpft ließ ich mich aufs Sofa fallen. Daniel sagte lange nichts. Er wanderte wie ein Tiger im Käfig auf und ab. Manchmal trank er einen Schluck. Als er endlich wieder sprach, klangen seine Worte kalt und distanziert. Er hatte die alte Barriere zwischen uns wieder aufgebaut. War ich ihm zu nahe gekommen?

„Ich werde morgen nach Dharamsala fahren. Mein Lehrer erwartet mich früher als geplant."

Er fragte nicht, ob ich ihn begleiten wollte. Er ließ mir nicht einmal Zeit, den Schock zu verdauen. Kalt befahl er: „Zeig mir das Bild, das du in Berlin gekauft hast!"

Mehr als seine Worte verletzte mich die Distanz, die plötzlich wieder zwischen uns fühlbar war. Mühsam erhob ich mich und führte ihn ins Schlafzimmer. Über dem Bett hing der Roerich.

„Das Bild heißt *Stronghold of the Spirit,* Festung des Geistes. Roerich hat es im Himalaja gemalt. Er kannte den innersten Geist, das höhere Selbst und seine Festung, das menschliche Ich. Er kannte auch Shambhala!"

Woher kannte Daniel mein Bild? Warum wusste er mehr darüber als ich? Eine dunkle Erinnerung huschte durch mein Gedächtnis wie der Schatten eines Vogels. Berlin. Die Auktion. Jemand hatte mit mir geboten. Jemand mit fremdländischem Akzent. Jemand, der mich fasziniert hatte, obwohl ich ihn nicht hatte sehen können… Ohne die Konsequenzen meiner Gedanken auch nur annähernd zu begreifen, sagte ich tonlos: „Du warst das in Berlin."

„Ja", gab er bereitwillig zu.

„Warum hast du mir das nicht gleich gesagt?"

Er starrte betreten auf den Fußboden. „Ich konnte es nicht. Ich war so überrascht."

„Du wusstest, dass wir uns begegnen würden. *„Die Antwort liegt in Indien. Seien Sie wachsam, damit Sie mich als Ihren Freund erkennen, wenn wir uns begegnen."* Das warst du. Es war deine Handschrift. Warum erinnere ich mich erst jetzt?"

Zögernd gab er zu: „Ja, das war ich. Ich war nicht überrascht, *dich* in Indien zu sehen. Ich wusste wirklich, dass wir uns hier begegnen würden. Ich war nur überrascht, dass du warst, was du bist."

„Was soll das heißen!?" Zorn regte sich in mir. Daniel hatte mich belogen. Er starrte auf das Bild und sah absichtlich an mir vorbei. Ob er wohl das Gleiche spürte wie ich, wenn er den Roerich betrachtete? Ich stand nur wenige Zentimeter vor ihm. „Warum habe ich dich überrascht, Daniel?"

Behutsam nahm ich seine Hand. Er wollte sie wegziehen. Ich erlaubte es nicht. Ich wusste nicht, ob ich zu weit ging, ob ich gewaltsam in seine Gefühlswelt eindrang und ihn damit verletzte. Eindringlich wiederholte ich meine Frage: „Warum, Daniel? Warum?"

„Du warst mir zu nahe. Das durfte nicht sein. Ich durfte meine Neutralität nicht verlieren!" Er zitterte kaum merklich. Das, was er zu sagen hatte, kostete ihn unendlich viel Kraft. Er musste ehrlich zu sich selbst sein, bevor er mir die Wahrheit sagen konnte. „Schon als ich dich auf der Dinnerparty von Sangeeta sah... Erinnerst du dich?"

Und ob ich mich erinnerte.

„Ich sah dich in der Menge, von fern. Natürlich hatte ich dich zuvor in Berlin gesehen. Aber dort hatte ich deine Präsenz nicht gespürt. Hier war das anders. Du warst so wach in dieser Menschenmenge, so schön und so charismatisch. Ich hatte nur noch Augen für dich. Alles andere verblasste neben dir. Ich wollte nichts als in deiner Nähe sein und fühlte mich sofort schuldig für den Verrat, den ich mit diesem Wunsch an Malika beging. Ich wollte mit dir zusammen sein, nur mit dir, für immer... und ich wusste, dass Malika das wusste. Mein Gott, wie habe ich mich dafür geschämt und gehasst. Ich kann sie nicht betrügen. Malika ist meine Frau. Doch jedes Mal, wenn wir uns sehen, habe ich das Gefühl, dass ich es tue, weil du mir auf unerklärliche Art und Weise viel näher bist als sie. Wie ist so etwas möglich, verdammt noch mal? Malika und ich sind seit zwanzig Jahren verheiratet... Aber du siehst mich, siehst mich so, wie ich wirklich bin. Ich habe das Gefühl, dass ich nur mit dir finden kann, wonach ich schon so lange suche... Ich will, dass diese Suche endlich ein Ende hat, aber ich kann nicht zulassen, dass ich mein Ziel auf Malikas Kosten erreiche, denn sie liebt mich und ich liebe sie."

Ich empfand seine Verzweiflung wie meine eigene, aber ich konnte ihm unmöglich seine Entscheidung abnehmen. Hilflos versuchte ich, ihn zu beruhigen: „Aber Daniel, das sind nur Gedanken und Gefühle. Wir haben niemanden hintergangen. Es liegt nicht in unserer Absicht, jemanden zu verletzen! Wir respektieren Malika und ihre Gefühle. Ist das nicht das Wichtigste?"

Ich fühlte, wie er sich entspannte. Er wusste nun, dass ich nichts von ihm verlangen würde, was er nicht zu geben bereit war.

„Auch wenn es nicht unsere Absicht ist, werden wir es tun..."

Jetzt erst sah er mich an. Seine Augen schimmerten in sämtlichen Braun- und Blautönen. Ihre leuchtende Klarheit war betäubend. Dennoch lag ein Schleier der Trauer und der Verzweiflung über ihnen.

„Man kann nicht alles richtig machen, Daniel!"

„Ich weiß. Aber ich will keinen nicht wieder gutzumachenden Fehler begehen. Dazu bin ich bereits zu weit gekommen."

„Wenn wir unserem Herzen folgen, tun wir das Richtige. Sei nicht zu streng mit dir. Am Ende könntest du gelähmt sein vor Angst, das Falsche zu tun. Schuldgefühle sind kein guter Ratgeber. Ich bin sicher, dass jeder die Chance hat, seine Fehler zu korrigieren, sobald er die nötige Einsicht erlangt."

Daniel sah mich verzweifelt an. „Wer bist du nur, Caroline? Wieso du? Es hätte jeder andere Mensch sein dürfen, aber nicht du."

Ich nahm seine Hände und hielt sie. „Du weißt so gut wie ich, dass das sentimentaler Blödsinn ist. Glaubst du wirklich, dass hier irgendetwas passiert, das nicht irgendwann Sinn machen wird?"

Wieder sah er mich hilflos an. Ich sah seinen inneren Kampf, den Kampf zwischen Verstand und Gefühl. Dann wiederholte er, was er schon vorhin gesagt hatte: „Du bist das Schönste, das ich je gesehen habe!"

Plötzlich trafen sich unsere Lippen. Weder Daniel noch ich taten es. Es passierte einfach. Ich konnte nicht mehr denken, fühlte ihn im gleichen Maße wie ich mich fühlte. Ich hörte seine Gedanken, seine Zweifel und Selbstanklagen. Ich fühlte sein Begehren und seinen Wunsch, mich nie wieder loslassen zu müssen, ebenso wie sein vergebliches inneres Auflehnen gegen diesen Wunsch.

Abrupt schob er mich weg. Er riss sich förmlich von mir los und schaute mich an, als hätte ich ihn verführt. Sein Haar war zerzaust und seine

Wangen glühten. Ich sah Liebe in seinen Augen und die Angst vor ihr, die Angst davor, dass diese Liebe Opfer fordern könnte. Ich sah eine Liebe, die größer war als wir, größer als das Begehren, das sie verdeckte. Sein Blick sagte: „Verzeih' mir, ich kann das nicht. Warum kann ich dir nur nicht widerstehen?" Dann wandte er sich von mir ab und ging. An der Türschwelle drehte er sich noch einmal um. Bildete ich mir das ein oder sah ich Tränen in seinen Augen? „Es darf nicht sein, Caroline."

Nach kurzem Zögern, ich glaubte fast, er hätte den Kampf gegen die Leidenschaft verloren, fügte er mit fester Stimme hinzu: „Morgen fahre ich nach Dharamsala. Pass' auf dich auf, und, *meri jaan*... Lebe wohl!"

14

n dieser Nacht tat ich kein Auge zu. Ich konnte nicht einfach tatenlos zusehen, wie Daniel vor mir und seinem Gewissen nach Dharamsala floh, während Rondorf mir verbot, mich in sein Lebenswerk einzumischen. Niemand fragte mich, was ich wollte. Warum fuhr Daniel ausgerechnet jetzt nach Dharamsala? Was machte er dort? Nahm er Malika mit?

Noch vor Morgengrauen stand mein Entschluss fest. Ich würde morgen meine Reportage nach Berlin schicken und übermorgen selbst nach Dharamsala fahren. Ich hatte wie immer keine andere Wahl.

Etwas musste ich vorher allerdings noch tun, das heißt, eigentlich waren es zwei Dinge. Das eine ließ sich gleich erledigen. Das andere musste bis heute Nacht warten.

Ich rief Elly an und lud sie in mein altes Hotel zum Tee ein. Keiner kannte Daniel und Malika so gut wie sie. Vielleicht hatte sie die Antworten auf meine quälenden Fragen. Eine Stunde später saßen wir uns in der Hotelbar gegenüber. Schmerzlich kam mir zu Bewusstsein, dass mir zwischenmenschliche Beziehungen von Dauer im Moment wohl nicht vergönnt waren. Ich wusste nicht, wie lange ich in Dharamsala bleiben würde. Ich wusste nicht, was ich dort finden würde. Ich wusste nicht einmal, ob ich irgendwann nach Delhi zurückkehren würde. Vielleicht, ganz vielleicht, war dies hier nur eine Zwischenstation gewesen… Mit dem letzten Gedanken meldete sich erneut die Angst vor der Ungewissheit.

Aufgedreht erzählte ich Elly von der abgeschlossenen Reportage. Erst als ich bemerkte, dass sie mich eindringlich musterte, verstummte ich und ließ sie zu Wort kommen: „Was ist los mit dir, Caroline?"

Wie gewohnt versuchte ich, die Gelassene zu spielen. Doch heute sah ich, wie lächerlich diese Reaktion war. Ich spielte niemandem etwas vor, außer mir selbst. Ich musste Elly die Wahrheit sagen. „Seit ich in Indien bin, ist mein Leben ein einziges Rätsel, Elly. Nichts ist mehr wie es war. Das größte Rätsel ist dein Freund Daniel!"

Endlich war es heraus.

„Daniel? Wieso?"

Ich versuchte, Elly vorsichtig beizubringen, dass Daniel und ich uns näher gekommen waren, dass uns möglicherweise eine gemeinsame Frage verband, etwas, das keiner von uns beiden allein verstehen oder ergründen konnte. Von Liebe traute ich mich nicht zu sprechen.

„Weißt du, was merkwürdig ist, Caroline? Das erste, was ich dachte, als ich dich sah, war: Sie muss Daniel kennen lernen", hörte ich Elly sagen. „Daher war ich kein bisschen überrascht, als du mich nach Shangri-La und all diesen Dingen gefragt hast, die keinen Menschen interessieren, mit denen Daniel sich aber bestens auskennt. Ihr musstet einfach aufeinander treffen. Verblüfft beobachtete ich euch bei eurer ersten Begegnung auf Sangeetas Party. Zum ersten Mal, seit ich ihn kenne, kam Daniels Blick zur Ruhe. Er sah dich an, und ich hatte das eigenartige Gefühl, dass euch etwas verbindet, das nur sehr wenige Menschen miteinander verbindet."

Mir schien, Elly beneidete uns. Dabei führte sie eine vorbildliche Ehe und lebte ein glückliches Leben genau wie Daniel.

„Daniel war gestern Abend noch bei mir", gab sie nun zu. „Er erzählte mir, dass er bei dir gewesen sei, dass er sich zu dir hingezogen fühle. Er saß da und klagte sich selbst an, weil er Malika hintergehe, weil er tue, was er an anderen immer verurteilt habe. Aber das, was er für dich empfinde, sei stärker als er selbst. Deshalb müsse er gehen. Sofort! Allein!"

Mir fiel ein Stein vom Herzen. Daniel war ohne Malika in Dharamsala. Augenblicklich war die Nähe zwischen ihm und mir wieder greifbar nah. Ich fühlte die Wärme seiner Haut, empfand die Ruhe und den Frieden, die seine Umarmung in mir auslöste.

„Er bedeutet mir soviel. Und ich weiß nicht, ob ich die Kraft habe, meinen Weg allein zu gehen, bis ich wieder auf ihn treffe. Seine Nähe ist Frieden, Geborgenheit und Sicherheit. In seiner Nähe scheine ich über mich selbst hinauszuwachsen. Wenn er fort ist, fühle ich mich wie ein bedeutungsloses, hilfloses Nichts. Er scheint all das zu haben, wonach ich immer gesucht habe, und noch viel mehr. Elly, wie kann man einen solchen Menschen gehen lassen, nur weil man weiß, dass er mit einer anderen verheiratet ist?"

„Die Beziehung zwischen Daniel und Malika ist auch etwas Besonderes. Sie kennen sich schon sehr lange. Ihre Eltern waren befreundet und auch sie waren Freunde, bevor sie sich ineinander verliebten. Daher hat ihre Liebe eine sehr solide Basis. Daniel ging zum Studium nach England. Während dieser Monate der Trennung wurden sie sich ihrer Gefühle füreinander bewusst. Sie heirateten in Daniels ersten Sommerferien. Malika ging mit nach England und setzte dort ihr Anglistik-Studium fort, das sie in Indien begonnen hatte. Schon nach einem Jahr Ehe wurde sie schwanger, aber sie gab ihr Studium nicht auf. Ich weiß nicht, wie sie es geschafft hat, ihre Liebe für die Familie und ihre Liebe für die Literatur unter einen Hut zu bringen. Es sah immer so leicht und mühelos aus. Malika hat sich nie beschwert, dass ihr das Leben zuviel abverlangte. Sie nahm die Dinge immer, wie sie kamen, und bewältigte alles ohne Widerstand. Ich habe sie einmal gefragt, woher sie ihre Kraft nehme. Sie sagte, sie brauche keine Kraft. An Daniels Seite würden all ihre Wünsche erfüllt."

Ellys Worte versetzten mir einen Stich ins Herz. Es war unmöglich, mit Malika zu konkurrieren. Ich würde einem direkten Vergleich mit ihr niemals standhalten. Ich wollte nicht mehr hören, aber irgendetwas schien von mir zu verlangen, dass ich mich der gedanklichen und der emotionalen Auseinandersetzung mit Malika stellte.

„Ohne sie wäre Daniel niemals das, was er heute ist. Sie ist eine starke, einfühlsame Frau, die genau weiß, was Daniel braucht, darüber aber ihre eigenen Bedürfnisse nicht vergisst. Welche Frau kann das von sich sagen?"

Konnte ich das von mir sagen? Konnte ich bedingungslos geben, ohne mich selbst aufzugeben?

„Daniel brauchte eine Frau, die ihm die Freiheit gab, er selbst zu sein, die ihn für seinen Freiheitsdrang nicht kritisierte, sondern gerade deshalb liebte. Doch leider habe ich Daniels Sehnsucht in all den Jahren, in denen die beiden eine glückliche Ehe führten, wachsen und wachsen sehen."

Es schien also doch eine kaum sichtbare Kluft zwischen Daniel und Malika zu geben. Ich hasste mich dafür, dass ich mich offensichtlich darüber freute.

„Ich weiß, dass Malika sich aufrichtig wünscht, ihren Mann glücklich zu machen. Doch glaube ich, dass ihr das nie ganz gelungen ist." Aus Ellys Worten sprach aufrichtiges Mitgefühl. „Vielleicht kann Malika Daniel gerade die Freiheit nicht geben, die er so dringend braucht. Geistige Freiheit. Ich weiß nicht, ob Malika versteht, was geistige Freiheit bedeutet. Ich glaube, diese Dinge sind ihr fremd. Wenn Daniel mir von der tibetischen Weltsicht und der buddhistischen Philosophie erzählt, stellt er immer wieder einen Aspekt der Lehre heraus: die Verhaftungslosigkeit. Daniel sagt, nur ein Geist, der an nichts gebunden ist, an keine körperliche Form, an keinen Partner, an keinen Beruf, weder an die Vergangenheit und noch an die Zukunft, ja nicht einmal an sein Leben, nur ein solch freier Geist kann die höchsten Höhen menschlicher Erkenntnis erlangen. Die Gratwanderung besteht darin, trotzdem lieben, begehren und verabscheuen, also die ganze Skala menschlicher Gefühle und Triebe erleben zu können, ohne von ihrer Wirkung abhängig zu sein oder mitgerissen zu werden. Das kann nur ein Mensch, dessen Bewusstsein sich über die Grenzen des alltäglichen Bewusstseins erhoben hat, jemand, der gelernt hat, den niederen Geist zu kontrollieren. Das ist der Weg und das Ziel, das Daniel heute verfolgt. Vor zwanzig Jahren mag das anders gewesen sein…"

Endlich machten Daniels Worte von gestern Abend Sinn. Er dürfe seine Neutralität nicht verlieren, hatte er gesagt. Bedeutete das, dass er sich nicht zu sehr an einen Menschen binden durfte? Hieß das, er praktizierte Entsagung, Verhaftungslosigkeit? Mir dämmerte, dass die Magie unserer Beziehung genau darin liegen konnte: verbunden und dennoch unabhängig zu sein. Aber das war nur eine dunkle Ahnung, denn ich glaubte, niemals zu dieser Art von Losgelöstheit fähig zu sein. Ich brauchte Daniel, ich brauchte seine Nähe, sein Wissen, seine Heiterkeit, seine Gelassenheit und seine Liebe. Ohne sie litt ich, weil mir etwas Wichtiges fehlte. Ich brauchte ihn, wenn das Spiel mit Rondorf gefährlicher und existentieller werden würde. Aber brauchte ich ihn wirklich oder fehlte mir nur der Mut, an meine eigene Kraft und Unabhängigkeit zu glauben? Wusste ich nicht längst, dass Daniel mir das Gefühl des Friedens, der Sicherheit, des Schutzes und der Verbundenheit, das ich jetzt in seiner Nähe spürte, nicht ewig geben konnte? Letztendlich war es etwas, das in mir lag. Ellys Worte warfen mich mit aller Macht auf mich selbst zurück. Obwohl sie eigentlich über Malika sprach, sprach sie auch über mich… Niemals konnte Daniel die Lösung für die tief greifende Unsicherheit sein, die ich in diesem indische Abenteuer zum ersten Mal spürte. Daniel war so etwas wie mein Wegweiser. Er wies mich auf ein fernes Ziel hin, das geistige Freiheit hieß. Verhaftungslosigkeit. Höheres Bewusstsein. Tiefe Erkenntnis. Liebe. Wahrheit. Wirklichkeit.

„Was denkst du?" frage Elly, während ich schon beim nächsten Gedanken war.

„Glaubst du, dass Malika ihn freigeben würde?"

„Vielleicht liebt sie Daniel so sehr, dass sie ihn gehen lassen würde. Ich weiß es nicht. Was wirst du jetzt tun?"

„Ich werde übermorgen nach Dharamsala fahren. Auch weil Daniel dort ist, aber in erster Linie aus persönlichem Interesse. Shangri-La scheint mir jeden Tag verständlicher zu werden, die Weisheit der Buddhisten und Tibeter zieht mich mehr und mehr an. Ich verstehe die Grundgedanken ihrer Philosophie. Sie sind mir nicht fremd. Es scheint fast, als hätte ich sie schon immer gekannt, aber irgendwie vergessen und als müsse ich mich nur langsam wieder an sie erinnern."

Wir verabschiedeten uns mit der unausgesprochenen Frage in den Augen, ob und wann wir uns wiedersehen würden.

Vom Hotel aus fuhr ich direkt zum Büro. Ich musste ein letztes Mal einbrechen, um herauszufinden, was Rondorf als nächstes plante. Es war bereits dunkel. Hinter den Fenstern brannte kein Licht, Rondorf war also schon fort. Als ich mit meiner Taschenlampe bewaffnet auf leisen Sohlen in das Büro trat, wirkte es fremd. Ich fragte mich, wie um alles in der Welt ich jemals hatte glauben können, hier längere Zeit mit Rondorf zusammenarbeiten zu können. Dann durchwühlte ich das Chaos auf seinem Schreibtisch. Nichts. Zeitungsartikel. Frauenrechte. Versuchte Rondorf etwa tatsächlich, seine Sicht der Frauenfrage für das Magazin zusammenzustellen? Auf die Ausgabe war ich gespannt! Eine Schublade des Schreibtischs, die bei meinem letzten Besuch offen gewesen war, war heute verschlossen. Mit einer Büroklammer knackte ich das Schloss. Aha! Ich hatte Rondorfs persönliche Schatztruhe entdeckt. Triumphierend hielt ich einen chinesischen Pass neuesten Datums in den Händen, ausgestellt auf den Namen Rondorf. In dem Pass lag ein Briefumschlag mit tausend Dollar und ein Notizzettel mit dem Namen eines chinesischen Generals, General Zhiang, und einer

Adresse in Lhasa. Rondorf steckte mit den Chinesen unter einer Decke! Natürlich. Dass ich darauf nicht gleich gekommen war. Rondorf hatte lange Jahre in China gearbeitet. Mit wem hatte ich es bloß aufgenommen?

15

Nachdem ich den Frauenartikel per E-Mail nach Berlin geschickt hatte, packte ich eine große Reisetasche mit dem Nötigsten. Leider gab es keine Flüge von Delhi nach Dharamsala. Zug oder Bus? Ich hatte die Wahl.

Der so genannte Luxusbus war nicht luxuriöser als das Gefährt, das mich nach Agra gebracht hatte. Ich warf meine Reisetasche in die Ladeluke und lümmelte mich gähnend auf meinen Platz gleich hinter dem Fahrer. Schnell war ich eingeschlafen und erwachte erst wieder, als wir auf einer grauenhaft schlechten Straße durch den Bundesstaat Haryana Richtung Norden schaukelten. Der Platz neben mir war frei geblieben und so streckte ich mich ungeniert aus und döste die lange Reise im Halbschlaf vor mich hin. Mir war als schliefe ich, und sei trotzdem wach.

Im Bus saßen nur wenige Inder. Die meisten Reisenden waren Europäer und Amerikaner, die als „Pilger" ins gepriesene Dharamsala fuhren. Von ihrem Aussehen und ihrem Verhalten her entsprachen sie bis ins kleinste Detail meinen Vorstellungen von Suchenden, die in eine heilige Stadt reisen, um dort ein wenig von der vorhandenen Weisheit für sich selbst abzuzapfen. Ja, *sie* waren Suchende, nicht ich. Oder war ich ihnen ähnlicher als mir lieb war? Mein kritischer Verstand fällte sein vernichtendes Urteil: Meine Reise war lächerlich. Ich war auf der Suche nach Glück und Frieden, nach wahrer Liebe und dem Paradies auf Erden. Ich war die Gute, die gegen den bösen Rondorf und seine üblen Freunde kämpfte, um die edlen Werte zu finden und zu bewahren. Doch war das die ganze Wahrheit? Fand ich mich nicht selbst auf einer sehr überraschenden Reise wieder, die ich noch vor wenigen Wochen nicht für möglich gehalten und noch vor einigen Tagen niemals angetreten hätte? Irgendetwas in mir war felsenfest davon überzeugt, dass ich das Richtige tat und dass Daniel eine wichtige Rolle in meinem Leben spielte, wenn nicht gar die wichtigste. Auf keinen Fall suchte ich das schnelle spirituelle Abenteuer. War ich vielleicht doch eine Suchende?

Es war bereits dunkel, als ich in Dharamsala ankam, aber ich war noch nicht am Ende meiner Reise. Eigentliches Zentrum der buddhistischen Exilgemeinde war meines Wissens Upper Dharamsala, das so genannte McLeod Ganj. Ich schnappte mir direkt am Busbahnhof ein Taxi. Der Fahrer raste in atemberaubenden Tempo über die schmale, schlecht befestigte Straße und überwand 600 Meter Höhenunterschied in weniger als einer halben Stunde. Ich vertraute darauf, dass er die Strecke im Schlaf beherrschte, weil sie wahrscheinlich die einzige war, die er je fuhr.

Schließlich stand ich ein wenig verloren mitten in Upper Dharamsala. Erst jetzt wurde mir bewusst, dass ich unglaublich blauäugig hierher gekommen war. Ich wusste nicht, wo ich wohnen sollte, was ich suchte und wo ich mit meiner Suche beginnen sollte. Allerdings hatte ich in den letzten Wochen etwas gelernt, das mir schon häufig hilfreich gewesen war. Viele Dinge waren geschehen, ohne dass ich sie forciert hatte. Viele Menschen hatte ich per Zufall getroffen, viele Informationen auf dieselbe einfache Art und Weise erlangt. Ich musste offen bleiben und meinem Weg erlauben, mich zu finden. Ich konnte kaum glauben, dass das meine Gedanken waren. Dennoch schleppte ich meine Tasche auf den Gehsteig und sah mich achtsam um. Eine Gruppe Mönche lief schnatternd und lachend über die Straße. Die jungen Männer sahen freundlich aus. Ihre Heiterkeit steckte mich an. Der Ort schien im wesentlichen aus zwei parallel verlaufenden Straßen zu bestehen, in deren Mitte ein Tempel lag. Ich sah Gebetsfahnen und kleine Häuser mit Dachterrassen. Meinem ersten Impuls folgend, nahm ich die linke der beiden Hauptstraßen. Bald sah ich Restaurants, Cafés, Bars und Gästehäuser. Ich entschied mich der Bequemlichkeit halber für das erstbeste Hotel.

Das Zimmer, das man mir gab, war einfach, hell und freundlich. Ich duschte, aß eine Kleinigkeit in dem ebenso einfachen Hotelrestaurant und zog mich gleich darauf wieder in mein Zimmer zurück. Dann verbrachte ich die halbe Nacht auf dem Balkon und tat eigentlich nichts, als in den Himmel zu schauen und die Weite zu genießen, die nur durch gigantische

Berge in der Ferne begrenzt wurde. Die Luft war kristallklar. Ich saugte sie ein, als ginge es um mein Überleben. Mit der Luft kehrte die herrliche Frische der Gedankenkraft zurück, die ich so dringend suchte und doch immer wieder verlor. Ich genoss die äußere Stille, die bald auch zu einer inneren Stille wurde, und zum ersten Mal, seit ich bewusst denken konnte, genoss ich es, mit mir allein zu sein. Es hatte wohl immer Momente der Ruhe in meinem Leben gegeben, aber keine von der Art, wie ich sie in den letzten Wochen erlebt hatte, und ich war nie gern mit mir allein gewesen. Meistens war ich sehr beschäftigt gewesen, hatte etwas getan, gelesen, gearbeitet, gedanklich an einer Reportage gefeilt oder verschiedene Dinge gleichzeitig erledigt. Mein Leben in Berlin war sehr hektisch und laut gewesen. Immer hatte es Menschen um mich herum gegeben und immer Deadlines. Schon vor meiner Zeit in Berlin hatte ich immer auf etwas hingearbeitet: Schule, Abitur, Volontariat, Studium, Job, besserer Job, neue Herausforderung. Eigentlich hatte ich mich immer getrieben gefühlt. Wenn es einmal nichts zu tun gab, kam ich mir nutzlos vor, unruhig, oft sogar tief traurig. Ich hatte keine Ahnung gehabt, wie man stumme Zwiesprache mit sich selbst hält und den eigenen Gedanken solange lauscht, bis sie zur Ruhe kommen. Selbstgenügsamkeit war mir fremd gewesen. Das war erst in Delhi anders geworden. Dort war es mir zum ersten Mal möglich gewesen, mich nach innen zu wenden. Doch das Entscheidende war eigentlich erst gestern geschehen. Gestern hatte ich erkannt, dass die Trennung von Daniel mich mit aller Macht zu meinen Wurzeln zurückbrachte, zu mir selbst. Zum ersten Mal war ich gezwungen, nicht bei irgendetwas oder irgendjemandem zu sein, sondern bei mir. Musste ich wirklich lernen, mit mir allein zu sein, ohne mich einsam zu fühlen?

Ohne Frühstück machte ich mich auf die Wanderschaft. Viel mehr, als ich gestern Abend gesehen hatte, gab es im Ort nicht zu entdecken. Hier oben schien weniger mehr zu sein. Alles wirkte überschaubar und klar, als sei eine ordnende Kraft am Werk, die auch mein Innerstes neu ordnete. Meine Schritte fühlten sich schwebender an, mein Blick sah mehr, sah klarere Farben. Trotz der verwirrenden Umstände, die mich hierher gebracht hatten, war ich glücklich, hier zu sein. An Daniel dachte ich kaum. Ich kam nicht einmal auf die Idee, nach ihm zu suchen. Wir würden uns zu gegebener Zeit wieder begegnen. War das die viel gerühmte Gelassenheit, die Daniel an seiner Großmutter so bewundert hatte? Das Vertrauen in den

Gang der Dinge und die Gewissheit, dass man immer zur rechten Zeit am rechten Ort war, ohne viel dafür tun zu müssen?

Als Ausflugsziel für diesen ersten Tag hatte ich mir ein Lehr- und Meditationszentrum außerhalb des Ortes aus dem Reiseführer ausgesucht. Ich wollte mehr über die buddhistische Lehre erfahren. Vielleicht ergab sich die Gelegenheit, mit einem buddhistischen Lehrer über Shambhala zu sprechen. Ich folgte der Wegbeschreibung und fand den schmalen Waldweg, der aus dem Dorf hinausführte. Nach einer Dreiviertelstunde hatte ich das Meditationszentrum erreicht. Es lag mitten in einem dichten Kiefernwald. Hier war es ganz ruhig; keine Menschenseele weit und breit. Irgendwo rauschte ein Gebirgsbach.

Im Inneren des Meditationszentrums stieß ich auf mehrere Europäer, Amerikaner und Australier, die in eine hitzige Diskussion über das Wesen der Leerheit verwickelt waren. Ich musste einfach zuhören. Ein Amerikaner betonte energisch, wie wichtig es sei, das Wesen der Leerheit zu verstehen, denn sie sei das wichtigste Element des Buddhismus. Die anderen hörten dem Dozierenden eingeschüchtert zu. Lediglich ein weiterer Amerikaner versuchte, die Wichtigkeit der Frage für die Gruppe zu relativieren. Ich hielt mich stumm, fast unsichtbar im Hintergrund und beobachtete nur. Während der Redner immer lauter und euphorischer sprach, wurden die Zuhörer mit der Zeit mürrisch, unkonzentriert, teilweise sogar ungehalten oder lethargisch. Manche tuschelten miteinander. Viele schienen anderer Meinung zu sein als der Redner, und dennoch unterbrachen sie seinen Monolog nicht.

„Viele halten den Buddhismus wegen der ihm zugrunde liegenden Erkenntnis der Leerheit der Existenz für reinen Nihilismus oder gar Pessimismus und glauben, dass er das Leben verleugnet", dozierte er. „Dies wird durch die erste der vier edlen Wahrheiten noch verstärkt, die das Leben als Leiden beschreibt. Wohlgemerkt, das unerleuchtete Leben." Er blickte Beifall heischend in die Runde. Mit dem letzten Satz gab er sich selbst eine eigenartige Bedeutung. Er schien zu sagen: „Seht her, wenn ich Erleuchtung sage, weiß ich, wovon ich rede."

Ich fühlte deutliche, fast körperliche Abneigung. Plötzlich verstand ich die Reaktion der anderen Gruppenmitglieder.

„Dieses Verständnis beruht auf blanker Unwissenheit, auf Ignoranz. Buddhistische Leerheit bedeutet nichts anderes als Leere der Materie im

Hinblick auf eine unabhängige Existenz. Alles, was wir sehen, erleben wir als unabhängiges Objekt, das vielleicht Erfahrungen mit uns teilt, aber dennoch gänzlich verschieden von uns ist und auf keiner anderen Ebene mit uns kommuniziert als auf der grobstofflichen Ebene unserer fünf Sinne. Und genau als solches Objekt sehen wir uns selbst, unser individuelles Ich, unsere empirische Persönlichkeit, das Ego, das Subjekt. Die Buddhisten, die Einsicht in die letzte Wirklichkeit erlangt haben, beschreiben das Ich als Illusion, als Trugbild unserer Sinne und unseres Oberflächenbewusstseins. Das Ich ist sehr eng mit unserem Verstand verbunden, mit unserem analytischen, trennenden Blick auf die Welt. Das bin Ich, und das ist der Rest der Welt. Dieses Ich aber ist es, was uns an *Samsara*, den ewigen Kreislauf von Geburt und Tod, bindet. Dieses Ich verursacht Leiden und schafft Trennung. Erkenntnis der Leerheit der Existenz bedeutet Überwindung dieses Ichs und damit Überwindung des Leidens, Befreiung aus *Samsara*."

Dieser aufgeblasene Intellektuelle hatte das Phänomen vielleicht richtig beschrieben, aber mir schien, dass er den Sinn dieser Erkenntnis nicht erfasst hatte. Er strafte seine eigenen Worte Lügen. Er, sein Ego, stellte sich aufgeblasen und wichtig über die Gruppe und demonstrierte nichts als die Getrenntheit seiner eigenen Existenz.

Ich hatte genug gehört. Wenn ich eines genau wusste, dann das: Ich wollte nicht diskutieren und analysieren. Das hatte ich in meinem Leben schon zur Genüge getan. Ich wollte die alten Lehren so erleben, wie ich sie in den letzten Wochen erlebt hatte. Das hatte auch Mr. Dawar mir geraten. Ich suchte die Erfahrung. Was war eine intellektuell hochwertige Diskussion wert, wenn sie nur aus leeren Worten und der Sucht nach Selbstbestätigung bestand? Kurz dachte ich an Daniel und fragte mich, wer ihn unterrichtete, wo er gelernt hatte, was er wusste. Er hatte nur einmal mit seinem Wissen geprahlt. Heute war ich sicher, dass dies nicht aus Überheblichkeit, sondern aus Unsicherheit geschehen war. Sein Wissen war sein Schutz vor mir gewesen und der einzige Grund, um ein weiteres Zusammentreffen mit mir zu rechtfertigen. Ich wusste, dass er eigentlich bescheiden war und demütig zurückhaltend mit dem umging, was er sich in jahrelangem Studium erarbeitet hatte.

Ich trat durch eine andere Tür hinaus ins Freie. Und wie so oft in den letzten Wochen fand ich mich in einer magischen Umgebung wieder, in einem Zaubergarten. Wilde und gezüchtete Blumen blühten um die Wette, Kiefern bogen sich über sanfte Bäche, hölzerne Bänke standen unter Schatten spendenden Bäumen. Ich suchte mir eine Steinbank und hielt mein Gesicht in die warme Sonne. Erst nach einiger Zeit, ich musste schon wieder eingedöst sein, sah ich eine Bewegung am Hang gegenüber. Ein Mönch stand in Gummistiefeln und mit einem chinesischen Hut aus Reisstroh auf dem Kopf in einem Gemüsebeet und jätete Unkraut. Erst als ich ihn längere Zeit unverwandt betrachtet hatte und seine Freude an der Arbeit zu teilen begann, blickte er auf und winkte mich freundlich zu sich heran. Ich folgte seiner Aufforderung verwundert und erfreut zugleich. Als ich nur wenige Schritte von ihm entfernt war, rief er: „Willkommen, meine Liebe. Suchen Sie mich?"

„Namasté. Das weiß ich nicht. Eigentlich bin ich gekommen, weil ich mich für das Kursangebot des Meditationszentrums interessiere. Aber ich glaube nicht, dass Kurse, an denen intellektuelle Touristen teilnehmen, das Richtige für mich sind."

Der Mönch nahm seinen Hut ab, so dass sein kahl geschorener Kopf zum Vorschein kam, und grinste breit. „Das kommt ganz darauf an, was Sie lernen wollen. Wollen Sie lernen, was all diese Touristen zu lernen begehren, die Theorie, die Philosophie, die Inhalte der alten Schriften? Oder wollen Sie den wahren Buddhismus kennen lernen – das Verständnis, das Erlebnis, die Erfahrung der Wahrheit?"

Seine Augen blitzten mich spitzbübisch an. Jetzt wo ich gefragt wurde, war ich mir gar nicht mehr so sicher. „Ich glaube, ich will Dinge erfahren, die den Kern der buddhistischen Lehre betreffen. Aber ich fürchte, dass ich zu wenig weiß, um wirklich wissen zu können, was ich lernen will."

„So, glauben Sie?" Er sah mich herausfordernd an, ganz so, als wüsste er, dass ich mehr wusste und mehr wollte. Endlich legte er die Harke beiseite und widmete mir seine volle Aufmerksamkeit. Er war klein und seine Augen durchbohrten mich wie Pfeile. „Kommen Sie", lud er mich ein.

Ich folgte ihm auf einem schmalen Kiespfad durch die Gemüse- und Blumenbeete zu einer Bank am Hang. Sobald wir Platz genommen hatten, tauchte wie aus dem Nichts eine Gestalt mit einem Tablett und zwei Tassen dampfenden Buttertees auf. Wo war ich nun wieder gelandet? Noch einer dieser mysteriösen Orte, an denen die Menschen Gedanken lesen konnten und Wünsche erfüllten, bevor sie ausgesprochen waren. Auch wenn ich mich langsam daran gewöhnte, brachte es mein Weltbild immer wieder ins Wanken.

Wie selbstverständlich knüpfte der kleine Mönch, dort an, wo wir unser Gespräch unterbrochen hatten. „Was wissen Sie denn?" fragte er schelmisch.

„Das ist eine lange Geschichte!"

„Ich habe eine heimliche Schwäche für lange Geschichten. Verraten Sie mich nicht!" Er zwinkerte mir verschwörerisch zu. Ich erzählte ihm meine Geschichte ohne Scheu, denn ich wusste, er würde sie verstehen. Während ich sprach, verloren die Ereignisse mehr und mehr von ihrer Wunderlichkeit. Hier in den Bergen, an der Seite dieses freundlichen Mönchs schien das, was ich erlebt hatte, ganz alltäglich. Es war nicht seltsam oder verrückt. Es war normal. Normaler als alles andere, was ich in meinem Leben erlebt hatte. Diese Menschen betrachteten die Welt irgendwie andersherum. Endlich verstummte meine kritische innere Stimme, die Stimme meines nervenden Verstandes. Der Mönch hörte mir schweigend zu und unterbrach mich nicht ein einziges Mal. Mir war, als gäbe er mir stumm die Kraft, zu erzählen und, mehr noch, zu akzeptieren und zu verstehen.

Erst als das Wichtigste berichtet war, gab er mir die Erklärung, nach der ich mich so lange gesehnt hatte. „Bei den Mythen um Shambhala handelt es sich um Legenden aus alter Zeit. Nach dem Tod Buddhas entstanden die drei heute noch existierenden Hauptrichtungen des Buddhismus, der Hinayana-Buddhismus, auch kleines Fahrzeug genannt, der Mahayana-Buddhismus, das große Fahrzeug, und der Vajrayana-Buddhismus, auch Tantrayana oder diamantenes Fahrzeug genannt. Das diamantene Fahrzeug ist der höchste Erleuchtungsweg. Er gründet auf dem Kalachakra-Tantra, das direkt von den Weisen aus Shambhala stammen soll, die es vom Buddha selbst erhielten. Wer den tantrischen Erleuchtungsweg verstanden hat, hat auch alle anderen Erleuchtungswege verstanden."

Der Mönch schwieg, sammelte sich. Als er seine Stimme wieder erhob, erwartete ich weitere Erklärungen, aber er sagte nur: „Mein Name ist Lama Dorje."

Überrascht über diese unorthodoxe Art, sich mitten im Gespräch vorzustellen, stotterte ich: „Ich bin... mein Name ist... Caroline." Erst jetzt verstand ich, dass die späte Vorstellung Akzeptanz bedeutete. „Wie schmeckt Ihnen der Tee, Caroline?"

„Großartig!"

„Das ist gut. Trinken Sie!" Mühelos fand er den Weg zurück zu unserem Gesprächsthema: „Buddha lehrte, dass nichts die persönliche Erfahrung übertreffen kann. Das Verständnis des Lebens muss auf persönlicher Erfahrung basieren. Er forderte seine Schüler auf, kritisch zu sein, zu zweifeln und nichts zu glauben, was sie nicht durch eigene Erlebnisse verifizieren konnten. Die Regeln, die Buddha gab, sind nur eine Art Leitfaden zum persönlichen Hinterfragen.

Die vier Edlen Wahrheiten beschreiben eigentlich alles, was man wissen muss. Alle weiteren Lehren bauen auf ihnen auf. Die erste Wahrheit ist die Wahrheit vom Leiden. Alles Leben ist Leiden im Kreislauf von Geburt und Tod: Geburt, Krankheit und Tod, Vereinigung mit dem, was man hasst, Trennung von dem, was man liebt, das Entbehren dessen, was man begehrt. Die zweite Edle Wahrheit beschreibt die Ursache dieses Leidens. Verlangen oder Anhaften verursacht Leiden. Buddha ließ uns nicht verzweifelt und leidend mit der Erkenntnis zurück, dass das Leben eine Misere ist, sondern zeigte uns den Weg aus der Finsternis des Leids. Daher besagt die dritte Edle Wahrheit, dass dauerhafte Befreiung vom Leiden möglich ist. Die Ursache des Leidens lässt sich durch Erkenntnis beseitigen wie eine Krankheit durch die richtige Medizin. Diese Erkenntnisfähigkeit beschreibt die vierte der Edlen Wahrheiten. Das Ziel des Weges ist die Befreiung aus dem Nichtwissen, Erleuchtung, *Nirvana*. Das Mittel, um dieses Ziel zu erreichen, ist der Edle Achtfache Pfad: 1. Vollkommene Erkenntnis, 2. Vollkommenes Denken, 3. Vollkommener Entschluss, 4. Vollkommene Rede, 5. Vollkommene Handlung, 6. Vollkommener Lebenserwerb, 7. Vollkommene Achtsamkeit, 8. Vollkommene Sammlung. Jedes der drei Fahrzeuge bietet darüber hinaus spezifische Möglichkeiten, das Leiden zu überwinden: Meditations- und Kontemplationspraktiken, Mantras, Rituale, Waschungen, Gebete und vieles mehr. Man kann die grundlegende Lehre des Buddha auch so zusammenfassen: Verlangen und Anhaften bewirken Leiden, und die Methoden, die Buddha beschrieben hat, beenden dieses Leiden. Das bedeutet nicht, dass wir Buddhisten das Leben für eine fürchterliche Angelegenheit halten. Im Gegenteil, viele buddhistische Mönche und Gläubige sind sehr fröhlich, heiter und offen. Diese Heiterkeit erwächst aus der Erkenntnis, dass die Welt der Erscheinungen relativ ist. Wir wissen, dass nichts von Dauer ist. Deshalb halten wir flüchtige Freuden nicht für das Ziel des Lebens. Wir sehen Freuden und Schmerzen als das, was sie sind, vergängliche Gegensätze. Weil sie Leid bedeuten, sehen wir in ihnen den Antrieb, der uns auf unserer Suche nach dauerhaftem Glück vorwärts treibt. Während die meisten Menschen zwischen der Vermeidung von Unlust und dem Streben nach Lust hin und her gerissen sind, suchen wir die Mitte zwischen den Extremen, dauerhaften Frieden durch Loslösung und Einsicht."

Plötzlich sah Lama Dorje durch mich hindurch, als sei ich unsichtbar geworden. Dennoch war sein Blick voll durchdringender Schärfe. Seine Worte kamen klar und verständlich über seine Lippen, aber seine Stimme hatte sich verändert. Sie klang voller, tiefer, weicher und autoritärer als zuvor.

„Es ist durch die Liebe und angesichts der Liebe, dass sich die Welt entfaltet. Durch die Liebe gewinnt sie ihre ursprüngliche Einheit und ihre ewige Nicht-Trennung zurück." (3)

Mir war, als sei der Lama in Trance gefallen, als spräche nicht er, sondern etwas, jemand anderes zu mir. Das war mir unheimlich. Vorsichtig nahm ich seine Hand, um ihn zu mir zurückzuholen, aber er war längst wieder bei mir und in Gedanken schon bei der nächsten Frage, die den Wunsch widerspiegelte, mit dem ich hergekommen war.

„Haben Sie vor, die Meditation zu erlernen?" Er wartete meine Antwort gar nicht ab. „Dann kommen sie morgen früh um sechs wieder her. Ich werde Sie unterweisen. Jetzt muss ich weiterarbeiten."

Er verneigte sich vor mir. Diese Ehrerbietung beschämte mich. Ich hatte das Gefühl, dass ich diejenige war, die sich vor ihm verbeugen musste. Doch noch bevor ich aufstehen und mich angemessen bedanken konnte, war Lama Dorje schon auf dem Weg zurück zu seinem Gemüsebeet. Ich hörte, wie er leise vor sich hin sprach und dabei den Kopf schüttelte.

In meinen Gedanken überlagerten sich die Bilder der letzten Stunden, das des intellektuellen Redners und das des Lamas. Ich versuchte mir einzureden, dass beide nur Menschen waren, unterschiedliche Menschen zwar, aber Menschen. Es gab allerdings mehr, was sie trennte, als was sie einte. Mir schien, als sei der aufgeblasene Redner ein Symbol für das, was ich bisher gewesen war, ein Symbol für das Alte, das ich bereits teilweise hinter mir gelassen hatte. Lama Dorje dagegen symbolisierte das Neue, die größere, umfassendere Persönlichkeit, in die ich hineinwachsen würde. Mir war, als stünden sich in den beiden Männern, die mir heute begegnet waren, Wissen und Weisheit gegenüber. Ich begann zu verstehen, wer mein unsichtbarer Gegner war. Es war das Ich, das Ego in all seinen Manifestationen, mit all seinen Tücken und Täuschungsmanövern, die einen glauben ließen, Weisheit erworben zu haben, obwohl es nichts als Wissen war. Wir zerstückelten die Wirklichkeit, um sie berechenbar, greifbar, verständlich und beherrschbar zu machen. Wir gaben den Formen Namen und hofften, sie uns auf diese Weise untertan zu machen. Aber die wahre Wirklichkeit konnten wir so niemals erfahren, es sei denn, wir waren bereit, die Mauern des Egos und des Intellekts einzureißen und dahinter ein ganz anderes Bild von uns selbst und der Welt zu sehen, ein Bild, das ich noch nicht zu sehen vermochte, von dem ich aber plötzlich sicher wusste, dass es erkennbar war.

Vor Sonnenaufgang stand ich auf, zog mich bequem an und wanderte den Weg zum Meditationszentrum hinauf. Es gefiel mir, früh aufzustehen und vor allen anderen auf den Beinen zu sein. Die morgendliche Luft hatte so etwas Reines und Vibrierendes. Lama Dorje begrüßte mich und führte mich schweigend in einen Gebetsraum. Räucherstäbchen und Kerzen brannten. Ich erkannte eine Buddhastatue, die meiner zum Verwechseln ähnlich sah. Sie stand auf einem Altar und war mit Blüten geschmückt. Genau wie bei mir zu Hause. Ich wusste selbst nicht, warum ich es so gemacht hatte. Der Boden war mit Teppichen und Kissen ausgelegt. Lama Dorje und ich waren allein.

„Wo sind die anderen?", fragte ich neugierig.

„Welche anderen?" Lama Dorje schien erstaunt.

„Ihre anderen Schüler."

„Ich habe keine anderen Schüler. Sie wollten lernen, was die meisten westlichen Studenten nicht lernen wollen. Viele hätten vielleicht die gleiche Antwort gegeben wie Sie, weil sie geahnt hätten, dass reines Wissen noch keinen Weisen macht. Aber die meisten hätten keine authentische Antwort gegeben. Sie waren echt. Sie sind wirklich auf der Suche nach Antworten auf Ihre dringenden Fragen. Ich sehe noch ehrliche Überraschung in Ihren Augen. Bis vor wenigen Wochen wussten Sie nicht einmal, dass das Leben so sein kann, wie Sie es jetzt erleben, Caroline. Aber das ist noch lange nicht alles. Ich weiß, dass Sie schnell lernen werden. Deshalb will ich Sie persönlich und einzeln unterrichten. Sie brauchen eigentlich nicht viel mehr zu lernen als die Methode der inneren Versenkung. Ihr innerer Führer ist sehr weise und weist Ihnen schon seit langer Zeit den Weg. Ich werde Ihnen zeigen, wie sie ihn besser kennen und verstehen lernen."

Ich schwieg betreten. Wieder hörte ich „Sie sind etwas Besonderes", und natürlich schmeichelte es mir, aber ich wollte viel lieber ein ganz normaler Mensch sein, so normal wie ich immer gewesen war. Diese Besonderheit machte mich einsam. Sie isolierte mich von den anderen, selbst hier in McLeod Ganj, wo eigentlich alle dasselbe suchten, jedenfalls hatte ich das bisher angenommen. Ich fühlte mich unter Druck gesetzt und fürchtete, die Erwartungen, die an meine vermeintliche Besonderheit gestellt wurden, nicht erfüllen zu können. Ich empfand mich als schwächer und bedeutungsloser als andere. Warum verstand niemand, dass ich lieber Mitleid wollte als ermunternde Worte?

„Sie müssen vor allem eines lernen, Caroline: geduldig mit sich zu sein. Setzen Sie sich und die Ereignisse nicht unter Druck, indem Sie schnelle Resultate erwarten." Lama Dorje setzte sich auf ein Kissen mir gegenüber. „Sie müssen lernen zu warten, ohne etwas zu erwarten. Das beste Mittel hierfür ist die Meditation. Sie haben einen starken, wachen Verstand und sind doch so einfach, impulsiv und unkompliziert wie ein Kind. Eine einzigartige Mischung!" Lama Dorje kicherte. „Sie wissen Ihre Eigenschaften nicht zu schätzen. Immer wieder gewinnt Ihr Intellekt die Oberhand und versucht, Ihre kindliche Seite zu unterjochen. Sie müssen lernen, Ihre beiden Seiten in Balance zu bringen. Das ist der Weg der Meditation. Meditation liegt jenseits des Intellekts, jenseits des Denkens und damit jenseits des Egos. Meditation ist kein kompliziertes System aus verschiedenen Atem- oder Konzentrationsübungen. Meditation ist nichts weiter als einfach sein. Aber nichts ist schwerer als das. Wir begeben uns in die fremde Welt unseres Inneren, wo manchmal Chaos der Gedanken und Gefühle herrscht, und dann wieder Freude, Frieden und tiefe Stille. In der Meditation lernen wir, nicht an unseren Gedanken zu haften, sondern sie in stiller Achtsamkeit kommen und gehen zu lassen. Wir lernen, zum unbeteiligten Beobachter zu werden, zum stummen Zeugen, der oft mit ansehen muss, wie sein weltlicher Zwilling, das Ego, kämpft und leidet. Doch er enthält sich jeder Wertung, jeder Schuldzuweisung oder Verurteilung, jeden Kampfes und jeder Emotion. Alles was er sieht, ist ‚wie es ist, weder gut noch schlecht, weder erstrebenswert noch vermeidenswert. In der Meditation begeben wir uns hinab auf den Grund unseres Seins. Mehr werde ich Ihnen nicht verraten, damit Sie nicht in Versuchung kommen, etwas zu erwarten. Betrachten Sie die Meditation als ein Spiel. Lachen Sie, weinen Sie, aber vergessen Sie nicht, dass das, was wir hier tun, nichts Ernstes ist. Sie können nichts verlieren, nur gewinnen. Es geht wahrhaft um nichts.“

Diesmal lachte Lama Dorje laut los. Seine eigenen Worte machten ihm offenbar großen Spaß. Ich grinste, obwohl ich nervös war. Einfach mit geschlossenen Augen dazusitzen und in mich hineinzuhorchen, kam mir wie verschwendete Zeit vor. Zu passiv. Dennoch hatten die Worte des Lamas Eindruck auf mich gemacht. Er hatte meine widersprüchliche Natur mit knappen Worten sehr gut beschrieben. Die goldene Mitte zwischen den Extremen, von der er gesprochen hatte, schien mir unerreichbar zu sein. Fast so utopisch wie Shangri-La.

Ein Teil meiner kindlichen Natur war meine grenzenlose Neugier. Sie wies meinen kritischen Verstand in seine Schranken und bewirkte, dass ich Lama Dorjes Anweisungen ohne Anstrengung folgen konnte. Zunächst zeigte er mir die richtigen Meditationshaltung: Beine verschränkt, Wirbelsäule gerade, Nacken gestreckt, das Kinn ein wenig nach unten zur Brust gerichtet, den Kopf so leicht auf dem Hals, als hinge er an einem unsichtbaren Faden. Diese Körperhaltung verlieh mir eine eigenartige Anmut und eine kraftvolle Körperspannung, die sich automatisch auf den Geist auswirkte und die Gedanken beruhigte. Lama Dorje forderte mich auf, tief zu atmen. Ich folgte seiner Aufforderung und konzentrierte mich auf die regelmäßigen Atemzüge, die meine Bauchdecke hoben und senkten. Mit fester Stimme führte er mich in die Welt meines Geistes. Gedanken und Bilder durchzuckten mich wie elektrische Impulse, die im Irgendwo begannen und sich im Nirgendwo verliefen. Ganze Assoziationsketten tauchten auf und verschwanden wieder. Zwischen den einzelnen Ketten machte ich Sekunden der Ruhe aus, aber dann ging es weiter, scheinbar ohne Sinn und dennoch verbunden durch einen Sinnzusammenhang, der mir schleierhaft blieb. Lama Dorje forderte mich auf, die Gedanken kommen und gehen zu lassen, keinem zu folgen, mich an keinen zu binden, aber auch keinen unterdrücken zu wollen. Ich sollte zum stillen Beobachter werden. Diese Rolle kannte ich. Das war die Perspektive, die ich einnahm, wenn ich für eine Reportage recherchierte. Offen für Pro und Kontra, neutral und doch voll konzentriert. Ich fühlte mich wohl. Es war schön, zu erkennen, dass der stille Beobachter bereits da war und nicht erst geboren werden musste. Er musste lediglich kultiviert und verfeinert werden. Ich verlor jedes Gefühl für meine Umgebung und die Zeit. Nur Lama Dorjes Stimme drang manchmal bis in die Tiefen meiner neuen Erfahrungswelt vor, scheinbar impulsiv, ohne Ursprung und ohne Ziel.

Nun sollte ich mein Bewusstsein an die Gedanken hängen und meinen Geist zwingen, permanent Gedanken um Gedanken zu produzieren. Bald herrschte eine eigenartige Müdigkeit und Leere in meinem Kopf. Die Gedanken wollten nicht fließen, ich fühlte mich blockiert und überanstrengt.

Erleichtert folgte ich der Anweisung, nun bewusst und gewollt keinen Gedanken mehr zu denken, und war überrascht, als plötzlich das Gegenteil des zuvor Erlebten eintrat. Meine Gedanken liefen Amok und ich ermüdete weiter, sehnte mich zurück nach dem anfänglichen Gefühl des Friedens, welches durch das fließende Beobachten der Gedanken entstanden war.

Erfreut nahm ich zur Kenntnis, dass mir der Lama diese Ruhe bald wieder gönnte, und versank erneut in die spielerische Beobachtung meiner selbst, meines Ichs, meines Verstandes oder wie immer man es auch nennen mochte. Ich schloss Bekanntschaft mit mir selbst, mit einem Teil von mir, der mir bisher unbekannt gewesen war. In den Lücken zwischen den Gedanken, zwischen Freude und Entzücken nahm ich ein eigenartiges Vibrieren wahr, nicht greifbar und doch existent. Leider war es von viel zu kurzer Dauer, und ich spürte eine tiefe Sehnsucht danach, die immer stärker wurde, je öfter und länger ich der formlosen Stille gewahr wurde.

Enttäuscht folgte ich der Stimme des Lamas aus dem inneren Raum zurück in die äußere Welt. Ich bewegte meine Glieder und spürte meinen Körper wieder, den ich zuvor gänzlich vergessen hatte. Als ich die Augen öffnete, fühlte ich mich schwerer als im meditativen Zustand. Ich empfand mich als gebunden, während ich zuvor für kurze Zeit frei gewesen war.

Lama Dorje ließ mir Zeit. Er zündete neue Räucherstäbchen an und beachtete mich kaum. Ich versuchte, das Erlebte zu erfassen, konnte aber nicht recht begreifen, was geschehen war.

„Können Sie mir beschreiben, was Sie erlebt haben, Caroline?" Ich zögerte einen Augenblick. Es war schwer, Worte für das innere Erleben zu finden. „Zuerst sah ich die Gedanken vorbeiziehen. Ich sah die Bilder oder hörte die Gedanken. Manchmal beides gleichzeitig, manchmal nur das eine oder das andere. Ich fühlte mich wohl. Ich beobachtete, was geschah, aber es tangierte mich nicht. Was ich sah und hörte, war nicht ich! Ab und an erfüllte mich tiefe Stille und die Gedanken kamen zum Stillstand. Macht das Sinn?"

„Erzählen Sie weiter!"

„Als Sie mich baten, unentwegt Gedanken um Gedanken zu denken, wurde ich müde, obwohl ich zuvor sehr konzentriert, wach und aufmerksam gewesen war. Die Gedanken wollten weder aufkommen noch fließen. Ich spürte Nervosität und Anspannung. Besser wurde es auch nicht, als Sie mich baten, alle Gedanken zu unterbinden. Diesmal war mein Kopf voll von chaotischen Gedanken und Bildern, die mein Bewusstsein regelrecht zu verstopfen schienen. Ich bemerkte, dass ich immer schneller müde wurde. Erst als Sie mir erlaubten, meinen Beobachterposten wieder einzunehmen, kehrte die konzentrierte Wachheit in Sekundenschnelle zurück. Die Müdigkeit verschwand." Fragend sah ich meinen Lehrer an.

„Was Sie eben erfahren haben, ist die Welt des Geistes. Bisher haben Sie in Ihrem Leben lediglich Erfahrungen mit der Welt der Materie gemacht, mit der Welt der Dinge. Doch komplementär zur materiellen Welt gibt es die unsichtbare Welt des Geistes, aus der alle Dinge geboren werden, nicht nur die Gedanken. Die Welt des Geistes ist höchst sensibel, zart und empfindlich. Sie reagiert auf die feinsten Impulse und die leisesten Gedanken und Empfindungen. Ihre Eigenschaften sind konträr zu denen der sichtbaren Welt. Wenn die sichtbare Welt greifbar ist, ist die Welt des Geistes nicht greifbar. Wenn die materielle Welt zeitlich und örtlich begrenzt ist, ist die Welt des Geistes raum- und zeitlos. Wenn die Welt der Erscheinungen der Vergangenheit und der Zukunft entspricht, ist die Welt des Geistes reine Gegenwart. Wenn die Materie vergänglich und begrenzt ist, ist der Geist unvergänglich und unbegrenzt. Wenn die Welt der Materie Anhaften bedeutet, liegt das Geheimnis der geistigen Welt im Loslassen. Unsere Gedanken sind Teil unserer Ich-Persönlichkeit und der materiellen Welt. Sie sind greifbar, eindeutig identifizierbar, quantifizierbar, verifizierbar. Wir können sie mit dem inneren Auge sehen und mit dem inneren Ohr hören.

Es handelt sich um klar definierbare Objekte. Aber unsere Gedanken sind noch mehr. Sie sind auch Teil der geistigen Welt. Sie haben ihren Ursprung irgendwo im Geist. Sie entspringen einer unsichtbaren Quelle. Erst wenn wir uns unserer Innenwelt zuwenden und das Zusammenspiel von Geist und Materie durch Beobachtung unserer subtilsten Gedanken zu ergründen versuchen, erst dann haben wir uns wirklich auf den Weg gemacht, die äußere und die innere Welt zu erkunden. Der innerste Geist, der hinter den Gedanken liegt, ist reines formloses Sein.

Was Sie eben erlebt haben, kann man mit wenigen Worten zusammenfassen: Der Geist lässt sich nicht zwingen! Wenn Sie denken wollen, behindert er das Denken, wenn Sie nicht denken wollen, zwingt er Sie zu denken. Nur wenn Sie ihm die Freiheit geben zu sein, was er sein will, indem Sie ihm die Kraft Ihrer vorurteilslosen Achtsamkeit schenken, kann er sein volles Potenzial frei entfalten. Dieselbe Entdeckung hat die Naturwissenschaft auf dem Gebiet der Mechanik gemacht. Druck erzeugt Gegendruck. Wenn wir unseren Geist begreifen lernen, lernen wir erkennen, an welchen Stellen wir Druck auf ihn ausüben und er mit der gleichen Kraft Gegendruck auf uns ausübt. Das geeignete Gegenmittel zur Lösung dieses inneren Konflikts ist das Loslassen. Wenn wir den Druck vermindern und nicht mit Anstrengung, sondern mit Achtsamkeit Energie in die Beobachtung fließen lassen, verschwinden die Hindernisse ganz von selbst, denn äußere Hindernisse sind nichts anderes als das Abbild innerer Hemmnisse. Nur so können sich die Knoten lösen, welche die Erfahrung in uns hinterlassen hat. Alles Sein, alle Dinge und alle Phänomene haben ihren Ursprung in der Welt dieses subtilsten Elements. Wenn wir seine Gesetze befolgen lernen, fällt alles an seinen Platz. Dann gibt es für uns nichts weiter zu tun, als den Wandel der objektiven Welt achtsam zu bezeugen."

Staunend fragte ich mich, wer ich am Ende meiner Reise wohl sein würde.

Lama Dorje sang mit feiner Stimme:

„Wo Anhaftung und Verstrickung ist,
dort ist auch Furcht und Leid.
Wo parteiische Zuneigung und Ablehnung ist,
dort herrscht Begrenzung.
Wo Gedanken Pläne schmieden,

dort regiert dualer Widerstreit.
Denn alles Getrenntsein kommt aus dem Nichtwissen.
Deiner Logismen planerischer Geist
ist mehr als Spielerei.
Du greifst nach den Dingen, willst sie erfassen
und machst dich zum Diener nur
deiner Grenzen ziehenden Gedanken.
Strahlend klar und ewig unbefleckt
bleibt des Bewusstseins tiefster Geist
das den Verstand gebiert
und wieder in sich aufnimmt –
als sei nichts je gewesen.
Bleib still und ruhe im ewig Unberührbaren
im Unbeschaffenen, im ewig Neuen." (4)

Ich ahnte etwas von einer noch weit entfernten Wahrheit, die verlockend und köstlich war. Doch sogleich meldete sich mein Verstand zu Wort. Ich fühlte, wie er die Situation und das intime Verständnis, das Lama Dorje mir gerade erst vermittelt hatte, zerstörte, aber ich konnte nichts dagegen tun. Meine negative innere Stimme war stärker als ich und sogar stärker als die Erfahrung. Warum konnte ich nicht einfach glauben, was ich soeben selbst erlebt hatte? Warum musste ich die wertvollen Einsichten, die mir geschenkt wurden, immer wieder zerstören? „Glauben Sie, dass ein westlicher Mensch diese Gedanken jemals voll zu erfassen vermag?"

Lama Dorje lachte schallend. Ich schämte mich. Irgendwie wusste ich ja selbst, dass meine Frage dumm und ignorant war. Der Lama wollte gar nicht mehr aufhören zu lachen. „Sie haben gerade das beste Beispiel für die Grenzen gegeben, die ich Ihnen einzureißen rate. Weshalb glauben Sie, dass man im Osten geboren sein muss, um die höchste Wahrheit zu erkennen? Glauben Sie, dass östliche Menschen von Natur aus weiser sind als westliche? Das ist albern, Caroline. Das Einzige, was es uns vielleicht, aber auch nur vielleicht leichter macht, uns auf die Suche nach der Wahrheit zu begeben, ist die Tatsache, dass wir mit Religion, mit dem Heiligen, mit Riten und archetypischen Bildern aufwachsen. Das kann aber auch den gegenteiligen Effekt haben. Traditionen können großes Desinteresse und sogar starke Abneigung hervorrufen. Wir müssen alle viel lernen. Vielleicht fällt es uns schwerer, das intellektuelle Verständnis zu erlangen, während es Ihnen schwerer fällt, den Intellekt ruhen zu lassen. So oder so herrscht von Natur aus ein Ungleichgewicht. Jeder muss auf seine Weise lernen, was ihm fehlt."

Beschämt blickte ich zu Boden. Es würde lange dauern, bis ich gelernt hatte, wahr von falsch zu unterscheiden.

16

Lama Dorje hatte mir die Aufgabe gegeben, drei Tage
lang drei Mal täglich etwa zwanzig Minuten lang
zu sitzen und zu beobachten. Dann sollte ich wiederkommen. Es verblüff-
te mich, dass Meditation so einfach sein sollte, aber Lama Dorje erklärte
mir, dass die Art von Meditation, die er mich gelehrt hatte, als Meditation ohne Form bezeichnet wurde. Es gab auch Meditationen mit Form,
beispielsweise die Konzentration auf den Atem, bestimmte Objekte oder
Mantras. Für jeden Meditierenden gäbe es einen Königsweg in den inneren Raum. Jedem fehle es an bestimmten Eigenschaften, während andere
vorherrschend und dominant seien und das natürliche Gleichgewicht des
Geistes störten. Er war der Meinung, dass es für mich wichtig sei, mich
von jeglicher Form zu lösen. Er fand, dass „mein Kopf zu groß" war. Zuerst hatte ich über diese eigenartige Formulierung gelacht, doch als er
sie mir erklärte, musste ich ihm Recht geben. Ich erlebte sehr rational,
sehr analytisch und damit sehr auf die Welt der fassbaren Zusammenhän-
ge und des Verstandes begrenzt. Intensive Gefühle machten mir Angst
oder überwältigten mich völlig. Formlosigkeit, Stille oder Leere versetzte
mich in regelrechte Panik. Das beste Mittel, um das bestehende Ungleichgewicht auszugleichen, war, mich bewusst immer wieder von jeglicher
Form zu lösen. Lama Dorje war sicher, dass es mir nicht an Disziplin
fehlte. Das war bei vielen anderen der vorherrschende Mangel. In diesem
Fall wäre strikte Meditation mit Form die beste Meditationsart gewesen,
um zu Konzentration zu gelangen, die ja eine Eigenschaft der höheren
Verstandestätigkeit ist. Doch Konzentration war nicht mein Problem. Mir
fehlte es vor allem an der Bereitschaft, loszulassen, alles einfach sein zu
lassen. Die beste Übung dafür war die vorurteilslose, achtsame Selbst-

beobachtung. Lama Dorje erkannte, dass meine Beobachtungsgabe meine Stärke war. Er war lediglich der Meinung, dass sie sich vom Intellekt lösen musste.

Als wir uns verabschiedeten, überwältigte mich ein Gefühl der Dankbarkeit für diesen kleinen Mann, der mich, meine Eigenschaften und meine Nöte so klar und deutlich sah. Er war der Erste, der sich die Mühe machte, sie mir zu erklären. Er ließ mich nicht mit meinem Schmerz allein, sondern suchte nach Mitteln und Wegen, mich aus ihm hinaus zu führen. Es machte den Anschein, als empfinde er mein Leid und meinen inneren Kampf wie seinen eigenen. Hatte sich vielleicht doch schon mehr verändert, als ich glaubte? War ich hier und heute eine andere als noch vor Baba dem Weisen, der mir viele theoretische Erklärungen mitgegeben hatte, aber nicht das Gefühl, dass das, was ich war, zunächst einmal in Ordnung war? Baba hatte mir nur ein fernes, utopisches Ziel gewiesen: Buddhaschaft, Erleuchtung. Lama Dorje hingegen gab mir praktische Fertigkeiten, von denen ich mir vorstellen konnte, dass ich sie irgendwann einmal beherrschen könnte. Ich fühlte mich so leicht und glücklich, wie ich es nur in weit entfernter Vergangenheit gewesen war. Wann war das gewesen? Dunkel verschleiert sah ich das Bild eines tanzenden Kindes vor meinem inneren Auge. War es Erinnerung oder Phantasie? Bevor ich das Bild greifen konnte, entschwand es wieder.

Es war Zeit für ein Frühstück; die Meditation hatte mich hungrig gemacht. An einem Kiosk kaufte ich eine Tageszeitung und setzte mich damit in eine gemütliche Fensternische im Frühstücksraum des Hotels. Plötzlich bemerkte ich, wie mein Körper immer kälter wurde und langsam erstarrte. Ich witterte Gefahr. Mein Herz blieb stehen, als ich Rondorfs gigantische Erscheinung an der Rezeption entdeckte. Er war hier, viel schneller als ich ihm zugetraut hatte. Aus der Traum von Meditation und Entspannung! Eigentlich hätte ich mich freuen müssen, ihn hier zu sehen. Hieß das nicht, dass ich hellsehen konnte? Ich hatte gewusst, dass wir uns hier begegnen würden und war sogar instinktiv im richtigen Hotel abgestiegen. Aber ich war nicht viel weiter gekommen, seit ich Delhi verlassen hatte. Die Übungen, die Lama Dorje mir gegeben hatte, halfen mir vielleicht persönlich, aber sie brachten kein Licht in Rondorfs dubiose Angelegenheiten. Auch lösten sie unseren Konflikt nicht. Ich duckte mich hinter meine Zeitung und bildete mir ein, Rondorf würde mich nicht erkennen, falls er herübersah. Rondorf betrat mit einem Kofferkuli den Aufzug. Sobald er außer Sichtweite war, bezahlte ich die Hotelrechnung, rannte über die Feuertreppe hinauf in mein Zimmer, packte meine Tasche und verließ das Hotel.

Dann stand ich auf der Straße und überlegte. Wohin jetzt? Die Hotels waren zu gefährlich. Im Meditationszentrum gab es Zimmer, fiel mir ein. Das Zentrum lag abseits des Ortes. Rondorf würde eine Weile brauchen, bis er mich dort entdeckte. Das war die rettende Idee.

Lama Dorje war nicht da, aber ein freundlicher Mönch war gerne bereit, mir ein kleines, einfaches Zimmer zu geben. Erleichtert warf ich mich auf das harte, schmale Bett. Doch während meine Gedanken noch um die Frage kreisten, was nun zu tun sei, hörte ich lautes Klopfen an der Tür. „Machen Sie auf, Miss Caroline. Schnell!"

„Lama Dorje? Was ist denn mit Ihnen los?" Er musste gerannt sein.

„Warum sind Sie denn so außer Atem, Lama Dorje?", fragte ich besorgt.

Er keuchte noch immer. „Ich war bei meinem Lama. Er ist einer der höchsten Lamas hier in Dharamsala. Wir treffen uns regelmäßig, um festzustellen, welche Fortschritte mein Studium macht. Er wollte heute gar nicht über die Lektionen reden, die er mir aufgegeben hatte."

Es überraschte mich, dass selbst ein Lama noch von einem Lehrer unterrichtet wurde. Wie konnte er mir dann raten, dass ich nur meinem inneren Führer vertrauen sollte?

„Statt dessen fragte er mich, ob ich ihm nichts zu sagen habe. Ich verstand nicht, was er meinte. Da fragte er, ob mich eine blonde deutsche Frau aufgesucht habe. Ich erzählte ihm von unserer Begegnung. Und ich erzählte ihm auch die Geschichte, die Sie mir erzählt haben. Ich bitte um Verzeihung, Miss Caroline. Ich wollte Ihr Vertrauen nicht missbrauchen, aber es war wichtig! Mein Lama sah mich tadelnd an. Ich hätte wissen müssen, dass Ihre Geschichte für unsere tibetische Gemeinde von außerordentlicher Bedeutung ist. Dann teilte er mir mit, dass die große Langnase, mit der Sie zusammengearbeitet haben, heute morgen in McLeod Ganj eingetroffen sei. Dieser Mann habe Kontakt zu einem jungen Lama, der schon lange im Verdacht stehe, mit den Chinesen zusammenzuarbeiten."

„Rondorf wohnt im Hotel Tibet. Deshalb bin ich hier. Ich konnte dort nicht länger bleiben", erklärte ich.

Lama Dorje sprach noch immer atemlos, als wolle er in wenigen Sekunden alles nachholen, was er bisher versäumt hatte. „Mein Lama hat mich beauftragt, Ihnen mehr über Shambhala zu erzählen. Wie Sie bereits wissen, sind die Legenden sehr alt. Sie existierten schon zu Lebzeiten des ehrwürdigen Gautama Buddha. Damals soll ein Shambhala-König vom Buddha persönlich in das Kalachakra-Mulatantra eingeweiht worden sein. Das muss etwa um das Jahr 877 vor Ihrer Zeitrechnung gewesen sein. Die Einweihung fand irgendwo in Südindien in der Nähe des heutigen Madras statt. Der Shambhala-König Suchandra war mit großem Gefolge aus dem weit entfernten Norden gekommen, von jenseits der indischen Hochlandgrenzen. Nach der Initiation nahm er die Tantra-Lehre mit in sein Reich und machte sie dort zur Staatsreligion. Suchandra selbst zeichnete dann das Kalachakra-Mulatantra in sage und schreibe zwölftausend Strophen auf und verfasste mehrere Kommentare dazu. Hiervon sind nur einige Fragmente erhalten, insbesondere das Sekkodesha mit einem Kommentar von Naropa. Einer von König Suchandras Nachfolgern verfasste das Kalachakra-Laghutantra, das tausend Verse umfasst und heute noch als tantrischer Leitfaden dient. Später entstand aus der Feder eines weiteren Shambhala-Königs das Vimalprabha, ein Kommentar zum Laghutantra. Der Mahasiddha, das heißt, der große Beherrscher der erhabenen Fähigkeiten, Tilopa brachte beide Texte im 10. Jahrhundert von Shambhala nach Indien zurück, und erst hundert Jahre später gelangten sie nach Tibet. Von Tilopa stammte übrigens der Gesang, den ich Ihnen heute Morgen vorgesungen habe.

Das Kalachakra-Tantra ist Ausdruck der höchsten menschlichen Weisheit und Erkenntnisfähigkeit, Ausdruck der Buddhanatur selbst. In Shambhala ist es Staatsreligion, denn das Volk von Shambhala ist ein erleuchtetes Volk. Die geographische Lage des Königreiches ist höchst umstritten. Sicher ist nur, dass es nördlich von Indien liegt. Viele vermuten seine Pforten in Tibet, andere glauben, sie lägen in China oder in Ost-Turkestan. Nichts ist gewiss. Deshalb sagen viele der alten Lamas, Shambhala habe mehrere Zugänge. Das Königreich ist ein Land von großer Pracht und Schönheit. Es hat die Form eines Mandalas und entspricht der heiligen Geometrie wie das herrliche Taj Mahal."

Vergangenheit, Gegenwart und Zukunft trafen sich in diesem Moment mit der Kraft eines Urknalls. Alles, was ich gerade erlebte, hatte sich schon damals angekündigt, als Mr. Govil sagte, dass die Schönheit des Taj der Glanz der Seele sei. Die Energie, die diese Erkenntnis begleitete, hatte eine unglaubliche Kraft, aber diesmal ließ ich mich nicht von ihr fortreißen, sondern richtete die konzentrierte Aufmerksamkeit, die sie bewirkte, auf Lama Dorje und seine Erzählung.

„Shambhala heißt „Quelle der Freude". Es ist nicht zu leugnen, dass es unser mythologisches Äquivalent Ihres biblischen Paradieses ist. Im Zentrum von Shambhala liegt die Hauptstadt Kalapa, im Westen und im Osten flankiert von zwei sichelförmigen Seen, die mit Juwelen gefüllt sind und den großen geistigen Reichtum des mystischen Landes symbolisieren. Im Zentrum der Hauptstadt liegt der Juwelenpalast des Königs. Den Legenden nach strahlen seine Schönheit und Reinheit so hell, dass jede Nacht zum Tage wird. Shambhala ist das Reich des inneren Klaren Lichts. Dort gibt es keine Finsternis und kein Schattenreich. Kennen Sie Platons Höhlengleichnis aus der *Politea*?"

„Ich glaube, Platon stellte die Menschen als in einer unterirdischen Höhle Gefesselte dar, die keines ihrer Glieder bewegen können, nicht einmal den Kopf. Zeit ihres Lebens haben sie nichts anderes gesehen als die Schatten von anderen Menschen, die an einer Mauer vorüber laufen. Sie können nichts anderes für Realität halten als diese Schatten. Wenn ein solcher Mensch von seinen Fesseln befreit ans Tageslicht gebracht würde, so würde ihm das unerträgliche körperliche und seelische Schmerzen bereiten. Er würde sich fragen müssen, wie er so lange bloße Schatten für die Realität halten konnte."

„Ja, das ist das Höhlengleichnis. Aber bald würde der Geblendete oder besser Verblendete sehen lernen. Er würde die Sonne als Lichtquelle erkennen und die Schatten der dunklen Höhle nicht mehr für die Realität halten. So ist Shambhala. Es kann nur von jenen erreicht werden, die sehend geworden sind, von jenen, welche die wahrhafte Wirklichkeit erkannt haben, die absolute Wahrheit. Nur wer alle Schattenbereiche seiner persönlichen und der kollektiven Existenz durchleuchtet hat, nur wer frei von den Fesseln jeglicher Projektion, Verleugnung und Verdrängung ist, nur solch ein freier Mensch kann in der gleißenden Helligkeit des Erleuchtungsgeistes von Shambhala leben. Das alles durchdringende Licht ist unvorstellbar kraftvoll und reinigend. Menschen mit niedrigerem Bewusstsein könnten durch den Druck, der von dieser reinigenden Kraft ausgeht, verrückt werden. Daher ist es wichtig, nicht das reine Land Shambhala zu suchen, sondern den eigenen Geist zu reinigen, bis er Shambhala ebenbürtig ist. Jeder, der in erster Linie das irdische Shambhala sucht, um dort geläutert zu werden, versucht eine Abkürzung zu nehmen. Aber es gibt keine Abkürzungen auf dem Weg nach Shambhala.

Die Architektur des Palastes und aller anderen Häuser orientiert sich an den kosmischen Gesetzen. Kristalle im Boden und in den Decken der Häuser regeln die Temperatur. Shambhala ist absolute Vollkommenheit, vollkommene Harmonie von Mensch und Umgebung. In Shambhala sind innen und außen, Geist und Materie eins.

Der jeweilige König von Shambhala regiert von einem goldenen Löwenthron aus. Er ist geistiger und weltlicher Herrscher zugleich. Er verfügt über die Kraft der gewöhnlichen und der erhabenen *Siddhis*. Mit Hilfe der gewöhnlichen *Siddhis* meistert er die alltäglichen Hindernisse des Lebens wie Krankheit, Depression oder finanzielle Nöte. Die erhabenen *Siddhis* hat er als *Bodhisattva* erlangt. Sie zu erwerben bedeutet, die innere Umkehr vollzogen, sich von außen nach innen gewendet zu haben und aus der Universalität des innersten Geistes, aus der göttlichen Quelle der Schöpfung heraus zu wirken. Der König von Shambhala ist ein Diener des Göttlichen. Nur deshalb kann er hellsehen, Gedanken lesen, ohne Flügel fliegen, Dinge materialisieren, sich selbst vervielfältigen und vieles mehr. Symbole für den Besitz dieser Kräfte sind ein Juwel und ein Wunderspiegel, die ihm während seiner Regentschaft zur Verfügung stehen.

Südlich der Hauptstadt befindet sich Malaya, ‚der kühle Hain‘. In diesem heiligen Hain hat König Suchandra das Kalachakra-Sandmandala errichtet. Es verkörpert die Essenz der geheimen Lehren und ist ein Symbol für die transzendente Einheit von individuellem Geist und Universum, die Shambhala zum Leben erwecken kann.

Doch auch Shambhala, der heiligste und vollkommenste Ort auf Erden, birgt ein dunkles Geheimnis. Die Legenden um Shambhala enthalten den universellen Mythos vom Jüngsten Gericht. Der Regent von Shambhala herrscht über eine große Armee, die sich seit Anbeginn der Zeit für eine große Schlacht rüstet. Viele Bewohner Shambhalas sind ausgezeichnete Krieger, ausgestattet mit den gefährlichsten Waffen, außergewöhnlichen Kräften und edelsten Tugenden. Man sagt, dass diese letzte Schlacht in etwas mehr als zweihundert Jahren stattfinden wird und dass Shambhala nach einem deutlichen Sieg über die weltlichen Kräfte endlich bereit sein wird, aus dem Verborgenen aufzutauchen und eine friedliche Weltherrschaft zu übernehmen. Das so genannte ‚Goldene Zeitalter‘ wird beginnen.

Und hier liegt ein wichtiger Schlüssel zum Verständnis von Shambhala. Viele verstehen die Prophezeiung so, dass es sich bei dieser letzten Schlacht um ein tatsächliches Ereignis handelt. Sie warten schon heute auf den Jüngsten Tag und auf einen grauenhaften Kampf zwischen Mensch und Mensch. An dieser Stelle offenbart sich die Bedeutung eines entwickelten Bewusstseins für das Verständnis von Shambhala und seiner Welt."

Ich musste den Lama unterbrechen. Die Worte sprudelten einfach aus mir heraus und ließen sich nicht zurückhalten. Ich wusste, was er mir sagen wollte. Ich wusste es! „Sie meinen, die Legenden sind symbolisch zu verstehen. Das ist Teil der Initiation, die darüber entscheidet, ob man bereit ist, Shambhala zu finden. Je weiter sich das Unterbewusstsein öffnet und die Entwicklung des Geistes fortschreitet, desto leichter fällt es einem, zu abstrahieren und symbolische von tatsächlicher Bedeutung zu unterscheiden. Der Geist benutzt die Welt der Erscheinungen, um sich sichtbar und bemerkbar zu machen. Er spricht die Sprache der Bilder. Das würde bedeuten, dass die Schneeberge, die Shambhala umgeben und den Suchenden an der Überquerung und am leichten Zugang nach Shambhala hindern, ein Symbol für die weltlichen Hindernisse sind, die es mit geistigen Mitteln zu überwinden gilt. Es gilt, die Grenzen der Körperlichkeit zu überwinden, um in der unendlichen Weite des Geistes und mit seinen Wundermitteln, den gewöhnlichen und den erhabenen *Siddhis*, bis ins Zentrum von Shambhala vorzudringen, bis zum reinen Geist, der als göttliches Kraftzentrum in der Mitte des Mandalas die Welt hervorbringt und regiert. Das ist die mystische Null, das geheime Argatha, das Alles und Nichts!"

Mir war heiß vor Aufregung. Die Erkenntnis traf mich mit einer solchen Macht. Das war das Geheimnis! Der Weg nach Shambhala war ein mystischer Initiationsweg. Er war der Weg des individuellen Geistes, des Bewusstseins, das sich von einer rein materiellen Orientierung zu einer rein geistigen Orientierung entwickelte und am Ende beide Welten vereinte, weil es erkannte, dass die eine Ausdruck der anderen war.

Mein Lehrer griff nach meiner Hand. Zärtlichkeit, Freude, Wärme und aufrichtige herzliche Anerkennung strahlten aus seinen kleinen Augen. „Lama Chödön Töldup hatte Recht. Er sagte, dass Sie gerufen werden."

In dem Moment, in dem Lama Dorje es aussprach, sackte mein Enthusiasmus in sich zusammen. Ich wollte nicht gerufen werden und einer höheren Berufung folgen, die kein normaler Mensch verstand und der niemand – ich schon gar nicht – gerecht werden konnte. Irgendwie glaubte ich noch immer, dass man sich Shambhala verdienen musste. Und ich war sicher, dass ich es nicht verdient hatte. „Lama Dorje, es tut mir Leid, aber ich muss Sie enttäuschen." Ich fror ganz schrecklich. „Ich bin all dem nicht gewachsen. Binnen weniger Wochen steht mein ganzes Leben Kopf. Ich will nicht gerufen werden. Ich will ein normaler Mensch sein... bleiben. Ich kann das nicht. Sagen Sie das Ihrem Lama. Ich habe nicht die Kraft, seine Erwartungen zu erfüllen."

Lama Dorje tat das einzig Richtige. Er nahm meinen Anfall von Selbstmitleid und Selbstverachtung nicht ernst. „Niemand erwartet etwas von Ihnen, Miss Caroline. Jetzt benehmen Sie sich wie der Mensch aus Platons Höhlengleichnis, der ein wenig geblendet wird und glaubt, den Schmerz der notwendigen Anpassung nicht ertragen zu können. Dummheit und Blindheit sind keine erstrebenswerten Zustände, glauben Sie mir. Wenn das Neue einmal seinen Samen ausgelegt hat, wird er wachsen, ob Sie damit einverstanden sind oder nicht, ob Sie den Samen gießen und pflegen oder nicht. Je mehr Sie sich dagegen wehren, desto schmerzhafter wird es werden. Das Ego ist ein starres Etwas, das zu kämpfen beginnt, wenn es merkt, dass ihm seine Lebensgrundlage entzogen wird. Es wird oft versuchen, Sie zu täuschen und dorthin zurück zu locken, wo es sich geborgen fühlt, in dumpfe Trägheit und Unwissenheit. Es wird Sie wieder und wieder in Versuchung führen. Aber je bewusster Sie werden, desto schneller werden Sie erkennen, wann der große Gaukler am Werk ist und Ihnen das Vertrauen raubt. Ich würde Sie niemals in eine Richtung schicken, die nicht gut für Sie ist!"

Ich war den Tränen nahe. Mein ganzer Körper schmerzte. In meinem Kopf drehte sich nur ein einziger Gedanke: Ich kann das nicht! Ich kann das nicht! Lama Dorje legte beruhigend seine Hand auf meinen eiskalten Unterarm. Er zwang mich, ihn anzusehen. „Sie sind nicht allein, Miss Caroline. Wir alle werden Sie unterstützen. Sie müssen dem Ruf folgen und sich mit dem Gedanken abfinden, dass es für Sie kein altes Leben mehr gibt. Wie das Neue aussieht, kann ich Ihnen nicht sagen. Aber es wird frei sein, es wird glücklich sein und es wird Ihnen das Verständnis vermitteln, das Sie brauchen, um sich bewusst von dem Alten zu lösen, in dem Sie heute noch wie in einem Sumpf zu ertrinken drohen… Vertrauen Sie mir. Bitte!"

Aus seinen Augen sprachen Aufrichtigkeit, Mitgefühl und Liebe. Ein Grund mehr, so lange wie möglich in seiner Nähe verweilen zu wollen. Aber da spürte ich schon den unwiderstehlichen Sog, der mich wieder von hier fortzog. Vielleicht machte mir das soviel Angst. Jeden Ort, an dem ich mich einigermaßen sicher und geborgen fühlte, musste ich just in dem Moment verlassen, in dem ich mir eben dieser Sicherheit bewusst wurde. Kaum hatte ich das gedacht, bat mich der Lama, meine Tasche zu nehmen und ihm zu folgen.

„Wohin gehen wir?", fragte ich.

„Lama Chödön Töldup hat uns bestellt. Er erwartet uns im Kloster Namgyal."

Mit meiner schweren Tasche hatte ich Mühe, Lama Dorje zu folgen, so flink rannte er auf seinen kleinen Füßen über den felsigen Weg. Vor einer der ersten Hütten in McLeod Ganj machte er plötzlich Halt, öffnete die Tür und winkte mich herein. „Kommen Sie! Das wird Ihnen gefallen."

Er öffnete eine Bodenluke, die unter dichtem Stroh versteckt war. Mich wunderte nichts mehr. Selbst Geheimgänge fand ich plötzlich völlig normal. Kein Zweifel, dies war nur ein kleiner Vorgeschmack auf das, was noch kommen sollte. Ich musste mich daran gewöhnen, mit dem Ungewöhnlichsten zu rechnen. Lama Dorje ging voran und leuchtete uns mit einer winzigen Taschenlampe den Weg durch den unterirdischen Gang. Schließlich erreichten wir eine Holztür. Sie führte in einen Raum, der mit roten Teppichen ausgelegt war. Es war dunkel hier, fast ebenso dunkel wie in dem Tunnel, den wir gerade hinter uns gebracht hatten. Wie immer wehrte sich mein Körper mit bleierner Müdigkeit gegen die neue Erfahrung. Lama Dorje zerrte mich energisch weiter durch das Innere eines Gebäudes, das wohl das Kloster sein musste, von dem er vorhin gesprochen hatte. Wir näherten uns einer großen Tür, vor der zwei Mönche saßen. Sie zogen Gebetsketten durch die Finger und bewegten stumm die Lippen.

Als sie Lama Dorje kommen sahen, sprangen sie fast gleichzeitig auf und öffneten die Tür.

Wir betraten einen magischen Raum. Schon als ich die Türschwelle mit dem Fuß berührte, fühlte ich im ganzen Körper ein eigenartiges Kribbeln. Blitzschnell war ich wieder hellwach. Im Halbdunkel des mystischen Gemaches sahen meine Augen besser als zuvor im Freien. Auch dieser Raum war mit Wollteppichen ausgelegt, Butterlampen hingen von den Wänden herab wie Tropfsteine. Es roch nach Räucherwerk und ranziger Butter. Von Ferne hörte ich das leise, rhythmische Klingen von Zimbeln. Im Schatten der schummrig leuchtenden Lampen sah ich einen erhöhten, kunstvoll aus Wurzelholz geschnitzten Sitz. Ich zögerte, ihn einen Thron zu nennen. Das hätte dem Mann, der dort saß, eine größere Bedeutung gegeben, als ich ihm in diesem Moment zu geben bereit war. Aber es war ein Thron, und der Lama, der darauf saß, neigte seinen Kopf in meine Richtung. Das musste Lama Chödön Töldup sein. Er winkte Lama Dorje und mich zu sich heran. Ich ließ meine Tasche fallen und folgte der Aufforderung.

Aus dem Augenwinkel nahm ich eine Bewegung im hinteren Teil des Raumes wahr. Eine Seitentür öffnete sich und grelles Licht fiel herein, das mich unangenehm blendete. Mein Atem stockte, als ich wieder sehen konnte. Vor der Tür, die nun wieder in der Holzvertäfelung der Wände verschwunden war, stand Daniel.

„Daniel", rief ich unbeherrscht. Alle schauten mich an. Ich errötete. Die Lamas mussten mich für hysterisch halten. Aber zu meiner Überraschung schien das Gegenteil der Fall zu sein. Sie grinsten erfreut über meine emotionale Reaktion auf Daniels Erscheinen. Impulsivität schien ihnen zu gefallen. Daniel stand reglos in der Tür. Während Lama Dorje und ich vor Lama Chödön Töldup niederknieten, bewegte er sich keinen Zentimeter. Er stand nur da und starrte mich an. Ich glaubte zu hören, wie er sich gedanklich bei Malika entschuldigte und gleichzeitig mich um Verzeihung bat. Und ich sah, dass er sich genau wie ich wünschte, niemals in diese Geschichte verwickelt worden zu sein, die andere für uns geschrieben zu haben schienen. Dem Hohen Lama entging nicht, was sich wortlos zwischen uns ereignete. Er winkte nun auch Daniel zu sich heran.

„Sie kennen sich ja bereits." Offenbar wusste er, in welcher Zwickmühle Daniel sich gefangen glaubte, aber ich hatte das Gefühl, dass er sie weit weniger bedeutend fand als Daniel und ich. „Willkommen im Kloster

Namgyal, Miss von Teubner. Ich hatte Sie früher erwartet, aber Lama Dorje besaß nicht die Geistesgegenwart, seine neue Schülerin gleich zu mir zu führen." Zu Lama Dorje gewandt, sagte er tadelnd und herzlich zugleich: „Lama Dorje fand die Aussicht, eine so viel versprechende Schülerin selbst zu unterrichten, allzu verlockend. Er erlag seiner eigenen Eitelkeit."

Lama Dorje verbeugte sich tief und murmelte so etwas wie „Entschuldigung." Lama Chödön Töldup schien das gar nicht zu hören, denn er sprach schon wieder mit mir. „Es tut mir Leid, Ihnen so viel auf einmal zumuten zu müssen, aber die Zeit drängt. Ihr langnasiger Kollege führt nichts Gutes im Schilde, und Sie und Daniel sind die einzigen, die ihn aufhalten können."

Mir brannte die Frage auf den Lippen: „Warum wir?" Aber ich schluckte sie hinunter. Ich musste geduldig sein. Es war nicht gut, immer alles sofort wissen zu wollen. Das begriff ich langsam. Also hörte ich zu.

„Seit einiger Zeit haben wir den Verdacht, dass einer unserer jüngeren Lamas mit der chinesischen Regierung zusammenarbeitet. Er war einer unserer ehrgeizigsten Schüler, oft ein bisschen zu ambitioniert. Er lernte schnell und erhielt früh die Kalachakra-Einweihungen durch seine Heiligkeit den XIV. Dalai Lama. Wir spürten irgendwann, dass Lama Chöne Yeshi die Lehren nur nutzte, um sein Ego zu füttern, statt es zu reinigen und zu läutern. Zwar bewies er großes Talent in den Disziplinen der Visualisierung und Konzentration, aber es gelang ihm nicht, die Leere zu erkennen und Mitgefühl in seinem Herzen zu kultivieren. Er hielt sich für einen der besten Mönche, stellte sich arrogant und stolz über andere und behauptete, über magische Fähigkeiten zu verfügen. Er war vorlaut und überheblich wie ein rebellischer Knabe, schien einen geheimen Groll gegen seine Lehrer und andere Lamas zu hegen und stiftete Unfrieden unter den Mönchen. Wir wussten keinen anderen Rat, als das Orakel zu befragen. Leider antwortete es nicht mit dem erhofften Rat, sondern mit einer Warnung, die uns bis ins Mark erschütterte: Chöne Yeshi täusche uns und versuche, auf eigene Faust die Macht des Kriegers von Shambhala zu vervollkommnen. Er habe seit Jahren Kontakte zu chinesischen Geheimagenten und seit einiger Zeit auch zu einem deutschen Journalisten, der begierig darauf sei, zu einem Shambhala-Krieger ausgebildet zu werden. Das Orakel gab uns konkrete Ratschläge für unser Verhalten gegenüber Chöne Yeshi. Wir sollten ihn mit größter Vorsicht von seinem Vorhaben ablenken und auf eine falsche Fährte führen – soweit das noch möglich war – und wir sollten Daniel, der seit vielen Jahren von mir unterrichtet wird, weiter ausbilden. Bald würden wir wissen, was zu tun sei. Geduldig folgten wir den Anweisungen und warteten."

Ich konnte es nicht fassen, dass diese erwachsenen Männer auf Orakelsprüche vertrauten. Bloßer Aberglaube hatte mich also hierher geführt. Doch was ich dann hörte, war noch unglaublicher: „Vor etwa sechs Monaten hatte ich einen bemerkenswerten Traum. Ich träumte drei Mal in Folge von einer blonden Frau, die bald nach Indien reisen und dort auf den deutschen Journalisten treffen würde. Ich sah, dass sie große geistige Gaben hatte und sehr schnell herausfinden würde, dass die deutsche Langnase etwas im Schilde führte und aufgehalten werden musste. Und ich sah in meinen Träumen, dass die Frau Daniel kennen lernen würde. Ich sah ungeheures Potenzial in dieser Begegnung!"

Ich schaute zu Daniel hinüber. Es war, als verbänden uns die Worte seines Lamas. Lama Chödön Töldup schien zu sagen, dass unsere Liebe etwas Besonderes war. Nichts wollte ich lieber hören. Daniel erwiderte meinen Blick. Ich wusste, dass auch er die Kraft unserer Begegnung spürte und sie in diesem Moment unmöglich verdrängen konnte. Der Lama ließ uns keine Zeit, uns ineinander zu verlieren. „Die Tatsache, dass ich diesen Traum drei Nächte in Folge jeweils kurz vor Morgengrauen träumte, bestätigte mir, dass er das Zeichen war, welches das Orakel versprochen hatte. Sofort nahm ich Kontakt mit Daniel auf und bat ihn, die blonde Frau zu suchen, von der ich wusste, dass sie als Journalistin arbeitete und bald beruflichen Kontakt zu dem deutschen Journalisten haben würde, dessen Namen ich inzwischen herausgefunden hatte. Natürlich spreche ich von Ihrem Kollegen Rudolf Rondorf. Mit Hilfe dieser Informationen war es ein Leichtes, Sie in Berlin ausfindig zu machen. Wir setzten Daniel ein paar Tage lang auf Ihre Fährte und er teilte uns verblüfft mit, dass Sie ein Bild von Nicolas Roerich ersteigert hätten, welches dieser auf einer seiner Expeditionen in den Himalaja gemalt hatte – *Stronghold of the Spirit*. Das war das Zeichen, dass Sie diejenige waren, der wir vertrauen konnten. Alles andere, was Sie erlebt haben, geschah von selbst. Ich hoffe, Sie glauben nicht, dass wir Sie oder Ihr Leben auf irgendeine Weise manipuliert haben. Es geschah nur, was geschehen musste. Nichts wurde gegen Ihren freien Willen arrangiert. Wir wussten es nur vor Ihnen, weil es für uns von größter Bedeutung ist."

„Ich weiß nicht, was ich glauben soll!" Lama Chödön Töldup beteuerte zwar, dass nichts gegen meinen freien Willen geschehen sei, aber es fiel mir schwer, das zu glauben. Mir war, als wiederhole sich dieselbe Situation wieder und wieder: Ältere Männer entschieden für mich, und ich konnte nicht anders, als den Weg zu gehen, den sie für mich vorhersahen. Ich sehnte mich danach, die Fäden der Ereignisse, die mich betrafen, selbst in der Hand zu halten, statt sie in den Händen buddhistischer Lamas zu wissen, die Gedanken lesen und die Zukunft vorhersagen konnten. Sie verfügten über Fähigkeiten, die ich nicht in Frage stellen konnte, aber selbst nicht besaß. Ich musste darauf vertrauen, dass sie mir sagten, was für mich richtig war. Wo war in einer solchen Situation Raum für meinen freien Willen?

„Ich wage nicht zu bezweifeln, dass sich die Dinge so zugetragen haben, wie Sie mir berichten. Ich habe in den letzten Wochen so viele ungewöhnliche Dinge erlebt, dass Ihre Erzählung nur ein weiteres unerkliches Ereignis in einer langen Reihe ist. Ich frage mich inzwischen weniger, warum diese Dinge geschehen und was sie bedeuten, als vielmehr, wo das alles hinführen soll. Wie sieht meine Aufgabe aus? Was soll ich tun und was kann ich tun? Kann ich überhaupt etwas tun? Können Daniel und ich gemeinsam etwas tun? Ich glaube, dass hinter all diesen Fragen vor allem die Frage steht: Warum ist es so wichtig, dass das Geheimnis von Shambhala geschützt wird und dass ausgerechnet wir es schützen? Warum darf Ihr Lama Rondorf das alte Wissen nicht einfach vermitteln?"

Hilfe suchend schaute ich Daniel an. Sein Blick ruhte auf dem roten Kissen vor seinen überkreuzten Beinen. Er sah nicht auf. Wahrscheinlich kannte er die Antwort, die der Lama mir gab: „Das Geheimnis muss geschützt werden, weil es große geistige Macht bedeutet. Jeder, der die Macht des Shambhala-Kriegers besitzt, die es ihm ermöglicht, Shambhala zu finden, kann Wunder vollbringen. Nur ein erleuchteter Geist wird diese Kräfte zum Wohle der Menschheit einsetzen. Nur wer keine Wünsche und kein Verlangen mehr kennt, weil er die Leerheit der Erscheinungen erkannt hat, kann mit dieser Macht umgehen. Das ist der Grund, warum der spirituelle Aspirant so viele Prüfungen zu bestehen hat. Alle anderen werden versuchen, die Welt nach ihrem Willen zu manipulieren… und sie werden die Kraft dazu haben. Das ist es, was Ihr Kollege will, und es ist auch der Grund für die Gier der Chinesen, die schon lange nach dem Wissen von

Shambhala dürsten. Die Chinesen gehen sogar noch weiter. Sie denken, wenn sie das Wissen von Shambahala nicht erwerben können, soll es für alle und für immer verloren gehen. Deshalb haben sie fast alle Klöster in Tibet geschlossen und zerstört, viele Nonnen und Mönche gefoltert und gläubige Buddhisten verfolgt.

Es gibt noch einen weiteren Grund: Das Geheimnis von Shambhala muss geschützt werden, weil es nicht bekannt werden darf, bevor die Zeit reif dafür ist. Es gibt zur Zeit nur sehr wenige Menschen, deren Geist weit und durchlässig genug ist, das alte Weltbild der getrennten Existenz hinter sich zu lassen und ganz allein aus den geistigen Gesetzen heraus zu leben. Es ist eine lange spirituelle Entwicklung, die den Einzelnen dahin führt, die evolutionäre Stufe Shambhalas und seine geistige Ordnung zu verstehen, zu akzeptieren und zu leben. Frühzeitige Offenbarung hätte grauenhafte Folgen, sowohl für die in Shambhala Lebenden als auch für uns. Die Kräfte würden sich vermischen, obwohl sie noch nicht bereit sind, zueinander zu finden. Die Kraft der Schlange darf nur langsam und nur zur vorherbestimmten Zeit erwachen. Geschieht das Erwachen zu schnell oder zu früh, wirkt das eigentlich Kreative zerstörerisch.

Leider können wir Ihnen Ihre genaue Aufgabe nicht erklären. Es ist von äußerster Wichtigkeit, dass Sie selbst herausfinden, wo und wie Sie gebraucht werden. Sie dürfen sich nicht auf uns verlassen, sondern nur auf sich selbst, Ihre eigene Weisheit und Ihre eigene Kraft. Das bedeutet, dass Sie Ihre Geisteskräfte schärfen müssen. So Leid es uns tut, aber in dieser Hinsicht müssen wir Sie sich selbst überlassen. Das ist Teil Ihrer Prüfung. Denn auch Sie müssen geprüft werden! Das ist kein Misstrauen unsererseits, sondern geistige Notwendigkeit, inneres Gesetz."

Diffuse Ängste bemächtigten sich meiner, allen voran die Angst, für all das viel zu schwach, viel zu dumm und viel zu selbstsüchtig zu sein.

„Unser Plan sieht so aus: Daniel und Sie reisen gemeinsam nach Tibet. Wir werden Sie noch heute nach Delhi bringen. Von dort ist für morgen Mittag ein Flug nach Tibet gebucht. In Lhasa bekommen Sie weitere Informationen. Dort werden Sie, als wissenschaftliche Reisegruppe getarnt, einen Führer treffen, der Sie offiziell begleiten wird. Sie müssen verstehen, dass wir Ihnen nicht mehr verraten dürfen. Wir müssen sicher sein, dass Sie den Weg allein finden, und mit mehr Wissen würden wir Sie nur unnötig in Gefahr bringen. Sie müssen nach Lhasa, weil Ihr Kollege auch bald dort eintreffen wird. Sie müssen herausfinden, was er vorhat, und was das Wichtigste ist: Sie müssen ihn daran hindern, Shambhala zu betreten!"

Ich schnappte nach Luft. Zum ersten Mal begriff ich, dass wir in Lebensgefahr waren. Diese Lamas verlangten völlig selbstverständlich, dass wir alles aufgaben, sogar uns selbst. Mir wurde schon wieder schwindelig.

„Rondorf hat in Lhasa eine Verabredung mit General Zhiang."

„Ich weiß", entschlüpfte es mir.

„Woher wissen Sie das?"

„Bevor ich aus Delhi abreiste, bin ich noch einmal in Rondorfs Büro gewesen. Ich fand dort einen chinesischen Pass und die Adresse von General Zhiang in Lhasa."

Wieder grinsten die Lamas zufrieden.

17

Schweigend fuhren wir nach Delhi zurück. Seit unserer Begegnung im Kloster Namgyal hatten wir nur das Nötigste miteinander gesprochen. Kein privates Wort. Daniel war zuvorkommend, aufmerksam und hilfsbereit, aber er hatte sich innerlich von mir abgeschottet. Wir saßen wie Fremde nebeneinander, emsig darauf bedacht, einander nicht zu berühren oder anzusehen. Wenn es eine Hölle gab, dann musste sie sich so anfühlen: getrennt zu sein von dem, was man begehrte, obwohl es zum Greifen nah war. Heute verstand ich Buddhas Lehre vom Leiden und musste einsehen, dass auch ich litt. Irgendwann konnte ich die Distanz einfach nicht mehr ertragen. „Daniel, wir müssen reden."

„Nicht jetzt, bitte, Caroline. Ich kann nicht."

Er hatte eine Mauer zwischen uns errichtet, und es hatte keinen Sinn, sie einrennen zu wollen. Druck würde nur Gegendruck und weiteres Leid zur Folge haben. Endlich war ich in der Lage, zumindest die einfachsten Lektionen umzusetzen, die ich gelernt hatte.

Nach Mitternacht erreichten wir die Außenbezirke von Delhi. Der Wagen brachte mich zuerst nach Greater Kailash. Daniel stieg aus und wollte mir die Tasche nach oben tragen, aber ich nahm sie ihm wortlos aus der Hand. Er verstand meine stumme Distanzierung, die nichts anderes war als eine Reaktion auf seine Unnahbarkeit und gleichzeitig Ausdruck meines verzweifelten Wunsches nach seiner Nähe.

„Ich hole dich morgen Mittag um zwölf ab. Unser Flug nach Lhasa geht um zwei. Ich werde ihn gleich noch bestätigen. Bitte denk an deinen neuen Pass!" Die Ermahnung war unnötig. Ich drehte mich beleidigt auf dem Absatz um und rannte weg. In diesem Moment empfand ich nichts als unbändige Wut auf einen Mann, der sich selbst moralische Fesseln anlegte, um seine Gefühle zu unterdrücken. Ich wusste nicht, wie wir die gemeinsame Reise durchstehen sollten. Schon die bloße Vorstellung bereitete mir unerträgliche Qual.

Ich schlief fast nicht und stand früh auf. Die ganze Nacht hatte ich mir in schillernden Farben ausgemalt, wie Daniel und Malika zusammen waren, wie sie sich in den Armen lagen und liebten, wie er seine Ängste vor der bevorstehenden Reise mit ihr teilte und sie ihm Trost und Verständnis schenkte. Ich wusste, dass diese Bilder mein Gemüt vergifteten, aber ich war zu schwach, ihnen Einhalt zu gebieten. Nicht ein einziges Mal kam ich auf die Idee, dass Malika ebenso leiden könnte wie ich, weil sie wusste, dass ihr Mann auf unbestimmte Zeit mit einer Frau, die sein Interesse geweckt hatte, in der bergigen Einöde unterwegs sein würde.

Lama Chödön Töldup hatte mir bei unserem Abschied eine Adresse in Delhi gegeben. Ich sollte in eine Drogerie am GK Market gehen und nach Jagmohan fragen. Er würde mir einen amerikanischen Pass anfertigen und wichtige Informationen geben. Schon bevor die Geschäfte öffneten, stand ich vor der Drogerie. Lächelnd bat man mich herein und reichte mir eine Tasse Tee. Jagmohan sei auf dem Weg. Noch während ich trank, trat er ein, ein junger Mann in der Kleidung der einfachen Inder: graue Hose und buntes Synthetikhemd, blaue Flipflops. Er kam zielstrebig auf mich zu, als würde er mich kennen. „Guten Morgen, Madam. Bitte kommen Sie!"

Ich folgte ihm in ein Hinterhaus.

„Haben Sie ein Passbild dabei?"

Geistesgegenwärtig hatte ich eines eingepackt.

„Bitte warten Sie einen Moment!"

Er verschwand in einem verschlossenen Zimmer und kam nach kurzer Zeit zurück. Stolz reichte er mir einen amerikanischen Pass mit tibetischem Visum. Offiziell hieß ich ab sofort Catherine Spencer. Ich staunte über den Professorentitel, den man mir verliehen hatte. Jagmohan klärte mich über meine neue Vita auf: „Sie sind eine amerikanische Kollegin von Professor Nirula und lehren an der Harvard Universität Philosophie mit Schwerpunkt östliche Philosophie. Sie sind zweiunddreißig Jahre alt, ledig und reisen zum ersten Mal nach Tibet. Grund Ihrer Reise ist ein gemeinsam mit dem

Professor geplantes Kolloqium zum Thema „Buddhismus in Tibet heute".
Sie sind gegenüber der chinesischen Regierung neutral eingestellt. Wie
Professor Nirula sind Sie in erster Linie Wissenschaftlerin, kein politisch
interessierter Mensch. Verstehen Sie? Sollte Sie jemand fragen, verhalten
Sie sich im Hinblick auf die chinesische Politik immer neutral, auch wenn
es Ihnen noch so schwer fällt." Er entließ mich nicht, ohne mir einen
Gruß von Lama Chödön Töldup auszurichten. Das Netz der Lamas war
weit gespannt.

Daniel stand pünktlich um zwölf vor der Tür. Er wirkte gelöster und
offener. In meinen Augen war das ein Beweis für meine wilden Vermutungen: Malika hatte ihm Kraft und Gelassenheit gegeben. Schweren Herzens
nahm ich zum zweiten Mal Abschied von Sahana und meiner Wohnung.
Dann ließ ich mich apathisch von Daniel führen und redete mir ein, es
sei, weil er sich auskannte, weil er schon häufig in Tibet gewesen war.
In Wahrheit war es meine Angst, die mich lethargisch machte. Daniel erkannte schnell, dass ich eigenartig unkonzentriert und entrückt war. Er
führte mich durch den Flughafen, erledigte das Einchecken und schob mich
ins Flugzeug. Teilnahmslos aß ich das indische Mittagessen, das serviert
wurde, und trank ein paar Becher Wasser. Nach nur drei Stunden setzte das
Flugzeug zur Landung in Kathmandu an. So sehr ich es mir auch wünschte,
es gab kein Zurück. Wir warteten zwei Stunden auf unseren Anschlussflug
nach Gonggar in Tibet. Es kam mir vor, als sei die Zeit stehen geblieben
und wir schwebten im Niemandsland zwischen Traum und Wirklichkeit.
Daniel las die India Times und schenkte mir nur ab und zu einen besorgten
Blick. Als unser Anschlussflug endlich aufgerufen wurde, glühte mein Kopf
fiebrig und ich hatte größte Mühe, Daniel in die Propellermaschine nach
Lhasa zu folgen. In der kleinen, engen Maschine verschlechterte sich mein
desolater Zustand von Minute zu Minute. Die Luft war trocken und kalt.
Mein Hals war ausgetrocknet und es fiel mir schwer, zu schlucken und
zu atmen. Instinktiv griff ich nach Daniels Hand und es traf mich wie ein
Schlag, als er mir seine Hand entzog und mich mahnend, fast strafend ansah. Was war nur geschehen? Ich konnte nicht verstehen, weshalb er sich
ohne jede Erklärung so eiskalt und konsequent von mir abwandte, und das
in einem Moment, in dem ich ihn offensichtlich brauchte. Ich konnte unmöglich akzeptieren, dass wir uns nur begegnet waren, um einen Mythos

zu retten und nicht, um die Liebe zu leben, die zwischen uns vibrierte. Ohne des Lamas ausdrücklichen Wunsch hätte Daniel niemals hier neben mir gesessen. Freier Wille? Pah, dass ich nicht lachte. Auch Daniel war gegen seinen Willen hier. Und er war gegen seinen Willen mit mir zusammen. Ich quälte mich selbst. In meinem Kopf drehten sich die Gedanken, und sie hatten alle mit Verlust, Angst, Einsamkeit und Schwäche zu tun. Je verzweifelter ich ihnen zu entrinnen versuchte, desto fester hielten sie mich umklammert. Ich hatte alles vergessen, was Lama Dorje mir beigebracht hatte. Dies wäre eine Situation gewesen, den Geist zu lassen, die Gedanken und Gefühle zu beobachten und anzuerkennen, statt sie aus Angst vor Leid immer tiefer ins Schattenreich des Unterbewusstseins abzudrängen. Nur deshalb hatten sie mich im Griff wie Dämonen. Ich wollte sie loswerden, weil ich sie fürchtete und verachtete. Aber ich kämpfte weiter gegen sie an, also konnten sie nicht anders, als gegen mich zu kämpfen.

Während der wackligen Landung wurde mir übel. Ich musste mich mehrmals übergeben und schämte mich für meine Schwäche. Gleichzeitig nahm ich wahr, wie Daniel mir nun endlich half. Doch seine Hilfe wirkte rein mechanisch, ohne Anteilnahme, ohne Mitgefühl. Ich schien für ihn nur noch in unpersönlicher Form zu existieren. Mühsam schleppte ich mich aus dem Flugzeug. Unsere Pässe wurden von chinesischen Grenzsoldaten sorgsam kontrolliert und man stellte uns Fragen zu unseren Reise- und Forschungsplänen. Wenigstens die Beamten zeigten Mitgefühl, als sie sahen, wie schlecht es mir ging, und ließen uns schnell passieren.

Ein Wagen brachte uns nach Lhasa. Erst im Dunkeln erreichten wir die Stadt und unser Hotel. Daniel brachte mich in das auf meinen neuen Namen reservierte Zimmer und ließ mich mitleidlos allein zurück. Er wolle uns einen Wagen besorgen und die Route mit unserem tibetischen Führer besprechen, sagte er. Ich hörte seine Worte kaum, ließ mir, noch während er mit mir sprach, ein Bad ein und nahm teilnahmslos zur Kenntnis, dass er die Tür hinter sich ins Schloss warf. Mit schmerzenden Gliedern kroch ich in die heiße Wanne. Meine Schläfen pochten und ich musste mich mehrmals übergeben. Mir war schwindelig und ich fühlte mich innerlich zerrissen, zerrissen zwischen Wunsch und Wirklichkeit.

Erschöpft war ich endlich eingeschlafen, doch mitten in der Nacht wachte ich plötzlich auf. Ich fröstelte. Meine Beine kribbelten eigenartig, als dränge es mich zu laufen. Ich hatte geträumt. Sehr intensiv, sehr realistisch. Im Traum war ich wieder in Delhi gewesen. Die Traumszene entsprach in fast allen Einzelheiten meinem ersten nächtlichen Einbruch in das Büro des Magazins. Ich hatte im Archiv sämtliche Ordner durchsucht und war auf einen Namen gestoßen: Norbulingka. Im Traum war mir plötzlich klar geworden, dass dieser Ort von großer Bedeutung für unsere weitere Reise war. Bevor wir Lhasa verließen, mussten wir unbedingt den ehemaligen Sommerpalast des Dalai Lama aufsuchen, und nicht nur irgendwann, sondern jetzt! Ich sprang aus dem Bett und funktionierte schlagartig wie ein höchst präzises Uhrwerk. Ich zog mein schwarzes Einbrecherkostüm an, schnappte eine leichte Umhängetasche und warf Taschenlampe und Notizblock hinein. Dann verließ ich auf Strümpfen mein Zimmer und klopfte so leise wie möglich an Daniels Tür. Er rührte sich nicht. Ich versuchte es wieder und wieder. Sollte er noch nicht zurück sein? Endlich hörte ich, wie sich schleppende Schritte der Tür näherten. Daniel öffnete sie einen Spalt breit. Als er mich erkannte, schrie er mich wütend an: „Herrgott, Caroline. Was soll das, mitten in der Nacht? Das ist vielleicht die letzte Nacht, die wir in einem Bett verbringen und durchschlafen können."

Ich ignorierte seinen Wutausbruch. „Zieh dich an! Wir haben etwas zu erledigen."

„Was? Jetzt?"

„Ja, genau jetzt. Morgen sind wir schon unterwegs nach Gott weiß wohin."

„Caroline, das ist nicht dein Ernst."

„Doch, das ist mein voller Ernst. Mach schon! Wir haben nicht viel Zeit. In vier Stunden wird es hell. Dann müssen wir zurück sein."

Mürrisch zog Daniel sich an. Erst als auch er in schwarzer Tarnkleidung vor mir stand, fragte er: „Wohin gehen wir?"

„In den alten Sommerpalast des Dalai Lama!"

„In den Norbulingka? Was zum Teufel suchen wir denn da?" Er wurde wieder wütend. Scharf wies ich ihn zurecht: „Reiß dich zusammen, Daniel! Das ist nicht der geeignete Zeitpunkt für kindische Streitereien. Ich tue das nicht, um dich zu ärgern. Hör zu! Als ich das erste Mal Rondorfs Unterlagen durchsuchte, bin ich auf eine Notiz gestoßen. Rondorf hatte sich den Namen Norbulingka aufgeschrieben. In meinem Indienführer fand ich die Erklärung, dass der Norbulingka in Dharamsala der dem Original in

Lhasa nachgebildete Sommerpalast des Dalai Lama ist. Ich hatte die Notiz ganz vergessen. Eigentlich wollte ich das Studien- und Kunstzentrum in Dharamsala besuchen, aber wie du weißt, haben sich die Ereignisse überschlagen. Eben wurde ich wach, weil ich von meinem ersten Einbruch in Rondorfs Büro geträumt hatte. Ich sah seine Notiz klar und deutlich vor Augen. Wir dürfen Lhasa nicht verlassen, bevor wir im Norbulingka waren."

Daniel sträubte sich gegen meinen Plan wie ein trotziges Kind: „Weißt du überhaupt, wie riesig dieser Palast ist? Er ist bewacht. Die Chinesen haben ihn übernommen und leer geräumt. Es gibt dort nichts mehr! Nichts, hörst du?"

„Ich weiß. Aber vielleicht haben sie etwas übersehen."

Daniel kämpfte mit sich. Ich machte ihm unmissverständlich klar, dass ich allein gehen würde, wenn er nicht mitkäme. Da gab er endlich nach. Unser Hotel lag nicht allzu weit vom Palast entfernt. Lhasa wurde Tag und Nacht von chinesischen Polizeipatrouillen kontrolliert. Während wir geschmeidig an den Lehmwänden der niedrigen Häuser entlangschlichen, erlebte ich immer wieder Momente des Nicht-Denkens. Meine Sinne waren achtsam geschärft. Hier und da bellte ein Hund, aber wir begegneten keiner Menschenseele. Bald erreichten wir die stolzen Mauern des Norbulingka, unmittelbar neben dem städtischen Zoo. Der Palast wirkte verfallen und dennoch majestätisch und Ehrfurcht gebietend.

„Wir sind da", bemerkte Daniel sarkastisch. Und was sagt dir deine Intuition jetzt?" War Daniels Liebe plötzlich in Hass umgeschlagen? Er schien mich zu bekämpfen, meine Urteilsfähigkeit in Frage zu stellen, und er nutzte jede Gelegenheit, sich über mich lustig zu machen und mich zurückzuweisen. Ich ließ mich nicht auf dieses, unter den äußeren Gegebenheiten gefährliche Spielchen ein.

„Wo ist der Eingang?", fragte ich sachlich.

Spöttisch gab Daniel mir zu verstehen, dass er mich für naiv hielt: „Der ist bestimmt extra für uns geöffnet."

„Wer weiß? Vielleicht haben wir Glück."

Wie Diebe schlichen wir an der Mauer entlang, bis wir das hölzerne Eingangstor erreichten. Daniel hatte Recht. Es war verschlossen. Enttäuscht lehnte ich mich gegen die Wand. Daniel stand dicht neben mir. Ich fühlte die Wärme seiner Haut an meiner Hand. Am liebsten hätte ich ihn an mich gezogen und geküsst.

„Lass uns umkehren. Das hat doch keinen Sinn." Seine Missmutigkeit machte mich wütend. Doch mit einem Mal wusste ich sicher, dass uns seine Ungeduld und seine innere Abwehr von einer möglichen Entdeckung fern hielten. Ich nahm all meinen Mut, all meine Kraft, all meine Zuneigung und all meine Konzentrationsfähigkeit zusammen und nahm seine Hand, obwohl ich mich lebhaft an seine schroffe Zurückweisung im Flugzeug erinnerte. Er ließ es bereitwillig geschehen und schaute mir in die Augen. Ich sah, dass er sich einen Moment lang öffnete und die Mauern der Abwehr durchlässig werden ließ. Das wusste ich zu nutzen.

„Daniel, wir müssen unsere Kraft zusammentun. Wenn nur einer von uns glaubt, dass das, was wir hier tun, unmöglich oder sinnlos ist, können wir es nicht schaffen. Alles, was du über den menschlichen Geist gelernt hast, kannst du nun erproben. Es ist ein Spiel. Wir haben die Wahl, entweder die Figuren zu sein, die von anderen bewegt werden, oder aktive Spieler, die über die nächsten Züge selbst entscheiden. Erinnerst du dich an unsere erste Begegnung? Du hast mir von Parzival erzählt, dem reinen Tor, der den Heiligen Gral finden konnte, weil er ohne Vorurteile durch die Welt ging. Wenn wir uns gegen die Möglichkeit wehren, dass wir hier etwas finden könnten, müssen wir wirklich zurück ins Hotel. Dann müssen wir aber auch gleich noch weiter, nämlich zurück nach Delhi und Berlin. Unsere Reise hat nur dann Sinn, wenn wir uns öffnen, auf unsichtbare Hinweise achten, unserer Intuition bedingungslos vertrauen und auch das scheinbar Unmögliche wagen. Wie sehr vertraust du der Weisheit deines Lamas?"

Daniel blickte mich verdutzt an: „Was meinst du?"

„Vertraust du ihm so sehr, dass du sicher weißt, dass er dich auch am anderen Ende der Welt führen kann, oder glaubst du, nur in seiner Nähe von ihm lernen zu können?"

Ich wusste nicht, woher meine Worte kamen. Erst als ich sie ausgesprochen hatte, verstand ich ihre Bedeutung. Natürlich! Wir waren auf einer Erkundungsreise des Geistes. Die Ereignisse, die uns als Schwierigkeiten, als äußere Hindernisse begegnen würden, waren nichts anderes als innere Hemmnisse. Die Welt der Erscheinungen war der Spiegel unseres Geistes. Je weniger innere Vorbehalte wir hatten, desto leichter würde uns die Reise fallen. Dann würden wir ohne Nachdenken und ohne große Anstrengung erkennen, was Rondorf vorhatte und wie wir ihn daran hindern konnten, und vielleicht würden wir so auch die Wahrheit über Shambhala herausfinden.

Daniel sah mich an, als erwache er aus tiefem Schlaf. Ich hatte das Gefühl, als stünde ein Zahnrad in den Windungen meines Gehirns plötzlich still. Es gab keinen Gedanken mehr, kein Gefühl – nur reines, vibrierendes Gewahrsein. Und dennoch erfuhr ich in dieser Sekunde mehr über Daniel, als ich je über einen andern Menschen erfahren hatte.

Daniel kam als erster zu sich, nahm meine Hand und zog mich hinter sich her an der Mauer entlang. Der Weg wurde immer steiniger, fast unbegehbar. Wieder bellte ein Hund, aber meine Angst war verschwunden. Ich war nichts als absolute wache Achtsamkeit.

Wir erreichten ein ausgetrocknetes Flussbett, das etwa zwei Meter tief war. Daniel sprang hinein und half mir hinunter. Wir folgten dem ausgetrockneten Lauf des Flusses, obwohl er sich von der Umfriedung des Norbulingka entfernte, bis Daniel abrupt stehen blieb. „Siehst du das? Dort ist eine Tür!"

Er zog mich mit einer Hand fest zu sich heran und deutete mit der anderen nach links auf die Uferböschung, um meinen Blick zu führen. Das Flussbett war zur Mauer zurückgekehrt. Unterhalb der Mauer lag eine verwitterte Anlegestelle. Ein niedriges hölzernes Tor führte in den hinteren Teil des Palastes. Wir kletterten die Böschung in dem sicheren Wissen hinauf, dass sich das Tor mit Leichtigkeit öffnen lassen würde. Es quietschte etwas, als Daniel es mit wenig Kraft aufdrückte. Triumphierend blickten wir uns an. Schwarz und drohend ragten die Mauern des Norbulingka über unseren Köpfen in den Himmel. Ich folgte Daniel, der sein Gespür für die richtige Richtung endlich wieder gewonnen hatte und mühelos die Rolle des Führers übernahm. Bald erreichten wir einen Hintereingang, der in den Küchenbereich des Palastes führte. Noch immer wussten wir nicht, wonach wir suchten. Vorsichtig schlichen wir durch die dunklen Gänge. Die Küchen- und Vorratsräume waren leer. Es musste Jahre her sein, dass hier jemand gekocht hatte. Das Licht meiner Taschenlampe reichte gerade weit genug, um uns den Dreck und die Leblosigkeit des Ortes vor Augen zu führen. Wir näherten uns einem Flur und folgten ihm einvernehmlich nach Westen.

Plötzlich sahen wir einen Lichtschein, der durch den Spalt einer geöffneten Tür drang. Wir rückten näher zusammen und hielten die Luft an.

Daniel wagte einen vorsichtigen Blick in den gespenstisch erleuchteten Raum. Dann wich er zur Seite und bedeutete mir, ebenfalls hineinzusehen. Auf dem kalten Steinboden hockte, in eine Decke gehüllt, eine Frau, deren Alter nicht zu schätzen war. Sie winkte uns zu. „Kommt nur herein. Ich habe auf euch gewartet."

Unbekümmert öffnete Daniel die Tür, während ich zurückschreckte, weil schon wieder jemand mehr wusste als ich.

„Lama Chödön Töldup hat mir euer Kommen angekündigt. Setzt euch. Wir haben viel zu besprechen."

Während ich eben noch in der Lage gewesen war, Daniel von seiner hinderlichen Skepsis zu befreien, bemerkte ich nun, wie meine eigene Abwehr immer stärker wurde. Ich betrachtete die Fremde mit Argwohn. Natürlich wusste sie, was in mir vorging. „Sie können mir vertrauen, Caroline. Aber zuerst müssen Sie lernen, Ihren eigenen Empfindungen zu vertrauen. Wie fühlen Sie sich in meiner Gegenwart, wenn man von Ihrer natürlichen Wachsamkeit und Vorsicht einmal absieht? Fühlen Sie sich unruhig, unwohl, irgendwie bedroht oder eingeengt? Oder fühlen Sie sich entspannt, konzentriert, ein wenig wacher als sonst?"

Ich sah Daniel fragend an.

„Ich habe nicht ihn gefragt, sondern Sie, Caroline. Bleiben Sie bei sich!"

Ich versuchte zu ergründen, wie ich mich fühlte, und merkte belustigt, dass ich mich zwar unruhig und bedroht fühlen wollte, aber nicht so fühlte. Im Gegenteil, ich fühlte mich wohl und beschützt und war gespannt, welche Botschaft die Fremde uns überbringen würde. Sie sah das belustigte Leuchten in meinen Augen und verlangte keine ausdrückliche Antwort.

„Sie wissen, dass die Lamas Sie auf eine Reise von größter Bedeutung geschickt haben. Und Sie wissen auch, dass diese Reise nur von Erfolg gekrönt sein kann, wenn Sie lernen, sich von Ihrer herkömmlichen Denkweise zu lösen. Zur Zeit sind Sie noch wie ein Fähnlein im Wind, das nur allzu gern zu seiner alten Art zu denken zurückkehren und die Wege des Geistes als irrationalen Schabernack alter Hexenmeister und geheimnistuerischer Mönche abtun möchte. Sie müssen lernen, Meister Ihrer Gedankenkraft zu werden. Zuerst haben Sie erfahren, wie es ist, wenn scheinbar zufällige äußere Ereignisse Sie führen. Je öfter Sie dies erlebt haben, desto besser waren Sie in der Lage, darauf einzugehen. Dann haben Sie von Lama Dorje die Meditationsübung der Achtsamkeit gelernt, die Daniel bereits seit vielen

Jahren praktiziert. Sie dient der bewussten Verbindung mit dem inneren Führer, dem Höheren Selbst. Mit dieser Übung können Sie Ihre Intuition schärfen, Ihren sechsten Sinn, der mit der höheren Wahrheit verbunden ist. Er wird Sie zu größtmöglicher Klarheit und sogar zur Selbstverwirklichung führen, wenn Sie ihm bedingungslos folgen können. Ihr innerer Führer weiß alles. Sie müssen nur lernen, auf ihn zu vertrauen. Dann wird er Sie selbst aus lebensbedrohlichen Situationen befreien können, denn er ist allwissend, allgegenwärtig und allumfassend. Doch Sie sind nicht er. Sie, der Verstand, für den Sie sich heute noch halten, ist nur sein Werkzeug, sein Diener. Dies einzusehen und danach zu handeln, macht die Sache so kompliziert, denn der Verstand muss sich vollständig ergeben. Er ist gewohnt, selbst zu entscheiden und zu handeln. Er hält sich für den alleinigen Bewirker. Es fällt ihm nicht leicht, die Entscheidungsgewalt in die Hände eines anderen zu legen, und sei es nur in die Hände des eigenen Höheren Selbst. Man glaubt zuerst, keinen freien Willen mehr zu haben. Doch das ist nur das Geschrei des Egos, des Verstandes, der bemerkt, dass er seine Herrschaft aufgeben muss."

Woher wusste diese Frau das alles?

„Daher ist das Erste, was Sie brauchen, unerschütterliches Vertrauen in den Gang der Dinge. Sie müssen tief in Ihrem Inneren absolut davon überzeugt sein, dass jedes Ereignis ein Schritt in die richtige Richtung ist, egal ob es auf den ersten Blick positiv oder negativ zu seien scheint. Alles, was geschieht, dient nur einem Ziel: der Entwicklung Ihres Bewusstseins hin zu größtmöglicher Klarheit und Einfachheit. Das Zweite, was Sie brauchen, ist permanent gesteigerte Achtsamkeit und Offenheit – wie in der Meditation, die Lama Dorje Sie gelehrt hat. Meditation ist keine Übung, die man zwanzig Minuten am Tag auf einer Matte in einem abgeschlossenen Zimmer praktiziert. Sie ist eine Geisteshaltung im täglichen Leben. Sie müssen immer und überall offen und achtsam sein. Es ist das Licht der Achtsamkeit, das Ihnen den Weg weist, selbst in stockfinsterer Nacht. Wenn Sie diese beiden Punkte begriffen haben, wird Ihre Furcht ebenso schwinden wie das Gefühl, fremdbestimmt zu sein, denn Sie haben gelernt, mit den Ereignissen zu kommunizieren und sich von ihnen führen zu lassen. Sie müssen sich immer und überall sowohl mit Ihrer Umwelt als auch mit Ihrem inneren Führer verbinden. Versuchen Sie, auch unter den widrigsten Umständen achtsam zu bleiben. Machen Sie Ihren Geist und den stillen Beobachter zu Verbündeten und verbinden Sie sich mit der Grenzenlosigkeit des vom Ich Gelösten. Wann immer Sie Zweifel an einer Entscheidung haben, suchen Sie einen Moment lang den Rat des stillen Beobachters, indem Sie Ihre Konzentration von dem Problem lösen und Ihre Achtsamkeit stattdessen auf den ruhenden Pol in sich selbst lenken. Treffen Sie niemals eine Entscheidung, wenn Sie widerstreitende Stimmen in sich hören. Sobald Sie spüren, dass Sie mit sich selbst argumentieren und plausible Gründe für die eine oder andere Verhaltensalternative zu finden versuchen, entscheiden Sie auf der rationalen Ebene Ihres Verstandes. In diesem Fall sollten Sie lieber gar nichts tun, als einer dieser Stimmen zu folgen. Rationalisierungen sind tückische Fallen. Der Verstand ist durch unsere Erfahrung begrenzt. In der Regel vergleicht er blitzschnell alle archivierten Erfahrungen der Vergangenheit mit dem gegenwärtigen Ereignis und gibt Verhaltensmuster vor, die in ähnlichen Situationen zu positiven oder negativen Ergebnissen geführt haben. Der stille Beobachter ist anders. Er ist still, weil ihn weder der verzweifelte Wunsch nach Lustgewinn noch der nach Unlustvermeidung quält. Der stille Beobachter steht neben dem Ego und kann die Dinge daher emotionslos und übergreifend beurteilen. Er ist der intuitive, objektive Teil in uns. Nur durch ihn können wir zu absoluter Objektivität finden.

Das Einzige, was für den stillen Zeugen zählt, ist unsere Entwicklung, die konstante und permanente Erweiterung unseres begrenzten Bewusstseins. Diese Aufgabe erhält ihn am Leben. Erst wenn Beobachter und Beobachtetes eins geworden sind, ist seine Aufgabe erfüllt. Es liegt nur an dem Tempo, mit dem Sie in Ihrer persönlichen Entwicklung fortschreiten, ob der stille Beobachter bald oder erst nach langer Zeit seinen Zweck erfüllt haben wird, weil Sie eins mit ihm geworden sind."

Wie in der Begegnung mit Baba und meinen anderen weisen Lehrern hatte ich den Eindruck, als drängen ihre Worte nicht von außen in mein Bewusstsein vor, sondern als wären sie Teil desselben, als formten sie sich in mir. Das Erlebnis war lebendig und beeindruckend, denn es war unmittelbar. Nichts stand zwischen mir, den Worten, die ich hörte, und deren Bedeutung, die ich erfasste. Alles war eins.

„Der letzte Punkt bedarf großer Beherrschung des Geistes. Vielleicht haben Sie schon einmal den Satz gehört, dass jede Frage bereits ihre Antwort enthält. Wenn Sie das Gefühl haben, dass eine bestimmte Lektion notwendig ist und Sie an einer Kreuzung angekommen sind, an der Sie nicht mehr weiter wissen, dann formulieren Sie eine konkrete Frage. Eigentlich haben Sie mich heute auf diese Art und Weise gefunden, Caroline, auch wenn es Ihnen nicht bewusst war. Sie hatten bereits vor einigen Wochen in Rondorfs Büro gelesen, dass der Norbulingka von Bedeutung für sein Vorhaben sein könnte. Die Erklärung, dass der Norbulingka in Dharamsala eine Nachbildung des alten tibetischen Originals sei, brachte Sie zwar auf Dharamsala und die Wiege des neuen tibetischen Buddhismus, aber diese Antwort reichte Ihnen nicht. Daher haben Sie den Norbulingka in Dharamsala nicht aufgesucht. Sie dachten nicht einmal daran, dass dort eine wichtige Information für Sie versteckt sein könnte. Und Sie hatten Recht! Wenn auch nicht alles, was ich Ihnen hier detailliert erläutere, bewusst geschah, so zeigt es doch, wie die Beschäftigung mit einer Frage, die man zunächst wieder vergisst, irgendwann zu einer Antwort führt. In dem Moment, in dem Sie die Frage bewusst formulieren und wieder vergessen, geben Sie dem stillen Beobachter in sich Raum, sie zu beantworten. Und glauben Sie mir, er wird die Antwort immer finden, denn er kennt sie bereits, bevor Sie sich überhaupt der Frage bewusst werden. Sie müssen lediglich auf die Macht der raum- und zeitübergreifenden Achtsamkeit vertrauen und dem stillen Beobachter Kraft geben, statt Ihre Kraft an das Problem zu vergeuden und an Ihre Angst, es nicht lösen zu können. Heute Nacht haben Sie vom Norbulingka geträumt. Sie wussten, dass Sie die Gelegenheit, hierher zu kommen, nur jetzt sofort nutzen konnten. Sie vertrauten darauf, dass Ihre Eingebung richtig war, und fanden unterwegs gleich noch die Kraft, Daniels Zweifel und sein behinderndes Desinteresse zu beseitigen. So haben Sie mich gefunden und Ihre vor Wochen formulierte Frage wird mühelos auf vielfältige Art und Weise beantwortet. Nicht Sie haben den Weg zu mir gefunden, sondern Ihr Höheres Selbst!"

Die Frau schwieg und sah Daniel und mich abwechselnd an, wie um zu prüfen, ob wir das Gesagte verstanden hatten.

Ich murmelte: „Seltsam, es wundert mich nicht einmal mehr, dass Sie all diese Dinge über uns wissen."

Sie lächelte gütig, während Daniel auf den Boden starrte, als ginge ihn das alles nichts an. Diese Frau teilte ihr kostbares Wissen mit uns, doch ihn schien das alles nicht zu berühren. Die Frau wartete mit großer Geduld auf eine Reaktion, die ihr zeigte, dass auch Daniel ihre Lektion annehmen konnte. Es kam mir vor, als wollte sie seine Unnahbarkeit auf sanfte Art brechen. Sie wusste, dass man einen verschlossenen Menschen nicht zur Offenheit zwingen durfte. Vielleicht konnte ich auch das von ihr lernen! Just in dem Moment, in dem ich das dachte, hörte ich Daniels ungewohnt ehrlichen Worte: „Ich frage mich gerade, was ich in den letzten zwanzig Jahren getan habe. Seit ich denken kann, habe ich mich mit buddhistischer Philosophie und konkreten Methoden zur Entwicklung des Bewusstseins befasst. Aber heute verstehe ich zum ersten Mal, dass die Theorie, die reine Wissenschaft, meilenweit von der Wirklichkeit entfernt ist. Ich fühle mich, als hätte ich die letzten Jahren nichts anderes getan, als unter völlig sterilen Bedingungen das Leben zu sezieren. Der Gewinn war immer nur intellektueller Art. Es ist mir nie gelungen, das umzusetzen, was ich gelernt habe. Doch plötzlich spüre ich eine Verwandlung. Mir scheint, dass etwas in mir aufbricht und sich aufzulösen beginnt. Endlich fühle ich den Unterschied zwischen Ego und Höherem Selbst. Ich habe das nie begriffen. Ist es möglich, dass man glaubt, ein Forscher des Geistes zu sein, obwohl man nur ein Mensch ist, der immer Distanz zum Leben und zu den transformierenden Möglichkeiten der Erfahrung hält?“

„Das ist die Lektion, die ich Ihnen mit auf den Weg geben sollte“, sagte die Tibeterin sichtlich zufrieden. „Und dann habe ich noch dieses Pergament für Sie. Rondorf wird es hier suchen, wenn er nach Lhasa kommt, aber er wird es nicht mehr finden. Es ist eine sehr alte Landkarte. Der VII. Dalai Lama soll sie von einem Meister aus Shambhala erhalten haben. Sie weist den Weg zum Kloster Shünlu, das weit im Norden Tibets in den Kunlun-Bergen liegt. Der Weg dorthin ist beschwerlich, aber wenn Sie der Karte folgen, werden Sie das Kloster sicher finden. Der Lama, der das Kloster leitet, hat Kontakt zu den Weisen aus Shambhala. Er kann Ihnen auf der letzten Etappe Ihrer Reise den Weg weisen.“

Plötzlich hörten wir Stimmen und Schritte, die schnell näher kamen. Unsere Lehrerin sprang auf und löschte das Licht. Mit einer flinken Bewegung drückte sie Daniel das uralte Pergament in die Hand, das sie während ihrer Erzählung ordentlich zusammengerollt und mit einem roten Band umwickelt hatte. „Folgt mir“, zischte sie und lief flink ins Dunkel des vor uns liegenden Raumes. Wir orientierten uns nur am Geräusch ihrer Schritte. Daniel hatte instinktiv meine Hand ergriffen und zog mich hinter sich her.

Erst als wir wieder in den verwinkelten Gassen der Stadt waren, hielten wir inne. Die Frau war längst fort. Keuchend nach Luft ringend lehnten wir uns gegen eine Hauswand und lauschten angespannt auf das Geräusch von Stiefeln, die uns bis eben verfolgt hatten. Wir waren ihnen entkommen. Wieder einmal waren wir schneller gewesen. Es grenzte an ein Wunder.

18

Um acht klopfte Daniel an meine Zimmertür. „Bist du so weit, Caroline? Kann ich kurz reinkommen?" Ich zog ihn am Arm ins Zimmer und spürte sofort, dass er immer noch nicht bereit war, die Intimität zwischen uns zuzulassen. Er hielt die Karte vor sich wie einen schützenden Schild. „Ich möchte kurz die Route mit dir besprechen." Er rollte das Pergament über dem Bett aus und legte es geglättet auf die weißen Laken. Sein Blick verriet volle Konzentration auf die Karte. Er konnte persönliche Fragen ausblenden, als seien sie nicht existent. Begriff er denn nicht, dass wir diese Reise gemeinsam unternahmen, dass unsere persönliche Beziehung für ihren Erfolg vielleicht wichtiger war als diese verdammte Karte?

„Wir haben einen Wagen, der uns bis an den Fuß der Kunlun-Berge bringen wird. Wir werden von einem tibetischen Führer begleitet, mit dem ich mich gestern getroffen habe. Er ist ein ehemaliger Schüler von Lama Chödön Töldup, der aus Indien nach Tibet zurückgekehrt ist, um in seiner Heimat gegen die chinesische Fremdherrschaft zu kämpfen. Sein Name ist Nyngma. Ich kenne ihn aus Dharamsala. Wir können ihm blind vertrauen."

Der letzte Satz machte mich stutzig. Warum erwähnte Daniel Nyngmas Vertrauenswürdigkeit ausdrücklich, wenn nicht an ihr zu zweifeln war?

Eine halbe Stunde später lernte ich Nyngma kennen. Er war jünger als Daniel, eher in meinem Alter. Sein Gesicht drückte Abenteuerlust, Lebensfreude und Bestimmtheit aus. Er wirkte bodenständig und ehrlich. Ich fand ihn auf Anhieb sympathisch und vergaß meine Bedenken hinsichtlich seiner Integrität. Er hatte einen schweren Landrover mit Nahrungsmitteln, Zelten, Benzinkanistern und wetterfester Kleidung beladen. Auf dem Weg zum Gebirge gab es zwar zahlreiche Dörfer, aber Nyngma erklärte, es sei besser, so wenig wie möglich auf die Hilfe anderer angewiesen zu sein. Wir müssten zunächst auf der offiziellen Route bleiben, um nicht aufzufallen. Doch wenn wir erst das Kunlun-Gebirge erreicht hätten, würden wir uns freier bewegen können. In den unwegsamen Bergen waren die Patrouillen weniger zahlreich als in den Tälern. Allerdings würden wir dort wahrscheinlich zu Fuß weitergehen müssen, weil es weder Straßen noch befahrbare Wege gab. Ich schloss aus seinen Worten, dass Nyngma Route und Ziel unserer Reise kannte. Daniel musste ihn heute Morgen schon sehr früh getroffen haben und ihm wirklich vertrauen. Ich hätte ihm nicht so viele Informationen gegeben. Nyngma wusste nun genauso viel wie wir, vielleicht sogar mehr, denn er kannte sich in seinem eigenen Land besser aus.

Wir teilten uns die vordere Bank. Der Fond des Jeeps war bis obenhin beladen. Als wir Lhasa verließen, lag eine Strecke von mehr als zweitausend Kilometern vor uns. Nyngma war der Ansicht, dass die Fahrt, wenn wir gut vorankämen, zehn Tage dauern würde. Wir passierten die Grenzposten in Lhasa ohne Probleme. Je weiter wir uns von der Stadt entfernten, desto unwegsamer und gebirgiger wurde das Gelände. Als wir am Abend unser Lager aufschlugen, waren wir erst hundertfünfzig Kilometer weit gekommen, obwohl wir zehn Stunden fast ohne Unterbrechung auf einer gut ausgebauten Schotterstraße gefahren waren. Ich wagte nicht, darüber nachzudenken, wie lange wir für dieselbe Strecke in den weniger erschlossenen Gebieten brauchen würden, und hatte das beängstigende Gefühl, dass wir uns am Rande der zivilisierten Welt bewegten. Hier galten andere Maßstäbe von Raum und Zeit als die, an die ich gewöhnt war.

Am Abend schlugen wir unsere Zelte an einem Fluss auf, in einem Tal, das nur von einer Nomadenfamilie bewohnt war. Ihre Yaks grasten im sommerlich grünen Gras, und die Kinder tobten vor dem Zelt und beobachteten uns neugierig. Mit der untergehenden Sonne wurde es schnell bitterkalt, obwohl es den ganzen Tag über warm, sogar fast heiß gewesen war. Nyngma zündete geschickt ein Feuer an. Plötzlich umringten uns die Kinder, die uns während ihres Spiels immer näher gekommen waren. Sie betrachteten mich fragend, bis Nyngma ihnen erklärte, dass ich aus Europa komme, einem Land jenseits der Berge. Vorsichtig berührten die Kinder meine Haare. Sie strichen mit den Händen darüber und zogen daran. Sie hatten offenbar wirklich noch nie einen blonden Menschen gesehen. Ich ließ sie an mir herumzupfen, vielleicht auch, weil ich mich plötzlich durch ihre Augen sah. Sie sahen das Besondere, das Wunderbare an mir, das ich für so selbstverständlich hielt, dass ich mich nie daran erinnerte. Nyngma erklärte mir, dass sie mich für eine Heilige hielten. Ich lachte laut auf und bat Nyngma, für mich zu übersetzen. Ich winkte alle Kinder zu mir. Sie nahmen sogar heißen Tee von mir an und lauschten mit großen Augen meiner Beschreibung jenes fernen Landes, in dem große Menschen mit weißer Haut, hellen Haaren und fremder Sprache zu Hause waren.

Daniel beobachtete mich. Keine meiner Gesten, keines meiner Worte entging ihm. Es kam mir vor, als suche er nach meinen Fehlern und Schwächen. „Was denkst du?", fragte ich mich. „Was suchst du in mir? Was an mir lehnst du so vehement ab?" Auch die Kinder nahmen Daniels beobachtende Distanz wahr und blickten immer wieder scheu zu ihm hinüber, während sie mir gegenüber ganz offen waren.

Als die Sonne innerhalb weniger Minuten hinter den Bergen verschwunden war, näherte sich ein Mann unserem Feuer. Der Nomade suchte seine Kinder. Auch er starrte mich ehrfürchtig an. Nyngma lud ihn zum Tee ein. Nun beteiligte auch Daniel sich an dem Gespräch. Ich hörte ihn zum ersten Mal Tibetisch sprechen. Daniel erzählte dem Mann, dass seine Kinder mich für eine Heilige gehalten hatten und es uns großen Spaß gemacht habe, seinen aufgeweckten Kindern zu erklären, woher ich komme. Der Vater freute sich sichtlich über die freundlichen Bemerkungen des indischen Mannes. Er strahlte über das ganze Gesicht. Doch von einer Sekunde auf die andere wurde sein Blick ernst und streng. In scharfem Ton fragte er Daniel, wie wir seine Kinder nur so hatten belügen könnten. Natürlich sei die blonde Frau eine Heilige. Daniel versuchte vergeblich, ihn vom Gegenteil zu überzeugen. Ich wagte nicht, mich einzumischen.

„Die Legenden sagen, dass das weise Volk jenseits der Berge groß und hell ist. Ihre Haut ist weiß wie der Schnee und ihre Haare sind gelb wie der Sommerweizen. Der Blick dieser Menschen ist klar und durchdringend, ihre Augen schimmern wie Wasser und ihr Wesen ist rein, reiner als das unserer Lamas, denn sie sind ‚Aryans' – reine Menschen!" Ich traute meinen Ohren nicht.

„Außerdem seid ihr in Begleitung der Krähen gekommen. Die Krähen tragen das universelle Wissen in sich. Wo Krähen sind, künden sie von der Anwesenheit eines Heiligen. Mein jüngster Sohn wurde geboren, als ein Krähenschwarm über das Zelt gewacht hat. Drei Jahre später sind die Lamas eines weit entfernten Klosters gekommen und haben mich gebeten, meinen Sohn in ihre Obhut zu geben. Sie sagten, er sei die Reinkarnation ihres höchsten Lamas. Sie erklärten mir, dass sie eine Vision gehabt hätten: Ihr Lama sei in einem fernen Tal in einem Nomadenzelt geboren worden und die Krähen hätten sein Leben bis zum heutigen Tage bewacht. Seit mein Sohn fort ist, hat sich nie wieder ein Krähenschwarm so lang und so nah bei uns aufgehalten. Heute sind die Krähen zum ersten Mal zurückgekehrt." Er sah mich prüfend an und sagte dann bestimmt: „Sie ist eine Heilige. Die Krähen wissen mehr als wir!"

Nyngma hatte die Worte des Mannes wörtlich übersetzt. Nun schweifte sein Blick hinüber zu dem Krähenschwarm, der sich auf einem Baum unweit unseres Lagers niedergelassen hatte. Ich fühlte mich einerseits peinlich berührt, andererseits war ich auch irgendwie stolz, für eine Heilige gehalten zu werden. In meiner Heimat wäre es fast einer Gotteslästerung gleich gekommen, jemanden als Heilige zu bezeichnen, aber hier war das anders. Hier wussten die Menschen, dass es einige unter ihnen gab, die Vollkommenheit zu erlangen vermochten, manchmal sogar der eigene Sohn.

Der Mann verabschiedete sich, und als seine Kinder mich umarmten, konnte ich einfach nicht widerstehen und küsste sie zum Abschied auf die Stirn. Der Vater freute sich. Er fasste meine Geste wohl als eine mütterliche Segnung auf. Dann warf er sich auf die Knie und murmelte einen Vers, den Nyngma zu übersetzen vergaß. Daniel verschwand im Dunkel hinter den Zelten, und Nyngma ging zum Fluss, um das Kochgeschirr zu spülen. Ich war mit meinen Gedanken weit weg. Schließlich stand ich auf und folgte Daniel in die Dunkelheit. Ich war erst wenige Schritte außerhalb des Lichtkegels unseres Feuers, als ich Daniels Stimme hörte. „Ich wünschte, ich wäre dir nie begegnet!"

Seine bitteren Worten taten ihre Wirkung. Sie trafen mich wie eine Ohrfeige. Täuschten mich meine Gefühle für Daniel so sehr? Sah ich Liebe, wo keine war? Ich war den Tränen nah, aber ich wollte nicht weinen. „Warum sagst du das?", fragte ich.

„Du fegst über mich und mein Leben hinweg wie ein Orkan. Du lässt nichts an seinem Platz. Deine Sicherheit und die Selbstverständlichkeit, mit der du mir und eigentlich jedem und allen begegnest, erschrecken mich. Ich habe das Gefühl, dass du zuviel von mir verlangst. Du bedrängst mich, und ich kann mich nur mit unmenschlichem Kraftaufwand gegen dich wehren. Jetzt nennen sie dich schon eine Heilige, weil sie sich von dir blenden lassen! Was kommt als Nächstes? Ich würde lieber heute als morgen umkehren."

Welche Verachtung in seinen Worten zum Ausdruck kam! Wie konnte er mich nur plötzlich so hassen? Ich wollte ihn nicht bedrängen. Ich war einfach nur ich selbst. Sah er denn meine Angst und meine Unsicherheit nicht? Ich war nicht minder verwirrt über meine Gefühle ihm und dieser wahnsinnigen Reise gegenüber. Es kränkte mich, dass er mir allein die Schuld für die Hilflosigkeit und das Unbehagen geben wollte, die er im Moment empfand. Ich wusste bestimmt, dass ich nicht das war, was er in mir sah.

„Ist dir jemals in den Sinn gekommen, dass ich vielleicht gar kein Orkan bin, sondern dass du ein eingerosteter Professor sein könntest, der alles über das Leben zu wissen glaubt? Und nun wird dieser Professor vom Leben – nicht etwa von mir – eines Besseren belehrt und sucht selbstmitleidig einen Sündenbock. Ich bin nicht die Bedrohung, für die du mich hältst. Ich gehöre nur zu der Lektion, die dir zeigen soll, wer du bist und wo du über dich hinauswachsen musst. Wir sind auf keiner gewöhnlichen Reise, Daniel Nirula. Vergiss das nicht!" Trotz der tiefen Traurigkeit, die ich empfand, kamen mir die Worte klar und überlegt über die Lippen. Um so treffender mussten sie wirken, doch aus Daniels Richtung kam nur ein verächtliches „Pah!". Er ließ meine Worte nicht an sich heran. Wütend vor Hilflosigkeit schoss ich weit über das Ziel hinaus: „Du bist ein verdammter Egoist, Daniel. Du willst alles für dich: ein sicheres Leben, Bekanntheit, vielleicht sogar Ruhm und den Dank für deine Arbeit an einer guten Sache, die die Welt bewegt. Du willst eine Familie und leidenschaftliche Liebe. Aber du bist nicht bereit, dich auf all das wirklich einzulassen. Du hasst mich, weil ich der Spiegel deiner ungenutzten Möglichkeiten bin. Du hast die Wahl zwischen Sicherheit und Stagnation oder Unsicherheit und Wachstum. Und weil du ein Feigling bist, willst du Sicherheit und Wachstum. Das Problem ist nur, dass diese beiden nicht zusammenpassen. Du musst dich von Altem und Bequemem trennen, wenn du weiterkommen willst. Gib nicht mir die Schuld für die seelischen Schmerzen, die du leidest, weil du nicht bereit bist, den entscheidenden Schritt ins Unbekannte zu wagen!"

Ich erschrak selbst über die Schärfe meiner Worte, aber ich wusste, dass ich die Wahrheit sagte. Daniel war nicht zu wirklichem Wachstum bereit. Er sperrte sich dagegen. Und je mehr er sich wehrte, desto schmerzhafter wurde der Prozess, den das Leben ihm aufzwang. Leider war ich seine Projektionsfläche. Er sah in mir, was er in sich selbst bekämpfte: den Drang nach Wachstum, Entwicklung, Grenzenlosigkeit – nach Freiheit und unschuldiger Offenheit. Wütend ließ ich ihn stehen und suchte die Nähe des heiteren Nyngma. Der sah mich ernster an als gewöhnlich und sagte: „Er liebt dich. Aber er hat Angst, es zuzugeben. Du musst Geduld mit ihm haben!"

Müde und ausgelaugt zog ich mich in mein Zelt zurück. An Schlaf war nicht zu denken. Je dunkler die Nacht wurde, desto bissiger wurde die Kälte, die in mein Zelt drang, und desto schmerzhafter die Einsamkeit, die ich empfand. Daniel schlief nur wenige Meter von mir entfernt und war doch weiter weg, als er jemals gewesen war.

Als die ersten Sonnenstrahlen auf das Lager schienen, brachen wir auf. Wir wollten die nächste Nacht an einem Ort verbringen, der auf unserer mysteriösen Landkarte als Kloster Sakya eingezeichnet war. Nyngma erklärte uns, dass Sakya vor mehr als siebenhundert Jahren eines der bekanntesten und mächtigsten Klöster Tibets gewesen war. Heute war es für eine beachtliche Sammlung tibetischer Kunstschätze bekannt. Es lag nur etwa 75 Kilometer vom Mount Everest oder Chomolangma entfernt und zog daher Schwärme von Touristen an.

Nach etwa einer Stunde Fahrt stießen wir auf eine Straßensperre. Vier Soldaten hielten unseren Jeep an. Nyngma kurbelte langsam das Fenster herunter. Die Soldaten verlangten unsere Pässe. Kritisch untersuchten sie jedes einzelne Dokument. Ich war sicher, dass sie auf der Suche nach uns waren. Rondorf musste bereits im Land sein und mit General Zhiang gesprochen haben. Jäh schlug meine Stimmung um und ich fühlte mich plötzlich nicht mehr wie Rondorfs Herausforderer, sondern wie sein Opfer. Rondorf hatte einen gewaltigen militärischen Apparat auf seiner Seite.

Daniel und ich dagegen waren allein und völlig unerfahren im Umgang mit Soldaten, Geheimpolizei und dergleichen. Wahrscheinlich wusste Rondorf über jeden unserer Schritte Bescheid und lachte sich ob meiner Naivität ins Fäustchen.

Daniel spürte meine Angst. Er sah mich beschwörend an und versuchte, mich möglichst unauffällig zu beruhigen. Ich selbst tat alles, was mir einfiel, um die Angst zu bezwingen, aber es geschah, was ich schon so oft erlebt hatte: Je mehr ich es niederdrückte, desto stärker wurde das Zittern, das von meinem Körper Besitz ergriff. Mein Brustkorb verengte sich bedrohlich und mit jedem Atemzug bekam ich weniger Luft. Während Nyngma den Soldaten erklärte, dass wir eine indisch-amerikanische Forschungsexpedition seien, spielte sich in meinen Gedanken ein sehr reales Szenario ab: Wir wurden verhaftet und waren am Ende unserer Reise, bevor wir sie überhaupt richtig angetreten hatten.

Plötzlich löste sich die Spannung. Nyngma erhielt unsere Pässe zurück, das Gitter wurde von der Straße genommen und die Soldaten winkten uns durch. Ich brach in Tränen aus. Daniel schrie mich an: „Dein Verhalten hätte uns gerade Kopf und Kragen kosten können! Es wird Zeit, dass du deine Nerven besser kontrollieren lernst!"

Nyngma griff ein. „Lass sie, Daniel. Ihre Angst war berechtigt. Die Chinesen wissen, dass ihr hier seid! Oder glaubst du, dass in dieser Gegend immer Straßensperren errichtet sind?"

„Warum haben sie uns dann passieren lassen?", fragte ich unter Tränen. „Sie wollten euch warnen. Sie wollten, dass ihr ängstlich werdet – ängstlich und unvorsichtig." Nach einer weiteren Stunde Fahrt verließen wir die Hauptstraße und folgten einer schlechten Piste, die gen Westen in ein schmales Tal führte. Ich hatte mich wieder beruhigt und kaute ein Stück Fladenbrot, das Nyngma mir irgendwann wortlos zwischen die Zähne geschoben hatte, als mein Magen grauenhaft laut knurrte. Der Horizont war so nah wie der nächste Berg, der in dunkler Größe vor uns aufragte. Tibet war ein wundersames Land – so rau und unnahbar und dennoch freundlich und einladend. Es schien Tausende von Gegensätzen zu vereinen und doch immer wieder neue paradoxe Aussagen zu provozieren – mehr noch als Indien. Ich fühlte mich unsagbar klein, als Nyngma den Jeep unserem heutigen Ziel entgegensteuerte.

Kurz nach Mittag erreichten wir Sakya, das Kloster, das versteckt und düster am Berghang hing und für meinen Geschmack keinen besonders einladenden Eindruck machte. Im Schritttempo näherten wir uns dem hölzernen Tor. Nyngma fuhr hindurch und parkte den Wagen auf dem Hof. Sofort kamen mehrere Mönche in gelbroten Roben herbeigelaufen, um Nyngma zu begrüßen. Offensichtlich kannten sie ihn. Wir folgten den Mönchen ins Innere des Klosters. Obwohl Frauen eigentlich nicht in den Mönchsklöstern übernachten durften, war unsere Mission anscheinend so wichtig, dass ohne große Erklärung meinetwegen eine Ausnahme gemacht wurde. Man wies uns zwei einfache Kammern zu, die für Gäste bestimmt waren. Nyngma schlief bei den Mönchen in einem anderen Trakt des Gebäudes. Der Abt des Klosters wollte uns sprechen, hatte aber erst am späten Nachmittag Zeit. Ich zog mich in mein Zimmer zurück, weil ich Daniels Nähe nicht mehr ertragen konnte. Er schien nur darauf zu warten, dass ich etwas tat, das sein Missfallen erregte. Außerdem war es mir inzwischen zur selbstverständlichen Gewohnheit geworden, jede freie Minute der Meditation zu widmen. Heute bemerkte ich eine subtile Veränderung. Während sich mein Atem verlangsamte und die Gedanken in meinem Kopf immer leiser, langsamer, dünner und spärlicher wurden, nahm ich ein sanftes Vibrieren in meinem Körper und außerhalb davon wahr. Es begann in meinem Unterleib, setzte sich durch den Bauchraum und in meinen Brustkorb fort, bis es meinen ganzen Körper erfüllte. Es war ein sehr lebendiges Gefühl, wie das Summen und Surren eines Bienenschwarms. Das Vibrieren hätte sowohl Klang als auch Energie sein können. Die Luft um mich herum vibrierte auf dieselbe Weise und schien dadurch irgendwie greifbar zu werden. Während ich noch auf den leisen Klang lauschte, der an mein inneres Ohr drang, tauchte ich aus den feinstofflichen Tiefen meines Geistes auf, zurück in die grobstoffliche Welt des Klosters und brachte etwas sehr Wertvolles mit: Optimismus, Hoffnung, Mut und Lebenskraft.

Am späten Nachmittag kam ein Mönch, der mich zum Hohen Lama bringen wollte. Er öffnete die Tür zum Audienzraum des Abtes und stieß mich unhöflich hinein, als er mein Zögern und meinen fragenden Blick bemerkte. Wo waren die anderen? Ich stolperte in den dunklen Raum und konnte mich gerade noch fangen, um dem Lama die nötige Ehrerbietung zu erweisen. Das Zimmer glich dem von Lama Chödön Töldup wie ein Ei dem anderen und löste ein unbestimmtes Wohlgefühl in mir aus, doch noch kniete ich zu den Füßen des Lama und wagte nicht, den Kopf zu heben und ihm in die Augen zu sehen, bevor ich ein Zeichen von ihm erhalten hatte. Minuten verstrichen, und mein rechtes Bein begann bereits einzuschlafen. Endlich sprach er: „Herzlich willkommen im Kloster Sakya, meine liebe Caroline." Der Lama sprach Deutsch!

Ich hob irritiert den Kopf und blickte in ein ganz junges Gesicht. Der Lama war nicht älter als fünfundzwanzig. Es machte ihm sichtlich Freude, mich mit seinem beinahe akzentfreien Deutsch überrascht zu haben. Warum grinsten all diese Mönche nur immer so, als wollten sie sich über einen lustig machen? Manchmal kam es mir vor, als nähme mich keiner von ihnen wirklich ernst. Oder nahmen die Mönche sich selbst und das Leben nicht ernst? Dieser hier war wenigstens so freundlich, mir keine Erklärung schuldig zu bleiben. „Wenn du dich fragen solltest, wo deine Mitreisenden sind… Ich wollte dich allein sprechen."

Seine mehr als direkten Worte trafen mich wie ein Schlag ins Gesicht. „Du musst dich von Daniel lösen, von seinem Urteil und der vermeintlichen Sicherheit, die seine Tibetkenntnisse dir geben. Mache dich nicht von ihm abhängig, Caroline. Er weiß nichts, was du nicht selbst weißt. Du kannst Rondorf nur mit deiner eigenen ungetrübten Intuition schlagen."

„Aber wir sind zu dritt unterwegs, wir müssen zusammenwirken und uns aufeinander verlassen", konterte ich.

„Sicher. Doch nur eine homogene Gruppe ist zu gemeinsamer intuitiver Erfahrung fähig. Sobald Du Daniel über dich stellst, gibst du deine Kraft an ihn ab. Du musst lernen, das Gleichgewicht zwischen ihm und dir wiederherzustellen."

„Aber…" Ich unterdrückte ein Schluchzen. Der junge Lama hatte meine empfindlichste Stelle getroffen. „Sie haben uns doch noch nie zusammen gesehen."

„Hm, das ist nicht ganz richtig. Ich sah euch vorhin kommen… und ich habe mit Lama Chödön Töldup und Lama Dorje über euch gesprochen. Beide teilen meine Ansicht und wollten es mir überlassen, ob ich dir das Ungleichgewicht bewusst mache oder nicht. Ich bin der Meinung, dass du es sehen musst, damit du deine wertvollen Kräfte nicht verschwendest."

Er machte eine kleine Pause. Dann überfiel er mich mit einer unverblümten Frage: „Wie oft am Tag denkst du an Daniel?"

Ich errötete. Ich dachte jede Sekunde an ihn. Ich versuchte ohne Pause, im Geist die Frage zu klären, was außer Malika noch zwischen uns stand. Aber ich fand keine Antwort. Mal suchte ich die Schuld bei ihm, mal suchte ich sie bei mir, aber keine Lösung schien befriedigend. Der Lama beobachtete mich genau. „Aha!" Ich hatte seine Frage nicht beantwortet. „Und wie oft am Tag denkst du an Shambhala oder Rondorf?"

Aufbrausend erhob ich die Stimme: „Ich denke jede Sekunde an dieses verdammte Shambhala, weil ich mich gerade auf einer Reise befinde, zu der man mich gezwungen hat, zwischen Bergen, die mich in schwachen Momenten zu erdrücken scheinen, an der Seite eines Mannes, der mich dafür hasst, dass er mich liebt." Hinsichtlich des guten Rondorf enthielt ich mich besser jeglichen Kommentars.

Der Lama ignorierte meinen Wutausbruch und antwortete gelassen: „Glaubst du wirklich, dass du auf dieser Reise wärst, wenn du Daniel nicht getroffen hättest?" Er ließ mir keine Zeit, über seine Frage nachzudenken, sondern erhob sich, nahm wie selbstverständlich meine Hand und zog mich vom Boden hoch. „Komm, Caroline. Ich will dir etwas zeigen."

Ich folgte ihm wie ein trotziges Kind. Wir kletterten über eine schmale Holztreppe im hinteren Teil des Raumes zu einer Luke in der Decke, die auf eine Dachterrasse führte. Draußen war die Luft kühl und klar. Wieder fühlte ich das Vibrieren, das ich während meiner Meditation gespürt hatte, in mir und in der Luft. Der Hohe Lama führte mich zu einem Zelt, das auf dem Dach befestigt war, und deutete stolz auf das Fernrohr, das darunter stand. „Dies ist ein Geschenk Seiner Heiligkeit des XIV. Dalai Lama. Er gab es mir, als ich bei ihm in Dharamsala zu Besuch war, und sagte, es sei die Nachbildung des Fernrohrs, mit dem er als junger Regent den Sternenhimmel über Lhasa beobachtet habe. Er wusste von meiner Leidenschaft für die Astronomie und die Wissenschaft und hat mir dieses Geschenk gemacht, um mir zu zeigen, dass äußerer und innerer Wissensdrang eins sind. ‚Vergiss nie, dass wir die Welt beobachten und darin nur uns selbst sehen!', hat er gesagt."

Der Hohe Lama zog mich zu dem Fernrohr hinüber und ließ meine Hand selbst jetzt nicht los, als er verzückt in die Ferne blickte. „Das musst du dir ansehen, Caroline! Wer weiß, ob du jemals wieder die Chance haben wirst, den Chomolangma aus dieser Nähe zu sehen!"

Seine Begeisterung steckte mich an. Es dauerte einige Zeit, bis ich das Fernrohr meiner Größe und Sehstärke angepasst hatte, aber dann sah ich den Mount Everest zum Greifen nah.

„Man sagt, dass er von der tibetischen Seite aus viel schöner ist als von der nepalesischen."

Auch Lamas sind also nicht frei von Stolz, dachte ich. Als ich mein Auge von dem weißen Gebirgsriesen löste und wieder in das freundliche Gesicht des Hohen Lamas blickte, war all mein Ärger verraucht. Er forderte mich auf, auf einem Kissen unter dem schützenden Baldachin Platz zu nehmen und setzte sich neben mich. Für ihn war ich keine Fremde, die nur für einen Abend seinen Weg kreuzte, sondern jemand, mit dem er die Ewigkeit teilte. Er ließ sich ganz und gar auf mich ein, sah mich an und wusste, was mich wirklich bewegte. Es schien, als mache er meine Probleme und Fragen zu seinen eigenen.

„Buddhismus ist Wissenschaft, reine empirische Wissenschaft vom Wesen des Geistes und damit vom Wesen des Lebens. Während in deinem Land allein die Wissenschaft Anerkennung findet, die sich mit der Erforschung der Materie beschäftigt, versuchen wir Buddhisten, das Wesen der Materie aus dem Verständnis des hinter der Materie liegenden Geistes heraus zu durchdringen. Für uns ist die Materie nichts als Illusion. Das heißt nicht, dass sie nicht existiert. Sie ist da, so sicher wie du und ich einander gegenüber sitzen, aber sie ist nicht die absolute Wirklichkeit. Unsere Sinne verfallen ihrem Gaukelspiel und schenken der Täuschung Glauben, dass Materie erste und letzte Wirklichkeit sei. Aber Materie ist unbeständig und wechselhaft, sie unterliegt dem Gesetz des Wandels, dem Gesetz von Entstehung und Verfall, das nichts als Leiden bedeutet. Wie kann etwas absolut sein, das unbeständig, begrenzt, endlich und vergänglich ist?

Eure Wissenschaftler untersuchen die Gesetzmäßigkeiten dieser Materie. In der Medizin erforscht ihr den menschlichen Körper, in der Biologie erforscht ihr die Natur, in der Chemie erforscht ihr die chemischen Elemente, in der Psychologie erforscht ihr die Oberfläche des menschlichen Geistes, Bewusstsein und Unterbewusstsein. Und euer liebstes Steckenpferd ist die Physik. Immer taucht irgendein genialer Kopf auf, der euch die neuste absolute Wahrheit über die Materie verkündet.

Aber eigentlich entdeckt ihr nichts Neues. Schon die indischen Veden, die älter sind als der Buddhismus und eure Naturwissenschaften, enthalten das gesamte erfahrbare Wissen der Menschheit. Jeder, der auf dem Pfad der Erleuchtung wandelt, erwirbt täglich ein wenig mehr von diesem universellen Wissen. Viele Erkenntnisse der modernen Wissenschaft sind dort bereits vorweggenommen, zum Beispiel die Lehre von den Atomen. Ich will damit nicht sagen, dass wir klüger sind als ihr oder dass wir schneller waren. Ich glaube vielmehr, dass beide Wege, der westliche Weg der Erforschung der Materie und der östliche Weg der Erforschung des Geistes, unweigerlich zu demselben Ergebnis kommen werden. Erst wenn wir beide Wege der Erforschung des Lebens zusammenbringen, haben wir die umfassende Schau erlangt, die uns wirkliche Erkenntnis der Welt ermöglicht. Innen und Außen sind keine getrennten Realitäten, sondern eine einzige. Unser Oberflächenbewusstsein, das so genannte Alltagsbewusstsein, lässt uns glauben, dass die Welt um uns herum getrennt von uns existiert und jedes Objekt eine feste, unveränderliche, eigenständige Existenz hat. Doch das ist nicht wahr.

Auch eure Wissenschaftler fangen langsam an, dies zu erkennen. Während die moderne Physik in immer subtilere Bereiche der Materie bis auf subatomare Ebenen vordringt, erkennt sie, dass Masse und Energie eines Teilchens identisch sind, dass Teilchen unter bestimmten Bedingungen als Teilchen und unter anderen als Welle auftreten. Die Physik hat den Glauben zerstört, dass Raum und Zeit absolute Werte sind, und so den Weg für eine dynamischere Weltsicht frei gemacht, die auch der Akausalität und der Nicht-Lokalität Raum gibt. Aus der Beobachtung der Materie hat sie gelernt, dass in den subtilsten materiellen Ebenen eher Wahrscheinlichkeiten als Sicherheiten eine Rolle spielen und dass der Beobachter, also der Physiker, der das Experiment macht, nicht von dem Versuch zu trennen ist, sondern mit seinem Versuchsaufbau und seinen Erwartungen Bedingungen schafft, die bestimmte Ergebnisse fördern oder gar hervorbringen. Und damit ist er zum Schöpfer geworden... Mit dieser Erkenntnis hat zum ersten Mal das Bewusstsein Einzug in die Physik gehalten. Ohne wahrnehmendes Auge gibt es keine Wahrnehmung, hinter dem wahrnehmenden Auge aber steht das wahrnehmende Bewusstsein. Dieses Bewusstsein, das wir Buddhisten auch Geist nennen, ist rezeptiv und kreativ zugleich. Es ist sowohl Wahrnehmender als auch Wahrgenommenes. Die Welt, die wir zu sehen glauben, sind wir selbst!

In der Meditation beobachten wir Mönche unser eigenes Ich oder Selbst, wie wir Buddhisten das Oberflächenbewusstsein nennen, und versuchen, seine Eigenschaften zu durchleuchten, seine Funktionsweise zu verstehen und seine Starrheit und Isolation aufzulösen. Wir fragen uns immer wieder, wer oder was dieses Ich ist, das sich als Körper und Geist erlebt und von der materiellen Welt getrennt glaubt. Ziel der Meditation ist Ichlosigkeit, Transzendenz, also das Überschreiten der Grenzen des Ichs und das Eintauchen in einen Zustand der Überbewusstheit, in dem das Sein als solches frei von begrenzter Individualität und materieller Gebundenheit, also frei von jeglicher Form erfahren wird. Das ist *Shunyata*, die Leere. Vielleicht sind eure Wissenschaftler gar nicht so weit davon entfernt, dieselbe Erfahrung zu machen, die ein Schüler macht, wenn er sich zum ersten Mal dem Zustand des *Samadhi* nähert und *Shunyata* erfährt. Niemand könnte diesen Zustand besser beschreiben als die Upanishaden:

„Wo es eine Dualität gibt,
da sieht eins das andere,
da riecht eins das andere,
da schmeckt eins das andere…
Aber wo alles das eigene Selbst geworden ist,
womit und wen würde man sehen?
Womit und was würde man riechen?
Womit und was würde man schmecken?"

Erst im Zustand wahrer Selbstverwirklichung erkennt man das Wesen der Welt, das absolute So-Sein, die letzte Wirklichkeit, den reinen, klaren Geist, der mehr oder etwas anderes ist als der scheinbare Gegensatz von Geist und Körper uns glauben macht. Entscheidendes Element unserer Lehre ist daher das Streben nach einer allumfassenden Transformation, welche die Dualität eint und beide Seiten einschließt, Körperliches und Geistiges, Inneres und Äußeres, Spirituelles und Profanes, Intellekt und Emotion, Bewusstes und Unbewusstes, uns selbst und die Welt, ja sogar *Samsara* und *Nirvana*, Gebundenheit und Erlösung. "

Was hatte das alles mit mir zu tun? Ich wünschte mir nichts sehnlicher, als endlich dieses Brett vor meinem Kopf nehmen zu können, das mich so blind machte für das Offensichtliche. Amüsiert beobachtete der Lama meinen inneren Kampf. „Du fragst dich jetzt, warum ich dir all das auf dem Dach meines Klosters erzähle, während langsam die Nacht hereinbricht und es bitterkalt wird, habe ich Recht?"

Ich bemerkte erst jetzt, wie kalt es geworden war, und fing auf der Stelle an zu frieren.

„Nun Caroline, ich erzähle dir all das, damit du lernst, dass die Wahrheit hinter der Illusion verborgen liegt. Die Illusion hat nur eine Funktion: Sie dient uns als Spiegel, als Symbol für die Wahrheit, die alle Teile in sich vereint. Lerne, die Dinge symbolisch zu betrachten und auf diese Weise immer tiefer in ihr wahres, formloses Wesen einzudringen. Weder Anhaftung noch Ablehnung, weder Begierde noch Hass, weder Verlangen noch Angst sind die letzte Wahrheit. Sie sind leidvolle Gegensatzpaare, die einander bedingen. Hüte dich auch vor Gleichgültigkeit! Sie ist das schlimmste aller Übel. Der Gleichgültige ist ein lebender Toter. Lass dich vom Leben berühren, ohne verhaftet zu sein! Und nun komm. Es wird Zeit, dass du etwas Warmes zu trinken bekommst."

Wir schlüpften zurück durch die Luke, Hand in Hand, noch vertrauter als vorher. Der Audienzraum war nun von flackernden Butterlampen erhellt, deren ranzig warmen Geruch ich inzwischen liebte. Binnen Sekunden brachte ein Novize des Klosters heißen Tee und ein paar Krapfen mit undefinierbarer Füllung, die meinen Hunger stillten.

„Essen Sie nicht?", fragte ich den Lama.

„Nein, wir essen nie nach zwölf Uhr mittags. Das entspricht unserem Rhythmus der Nahrungsaufnahme und der Meditation."

Der Lama sah mir dennoch vergnügt beim Essen zu. Nachdem ich mich an Speisen und Getränken erfrischt hatte, wollte ich mich erheben und dankend verabschieden, doch der Lama hielt mich zurück.

„Wir wollen deinen Freunden nicht das Gefühl geben, dass wir Dinge zu besprechen hatten, die sie nichts angehen. Sie sind in fünf Minuten bestellt und gehen davon aus, dass auch du dann zum ersten Mal mit mir zusammentriffst. Wir sollten sie in diesem Glauben lassen."

Die Reste meines köstlichen Mahls waren abgeräumt und nichts deutete darauf hin, dass der Lama und ich bereits ein Gespräch miteinander geführt hatten. Ich erwischte mich dabei, wie ich den Lama liebevoll betrachtete, während er Daniel und Nyngma begrüßte. Er war so einfach, natürlich und unkompliziert. Nur weil er ein argloser Mensch war, hatte er Dinge zu mir sagen können, die mich eigentlich hätten verletzen müssen. Natürlich hatte er mich ein bisschen wütend gemacht, aber ich konnte ihm unmöglich lange böse sein. Er hatte mir Fragen gestellt, ohne mich zu beurteilen. Und er hatte mich an seiner Weisheit teilhaben lassen, ohne mir das Gefühl zu geben, mehr zu wissen als ich. Aus seinen Worten hatten Akzeptanz und Einfühlsamkeit gesprochen. Ich spürte, dass er mich ebenso respektierte wie sich selbst. Wirkte er deshalb so würdevoll? Seine ganze Erscheinung strahlte große Achtung vor dem Leben aus.

Herrschte zwischen Daniel und mir wirklich ein so offensichtliches Ungleichgewicht? Wenn ja, warum? Und wie ließ es sich beheben? Wieder kämpfte ich mit den Tränen der Hilflosigkeit. Ich spürte plötzlich, dass Daniel mich ansah. Er wusste, dass ich über uns nachdachte. Auch der Lama sah, dass mich meine Gedanken zurück zu seiner Ausgangsfrage geführt hatten. Er zwinkerte mir unbekümmert zu. Er schien der Meinung zu sein, dass sich mein Problem leicht lösen ließ, ja, dass es gar kein Problem gab.

„Es tut mir Leid, dass ich euch erst so spät empfangen kann, aber dringende Angelegenheiten mussten vorrangig behandelt werden. Ich bitte um euer Verständnis!"

Des Lamas Höflichkeit war vollendet. Er sprach nun fließendes Englisch.

„Ich habe wichtige Neuigkeiten: Rudolf Rondorf ist seit gestern im Land!"

„Das dachten wir uns bereits. Wir vermuten, dass Rondorf Kontakt zu General Zhiang hat", entgegnete Daniel.

Der Lama nickte besorgt. „Ja, so ist es. Die Chinesen waren von Anfang an über euer Eintreffen informiert. Rondorf hat schon vor Wochen alle Hebel des Sicherheitsapparates in Bewegung gesetzt, als er merkte, dass seine vorwitzige Kollegin ihm auf die Schliche gekommen war. Die gesamte chinesische Armee scheint sich gegen euch zu rüsten. Ihr müsst sehr vorsichtig sein!" Der Hohe Lama schaute uns eindringlich an, bevor er weiter sprach. „Die Rivalität zwischen Chinesen und Tibetern ist sehr, sehr alt. Sie basiert weniger auf territorialen Streitigkeiten als vielmehr auf mythologischen. China fürchtet die tibetische Macht des Geistes. Tief in der chinesischen Seele liegt die Angst vor dem Einfluss des Schicksals Tibets auf die Geschicke Chinas. Viele Chinesen glauben, dass Tibet die

Wiege Chinas ist. Das war der eigentliche Grund für ihre Invasion vor mehr als fünfzig Jahren. Und es ist der Grund für die Militärherrschaft, für die Zerstörung der Klöster und der Kunstschätze und für die Folterung der Mönche. Die Chinesen glauben, dass die spirituelle Kraft Tibets eigentlich ihnen gehört. Sie haben nie begriffen, dass man die Macht des Geistes nicht mit weltlichen Mitteln erobern kann!

Rondorf ist wie die Chinesen. Ihm ist nichts heilig, außer sein eigener Vorteil und Profit. Rondorf will sich nicht verändern und auf die lange, beschwerliche Reise in die inneren Welten machen, auf der ihr euch befindet. Nein, Rondorf giert nach der Macht des Geistes, weil er sie für seine persönlichen Zwecke nutzen will. Das lässt ihn auf den ersten Blick überlegen erscheinen, denn er kennt keine Skrupel und wirkt stark, weil er einen gewaltigen Militärapparat hinter sich weiß. Rondorf will nicht nach Shambhala, um dort Frieden und Weisheit zu finden. Liebende Güte und Mitgefühl sind ihm völlig fremd. Ihn fasziniert der Mythos, weil er von kriegerischen Auseinandersetzungen berichtet, von machtvollen Kriegern, die das Goldene Zeitalter mit einer glanzvollen Schlacht einläuten werden. Rondorf selbst hält sich für einen solchen Krieger. Er glaubt, auserwählt zu sein. Auserwählt, um im Goldenen Zeitalter gemeinsam mit den Chinesen über eine neu geordnete Welt zu herrschen."

Das war irre! Aber war ich nicht genauso verrückt wie Rondorf? Hielt ich mich nicht selbst für auserwählt, Shambhala zu finden und vor Rondorf zu schützen? Glaubte ich nicht, berufen zu sein? Wir drangen in dunkle Bereiche der menschlichen Motivationen vor, von denen ich lieber nichts gewusst hätte. Daniel atmete tief und lehnte sich entspannt in meine Richtung. Er suchte meine Nähe. Ich antwortete stumm, indem ich mich ihm leicht entgegen lehnte. Zwischen unseren Körpern waren nur noch wenige Zentimeter Abstand, und doch schien es, als gäbe es diesen Abstand nicht. Ich spürte, wie sich seine Energie mit der meinen verband. Plötzlich hatte ich das Gefühl, zur rechten Zeit am rechten Ort zu sein. Wir hatten diese Reise nicht machen wollen, hatten um keine Erklärungen gebeten. Dennoch hatten wir dem inneren und äußeren Drang, sie zu wagen, nicht widerstehen können. War das Größenwahn? War das noch egoistische Motivation? Etwas, das größer war als wir, zog uns in eine bestimmte Richtung und wir konnten uns nur ergeben, nicht den Lamas und ihrem Willen, sondern einem anderen Willen, den wir heute noch nicht erkennen konnten.

„Rondorf praktiziert seit vielen Jahren Meditation, Kontemplation und Konzentration. Er weiß viele der gewöhnlichen *Siddhis* anzuwenden. Ein Mönch unseres Ordens lehrt ihn die alten Praktiken, Lama Chöne Yeshi!" Die heitere Miene des Lamas war mit jedem seiner Worte ernster geworden. Aus den wenigen Falten seines jungen Gesichtes sprach tiefe Besorgnis.

„Sucht Rondorf nun Shambhala oder nur die Geisteskräfte der Shambhala-Krieger?", fragte ich nach.

„Rondorf sucht beides, denn wer Shambhala findet, hat sozusagen den Beweis für die Vervollkommnung seiner geistigen Kräfte erbracht. Der Mythos von Shambhala existiert auf vielen verschiedenen Ebenen. Rein materiell gesehen ist Shambhala der Ort, an dem das gesamte Wissen des Kalachakra-Tantra zu finden ist. Shambhala ist ein Ort der Alterslosigkeit, denn dort gibt es keine Krankheiten und keine Entbehrungen, mithin keine Leiden des Wandels.

Emotional verheißt der Mythos von Shambhala die kollektive Hoffnung der Menschheit auf ein friedliches Miteinander. Shambhala beschreibt die Ur-Sehnsucht des Menschen nach einem sorglosen Zustand der Glückseligkeit, dem Paradies eben. Wer für sich in Anspruch nehmen kann, das irdische Paradies gefunden und sein Geheimnis aus eigener Kraft gelüftet zu haben, kann dies geschickt ausnutzen, um andere zu verführen, denn er besitzt, was jeder begehrt.

Auf der mentalen Ebene bedeutet Shambhala die Vollendung der geistigen Fähigkeiten eines Individuums. Nur vollendete Yogis sind in der Lage, nach Shambhala zu reisen.

Zuletzt und vor allem hat Shambhala spirituelle Bedeutung. Shambhala steht für die höchste Ebene des Bewusstseins. Wer diese Stufe erreicht, ist frei von karmischen Bindungen. Er hat das Ziel der Ziele erlangt: *Moksha*, die Befreiung. Er hat sich so weit von der Identifikation mit seinem Körper, dem Symbol der *Maya* gelöst, dass er nicht mehr an Raum und Zeit gebunden ist. Durch Überschreiten der Gegensätze ist er zum Buddha geworden. Shambhala ist Buddhas heiliges Königreich.

Während wir durch unsere religiöse Praxis nach Erkenntnis der wahren Natur der Erscheinungen streben und unsere Geisteskräfte sich entwickeln, damit unser Bewusstsein zur höheren Erkenntnis der Buddhanatur fähig wird, streben Menschen wie Rondorf nur nach den Geisteskräften, weil sie total mit ihrem Ego verhaftet sind. Die Geisteskräfte und die Macht, die sie bedeuten, sind das erklärte Ziel ihrer Reise. Damit machen sie das Fahrzeug zum Ziel, weil sie das wahre Ziel nicht wahrnehmen können. Genau diese Blindheit macht sie so gefährlich. Die Geisteskräfte, *Siddhis* genannt, stellen sich irgendwann von selbst ein, aber sie vergehen auch wieder. Ebenso wie nach Shambhala darf man nicht nach ihnen suchen, denn mit der Suche beweist man eigentlich nur seine egoistische Gesinnung und seine Verhaftung mit der Welt der Erscheinungen. *Siddhis* ohne Einsicht in das Wesen der Leerheit der Erscheinungen sind ein gefährliches Werkzeug!"

Nyngma zog eine Grimasse. Ich glaubte zu wissen, dass er die Worte des Lamas für lächerliches moralisches Gesülze hielt, und fragte mich, ob der Abt diese Reaktion bemerkte. Doch selbst als Nyngma mit überheblichem Tonfall die nächste Frage stellte, ließ sich der Lama nicht von ihm reizen. „Und was, glauben Sie, haben Rondorf und General Zhiang nun vor?"

„Ich habe gehört, dass Rondorf schon gestern – sofort nach seiner Ankunft – zum Kailash aufgebrochen ist. Leider war bis jetzt nicht in Erfahrung zu bringen, was Rondorf am „Silbernen Berg" sucht. Allerdings ist der Berg als heiliger Punkt in vielen Reiseführern nach Shambhala aufgeführt. Von dort ist es nicht mehr weit zum Kunlun-Gebirge, wo es einen Eingang nach Shambhala geben soll. Vielleicht macht Rondorf am Kailash nur Station, aber vielleicht sucht er dort auch nach konkreten Hinweisen, die ihm noch fehlen. Eines ist sicher: Er wäre jetzt nicht hier, wenn er nicht das Gefühl hätte, schneller sein zu müssen als ihr. Offenbar lässt er sich von euch unter Druck setzen, denn sein ursprünglicher Zeitplan sah anders aus."

Mir brannte noch eine letzte Frage auf den Lippen: „Glauben Sie wirklich, dass ein Mensch wie Rondorf ernsthaften Schaden anrichten kann? Er ist doch nur einer unter Milliarden!"

„Wir Tibeter sagen: Willst du die Welt verändern, verändere dich selbst! Natürlich hat dieser Satz für uns eine positive Bedeutung. Aber was im Positiven gilt, gilt auch im Negativen. Ein einziger Mensch kann die gesamte Welt verändern, auch ein Rudolf Rondorf! Wer Krieg und Kampf für ein Mittel hält, um Frieden zu bewirken und die Getrenntheit zu überwinden, ist gefährlich."

Die Last, die nach dem Gespräch mit dem Lama auf unseren Schultern lag, kam mir unerträglich schwer vor. Ohne lange zu überlegen, bat ich Daniel um ein kurzes Gespräch, bevor wir auf unsere Zimmer gingen.

„Lass uns hinausgehen", schlug er vor.

Ich holte mir eine warme Jacke, und wir gingen schweigend hinaus in den menschenleeren Hof, auf dem unser Jeep wie eine Zeitmaschine aus ferner Zukunft wirkte. Im Schatten der Klostermauer setzten wir uns auf eine Holzbank. Trotz meiner warmen Jacke fror ich.

„Glaubst du, wir können es mit Rondorf aufnehmen? Er scheint richtig besessen zu sein."

„Ich weiß es nicht, Caroline. Selbst wenn ich mir überlege, dass wir sämtliche tibetischen Lamas auf unserer Seite haben, sehe ich auf der anderen Seite Rondorf und die chinesische Armee, die mir im Moment viel stärker zu sein scheint. Ich wollte, ich könnte dir sagen, ich sei zuversichtlich. Ich bin es nicht. Ich wollte, ich könnte dir Mut machen. Ich kann es nicht. Irgendwie fühle ich, dass wir es gemeinsam schaffen können, weil unsere Beziehung ein ,besonderes Potenzial' birgt, wie Lama Chödön Töldup gesagt hat. Ich spüre selbst, dass wir gemeinsam mehr Kraft haben als Rondorf und die chinesische Armee, obwohl ich es verrückt finde, so etwas zu glauben. Es ist eine andere Kraft, eine innere Kraft. Aber gerade vor ihr fürchte ich mich. Sie scheint von mir zu verlangen, mich ihr ganz und gar hinzugeben, mich bedingungslos auf sie einzulassen, damit sie alles möglich machen kann, was ich für unmöglich halte. Aber ich kann mich nicht auf sie einlassen, selbst wenn ich es wollte. Es liegt einfach nicht in meiner Macht."

Sprach hier der gleiche Mann, der mich gestern aufs Übelste beschimpft und so wütend gemacht hatte, dass ich ihn respektlos einen Feigling nannte? War es möglich, dass das Gespräch zwischen mir und dem Lama etwas in meiner Beziehung zu Daniel verändert hatte? Ich redete anders, leichter und unbefangener, war weniger auf der Hut, selbst jetzt, wo es um persönliche Fragen ging. Ich war mehr bei mir und verlangte plötzlich keinen Beweis seiner Liebe mehr. Just in dem Moment gab er sie mir. Der Lama hatte Recht gehabt. Ich musste lernen, mich nicht von Daniels Reaktion auf mich abhängig zu machen. Ich musste herausfinden, was ich fühlte und wollte. Alles andere würde sich ergeben... Hatte ich so viel Vertrauen?

Ich verbrachte die Nacht in einem seltsamen Zustand zwischen Wachen und Träumen. Armeen schienen durch mein Zimmer zu marschieren,

Rondorf heckte diabolische Streiche gegen mich aus, und Daniel ließ mich allein an einem Abgrund stehen. Schweißgebadet wachte ich auf. Draußen rief eine Glocke die Mönche zum Gebet und zur Meditation. Aus dem Nebenzimmer drangen Geräusche an mein Ohr. Daniel war schon wach. Wir wollten heute früh aufbrechen. Als ich auf den Hof kam, wartete Nyngma schon ungeduldig vor dem Wagen. Gern hätte ich mich von dem Hohen Lama verabschiedet, aber er war mit den anderen Mönchen bei der Meditation, und wir hatten keine Zeit zu verlieren. Wir stiegen ins Auto, und ich griff instinktiv nach meinem Rucksack. Er war nicht da! Aufgeregt veranlasste ich Daniel und Nyngma, das gesamte Auto nach ihm abzusuchen. Vergeblich. Nervös lief ich zurück in mein Zimmer. In den letzten Wochen war ich deutlich weniger fahrig gewesen als früher. Um so mehr erschrak ich jetzt, als ich merkte, dass ich wohl immer noch nicht wirklich lebenstüchtig war und durch meine Zerstreutheit die gesamte Expedition aufhielt. Ich beschimpfte mich als unachtsam und verantwortungslos. Der Rucksack lag auf dem Bett. Wütend griff ich danach und rannte zurück. Im Flur traf ich überraschend auf den Hohen Lama. „Mach dir keine Vorwürfe, Caroline. Du bist wach und sorgfältig genug. Du nimmst die Dinge so ernst, wie man sie nur nehmen kann. Ich wollte dich noch einmal allein sprechen."

Das hieß wohl, dass das alles hier nicht mit rechten Dingen zuging.

„Hüte dich vor deiner Angst, Caroline. Sie lähmt dich und macht dich blind. Sie hat die Macht, dir alles zu rauben, was dir am liebsten ist, weil sie dich nach den Dingen greifen lässt. *Wer alles für sich behalten will, wird es verlieren. Wer aber bereit ist, alles zu verlieren, der wird alles behalten und es sogar vermehren.* Das Leben ist paradox, Caroline. Lerne mit den Paradoxien zu spielen. Wenn du vorwärts gehen willst, mach einen Schritt zurück. Wenn du etwas für dich gewinnen willst, lass es bewusst los. Wer nach den Dingen greift, die er begehrt, zwingt die Dinge, sich von ihm abzuwenden. Nur das menschliche Ego kann so dumm sein, weil es sich als getrennt von den Objekten erlebt. Wenn du diese Sätze verstanden hast und umsetzen kannst, wirst du frei sein."

Er grinste, sichtlich zufrieden mit dem Rätsel, das er mir aufgegeben hatte. „Ach... und noch etwas, Caroline. Ich glaube, Nyngma hat Kontakt zu Rondorf und den Chinesen. Es wäre besser, ihr würdet ohne ihn weiterreisen!"

Seine Worte waren Balsam für meine Seele. Meine Intuition hatte mich nicht getäuscht. Der Abt von Sakya hatte mir viel geschenkt: Aufmerksamkeit, Mitgefühl, unerwartete Einsichten in das Verhältnis von Geist und Materie und in meine Beziehung zu Daniel, ein besseres Verständnis für die Motivation der Chinesen und die Rolle, die Rondorf spielte, und vor allem eines: Vertrauen in mich selbst und meine innere Stimme.

„Nun ist es Zeit, Abschied zu nehmen. Lebe wohl, Caroline."

Der Lama trat auf mich zu und berührte meine Stirn mit seiner. Sofort durchströmte mich das inzwischen bekannte Gefühl der kühlen Wachheit und Konzentration. Mein Geist leerte sich in Sekundenschnelle. In meinem Innern war nichts als tiefe, dunkelblaue Stille, so blau und kühl wie die Berge von Nicholas Roerich. Mir war, als übertrage der Hohe Lama von Sakya einen Teil seiner kostbaren Kraft auf mich.

19

Nyngma steuerte unseren Jeep zurück auf die Hauptstraße und folgte ihr dann in nordwestlicher Richtung. Was auf der Karte nach einer kurzen Entfernung aussah, war in Wirklichkeit eine beschwerliche Reise, die sich unglaublich in die Länge zog. Ich machte mir Sorgen um unsere Benzinvorräte, aber Nyngma meinte, Daniel und er hätten ausreichend Benzin besorgt und entlang der Hauptstraße gäbe es überall Tankstellen. Nur in den Kunlun-Bergen würde das Tanken schwierig werden, aber dort müssten wir uns ohnehin einen Treck organisieren, der uns zu Fuß hinauf in die eisigen Höhen brachte. Nyngma sprach von wir und ich überlegte, wie lange es noch dauern würde, bis sich unsere Wege trennten. Ich musste unbedingt mit Daniel über ihn reden.

Die Karte wies uns den Weg in ein Tal, das auf keiner offiziellen Landkarte verzeichnet war. Hier lag eines der ältesten Klöster des Landes. Nyngma spekulierte, ob es sich um ein verborgenes Tal handeln könnte. Überall in Tibet erzählte man sich Geschichten von verborgenen Tälern, die besondere Geistesschätze enthielten. Vor langer Zeit waren diese Schätze dort von Yogis verborgen worden, welche die Täler mit geistigen Techniken versiegelt hatten. Nun konnten nur Eingeweihte oder Menschen mit erhöhtem Bewusstsein diese Täler finden und die Schätze bergen. Andere würden das Tal für ein gewöhnliches Tal halten oder sich unnötig in Gefahr begeben.

Es stimmte mich nachdenklich, dass unsere Welt nach Ansicht der Tibeter aus vielen unterschiedlichen Ebenen bestehen sollte, die nicht von jedem im gleichen Umfang wahrgenommen werden konnten, sondern nur entsprechend der eigenen Bewusstseinsstufe und Wahrnehmungsfähigkeit. Ich hatte bisher geglaubt, dass jeder dasselbe sah, dass wir alle ein und dieselbe Sicht der Welt teilten. Schon die Worte des Abtes von Sakya hatten diese Ansicht als Irrtum des Oberflächenbewusstseins entlarvt. Jetzt, wo ich beim Fahren darüber nachdachte, schien das zu heißen, dass nichts wichtiger als die Entwicklung des Bewusstseins und die Erweiterung der eigenen Wahrnehmung war. Auch ich musste mindestens dorthin gelangen, wo einige Wissenschaftler bereits waren: zu der Erkenntnis, dass wahrnehmendes Bewusstsein und wahrgenommenes Objekt in einer beeinflussenden Beziehung zueinander standen. War es nicht absolut logisch, dass es nichts Erkanntes ohne einen Erkennenden gab? Wer oder was war dieser Erkennende? War er das Ich oder das Höhere Selbst? Was unterschied die beiden voneinander?

Das gleichmäßige Schaukeln des Jeeps schläferte mich ein. Ich erwachte, als es bereits dunkel war und Daniel, der nun am Steuer saß, den Wagen in einen menschenleeren, unbeleuchteten Ort lenkte, in dem es ein Gästehaus gab.

Als es an die Zimmerverteilung ging, drückte Nyngma Daniel und mir ganz selbstverständlich den Schlüssel für ein Doppelzimmer in die Hand. Ich errötete und sah, wie Daniel nach Luft schnappte und Nyngma überreden wollte, das Doppelzimmer mit ihm zu teilen. Aber Nyngma war fest entschlossen, diese Nacht allein zu verbringen und stapfte die Treppe hinauf, bevor Daniel ein Wort sagen konnte. So sehr ihm vielleicht zu misstrauen war, für die Schwierigkeiten in der Beziehung zwischen Daniel und mir hatte er ein untrügliches Gespür und irgendwie glaubte ich, dass er mir ganz bewusst helfen wollte.

Daniel stand wie angewurzelt da. Erst als er bemerkte, dass ich ihn beobachtete, riss er sich zusammen und ging voran in die erste Etage des einfachen Holzhauses. Seine Hände zitterten, als er die Tür zu unserem Zimmer öffnete. Er tat mir in diesem Moment, in dem er so sehr mit seiner Angst kämpfte, der Angst, mit mir allein zu sein, neben mir schlafen zu müssen, nicht vor mir wegrennen zu können, unsagbar leid.

In der Mitte des geräumigen Zimmers stand ein hohes Doppelbett. Achtlos warf ich meine Tasche rechts daneben, kramte meine Waschsachen hervor und ließ Daniel einfach stehen, um mich im einzigen Badezimmer des Hauses mit eiskaltem Wasser zu waschen.

Als ich wiederkam, kramte Daniel emsig in seinen Sachen. Ich wusste, dass er etwas tun musste, weil er die Stille nicht ertragen konnte, die sich unser bemächtigte, sobald wir allein waren. Es war wie ein Vakuum, in das wir gemeinsam drifteten. Da war nichts. Kein Gedanke, kein Wunsch, kein Bedürfnis. Nur diese Nähe, diese magische, energiegeladene, betörende Nähe – wie bei unserer ersten Begegnung auf Sangeetas Party. Leere, Nicht-Sein. Ich verstand so gut, was er durchmachte. Ich erlebte das Gleiche. Doch irgendwie schien ich besser damit umgehen zu können, vielleicht weil ich frei und niemandem verpflichtet war. Ich hatte inzwischen verstanden, dass er sich nur noch weiter zurückzog, je mehr er das Gefühl hatte, dass ich etwas von ihm verlangte. Und doch durfte ihm sein Verhalten nicht unbewusst bleiben. Er musste sehen, dass er sich von mir abschottete und vor mir davonlief.

„Wir müssen reden, Daniel. So geht es nicht weiter!"

„Ich weiß", gab er kleinlaut zu.

„Wovor zum Teufel hast du so eine verdammte Angst?"

„Ich habe keine Angst", entgegnete er trotzig.

Vielleicht war es leichter für ihn, seine Angst anzuerkennen, wenn er begriff, dass ich nicht die starke, selbstsichere Frau war, für die er mich hielt. „*Ich* habe Angst, Daniel", sagte ich. „Ich habe Angst davor, dass wir beide nicht den Mut finden, uns wirklich nah zu sein. Ich habe Angst davor, dass wir ewig weiter die Unnahbaren spielen und dabei die wichtigste Lektion übersehen, die wir gemeinsam lernen können: einem anderen uneingeschränkt zu vertrauen und die Nähe zu ihm zuzulassen, auch wenn man sich selbst in ihr aufzulösen scheint. Es fühlt sich schrecklich an, dir nahe zu sein und all die Gefühle sehen zu müssen, die diese Nähe auslöst. Sie zwingt mich zu absoluter Ehrlichkeit mir selbst gegenüber. Zu einer Ehrlichkeit, für die ich eigentlich nicht bereit bin. Ich weiß nicht, warum das geschieht. Ist *das Liebe*? Ich weiß nur, dass ich nicht hier bei dir bin, um dein Leben durcheinander zu bringen. Ich bin nicht hier, um dich von Malika loszureißen. Ich bin nicht hier, um dich zu verletzen oder irgend etwas von dir zu fordern, das du nicht geben kannst. Ich habe große Angst, dass meine Liebe zu dir eine ausweglose Liebe ist. Du willst sie nicht erwidern und ich habe nicht die Kraft, mich von ihr zu befreien. Manchmal kommt es mir vor, als würde ich dich immer verzweifelter begehren, je stärker du mich abweist. Du tust mir weh, wenn du mich mit dem Gedanken berührst, mich eigentlich nicht berühren zu dürfen. Du tust mir weh, wenn du mich ansiehst, als wolltest du nichts lieber, als mich zu umarmen, aber dir genau das verbietest. Was fühlst du, Daniel? Was willst du?"

Daniel starrte zur Decke. Ich hatte mich schon so an die Stille im Raum gewöhnt, dass ich erschrak, als er sich abrupt zu mir drehte. „Du bist das Schönste, das Begehrenswerteste, das Verheißungsvollste, was mir je begegnet ist, aber irgendetwas steht zwischen uns. Wenn ich wüsste, was es ist, könnte ich es vielleicht beseitigen, aber ich weiß es nicht. Es ist nicht nur Malika oder die Angst, mich voll und ganz auf dich und die Kraft, die ich zwischen uns spüre, einzulassen. Es ist wie eine unsichtbare Mauer, die mich von dir trennt. Ich weiß, dass du nicht daran schuld bist, aber bitte, gib auch mir nicht die Schuld. Ich versuche, das Rätsel zu lösen. Aber ich kann es nicht."

„Was könnte es sein? Ich spüre es auch."

Er suchte nach einer Erklärung. „Vielleicht ist es das Gleiche, was heute noch zwischen uns und Shambhala steht. Vielleicht steht unser Ego zwischen uns und wir reagieren nur deshalb so heftig! Mir geht es genau wie dir. In deiner Nähe sehe ich alles mit erschreckender Deutlich-keit, wie durch ein überdimensionales Vergrößerungsglas: dich, mich, meine Gedanken und Gefühle, meine Fehler und Unzulänglichkeiten. In deinen Augen sehe ich meine eigene Vollkommenheit. Doch damit bin ich auch gezwungen, all die Dinge zu sehen, die mich von dieser Voll-kommenheit trennen. In diesen Momenten hasse ich mich. Ich hasse mich, weil ich mich immer für so einen weisen, klugen und wertvollen Menschen gehalten habe. Ich hasse mich für meine Arroganz und für meinen Stolz. Dann weiß ich, dass ich eigentlich nichts weiß und nichts bin. Und doch ist da eine Art inneres Wissen, das wortlos mit jemandem geteilt werden kann."

„Wie meinst du das?" Ich glaubte, Daniel war dabei, etwas Wichtiges über unsere Beziehung herauszufinden und zu benennen.

„Dieses Wissen kann einen brechen, wenn der Geist noch nicht weit ge-nug ist, über die eigenen strukturierten Grenzen hinauszuwachsen. Denn man sieht vor allem eines, die Lüge des eigenen Lebens, die das kleine Ego in vielen Jahren aufgebaut hat, um sich sicher zu fühlen. Es reicht schon, dass du da bist, um diesen Schmerz in mir hervorzurufen, aber es wird schlimmer mit jeder Berührung, jeder Umarmung, jedem Kuss. Ich fühle mich dir so nahe und gleichzeitig bist du oft so weit fort. Ich weiß nicht, was ich schwerer ertragen kann, die Nähe zu dir oder das Gefühl, von dir getrennt zu sein."

Er erlebte tatsächlich das Gleiche wie ich. Durch seine Offenheit ermutigt, wagte ich den Versuch, meine Gefühle noch klarer zu beschreiben: „In deiner Nähe erlebe ich vor allem eines: ein gigantisches Gefühl, das alle Gefühle, die ich kenne, zu enthalten scheint und mich fortreißt. Es ist so groß wie das Leben selbst. Ja, mir scheint, in deiner Gegenwart spüre ich Leben in seiner reinsten, ureigenen Form, als Lebensfunke oder Lebenswille. Dieses Gefühl ist stärker als alle Freude, die ich je erlebt habe, und größer als jeder Schmerz, den ich kenne. Ist das Liebe, Daniel?"

Er suchte nach einer Antwort. „Es gibt unendlich viele Formen von Liebe, Caroline. Meistens erleben wir Liebe als bedingte Liebe. Das heißt, wir lieben einen anderen unter der Bedingung, dass er uns auch liebt und uns das gibt, was wir uns von ihm erhoffen, sei es finanzielle Sicherheit, Wissen; das Gefühl, begehrt und schön zu sein; das Gefühl, geliebt zu werden und nicht allein zu sein, und vieles mehr. Das ist die einzige Form von Liebe, die das Ego kennt. Es sieht einen anderen, verliebt sich in ihn, will mit ihm zusammen sein und wünscht sich eigentlich nur, dass dieser andere die eigene Leere füllt. Eine solche Liebe ist höchstens in dem Maße altruistisch, in dem der Liebende bereit ist, dem Partner ebenfalls zur Befriedigung seiner ganz individuellen Bedürfnisse zur Verfügung zu stehen. In einer solchen Partnerschaft ist Liebe Begehren, das sofort schwindet, wenn die Bedürfnisse eines Partners nicht mehr in ausreichendem Maße Befriedigung finden, wenn die innere Leere zurückkehrt oder wenn jemand kommt, der begehrenswerter erscheint, weil er neue Möglichkeiten der Bedürfnisbefriedigung bietet.

Diese bedingte Liebe ist unser Einstieg in die Welt der Emotionen, unser natürlicher Führer zur so genannten wahren oder reinen Liebe. Diese Liebe ist da, aber sie ist nicht greifbar. Wenn man sie greifen will, rennt sie davon, denn greifen will nur das Ego, das nicht wirklich lieben kann, weil es nur besitzen will. Die wahre Liebe ist das Wesen des Geistes, rein und ungebunden. Sie liebt um der Liebe willen. Sie braucht keinen Grund, denn sie kann gar nicht anders als lieben. Liebe ist ihr Wesen, ihre Natur. Sie denkt nicht an den eigenen Nutzen, sie kalkuliert überhaupt nicht. Und eigentlich ist sie auch nicht auf einen bestimmten Menschen beschränkt.

Wer so liebt, verlangt und nimmt nichts vom anderen, sondern gibt alles, bedingungslos. Er gibt sich selbst. Diese Liebe ist heitere Klarheit, Glückseligkeit, echtes Vertrauen. Lüge und das Vorgaukeln vermeintlich wünschenswerter Charaktereigenschaften hat zwischen solchen Liebenden keinen Platz. So tiefe Liebe kann man nur erfahren, wenn man bereit ist, alle Masken fallen zu lassen. Die Liebenden begegnen sich auf der Ebene ihres Höheren Selbst, in tiefem Respekt und jenseits des Egos. Sie fürchten weder Einheit noch Trennung, weder den anderen noch sich selbst.

Caroline, noch kann ich nicht so tief lieben, aber für den Rest meines Lebens kann ich mir keine andere Art des Liebens vorstellen. Bedingte Liebe habe ich zur Genüge erfahren. Malika und ich teilen alles, was man nur teilen kann. Ich habe immer geglaubt, das sei Liebe. Heute weiß ich, dass das nicht stimmt. Malika und ich waren immer zwei Menschen, die Erfahrungen miteinander teilen. Wir waren niemals eins… und erst recht nicht nichts… Zum ersten Mal sehe ich die Möglichkeiten, die echte Nähe und Liebe mit sich bringt. Sie ist wie ein läuterndes Feuer. Sie bewirkt Wandel, Wachstum und Erkenntnis. Ja, sie ist Erkenntnis in ihrer ursprünglichsten Form! Und nun, wo ich das weiß, muss ich mich fragen, ob ich das, was ich all die Jahre gesucht habe, überhaupt will. Will ich die Möglichkeit zur Selbsterkenntnis? Ich weiß es nicht!"

Ich riss das Fenster auf und atmete die kühle Abendluft tief in mich ein. Die Kälte klärte meine Sinne. Warum machten wir das Klare und Einfache nur so kompliziert? Warum kämpften wir so erbittert gegen das an, was wir uns am sehnlichsten wünschten?

Daniel stand plötzlich hinter mir und legte seine Arme um mich. Ich spürte seine Wange an meiner. Er streichelte sanft über meinen Bauch und küsste mein Ohr. Leise flüsterte er: „Caroline, Caroline. Glaubst du wirklich, dass ich dich nicht liebe?" Er drehte mich zu sich herum und strich die skeptischen Falten zwischen meinen Brauen glatt. Dann küsste er mich auf die Stelle, die er eben noch berührt hatte, sah mir in die Augen und sagte: „Ich liebe dich!"

Ich zog ihn leidenschaftlich zu mir heran, und unsere Lippen trafen sich in gierigem Verlangen. Ich spürte wie die Freude über die köstliche, tiefe Ruhe und geistige Klarheit, in die wir gemeinsam eintraten, den Reiz der körperlichen Leidenschaft verblassen ließ. Was geschah nur zwischen uns? Immer, wenn ich glaubte, es verstanden zu haben, musste ich einsehen, dass ich nichts begriffen hatte.

Daniel führte mich zum Bett, zog mich langsam aus und erkundete meinen Körper neugierig und aufmerksam. So hatte ich Nähe und körperliche Intimität noch nie erlebt. Er berührte mich ehrfürchtig wie eine zerbrechliche Kostbarkeit, und gab mir das Gefühl, das Schönste, Wertvollste und Begehrenswerteste zu sein, das er sich vorzustellen vermochte. Ich wusste, dass ich ihn auf die gleiche Weise betrachtete. Meine Hände glitten leicht über seine glatte, dunkle Haut und ich spürte einen inneren Schauer, der etwas anderes war als sexuelle Erregung. Ich spürte so etwas wie tiefe Achtung und ergreifende Rührung vor dem Leben selbst, das ich in Daniel sah und berührte. Mir war, als vermischten sich unsere Energien. Während wir einander berührten, hatte ich das eigentümliche Gefühl, die Szene gleichzeitig mit seinen und mit meinen Augen zu betrachten, als hätte ich mich von meinem Körper und meinem Geist gelöst und sei nichts als gemeinsames, beobachtendes Bewusstsein.

Die farbenprächtige Dämmerung weckte mich. Daniel und ich lagen nackt ineinander verschlungen da. Er schlief noch fest und atmete tief. Ich betrachtete ihn. Im Schlaf war er noch viel schöner. Lag es daran, dass er weniger beherrscht war? Wo war das Ego, wenn man schlief?

Obwohl ich nackt dalag, fror ich nicht. Daniels Körper bedeckte mich weich und warm. Er war mir so vertraut und so nah, näher als ich mir selbst. Gab es diese Liebe wirklich, die einen über die Grenzen des eigenen Ichs hinaustrug, hin zu etwas, das dem eigenen Wesen viel mehr entsprach als das, was man immer dafür gehalten hatte? Was war dieses „Etwas"? Es ließ sich nicht greifen. Es kam und ging, wie es ihm beliebte. Daniel hatte gesagt, er habe das Gefühl, sich dieser „Kraft", dieser Liebe vollkommen hingeben zu müssen, aber er könne es nicht. Letzte Nacht hatten wir es beide gekonnt. Warum jetzt? Warum so plötzlich? Und wie lange würden wir diese ungeschützte Offenheit dem anderen gegenüber ertragen?

Es schien Stunden später zu sein, als er erwachte und mich mit hellwachem Blick ansah, meine Haare sanft durch seine Finger gleiten ließ und mich zärtlich küsste. Jeder Zweifel an der Echtheit unserer Gefühle war wie weggewischt. Die unerträgliche Trennung schien endlich überwunden. Ich hatte das Gefühl, alles erreicht zu haben, was ich auf dieser Reise erreichen wollte. In diesem Moment glaubte ich mich am Ziel meiner Wünsche. Zum ersten Mal, seit ich denken konnte, schien mein unstillbares Verlangen nach Nähe und Einheit befriedigt. Ich war glücklich.

Daniel sprach meine Gedanken aus: „Können wir Rondorf nicht vergessen und einfach eine Weile hier bleiben?" Er formulierte unsere gemeinsame Sehnsucht, die Zeit anzuhalten, den Problemen aus dem Weg zu gehen und bis in alle Ewigkeit in diesem Zustand des Glücks und der Zufriedenheit zu verharren. Ich ließ meine Hände zärtlich über seine Brust gleiten und setzte unserem Traum ein brutal realistisches Ende. „Ich fürchte, jetzt geht die Hetzjagd erst richtig los. Ich habe ein komisches Gefühl... Da fällt mir ein, was ich dich seit gestern fragen wollte..."

Daniel stöhnte: „Ah, muss das jetzt sein? Gib uns noch fünf Minuten!"

„Es ist wichtig."

„Also gut. Was hast du auf dem Herzen, Geliebte?"

„Nyngma."

„Was, du bist auch in Nyngma verliebt? Das hättest du mir ruhig eher sagen können, dann hätte ich unter Umständen von gewissen Dingen Abstand genommen." Er lachte und küsste mich. „Daniel, bitte!" Ich drückte ihn energisch zurück in die Kissen. „Nyngma ist ein Spitzel."

Daniel setzte sich kerzengerade auf. „Du kennst meine Meinung dazu, Caroline. Lama Chödön Töldup kennt Nyngma seit vielen Jahren. Er ist ein außergewöhnlicher und loyaler Schüler. Er würde sein Land niemals verraten!"

„Weißt du, was ihm die Chinesen bieten?"

„Caroline, du siehst Gespenster."

Da meine Autorität auf diesem Gebiet so vehement in Frage gestellt wurde, zog ich ein anderes Register: „Dann sieht der Abt von Sakya auch Gespenster. Als ich gestern meine Tasche vergessen hatte, bin ich ihm zufällig noch einmal begegnet. Er warnte mich vor Nyngma und gab mir den Rat, uns von ihm zu trennen."

Das beeindruckte Daniel. „Ich teile eure Befürchtungen nicht. Aber vielleicht sollten wir wirklich vorsichtiger sein."

„Wenn es nicht schon zu spät ist, denn er kennt unsere Route und unser Ziel. Vielleicht hat er Rondorf längst die Karte zugespielt. Warum sollte er sonst unterwegs zum Kailash sein?" Plötzlich kam mir ein Gedanke: „Ist dir schon einmal aufgefallen, dass sich das Blatt ständig zu wenden scheint? Zuerst wollten wir herausfinden, was Rondorf treibt, und haben durch ihn wichtige Informationen bekommen. Im Moment hat es eher den Anschein, als hätten wir ihn mit unseren Informationen überholt und führten ihn dadurch auf eine Fährte, die er noch nicht kannte. Ich habe das Gefühl, dass wir ihm und den Chinesen neue Möglichkeiten eröffnen."

20

Nyngma erwartete uns beim Frühstück. Ich sah, dass Daniel ihn kritischer betrachtete als bisher. Als unser Tee serviert wurde, entschuldigte sich Nyngma, er müsse noch packen. Erleichtert atmeten wir auf.

Der Kellner, der auch der Besitzer des Gasthauses war, trat an unseren Tisch. „Das hier wurde gerade für Sie abgegeben." Er reichte Daniel einen Briefumschlag. Ich riss ihn an mich, öffnete ihn mit meinem Frühstücksmesser und las den eigenartigen Text halblaut vor:

„Die Gegensätze bekämpfen einander, bis sie die Einheit hinter ihrer Trennung erkennen können.

So bekämpfen und betrügen sich auch die Menschen innerhalb der Organisationen, weil sie nicht wissen, dass sie dasselbe Ziel haben.

Chinesen arbeiten für Tibeter, Tibeter für Chinesen.

Nicht alle Lamas sind so gut, wie sie scheinen.

Die Schatten der Macht lauern hinter jedem Mächtigen.

Es ist oft besser, hinter den scheinbar Guten etwas Böses zu vermuten, als hinter den scheinbar Bösen nichts Gutes. Die Dinge bedingen und durchdringen einander.

In der Vergangenheit eines jeden von uns liegt auch das Böse begraben.

Auch wer sich heute für unfehlbar hält wie Frau von Teubner, sollte nicht versäumen, die Fehler der früheren Generationen zu sehen, die ihre Schatten bis in die Gegenwart werfen."

Mit jeder Zeile, die ich las, wuchs meine Beklemmung. Meine Brust verengte sich und ich bekam kaum noch Luft. Mir war, als schnüre mir jemand die Kehle zu. Ich hätte es vorhin nicht aussprechen sollen! Ich hätte es nicht einmal denken dürfen! Wir waren so glücklich, so erfüllt und so frei gewesen. Und ich hatte nichts Besseres zu tun gehabt, als Katastrophen vorauszusehen, eine Hetzjagd, noch mehr Angst, noch mehr Leid und noch größere Trennung… War es möglich, dass ich den Wandel der Ereignisse so sicher spüren konnte? Ich wusste nicht, was mich mehr erschreckte – der Brief oder die sichere Gewissheit, dass der schwierigste Teil unserer irrsinnigen Reise noch vor uns lag.

Daniel nahm mir den Zettel aus der zitternden Hand und las ihn erneut.

„Kannst du damit etwas anfangen, Caroline?" Seine Stimme klang hart und kalt. Er versuchte, die wieder erwachte Unsicherheit zu überspielen. In seinen Augen las ich die Frage, ob er mir wirklich vertrauen konnte. Ich spürte es ganz deutlich. Augenblicklich war die alte Distanz zwischen uns wieder da, und ich wurde zum Opfer jener namenlosen Angst, die nur auf einen Auslöser wartete, um mich aufzufressen wie ein hungriges Tier.

Rondorf und Konsorten – ich zweifelte nicht eine Sekunde lang, dass sie diese Schreckensnachricht ausgeheckt hatten – gingen also zur psychologischen Kriegsführung über. Nachdem Einschüchterung und offene körperliche Drohung nicht gewirkt hatten, wollten sie uns nun mit Verunsicherung schachmatt setzen. Allein der Satz „auch wer sich heute für unfehlbar hält, wie Frau von Teubner…" machte mich rasend vor Wut. Ich hielt mich für alles andere als unfehlbar. Und Rondorf, dieser Schurke, wusste das. Er kannte jede meiner Schwächen.

Tränen der Wut standen mir in den Augen. Eben noch waren Daniel und ich uns so nah gewesen. Aber plötzlich war alles wieder ganz anders. Jetzt beäugte er mich fast so kritisch wie Nyngma, weil er durch einen anonymen Brief gezwungen wurde, mich erneut in Frage zu stellen und meine Vertrauenswürdigkeit zu prüfen. Für mich stand noch viel mehr auf dem Prüfstand. Erneut öffnete sich die schreckliche Kluft, in deren Tiefe die Antwort auf die Frage lag, ob ich dem Kommenden gewachsen war oder nicht. Hatte ich die Kraft, mich mit meinen eigenen Schatten, „den Schatten der Vergangenheit" zu konfrontieren?

Nyngma kehrte zurück und blickte fragend in unsere erschütterten Gesichter. Daniel faltete den Zettel sorgsam zusammen und steckte ihn in seine Westentasche. Warum lachten wir nicht einfach über dieses durchsichtige Manöver? Warum waren wir nicht stark genug, den Zettel einfach zu zerreißen und seinen Inhalt zu vergessen? Warum ließen wir uns durch niederträchtige Worte die Kraft, den Mut und das Vertrauen rauben?

Die Sonne brannte heiß auf das Dach unseres Jeeps. Ich hatte das Fenster geöffnet und hielt das Gesicht in den Fahrtwind. Der Tag zog so unbemerkt an mir vorüber wie die Landschaft. Nyngma vermied es, nach dem Grund meiner Verstörung zu fragen. Ich wagte nicht zu denken, dass er vielleicht nur deshalb nicht fragte, weil er ihn genau kannte. Nachdem wir Rondorfs Ziel kannten und wussten, dass er uns einige Kilometer voraus war, hatten wir beschlossen, nicht länger als nötig zu rasten, bis wir den Kailash erreichten.

Ich erwachte wieder erst, als der Wagen plötzlich hielt. Die Ruhe der tibetischen Nacht war lauter als das Geräusch des Dieselmotors, das mich zuvor in sanften Schlaf gelullt hatte. Nyngma setzte sich abrupt neben mir auf und starrte Daniel ärgerlich an. „Was soll das? Warum hältst du an? Es sind noch mindestens zwei Tage bis zum Kailash."

Verschlafen versuchte ich, meine Gedanken zu ordnen und die Orientierung wiederzugewinnen. Draußen war es stockdunkel. Im Licht der Standscheinwerfer sah ich einen Fluss. Hinter uns lag ein Wald mit krüppeligen Kiefern. Ich beobachtete aufmerksam, wie Nyngma immer wütender wurde. Was hatte Daniel vor, und weshalb hatte er mir nichts davon gesagt? Sein Ton war schärfer als sonst, als er Nyngma zurechtwies. „Reg dich nicht auf!" Selbst in der Dunkelheit konnte ich Nyngmas missmutiges Gesicht sehen. „Ich hatte gerade eine Idee. Ich bin schon einmal in dieser Gegend gewesen. Damals war ich mit meinem Doktorvater auf Exkursion. Wir wohnten in einem Kloster, in dem tibetische Nonnen lebten. Eigentlich war der Zutritt jedem Mann, der kein Mönch war, strengstens verboten. Aber mein Professor schaffte es irgendwie, die Nonnen für uns zu gewinnen. Das Kloster muss hier irgendwo oberhalb des Flusses liegen. Eine junge Nonne suchte immerfort unsere Nähe. Ich unterhielt mich oft mit ihr. Ich glaube, ihr Name war Pema. Sie war damals gerade sechzehn und erzählte mir Geschichten von einem geheimnisvollen Land, das sie ‚Land des lächelnden Buddha' nannte. Dort lebten verwirklichte Meister aus allen erdenklichen Ländern.

Pema erzählte mir das alles unter dem Siegel der Verschwiegenheit. Ich glaube, ich habe damals sogar einen Schwur leisten müssen: nicht zu verraten, dass sie seit frühester Kindheit Kontakt zu den Meistern dieses Landes habe. Das Land läge hinter den Bergen und sei für Sterbliche unerreichbar. Pema erzählte, einmal habe sie ihr Dorf vor einer Überschwemmung gerettet, weil ihr geistiger Lama sie gewarnt habe. Erst habe der Dorfälteste ihre Eltern ausgelacht, als diese ihm erklärten, was ihre Tochter erfahren habe. Aber dann habe er beschlossen, dem kleinen Mädchen Glauben zu schenken, und in einer Nacht errichteten die Dorfbewohner einen Schutzwall, wie ihnen Pema geraten hatte. Die Dorfbewohner warteten tagelang auf die prophezeite Flutwelle. Schon fing man an, Pema zu belächeln. Aber dann setzte der Monsun ein, und das Dorf entging nur knapp einer Katastrophe. Pemas Eltern brachten ihre Tochter sofort zum nächsten Lama und berichteten ihm von den Ereignissen und von der Hellsichtigkeit ihrer Tochter. Der Lama sprach allein mit ihr, und obwohl Pema damals nur drei oder vier war, erinnerte sie sich in unserem Gespräch noch an jede Einzelheit. Der Lama habe sie gefragt, woher sie diese Dinge wisse, und sie habe ihm erklärt, dass sie Kontakt zu einem geistigen Führer aus dem ‚Land des lächelnden Buddha' habe. Ein weiser Meister, der jenseits der greifbaren Welt lebe, berichte ihr von Ereignissen in der Vergangenheit und der Zukunft, um ihr die Welt des Geistes zu erklären. Er unterrichte sie. Dann verkündete Pema dem verwunderten Lama, ihr Lehrer habe gesagt, dass sie einst Nonne in einem Kloster an einem Fluss sein würde. Und sie würde die Leere verwirklichen… Pema lachte laut, als sie eine schiefe Grimasse schnitt und mir vormachte, wie dämlich der Lama sie daraufhin angeschaut habe. Kokett habe sie gefragt: ‚Glaubst du mir nicht?' Das sei das erste und einzige Mal in ihrem Leben gewesen, dass ein Lama vor ihr errötet war."

Nyngma gähnte gelangweilt. Der dünne Faden meiner Aufmerksamkeit war zum Reißen gespannt. Es war erstaunlich, dass Daniel ausgerechnet jetzt an die hellsichtige Nonne dachte und sich an so viele Einzelheiten ihrer Begegnung erinnerte.

Daniel erzählte weiter, als hätten wir alle Zeit der Welt: „Ich glaube, einmal fragte ich Pema, ob der Aufenthaltsort ihres Meisters noch einen anderen Namen habe als ‚Land des lächelnden Buddha'. Das klang mir wie die Erfindung eines phantasievollen Kindes. Aber Pema wollte nicht recht damit herausrücken. Sie sagte nur: ‚Viele Dinge über dieses Land darf man nicht vor der gegebenen Zeit aussprechen. Sie könnten Unheil anrichten, wenn sie in Ohren dringen, die noch nicht bereit sind, zu hören. Aber eines Tages werden wir uns wiedersehen, und du wirst mich das Gleiche fragen. Dann werde ich dir antworten müssen, weil deine Ohren dann bereit sind, die Antwort auf deine Frage zu hören.'"

Ich fror plötzlich. Daniel wunderte sich: „Könnt ihr euch vorstellen, dass ich das vergessen hatte? Erst als ich vorhin die Straße entlang fuhr und der Wald und der Fluss mir bekannt vorkamen, fielen mir Pema und ihre seltsame Prophezeiung wieder ein."

„Du willst also dieses verdammte Kloster suchen?" Nyngma fand die Geschichte eindeutig albern.

Aber Daniel blieb dabei. „Wir können hier übernachten und morgen früh los. Wir müssen uns nur an den Fluss halten."

„Mir scheint, dass das Ganze immer mehr in eure persönliche Suche nach Shambhala ausartet. Ihr solltet nicht vergessen, weshalb ihr wirklich unterwegs seid", maulte Nyngma frech.

Jetzt platzte mir der Kragen: „Ich glaube, wir müssen hier mal einiges klarstellen, Nyngma. Daniel und ich sind nicht unbedingt aus freien Stücken auf dieser Reise. Das einzige Stück freien Willens, das uns in naher Zukunft bleiben wird, ist die Wahl der Mittel, mit denen wir Rondorf und den Chinesen begegnen. Es ist eine Tatsache, dass Rondorf auf der Suche nach Shangri-La ist. Wenn wir ihn aufhalten oder etwaiges Unheil, das er anrichten könnte, verhindern wollen, müssen wir herausfinden, was er weiß, und gleichzeitig schnell mehr über diesen mysteriösen Ort erfahren. Man kann nur schützen, was man kennt!

Wir sind auf dieser Reise, Nyngma, nicht du! Entweder du unterstützt uns und unsere Aufgabe… und folgst uns, egal wohin wir uns entscheiden zu gehen, …oder unsere Wege trennen sich hier und heute. Du kannst dich entscheiden!"

Nyngma riß die Tür auf und stürmte beleidigt aus dem Wagen. „Ich brauche frische Luft." Erst als er außer Hörweite war, wandte ich mich Daniel zu und fragte: „Siehst du nun, was ich gemeint habe?"

Daniel wollte meine Befürchtung noch immer nicht teilen. Er suchte nach Entschuldigungen für Nyngmas Verhalten. Nyngma sei müde, die Fahrt sei anstrengend, er lebe schon so lange mit der Bedrohung durch die Chinesen, dass er es kaum erwarten könne, endlich einmal in offener Konfrontation gegen sie und das Regime treten zu können. Ich fragte mich, ob Daniel glaubte, was er sagte.

Als wir Nyngma am Morgen wieder begegneten, war er zwar weiterhin kühl und reserviert, aber immerhin bereit, uns in das Kloster der ominösen

Pema zu begleiten. Nach einem hastig eingenommenen Frühstück ließen wir den Jeep hinter einem Hügel im Wald versteckt stehen und folgten dem Fluss gen Norden. Jeder von uns hatte eine leichte Tasche mit den nötigsten Vorräten dabei. Die frische Luft des Morgens erweckte die Sinne. Die Farben der Umgebung vibrierten so stark, dass die Landschaft vor meinen Augen zu flimmern begann. Sie schien nichts als Energie zu sein. Staunend betrachtete ich das überwältigende Farbenspiel. So hatte ich die Welt noch nie gesehen. Der Himmel schillerte in tausend Tönen von tiefstem Azur, der Fluss wand sich jadegrün und saphirblau durch das raue Tal, die Nadeln der Bäume rauschten saftig und smaragdgrün im Wind. Meine Augen tränten, so grell trafen die Farben meine Netzhaut, und dennoch konnte ich mich nicht satt sehen. Wie betrunken folgte ich Daniel durch das Dickicht am Flussufer. Immer wieder mussten wir über umgefallene Baumstämme steigen, Büsche niedertrampeln und über kantige Felsen klettern. Die Sonne stieg höher und höher, und wir schleppten uns schwitzend voran. Es wurde Mittag, und wir hatten das Kloster noch nicht erreicht. Es war nicht einmal in Sichtweite.

Bald wurden meine Beine mit jedem weiteren Schritt schwerer und schwerer, wie Blei. Die dünne Luft machte mir zu schaffen. Ich schimpfte innerlich vor mich hin, trieb mich an und schleppte mich mit reiner Willenskraft weiter. Ich war mittlerweile daran gewöhnt, mich über meine physischen und psychischen Grenzen hinaus zu belasten. In meiner Brust rasselte es bedrohlich. Meine Gedanken beschäftigten sich unablässig mit zwei Fragen. Würden wir das Kloster finden, an das Daniel sich erinnert hatte? Welche Schatten lauerten in meiner Vergangenheit? Bald trat die Bedeutung der ersten Frage in den Hintergrund, und meine ganze Kraft wurde von der blinden Furcht vor einer fürchterlichen Vergangenheit aufgefressen. Je mehr ich mich dem teuflischen Kreis der Gedanken überließ, desto schwächer wurde ich.

Auch die anderen wurden langsam müde. Wir hatten die Hoffnung schon fast aufgegeben, die Schatten wurden länger, die Sonne versank hinter den Bergen und es wurde kühl, als Daniel abrupt stehen blieb. „Wir haben es geschafft!" Er blickte hinauf auf den nächsten Berg. Ich konnte nichts erkennen. Die Konturen verschwammen vor meinen Augen, die Luft flimmerte noch immer. Erst als ich erneut aufsah, stellten sich meine Augen scharf, und ich entdeckte ein Gebäude, das wie ein Adlernest am kargen Berg hing.

Daniel gönnte uns keine Pause und führte uns auf einen schmalen Trampelpfad. Nyngma keuchte hinter mir. Erst da fiel mir auf, dass ich meine volle Kraft zurückgewonnen hatte. Ich hätte singend und tanzend über den schmalen Pfad wandern können, ohne die Steigung zu spüren oder den tödlichen Abgrund zu fürchten. Auch Daniel zeigte sich wieder kraftvoll und frisch. Leichtfüßig umging er jedes Hindernis. In weniger als zwanzig Minuten hatten wir das Kloster erreicht, obwohl ich unten noch befürchtet hatte, dass wir einen halben Tag brauchen würden. Eigenartig, dass Nyngma nicht auf dieselbe Weise von dem Ort angezogen und beflügelt wurde.

Wir erreichten das schmale, niedrige Eingangstor. Daniel klopfte energisch mit dem eisernen Klopfer und wir lauschten angespannt nach Schritten. Über uns kreischten die Krähen. Ob sie uns bis hierher begleitet hatten? Daniel klopfte wieder und wieder, immer lauter. Dann fing er an, auf Tibetisch zu rufen und um Einlass zu bitten. Plötzlich öffnete sich die Tür knarrend nach außen. Daniel sprang geistesgegenwärtig zur Seite. Ein rundliches Gesicht schaute heraus und fragte: „Wer begehrt Einlass?"

Erst als der Name Pema fiel, nickte die Nonne begeistert und legte die Hände zur Begrüßung zusammen. Sie winkte uns hinein und schlurfte auf Pantoffeln vor uns her in einen geräumigen Saal. Dort bat sie uns, zu warten. Wir waren am richtigen Ort, das spürte ich.

Schlurfende Schritte, die von den Lehmwänden widerhallten, kündigten die Rückkehr der Nonne an. Sie kam in Begleitung einer älteren Nonne, der Äbtissin, wie ich richtig vermutete. War das Pema? Würdevoll trat uns die ältere Nonne entgegen, selbst vom Anblick der Männer nicht beeindruckt. Ich sah sie neugierig an. Unbekümmert erwiderte sie meinen aufdringlichen Blick und lächelte, ohne zu lächeln. Stille Freude erfüllte mich, als ich ihrer inneren Heiterkeit gewahr wurde. Sie sprach Englisch. Woher konnten diese Menschen, die für meine Begriffe in absoluter Isolation lebten, nur all diese Sprachen? „Ich höre, Sie sind auf der Suche nach Pema. Darf ich fragen, woher Sie sie kennen?"

Daniel erklärte, weshalb er Pema suche und woher er sie kannte. Er vermied es, Shambhala zu erwähnen. Wir hatten gelernt, auf der Hut zu sein. Es war zwar unwahrscheinlich, dass Rondorf das Kloster kannte oder dass die Nonnen mit den Chinesen zusammenarbeiteten, aber es war auf keinen Fall ratsam, Shambhala zu erwähnen, bevor das Gespräch nicht automatisch in diese Richtung gelenkt wurde. Leider hatte die Nonne nicht die ersehnte Nachricht für uns: „Ich muss Sie enttäuschen. Pema hat uns vor mehr als zwei Jahren verlassen, um in einer Höhle oberhalb des Flusses ihre Suche nach der Wahrheit fortzusetzen. Die Yogini empfängt keinen Besuch. Wir bringen ihr einmal in der Woche die nötigsten Vorräte. Sie hat sich in die Einsamkeit und Stille zurückgezogen, um in tiefer Meditation die höchste Selbstverwirklichung zu erlangen, die Einheit mit dem Göttlichen."

Daniel sank in sich zusammen. Nyngma sah mich verächtlich an, wie um mich daran zu erinnern, dass er von vornherein gegen unseren Ausflug gewesen war. Ich beobachtete die Szene unbeteiligt, als beträfe die Enttäuschung nicht mich, obwohl auch ich hätte enttäuscht sein müssen. In diesem Augenblick sah die Äbtissin mich an. „Darf ich fragen, wer Sie sind und weshalb Sie Pema sprechen wollen."

Unbewusst trat ich näher heran, legte die Hände vor der Brust zusammen und verneigte mich vor ihr. Sie erwiderte meinen Gruß.

„Mein Name ist Caroline. Ich stamme aus Deutschland. Ich kam vor wenigen Monaten nach Indien, um dort als Journalistin zu arbeiten." Ich wusste, dass ich offen reden und die ganze Wahrheit erzählen musste und dass ich auch von Shambhala reden würde. Daniel, Nyngma und die Nonne, die uns hereingelassen hatte, traten wie Schatten in den Hintergrund, während die Äbtissin wie durch einen unsichtbaren Faden mit mir verbunden schien und meiner Erzählung aufmerksam folgte. Ich erkannte meine eigene Stimme kaum wieder. Sie war voller, tiefer, ruhiger und fester als sonst. Die Worte flossen in einem weichen Strom über meine Lippen und klangen auf fremde, poetische Weise schön. Als ich zum ersten Mal von Shambhala sprach, nickte die Nonne, aber sie hörte mir bis zum Ende zu, ohne mich ein einziges Mal zu unterbrechen. Erst als mein Wortfluss versiegte, kommentierte sie das Gehörte: „Sie wissen selbst, dass es eine bizarre Geschichte ist, die Sie mir da erzählen. Bizarr, wenn man mit dem alltäglichen Bewusstsein denkt und versucht, ihren Inhalt zu verstehen. Ich sehe, dass Sie noch hin und her gerissen sind zwischen echtem, intuitivem Verständnis und dem Gedanken, dass Sie einem Traum, vielleicht sogar dem Irrsinn verfallen sind. Es wird noch lange dauern, bis Sie diesen Zwiespalt überwunden haben. Lernen Sie, ihn als das Kostbarste auf Ihrer Reise zu schätzen. Nur wer tiefen Zweifel in sich spürt, hat auch die Kraft, die Wahrheit zu finden. Der Zweifel ist der Bruder der Sehnsucht.

Wer niemals zweifelt, wird das Bestehende niemals in Frage stellen. Man muss eine schmerzhafte Kluft zwischen sich und der Wahrheit spüren, um die Kraft zu finden, sie um jeden Preis überwinden zu wollen. Pema ist das eindrucksvollste Beispiel einer unerschütterlichen Frau, die für ihre Suche nach einer Antwort auf die Frage der Existenz immer wieder alles aufgab, was vergängliche Freuden verhieß. Sie lebte von Kindheit an in erstaunlicher Gelassenheit, weil sie ein inneres Wissen besaß, das viele von uns erst im Laufe vieler Leben erwerben. Manchmal beneide ich sie. Aber sie beteuert mir gegenüber immer wieder, dass ihre äußere Gelassenheit trügt. Innerlich leidet sie, wie sie sagt, häufig höllische Qualen. Sie leidet, weil sie um ein Leben in Einheit mit dem Göttlichen weiß, das ewig, friedvoll und von Freude und Harmonie erfüllt ist, und weil sie trotz dieses Wissens gezwungen ist, in der Welt der Gegensätze und Disharmonie zu leben. Oftmals hat sie das Gefühl, an diesem Wissen und an der Sehnsucht, die es hervorbringt, zu zerbrechen. Aber sie will nicht ruhen, bevor sie die Wahrheit verwirklicht hat und in immer währender Freude und Einheit mit dem Höheren lebt, um aus diesem Zustand heraus anderen helfen zu können. Es erstaunt mich nicht, dass Sie diejenige sind, die nach Pema fragt. Aber ich weiß nicht, ob ich Ihren Wunsch erfüllen kann, Sie mit ihr bekannt zu machen. Morgen werde ich eine Botin in die Höhle der Yogini schicken. Wenn sie bereit ist, Sie zu empfangen, werden wir Sie zu ihr bringen."

Daniel und ich blickten uns an. Wir wussten beide, dass wir heute nicht mehr erreichen konnten. Nyngma scharrte mürrisch mit dem Fuß auf dem Boden.

„Auch wenn es ungewöhnlich ist und wir niemals Besuch empfangen, möchten wir Sie bitten, heute Nacht unsere Gäste zu sein." Man zeigte uns einen einfachen Raum, wo wir auf Matten auf dem Boden übernachten konnten.

Am nächsten Tag warteten wir ungeduldig auf die Nachricht der Botin, die schon vor der Morgenmeditation aufgebrochen war. Ich hatte gebeten, mit den Nonnen meditieren zu dürfen, eigentlich nur, um irgendetwas zu tun und nicht nur hilflos wartend dasitzen zu müssen. Die Nonnen sangen und beteten gemeinsam. Das heilige „Om mani padme hum" hallte von den Klostermauern wider wie von einem Klangkörper, der die alles ergreifende Schwingung der göttlichen Silbe Om in die Berge und über sie hinaus trug. Ich verlor jedes Zeitgefühl. War es Sommer oder Winter, Morgen oder Abend? Waren wir erst gestern oder schon vor Tagen hier eingetroffen? Etwas in mir löste sich auf. Ich konnte weder beschreiben, was es war, noch wie es sich auflöste. Während ich tiefer in die gemeinsame Meditation glitt, fühlte ich mich plötzlich völlig orientierungslos. Da war nichts mehr, woran ich mich festhalten konnte. Nur Stille, Schweigen, Nichts, grenzenlose innere Weite. Bald stiegen aus der Dunkelheit der furchterregenden Leere neue Gedanken auf. Ich sah förmlich, wie sie sich wie Luftblasen auf einem glatten See bildeten. Mein Herz raste. Wieder spürte ich diesen Strudel, der mich tiefer und tiefer zog. Meine Brust wurde eng, und ich rang nach Luft. Ich sah, dass es immer derselbe Punkt war, an dem ich Panik bekam. Immer dann, wenn nichts als Leere in mir war, fürchtete ich, mich zu verlieren. Warum nur? Ich musste herausfinden, warum mir die Stille der Leere, die so etwas wie ein Zustand des Nicht-Seins war, so beängstigend schien, obwohl doch alle Lamas sagten, sie sei der Schlüssel zur Wirklichkeit, zur Selbsterkenntnis.

Aufgeregt und mit rotem Gesicht kehrte die Botin zurück. Sie hatte eine Nachricht von der Yogini, die sie zuerst der Äbtissin überbrachte. Wir schlugen die Zeit tot, bis diese uns zu sich rief. Die Yogini wisse bereits, dass Besuch im Kloster sei. Sie habe die Krähen gesehen. Sie sei bereit, Daniel und mich zu empfangen. Nyngma war eingeschnappt. Daniel und ich sollten in Begleitung einer Nonne kommen, die den Weg kannte, und uns darauf einstellen, zumindest eine Nacht, vielleicht sogar noch eine zweite, mit der Yogini zu verbringen. In mir regte sich Widerstand. Ich hatte keine Lust, die Nacht in einer kalten, feuchten Höhle in zugiger Höhe bei einer verschrobenen alten Einsiedlerin zu verbringen.

Wir brauchten etwas mehr als eine Stunde, um die Höhle oberhalb des Flusses zu erreichen. Yeshe, die Nonne, die uns den Weg zu der verborgenen Einsiedelei zeigte, rannte in ihren viel zu großen Pantoffeln flink über Stock und Stein. Ich ruderte einige Male wild mit den Armen, um nicht zu fallen. Einmal fing Daniel mich auf und lachte über meine tapsige Unbeholfenheit, die sich immer dann zeigte, wenn ich besonders aufgeregt war. Yeshe wies schon etwa einen Kilometer vor der Höhle in Richtung eines Plateaus, das in der Abendsonne golden schimmerte. Ich sah eine zarte Gestalt, die über dem Plateau zu schweben schien und langsame, anmutige Bewegungen mit den Armen ausführte. Irgendwo in weiter innerer Ferne tauchte eine schwache Erinnerung auf, die sich sofort wieder verflüchtigte.

Endlich nahmen wir die letzten Felsenhürden und erreichten das Plateau gleichzeitig mit den letzten goldgelben Sonnenstrahlen, die sich exakt in diesem Moment hinter die knorrigen Felsen zurückzogen. Pema kam uns lachend entgegen. Wie ein Kind lief sie auf Daniel zu, umarmte ihn und rief: „Ich habe lange auf den Tag gewartet, an dem wir uns wiedersehen. Es ist mir eine große Freude, dich und deine Frau begrüßen zu dürfen."

Daniel zuckte zusammen, als Pema mich seine „Frau" nannte. Es war ihm sichtlich peinlich. Aber Pema gab ihm nicht viel Zeit für Selbstanklagen und Schuldgefühle. Sie begrüßte auch mich herzlich. Ich konnte meinen Blick nicht von ihr wenden. Sie sah aus wie ein junges Mädchen. Ihre Haare hingen lang und glänzend schwarz über die schmalen Schultern. Sanfte Locken umrahmten ein weiches sonnengebräuntes Gesicht. Über den ausgeprägten Wangenknochen blitzten zwei hellwache, tiefbraune Mandelaugen. Pema hatte nicht die für Tibeter typische flache Stupsnase, sondern eine fein gebogene, zarte Adlernase. Sie sah eher indianisch aus. Ohne Zweifel merkte sie, dass ich sie außergewöhnlich schön fand, aber meine Bewunderung berührte sie weder peinlich noch besonders schmeichelhaft. Sie nahm sie einfach zur Kenntnis. Mit weichen, anmutigen Gesten, die jenen fließenden Bewegungen ähnelten, die ich aus der Ferne gesehen hatte, winkte sie uns in Richtung ihrer Höhle, während sie die Nonne, die uns hergebracht hatte, beinahe beiläufig und doch herzlich zurück ins Kloster schickte.

In Gegenwart dieser schönen, uneitlen und würdevollen Frau fühlte ich mich klein, hässlich und unbeholfen. Neidvoll verfolgte ich jede ihrer Gesten und bewunderte ihre Natürlichkeit, angesichts derer ich mir verklemmt und steif vorkam. Ich staunte über die Größe der Höhle und ihre warme Gemütlichkeit. Innerlich musste ich – wie so oft – über meine Einfalt lachen. Hatte ich tatsächlich erwartet, dass Einsiedler in kalten Steinhöhlen bei Wasser und Brot lebten? Die Höhle der Yogini glich den einfachen Zimmern im Kloster. Eine Pritsche diente zum Schlafen, Wandteppiche und Felldecken sorgten für Wärme, Butterlampen für Licht und Gemütlichkeit. In einer Ecke hatte Pema auf einem Felsvorsprung einen Altar aufgebaut. Dort lächelte eine goldene Buddhafigur in den Raum. Weihrauch brannte und verlieh der Höhle einen angenehmen Geruch. Pema sah, wie mein Blick zu ihrem Altar glitt und auf dem Buddha zur Ruhe kam. „Ich habe mein Leben schon als Kind dem Buddha geweiht. Er war immer in meinen Gedanken und in meinem Herzen. Ich wollte nie etwas anderes als eins mit ihm zu werden.

Eigentlich spielt es keine Rolle, welchen Heiligen wir verehren, solange wir den tiefen Wunsch im Herzen spüren, so zu werden wie er. Dieser Wunsch ist wie ein Same, der mit absoluter Sicherheit keimen und Früchte tragen wird. Doch immer gibt es einen Heiligen, der unserem Herzen besonders nah ist…"

Während die Yogini sprach, erhitzte sie Teewasser auf einem kleinen Feuer. Als es kochte, brühte sie einen Tee auf, der herrlich nach Kräutern duftete.

„Wofür brauchen wir dann die Religion?", entfuhr es mir.

Pema lachte laut. „Du hast Recht, Caroline. Eigentlich brauchen wir sie nicht. Sie kann sogar ein großes Hindernis sein. Zynisch möchte ich sagen, dass die Volksreligionen für Orientierungslose sind, die sich Halt und Richtungsvorgaben wünschen. Jeder wahrhaft Suchende wird die Wahrheit auch ohne den Halt einer religiösen Gemeinschaft finden. Ja, er muss sich sogar von allen Ideologien, Gemeinschaften und Dogmen lossagen. Leider sind die meisten Menschen zu schwach, diesen beschwerlichen, zermürbenden Weg allein zu gehen. Aber die verwirklichten Meister aller Zeiten sind ein lebendiges Beispiel für diese extreme Unabhängigkeit. Nehmt den Buddha: Er lebte in Saus und Braus am Hof seines Vaters, umgeben von weisen Brahmanen, die ihn unterrichteten, aber das reichte ihm nicht. Dort fand er nicht die Antworten, die er suchte. Sein Leben kam ihm schal und scheinheilig vor angesichts des Leidens, dem die Menschen ausgeliefert waren. Er verließ den Schutz des königlichen Palastes und schloss sich einer Gruppe von Asketen an. Aber auch dieses Leben konnte seine Sehnsucht nach der Wahrheit nicht befriedigen, von der er tief im Inneren wusste, dass sie nicht Selbstbezwingung, sondern nur Glückseligkeit und Freiheit bedeuten konnte – Beendigung des Leidens. Erst viele Jahre später, als er, allein seiner inneren Stimme folgend, innerlich und äußerlich nackt und tagelang in Meditation versunken unter dem Bodhibaum saß, erfuhr er die Süße der letzten Wirklichkeit und kehrte zurück in das Paradies, das er verloren geglaubt hatte und das zu suchen er ausgezogen war. Und Buddha verstand… Wenn er seinen ersten Lehrern, den Brahmanen im Palast seines Vaters, gefolgt wäre, wäre das niemals geschehen.

Ist es Jesus nicht ebenso ergangen? Er dachte anders als die Führer seines Volkes und die Vertreter der vorherrschenden Religion. Für die Herrschenden war er nichts als ein Rebell. Nur deshalb starb er als Märtyrer am Kreuz. Er hatte den Mut, nicht blind mit der Masse zu laufen, sondern seine eigene Wahrheit zu erforschen. Auch er wusste, dass sie nicht in religiösen Regeln und Riten zu finden ist, sondern nur im eigenen Inneren. Leider wissen wir nur sehr wenig über diese Zeit im Leben Jesu. Doch wir wissen, dass er die eine Wahrheit, die Wahrheit Gottes fand und nicht davor zurückscheute, sie zu verkünden und den Grundstein für eine neue Religion zu legen.

Wer von uns ist so stark wie Jesus oder Buddha? Wer könnte ohne Lehrer, ohne ethische Verhaltensmaßregeln, ohne Anleitung zu Gebet und Kontemplation, ja sogar gegen vorherrschende Konventionen den richtigen Weg finden? Es gibt sie immer wieder, diese wahrhaft Unabhängigen. Aber sie kommen bereits auf einer geistigen Stufe zur Welt, auf der die Erleuchtung nicht mehr fern ist. Religiosität ist ein tiefes menschliches Bedürfnis. Leider liegt es im Wesen einer Lehre, dass sie mit der Zeit immer starrer und dogmatischer wird, weil die Verbindung zum lebenden Meister fehlt. Ist das nicht auch mit dem Christentum geschehen? Was einmal als Weisheit vom Leben begann, ist irgendwann zu einer Sammlung leerer Glaubenssätze verkommen, zu intellektueller Interpretation und bloßem, kraftlosem Ritual. Auf dieser Ebene des Bewusstseins lässt sich die Wahrheit nicht erfahren. Im Gegenteil, hier wird sie nur noch mehr verschleiert. Auch in den großen Religionen tut die *Maya* ihr täuschendes Werk!"

Es würde noch lange dauern, bis ich verstand, dass die Wahrheit immer einfach zu einem kam. Man musste sie nicht angestrengt erwerben. Das Einzige, worum man sich bemühen musste, war der aufrichtige Wille zu echter Erkenntnis. Dieser Wille musste stärker sein als alles andere. Man musste bereit sein, alles aufzugeben, um das Eine zu finden. Noch nie hatte ich diesen Willen so eindrucksvoll und ansteckend erlebt wie bei Pema. Mir war, als sei ihr ganzes Wesen auf ein einziges Ziel gerichtet. Dennoch wirkte sie nicht verspannt und ehrgeizig, sondern ruhig, geduldig und glücklich.

Wir tranken den köstlichen Kräutertee. Ich sah Daniel an, weil ich wissen wollte, ob er bereit war, der Yogini die Frage zu stellen, derentwegen wir gekommen waren. Daniel spürte meinen Blick. Geistesabwesend blickte er in seinen Becher und schwieg. Er sah auch nicht auf, als er tonlos fragte: „Du weißt, weshalb wir hier sind, Pema?"

Sie nickte stumm und wartete, dass Daniel seine Frage klar, deutlich und direkt stellte. Der Suchende musste seine Frage formulieren, bevor er eine Antwort erhalten durfte. Das schien so etwas wie ein ungeschriebenes Gesetz zu sein. Natürlich! Auch die Frau im Norbulingka hatte uns das ans Herz gelegt. Warum hatten wir das nur schon wieder vergessen?

Endlich fasste sich Daniel ein Herz. „Als ich damals bei euch im Kloster war, hast du mir von den Weisen aus dem ‚Land des lächelnden Buddha‘ erzählt. Als ich dich fragte, ob dieses Land noch einen anderen Namen hätte, sagtest du, du könntest ihn mir nicht nennen, weil er nicht ausgesprochen werden dürfe, bevor die Zeit reif sei. Du sagtest, ich würde wiederkommen und erneut danach fragen, dann könntest du davon sprechen. Heute bin ich hier und frage dich erneut: Gibt es noch einen anderen Namen für das ‚Land des lächelnden Buddha‘?"

Daniels Frage hallte endlos von den Wänden der Höhle wider. Eigenartig, keiner der zuvor gesagten Sätze hatte ein solches Echo hervorgerufen! Pema stand auf, aber sie antwortete nicht. Ihr ernstes Schweigen machte Daniel sichtlich nervös. Sie ging hinüber zu ihrem Altar und versank minutenlang in tiefes Schweigen. Mir war, als bitte sie um Erlaubnis, Daniels Frage beantworten zu dürfen. Als sie sprach, klang ihre Stimme fremd und autoritär, schien aber eher wieder in meinem Bewusstsein zu erklingen als außerhalb von mir. „Es gibt einen anderen Namen. Ihr kennt ihn bereits. Ihr habt ihn in den letzten Wochen viele Male gehört. Das ‚Land des lächelnden Buddha‘ ist das heilige Shambhala."

Obwohl wir diese Antwort erwartet hatten, traf uns die Gewissheit wie ein Schlag. Mir wurde schwindelig und ich nippte hastig an meinem Tee, um den Schwindel zu bekämpfen. Daniel hüstelte eigenartig.

„Ich wusste, dass du eines Tages kommen würdest, um mehr über Shambhala zu erfahren. Als ich dich das erste Mal in unserem Kloster sah, erkannte ich, dass du mehr warst als ein junger Doktorand, der sich mit tibetischen Mythen beschäftigte. Aber ich wusste auch, dass du noch nicht so weit warst, aus bloßem Wissen Erfahrung und Weisheit werden zu lassen. Du hättest damals nicht verstanden, wovon ich sprach, denn allein die Vorstellung, dass ich mit Meistern aus unsichtbaren Sphären in Kontakt stand, kam dir phantastisch vor. Ich mochte dich sehr. Du warst mir vertraut, bekannt, sehr nah. Die Äbtissin schalt mich jeden Tag, den ich mit dir verbrachte, und erinnerte mich wieder und wieder an mein Keuschheitsgelübde." Pema lachte glucksend, versunken in die Bilder und Gefühle der Vergangenheit. „Ich lachte über sie, denn ich wusste bestimmt, dass ich nicht in dich verliebt war. Du warst mir bekannt, weil unsere Vertrautheit eines Tages große Bedeutung haben würde. Aber das konntest du damals genauso wenig wissen wie die Äbtissin … und ich konnte es euch nicht erklären. Seit ich denken kann, war ich fähig, ebenso in die Vergangenheit zu sehen wie in die Zukunft. Beide sind eins. Nur unser Bewusstsein unterteilt die Zeit und die Geschehnisse in einen Strang, der von einem bestimmten Punkt ausgehend linear auf einen anderen Punkt zuläuft. Damals sah ich, dass du mit einer blonden Frau wiederkommen würdest. Ich wusste, dass sie der Auslöser für deine Suche war, weil ihr nur zusammen sein konntet, wenn euer Bewusstsein sich gemeinsam wandelte und erweiterte, weil in eurer Beziehung die Wirklichkeit sichtbar wurde. Ich sah, dass zwischen euch reine Liebe war. Eine Liebe, die euch über die Grenzen eures Ichs hinaustrug."

Es war eigenartig: Ich hörte Pemas Worte und hörte sie doch nicht. Sie waren ebenso wenig greifbar wie mein Gefühl für Daniel oder bestimmte Erinnerungen und Einsichten, die sich auflösten, sobald ich versuchte, sie mit meinem Bewusstsein zu erfassen. Dennoch hüpfte mein Herz. Es hüpfte und wurde plötzlich ganz leicht. Wie schön! Energisch zwang ich meine Aufmerksamkeit zurück zu Pemas Worten. Sie waren wichtig, auch wenn ich sie nicht alle behalten würde. Pema sprach von mir, aber es kam mir vor, als spräche sie von einer Fremden. „Diese Frau war von ungewöhnlicher Klarheit und Wachheit. Sie wusste, dass sie wusste, aber sie war sich dessen nicht bewusst. Ich sah sie als Kind in den Bergen, als junge Frau in einer westlichen Stadt, ich sah sie in Indien und ich sah, wie du ihr begegnetest. Selten habe ich soviel Energie und Bewusstheit zwischen zwei Menschen gespürt."

Mit großen Augen sah ich Pema an. Ihr Blick ruhte liebevoll und vertraut auf mir. Sie war beängstigend hellsichtig. Was sollte das heißen: Ich wusste, dass ich wusste, aber ich war mir dessen nicht bewusst? Ich wagte nicht zu fragen.

„Wer in Kontakt mit einem Meister aus Shambhala kommt, wird noch in diesem Leben befreit. Die Weisen von Shambhala haben eine einzigartige Aufgabe. Sie führen diejenigen, die auf dem Weg zur Erleuchtung sind. Erleuchtung ohne die Führung eines Gurus oder Meisters ist unmöglich. Die Shambhala-Meister lehren sowohl durch Übertragung von Energie als auch durch Vermittlung von Einsichten und Bewusstheit. Sie werden eine notwendige Einsicht niemals zu früh vermitteln und niemals zu spät, denn sie handeln nur im Einklang mit dem kosmischen Willen. Deshalb konnte ich damals noch nicht zu dir sprechen, Daniel. Ich hoffe, dass du das verstehst."

Daniel nickte wie hypnotisiert. Ich erlebte immer noch alles aus der objektiven Position des Beobachters. Die bloße Anwesenheit der Yogini erlaubte mir ein höheres Verständnis. Sie verzauberte mich und trug mich doch nicht von mir fort, sondern auf unbeschreibliche Weise zu mir, zur Wahrheit hin.

Daniel versuchte sichtlich angestrengt, Ordnung in seine Gedanken zu bringen: „Aber dann ist Shambhala gar kein realer Ort?"

Die Yogini lächelte verschmitzt. „Was ist real, Daniel? Ist real nur das, was greifbar und mit den Sinnen erfahrbar ist, oder sind deine Gedanken, Gefühle und Ideen ebenso real wie die Worte, die du sprichst? Sind sie nicht vielleicht sogar realer? Erleben wir nicht zuerst in unserem Bewusstsein? Als Babys waren wir noch viel feinsinniger, aber irgendwann haben wir verlernt, den leisen Tönen zu lauschen und hörten nur noch die laute Melodie. Wir haben verlernt, unmittelbar mit dem Bewusstsein zu erleben, und sind nun an unsere fünf Sinne und eine äußere Welt gebunden. Die Meister von Shambhala sind realer als du, denn du hältst dich noch immer nur für *diesen* Körper und *diesen* Geist. Die Weisen identifizieren sich mit nichts außer mit dem Höheren Selbst, das alles ist. Sie sind eins mit der absoluten Wahrheit, weil sie ihr Ego hinter sich gelassen haben. Deshalb tun sie nichts als den göttlichen Willen, und das mit vollkommener Hingabe. Sie haben ihren eigenen Willen hingegeben. Sie sind deshalb Meister, weil sie sich selbst überwunden haben. Sie haben die Täuschung der getrennten Existenz entlarvt und den Vorhang für immer gelüftet. Sie sind keine unwissenden, unbewussten Figuren im göttlichen Spiel, sondern bewusst Partizipierende. Sie kennen die göttlichen Spielregeln und haben sich zu ihrem Werkzeug gemacht. Sie leben ein Leben in Einklang mit dem kosmischen Gesetz, dem so genannten *Dharma*."

Ich sah überrascht, wie Daniel in sich zusammensackte und enttäuscht flüsterte: „Wir werden Shambhala in den Kunlun-Bergen niemals finden."

Die Stimme der Yogini wurde hart. „Hüte dich vor voreiligen Schlüssen und vor Selbstmitleid!" Daniel fuhr verletzt und zornig auf, aber er verschluckte die Worte, die ihm auf der Zunge lagen. „Im Kunlun-Gebirge liegt ein Kloster, dessen Mönche den Weisen von Shambhala näher sind als ich. Sie haben die Entwicklungsstufe der Bewohner von Shambhala erlangt, aber sie sind an ihr Kloster gebunden, um wahrhaft Suchenden den Schlüssel zu übergeben, der das Tor zur Wahrheit öffnet, das Tor nach Shambhala. Du suchst einen irdischen Ort, aber dieser irdische Ort wird, wenn du ihn dereinst gefunden hast, nicht mehr nur irdisch sein, sondern einen besonderen Glanz haben, der dir den Weg im Unsichtbaren weiter weist. Vorausgesetzt, dein Bewusstsein ist weit genug, die Wahrheit sehen und fassen zu können…

Ich wundere mich, dass du nach so vielen Jahre des Studiums solche Zweifel hast, Daniel. Du weißt um das Zusammenspiel von physischen und psychischen Welten. Warum fällst du immer wieder zurück? Du hast das Zeug, die Dualität zu überwinden!"

Daniel schien verzweifelt. Wie so oft sah ich mich und meine eigene Unsicherheit in ihm. Es war so schwer, das Unsichtbare im Blick zu behalten, wenn das Sichtbare einen derart betörte und der Verstand nach logischen Erklärungen verlangte. Er konnte einfach nicht glauben, dass er in der Lage war, befreit zu leben. Obwohl es das verheißungsvollste Ziel war, schien Befreiung unvorstellbar. Daniel schwieg beleidigt. Ich glaubte, nun auch sprechen zu dürfen.

„Was müssen wir zum jetzigen Zeitpunkt unbedingt wissen?", fragte ich Pema.

„Ihr habt in den letzten Wochen viel gelernt. Nun ist es an der Zeit, weiter voranzuschreiten. Shambhala ist der Ort höchster Energie und höchsten Bewusstseins. Bewusstsein und Energie sind eng miteinander verknüpft. Auf der letzten Stufe der Erkenntnis erfährt man sie als eins. Ihr wisst bereits, dass man Shambhala nur erreichen kann, wenn man seine Schwingungsfrequenz, also sein Energieniveau erreicht. Meditation ist eine Art, den Geist zu reinigen, von störenden Gedanken zu befreien, alte Blockaden zu lösen und ein höheres energetisches Niveau zu erreichen. Aber wer es auf die Dauer nur mit Meditation schaffen will, wandelt auf einem endlosen Pfad.

Der Körper ist von vielen tausend Energiebahnen durchzogen, *Nadis* oder Meridiane genannt, die Körper und Geist mit der notwendigen Lebensenergie versorgen. So wird zum Beispiel aufgenommene Nahrung in verfügbare Energie verwandelt, während jede Bewegung, ja sogar jeder Gedanke einen Teil dieser Energie verbraucht. Auch die Atemluft bringt Energie, die im Körper umgewandelt und dort verbraucht wird. Das indische Yoga-System kennt sieben Energiezentren im menschlichen Körper. Sie liegen entlang der Wirbelsäule und heißen *Chakras*. Durch diese *Chakras* tritt feinstoffliche Energie in den Körper ein und wieder aus. Sie sind so etwas wie energetische Türen, die uns mit der Welt verbinden. Diese Energiezentren können durch körperliche, mentale und emotionale Knoten und Stauungen blockiert sein. Jeder Körper erreicht sein höchstes Energieniveau, wenn alle Knoten gelöst sind und der Energiekreislauf im Körper auf höchster Stufe fließt. Was dann fließt, nennt man je nach Land und Tradition anders: *Chi* in China, *Ki* in Japan, *Prana* in Indien, *Baraka* bei den Sufis, Lebensflüssigkeit bei den Alchimisten und *Jesod* bei den jüdischen Kabbalisten. Diese Lebenskraft ist die Heilkraft, die göttliche Gnade, die Heilung und Erkenntnis erst möglich macht. Es ist die Kraft, die verborgen hinter den Dingen liegt und ihnen Form und Struktur verleiht, die göttliche *Shakti*.

Auch Materie ist nichts anderes als diese Energie in unterschiedlicher Dichte. Die Wirklichkeit lässt sich erst ergründen, wenn man die Energien versteht und unterschiedliche Schwingungsfrequenzen erkennt, welche die Dichte eines Körpers bestimmen und ihn entweder fest, flüssig, gasförmig oder gar rein energetisch und gänzlich unsichtbar erscheinen lassen. Das Geheimnis der Schöpfung liegt in der Schwingungsfrequenz ihrer Kreaturen. Bewusstsein und Energie verhalten sich proportional zueinander. Je höher das Bewusstsein, desto höher die Energie, je höher die Energie, desto höher das Bewusstsein. Deshalb lässt sich das eine durch das andere beeinflussen. Reiner Geist, reines formloses Bewusstsein schwingt in der höchsten Frequenz – so schnell, dass es mit den Sinnen nicht mehr zu erfassen ist. Deshalb erleben wir es zunächst als Nichts. Es ist aber alles andere als nichts. Es enthält alles, wenn man um die Mechanismen der Schöpfung weiß. Das Formlose ist die unsichtbare Quelle der Form.

Schlechte Erfahrungen, Ängste, unerfüllte Wünsche, Zweifel, körperliche Verletzungen und chronische Leiden – all diese Dinge blockieren den Fluss der Energie auf der körperlichen, der emotionalen, der mentalen, der psychischen und der feinstofflichen Ebene. Um das Energieniveau im eigenen Körper anzuheben, sind eigentlich nur vier Dinge von Bedeutung: Das erste ist bestmögliche Ernährung: kein Alkohol, keine Zigaretten, keine Drogen, wenig Zucker, wenig weißes Mehl, kein Fleisch, viel Obst und Gemüse sowie Reis, Nüsse und Hülsenfrüchte. Pflanzliche Ernährung bietet mehr Energie als tierische. Allerdings sollte jeder für sich selbst herausfinden, welche Nahrungsmittel ihm am besten schmecken und bekommen. Mit zunehmender Reinigung werdet ihr auch für diese Dinge sensibler werden. Ich esse heute nur einmal am Tag einen Teller Reis mit mild gewürztem Gemüse und trinke nur Wasser und Tee. Im Winter achte ich darauf, dass ich ein wenig mehr Fett zu mir nehme, weil ich sonst friere wie ein Schneider. Auf eurer Reise werdet ihr ohnehin nur leichte Kost zu euch nehmen. Um die richtige Ernährung braucht ihr euch also keine Sorgen zu machen."

Pema sah uns an, um sich unserer Zustimmung zu vergewissern. Daniel und ich nickten synchron. „Zweitens ist permanente Selbstbeobachtung wichtig. Nur wer sich selbst beständig und ehrlich in Frage stellt, kann energetische Knoten erkennen und lösen. Sagt ihr etwas, obwohl ihr das Gegenteil denkt, fühlt ihr euch von bestimmten Situationen bedroht oder aus heiterem Himmel verspannt, ängstlich, unsicher, unkonzentriert oder einsam? All diese Gefühle deuten auf ungelöste Konflikte hin, die euch und die Energie in euch blockieren. Versucht, spielerisch zu eurem eigenen Beobachter zu werden. Aber hütet euch davor, euch selbst zu bewerten und zu verurteilen. Das würde nur eine schizophrene Spaltung herbeiführen, die Energie nimmt, wo Energie doch wachsen und frei werden soll. Alles was ihr tut, tut ihr aus einem bestimmten Grund. Es gilt den Grund, das Motiv zu finden und aufzulösen. Nichts ist hinderlicher als Selbstverurteilung, Selbstmitleid oder permanentes Schuldgefühl, weil man glaubt, nicht so perfekt zu sein wie man sein könnte. In unseren negativen Emotionen ist die meiste Energie gebunden. Seid streng und diszipliniert, wo es angebracht ist, und erlaubt euch Ruhe und Entspannung, wenn ihr euch unter unerklärlichem Druck fühlt. Wer für sich selbst kein Mitgefühl hat, kann auch kein Mitgefühl für andere haben. Unser innerer Dialog ist immer auch der Dialog, den wir mit der Welt führen. Wenn ihr von Verständnis, Klarheit und Stärke hinsichtlich eurer eigenen Motivationen durchdrungen seid, kann euch die Außenwelt nicht mehr täuschen oder manipulieren."

Pema machte eine kurze Pause, füllte Tee nach, brachte mir eine wollene Decke und hüllte mich fürsorglich darin ein. Sie warf einen weiteren Holzscheit ins Feuer. Ich hatte gar nicht bemerkt, dass ich fror. Zu fasziniert folgte ich ihrer hypnotisierenden Stimme.

„Drittens braucht es regelmäßige Meditation, bewussten Rückzug der Sinne und das Eintauchen in das formlose Bewusstsein. In der Meditation verbindet ihr euch bewusst mit der Stille jenseits der Gedanken, das heißt mit der Energie jenseits der Manifestationen, mit der Schwingungsfrequenz des reinen, formlosen Bewusstseins. Deshalb habt ihr die Meditation ohne Form gelernt. Vielleicht habt ihr schon einmal gespürt, dass trotz der herrlichen inneren Ruhe etwas in euch zu vibrieren begann und einen kaum hörbaren, wohl aber fühlbaren Ton erzeugte. Wir Tibeter und auch die Hindus meditieren häufig auf die Silbe Om. Om ist der Klang der Schöpfung, der Urton. Wenn wir lernen, unser Bewusstsein zu diesem Klang zurückzuführen, es wieder empfänglich werden zu lassen für den ersten Ton, der die Welt der Erscheinungen auf der subtilsten Ebene durchdringt, dann können wir es immer weiter zur Reinheit und Einfachheit dieses ersten, ursprünglichen, ungeteilten Lautes, zu seiner eigenen Essenz zurückführen. Damit einher gehen Läuterung und Klärung des verunreinigten Geistes, denn das Siegel der Wahrheit ist die Einfachheit. Je einfacher und unkomplizierter ihr werdet und je klarer eure Intention und Motivation ist, desto näher seid ihr der Wahrheit und desto weniger Blockaden hemmen den natürlichen Fluss eurer individuellen Lebenskraft."

Ich war versucht, zu sagen: „Das kenne ich, das habe ich erst neulich erfahren." Dann kam ich mir aber gleich fürchterlich albern vor. Pema verlangte nicht von uns, dass wir die Stadien der Entwicklung, die sie beschrieb, schon erfahren hatten. Ich stellte erschrocken fest, wie wichtig es noch immer für mich war, Anerkennung zu bekommen, gelobt und für gut befunden zu werden, Shambhala zu erreichen. Innerlich lächelnd nahm ich meine Eitelkeit zur Kenntnis und beschloss, mein eigenes Leistungsbedürfnis weiter zu beobachten. Ich hatte das unbestimmte Gefühl, dass es mir auf der weiteren Reise hinderlich werden könnte, weil es mich abhängig und beeinflussbar machte. Ich traute dem Urteil anderer immer noch mehr als meinem eigenen.

„Zuletzt möchte ich euch mit einer energetischen Reinigungs- und Aufladeübung bekannt machen. Sie ähnelt dem chinesische *Chi Gong,* löst Blockaden, vor allem entlang der Wirbelsäule, in den Schultern und in den Extremitäten und hilft gleichzeitig durch regelmäßige Atmung und Öffnung des Nabelzentrums mehr *Prana* aufzunehmen und zu speichern. Schon als kleines Mädchen nutzte ich jede freie Minute, um einen fremdartigen Tanz zu tanzen. Sobald mir die strengen Meditationsübungen, das Auswendiglernen, Arbeiten und Debattieren nur eine noch so kurze Pause boten, rannte ich in einen abgelegenen Hof des Klosters, der nur selten von anderen Nonnen betreten wurde. Dort tanzte ich nach einer inneren Musik. Manchmal waren es Flötentöne, ein andermal war es eine Sitar, die mich imaginär begleitete. Ich schwebte durch den Hof, fühlte mich frei und beschwingt, kraftvoll und glücklich. Bald entwickelte sich aus dem anfänglichen Chaos der Bewegungen eine bestimmte Übungsfolge, die meine Konzentrationsfähigkeit und Gesundheit zu beeinflussen schien. Je öfter ich übte, desto intensiver wurde meine Meditation, desto besser lernte ich und desto seltener wurde ich krank. Später hörte ich vom chinesisches *Chi Gong* und *Tai Chi,* das viele tibetische Mönche praktizieren, und wunderte mich über die Ähnlichkeit der Übungen. Nach Jahren begann ich, andere zu unterrichten. Alle bemerkten ein Ansteigen ihrer geistigen Kräfte und ihres körperlichen und geistigen Wohlbefindens."

Plötzlich liefen mir Tränen über die Wangen. Mein Hals verkrampfte sich in dem angestrengten Bemühen, nicht in hemmungsloses Schluchzen auszubrechen. Daniel bemerkte meine Trauer und meinen Schmerz als erster. Er sah erst mich an, dann Pema und kroch schließlich zu mir herüber, um mich liebevoll in die Arme zu nehmen. „Caroline, was ist los?"

Ich hörte seine Worte kaum, denn ich tanzte gedanklich in meinem Kinderzimmer in einem orangeroten Gewand zu herrlicher Flötenmusik. Ich war vier oder fünf Jahre alt und tanzte ausgelassen, ungehemmt und glücklich. In der lebendigen Erinnerung erlebte ich die Freude, die Selbstvergessenheit und die Glückseligkeit von damals wieder. Schlagartig wurde mir bewusst, dass ich nie wieder ähnlich glücklich und frei gewesen war. Nie wieder war ich so sehr ich selbst gewesen – so wunschlos und so sehr eins mit mir und der Welt, die mich umgab. Und tief in mir fühlte ich, dass ich schon damals das Gefühl gehabt hatte, nicht so glücklich sein zu dürfen, weil ich dann albern und lächerlich wirkte. Ja, ich hatte mich für meine Freude und mein Glück geschämt! Und Pema sagte mir nun, dass es ganz natürlich und selbstverständlich war, so glücklich zu sein, dass es gut war und dass ein solcher Tanz heilende Wirkung hatte. Sie sagte, dass es mein Recht war, dieses Glück zu erleben, und dass es nicht nur von kurzer Dauer sein musste, sondern immer währen konnte. Zum ersten Mal begriff ich, was ich wirklich verloren hatte! Nichts, was ich bisher auf dieser Reise erlebt hatte, hatte größeren seelischen Schmerz ausgelöst als diese Erkenntnis.

Endlich sah ich Daniels Gesicht vor mir und hörte seine Stimme. Ich versuchte ihm zu antworten, aber aus meiner Kehle kam nichts als ein heiseres Krächzen. Ich sah, dass Pema eine Geste machte, die Daniel davon überzeugte, dass er nicht weiter zu mir sprechen musste. Er hielt mich weiter im Arm und strich mir sanft eine klebrige Haarsträhne aus dem tränennassen Gesicht. Seine Nähe beruhigte mich und holte mich in die Höhle zurück. Aber der Schmerz blieb. Zwischen den Bildern, die ich sah, den Gefühlen, die ich neu erlebte, und dem heutigen Tag lagen fast dreißig Jahre. Mir wurde ohne Vorwarnung und mit kaum erträglicher Macht bewusst, dass der Tanz eines Kindes, mein kindlicher Tanz näher an der Wahrheit war als alles, was in den letzten dreißig Jahren geschehen war. Und endlich verstand ich, warum alle sagten, dass eine zu schnelle Erweiterung des Bewusstseins einen umbringen konnte… Noch vor wenigen Tagen hätte ich diese Einsicht nicht ertragen.

Oh, wie ich Pema beneidetete! Sie hatte ihrer kindlichen Weisheit gehorcht, aus ihrem Tanz konkrete Übungen entwickelt, und diese sogar an andere weitergegeben. Ich aber hatte das Tanzen aufgegeben, weil meine Eltern mich ausgelacht hatten. Auf die gleiche Weise hatte ich mich später geschämt und verurteilt, wenn ich träumte, wenn ich Dinge zu sehen glaubte, die andere nicht sahen. Schuld- und Schamgefühle hatten immer gesiegt. Um sie zu vermeiden, hatte ich mich systematisch selbst verleugnet. Die starke, wunderschöne Pema hatte das Gegenteil getan. Mir schien, dass ich bei ihr auf einen Teil von mir selbst stieß, der immer hatte leben wollen, es aber niemals durfte. Nicht weil andere es ihm verboten hatten, sondern weil ich selbst nicht hatte zulassen können, dass ich anders war.

So schwach war ich schon immer gewesen! Mir waren Einfachheit und Freude abhanden gekommen. Ich hatte sie mir selbst geraubt. Bis ich nach Indien gekommen war…. Oder? Nein! Bis ich das Bild von Nicholas Roerich zum ersten Mal gesehen hatte!

Endlich fand ich die Sprache wieder. Nun rückte auch Pema näher, und wir saßen zu dritt ineinander verschlungen. Die beiden anderen hörten mir zu und ich erzählte: „Als ich klein war, schloss ich mich regelmäßig in mein Zimmer ein, zog mir ein orangerotes Gewand aus einem einfachen Bettlaken über und tanzte zu herrlicher Flötenmusik. Dabei vergaß ich alles um mich herum und war absolut glücklich. Bis dann – jedes Mal – mein Vater oder meine Mutter an meine Zimmertür klopfte und mich aus meiner Sorglosigkeit riss. Ich hatte immer das Gefühl gehabt, abzustürzen und in eine Welt zurückgeholt zu werden, in die ich nicht gehörte. Aber ich lernte, dass die Welt, in die ich nicht zu gehören glaubte, die Welt der Realität war, während ich die Welt, in die ich tanzend Einlass fand, für ein Produkt meiner übersteigerten Phantasie hielt. Utopie und Wirklichkeit lagen schon damals nahe beieinander. Irgendwann habe ich mich bewusst gegen die Möglichkeit entschieden, dass beide Welten wirklich und vereinbar sind. Seitdem habe ich nicht mehr getanzt! Mir ist gerade klar geworden, was ich dadurch wirklich verloren habe…"

Ich erschrak zu Tode, als Pema fragte: „Wie sahen deine Bewegungen aus? Könntest du sie uns vormachen?"

„Nein, auf gar keinen Fall!", rief ich ängstlich.

Flink sprang Pema auf und stellte sich mit leicht gebeugten Beinen hin. Ihr Blick richtete sich in die innere Ferne und sie begann, leichte Bewegungen mit den Armen zu machen, als wolle sie fliegen. Ihr tiefer, gleichmäßiger Atem ging im gleichen Rhythmus, in dem sie ihre Arme auf und nieder, vorwärts und seitwärts bewegte. Es schien, als hingen ihre Arme an unsichtbaren Fäden. Jeder Muskel war völlig entspannt, und doch wirkte ihr Körper straff und kraftvoll. Auf ihrem Gesicht lag ein strahlendes Lächeln. Obwohl sich Pema kaum bewegte, schien sie die gesamte Höhle in Bewegung zu versetzen. Ihre Arme zeichneten eine symbolische Acht. Pemas räumliche Präsenz wurde immer mächtiger, während ihre Bewegungen weicher und kraftvoller wurden, so, als ließe sie sie einfach geschehen. Es war, als würde Pema von einer unsichtbaren Kraft bewegt, die in der Lage war, selbst die Schwerkraft zu überwinden und ihren Körper fliegen zu lassen, wenn sie es wollte. Wie gut ich dieses Gefühl kannte und wie sehr ich es liebte!

Ich sprang auf und stellte mich neben die Yogini, um ihrer ausdrucksvollen Zeichnung der Acht zu folgen. Der Bewegungsimpuls, der von ihr ausging, ergriff mich und setzte sich in mir fort. Meine Arme bewegten sich wie von selbst, nicht willentlich und doch mit nie gefühlter Macht und Stärke. Plötzlich war es ganz leicht, den Verstand auszuschalten und einfach zu sein, ohne etwas zu wollen. Es hatte nichts Beängstigendes mehr. Ich überließ mich ganz und gar der Bewegung und folgte jedem neuen Impuls, der von der Yogini ausging. Daniel sah uns fasziniert zu.

Plötzlich musste ich lachen. Es begann wie ein Kribbeln im Bauch, etwas unterhalb des Nabels und schüttelte meinen ganzen Körper, der mir vorkam, als quelle er über vor unbeschreiblichem Glück. Jede Zelle meines Körpers war glücklich. Natürlich wirkte mein Lachen ansteckend und bald lachten wir alle aus vollem Hals bis zur absoluten Erschöpfung.

In der Höhle war es totenstill, als ich erwachte. Ich fühlte mich frisch und ausgeruht. Daniel schlief tief und fest neben mir. Pemas Pritsche war leer. An der gleichen Stelle, an der Pema gestern auf uns gewartet hatte, fand ich sie heute gen Osten gerichtet in tiefer Meditation. Ich konnte förmlich sehen, dass sie die Grenzen ihres Körpers und ihres Geistes überschritten hatte. Mir schien es, als habe diese Frau alles erreicht, was man als einfache Nonne auf dem spirituellen Pfad erreichen konnte. Sie war sich selbst so sehr genug, dass sie Tag und Nacht allein in einsamer Höhe verbringen konnte. Was war es, das ihr die Kraft gab, in der Stille der Leere zu verweilen? Und warum fürchteten wir die Stille so sehr?

Trotz ihrer tiefen Versenkung spürte Pema meine Gegenwart. „Guten Morgen, Caroline. Komm. Setz' dich zu mir. Daniel wird noch schlafen." Ich staunte, als sie wie selbstverständlich meine Gedanken aufgriff. „Die spirituelle Reise ist nie zu Ende, Caroline. Spiritueller Stolz ist gefährlicher als gänzliche Unwissenheit. Wer alles erreicht zu haben glaubt, was es auf Erden zu erreichen gibt, wird überheblich und träge. Er wird sich über andere stellen, sich verschließen und die Offenheit gegenüber dem Leben und seinen Lektionen verlieren. Das Leben ist fortwährender Wandel, nichts ist von Dauer. Die Welt der Erscheinungen ist vielfältig und unbegrenzt. Wir müssen lernen, in diesem Wissen zu leben. Nur dann besteht keine Gefahr, dass wir irgendetwas festhalten wollen, das nach seinen eigenen Gesetzen entstehen, existieren und vergehen muss. Es gibt kein äußeres Ziel, dass erreicht werden kann. Nur wer ewig ein Suchender bleibt, wird irgendwann merken, dass er das, was er immer suchte, längst gefunden hat. Mit dieser Erkenntnis wird große Bescheidenheit und Demut einhergehen.

Der menschliche Geist ist wie eine Zwiebel. Auf der grobstofflichen Ebene finden wir die äußere Haut, den Körper. Mit jeder Haut, die wir entfernen, entdecken wir neue Möglichkeiten, neue Schwierigkeiten und neue Ebenen des Erlebens. Nur im tiefsten Innern herrscht absolute Ruhe. Dort muss sich der Geist nicht weiter erforschen, denn dort ist sein Ursprung und sein Ziel. Dort ist er eins mit sich selbst. Nur wer innerlich zu schweigen weiß, wird diese Stille erfahren, denn nur das Schweigen, die gänzliche Abwesenheit von Gedanken, Wünschen und Bestrebungen schafft Raum für die Erfahrung der yogischen Vereinigung. Vielleicht glaubst du heute noch, dass der Zustand des *Samadhi,* des bewussten Eintauchens in das Überbewusstsein, das Ziel deiner Übungen ist, weil er so beeindruckend aussieht. Aber einst, wenn du *Samadhi* erlangt hast, wirst du erkennen, dass es dich nur von dem wirklichen Ziel weggeführt hat, weil es eine weitere Erfahrung war, die du gesucht hast... Überall dort, wo ein Erfahrender eine Erfahrung macht, ist die absolute Wahrheit noch nicht verwirklicht.

Eigentlich suchst du nichts als deine wahre Natur. Sie ist immer und überall. Auch jetzt! Sie steckt sowohl in der profansten als auch in der mystischsten aller Erfahrungen. Ohne sie gäbe es gar keine Erfahrungen. Aber sie liegt hinter Subjekt und Objekt verborgen. Sie ist dir näher als der Erfahrende. Eigentlich musst du sie gar nicht suchen, du musst nur das forträumen, was ihr im Wege steht, zum Beispiel den Glauben, dass du dich deiner natürlichen Unschuld und der reinen Freude deines innersten Wesens zu schämen hast. Viel eindrucksvoller als je zuvor hast du gestern erlebt, was es bedeutet, wenn die Lehrer sagen, der Schüler muss sich von den Begrenzungen seines Egos befreien, um die Wirklichkeit sehen zu können."

Die Yogini schwieg, während ihre Worte auf mich wirkten. Was riet sie mir denn nun? Immerfort zu suchen oder zu glauben, dass ich bereits alles hatte, wonach ich mich sehnte? Noch während ich mich das fragte, dachte ich an Pemas spirituelle Meister und fragte mich, in welchem

Trancezustand sie deren Belehrungen wohl empfing. Ich hörte mich fragen: „Wie kommunizierst du mit den Weisen von Shambhala?"

„Sie sprechen zu mir durch die Stimme der Intuition."

„Woher weißt du, dass es nicht deine eigene innere Stimme ist, die mit dir spricht?"

„Zuerst musst du lernen, du selbst zu sein und deinem Herzen zu folgen. Wenn du deine Gedanken beobachtest, könnte es sein, dass du beim ersten Zusammentreffen einen fürchterlichen Schock bekommst. Unterschiedliche Meinungen, Gefühle und Bestrebungen treffen aufeinander und streiten sich. Das Ego hat die lästige Angewohnheit, sich zu spalten und uns in einen fortwährenden Kampf mit uns selbst zu verwickeln. Während der eine Gedanke ‚ich will' schreit, schreit der andere ‚ich will nicht'. Manchmal ist die einfachste Entscheidung eine Qual, weil wir im Kopf völlig uneins sind. Viele dieser inneren Dialoge wären nicht nötig, wenn wir uns nicht die Stimmen von Verwandten, Freunden und anderen Vorbildern zu eigen gemacht hätten. Der tägliche Kampf, den wir im Außen erleben, ist nichts anderes als ein nach außen projizierter innerer Kampf.

Du hast dich gestern bewusst daran erinnert, was geschieht, wenn verschiedene Teile unseres Ichs miteinander in Widerstreit liegen. Du hast dich nicht mehr durch deine Augen gesehen, sondern durch die Augen deiner Eltern. So wird aus ‚ich will' ‚ich darf nicht'. Natürlich ist der Konflikt dadurch nicht gelöst. Er verschiebt sich lediglich von der äußeren auf die innere Ebene und wiederholt sich unbemerkt, wann immer man sich vor die gleiche Wahl gestellt sieht.

Jeder erlebt das. Es ist ein Akt der Anpassung an unsere Umwelt. Dieser Konflikt lässt sich nur lösen, wenn wir bis zu seiner Wurzel vordringen. Wer erlebt die Welt als in ein Innen und ein Außen gespalten? Wer glaubt, dass er sich an die Bedingungen seiner Umwelt anpassen muss, um überleben zu können? Wer glaubt, dass er gegen seine Umwelt rebellieren muss? Die Wurzel der Spaltung ist der Ich-Gedanke.

Wir müssen zuerst lernen, die widerstreitenden oder sogar schon abgespaltenen Teile unseres Ichs zu erkennen, zu verstehen und zu integrieren, was soviel heißt wie sie anzunehmen. Je feinsinniger wir gegensätzliche Impulse unterscheiden lernen, desto sensibler wird unser inneres Gehör für andere Stimmen – allen voran die Stimme der eigenen Intuition, des subtilen, höchsten Selbst. Dann werden wir auch lernen, nicht mehr zu handeln, bevor wir diese Stimme mit absoluter Klarheit vernommen haben. Wir wissen, dass wir sie hören, wenn wir von Ruhe, Konzentration, Tatkraft und Vertrauen erfüllt sind. So wie du dich beim Tanzen gefühlt hast. Es ist dann, als würde man von den Impulsen getragen. Man ist dann nicht mehr der Bewegende, sondern derjenige, der bewegt wird. Handeln kostet dann keine Kraft mehr. Je mehr wir uns dieser Art des intuitiven Handelns annähern, desto wirkungsvoller werden unsere Taten. Oftmals genügt dann schon ein präziser Gedanke, der wie ein kraftvoller Pfeil ins Schwarze trifft.“

Ich bezweifelte, dass eine solche Klarheit möglich war, und wie immer stand mir mein Zweifel wie ins Gesicht geschrieben. Pema tadelte mich scherzhaft: „Caroline, du denkst noch immer zu viel. Wenn du alles verstehen willst, was mit dir geschieht, wirst du die Hälfte der wunderbaren Dinge, die dir geschehen, nicht erleben.“

Ich lachte. „Ja, ja, ich weiß, mein Kopf ist zu groß! Was kann ich dagegen tun, Pema?“

„Du darfst dich nicht verändern wollen. Du musst dem Leben die Möglichkeit geben, dich zu verändern. Wenn du nur deine intellektuellen Fähigkeiten nutzt, macht dich das zu einem sehr einseitigen Menschen, der immer nur defensiv auf das Leben reagieren kann. Wirkliche Kraft entsteht aus dem polaren Zusammenspiel von Intellekt und Emotion. Deine Art, das Leben zu meistern, ist sehr anstrengend, wenn nicht sogar erschöpfend. Du bist gezwungen, sehr viel Energie aufzuwenden, um Probleme intellektuell zu bezwingen, Gefahren durch geniale Pläne aus dem Weg zu räumen und Ängste durch gedankliche Argumentation zu beschwichtigen. Im Moment nutzt du fast ausschließlich die männlichen Aspekte deines Geistes, und selbst die nicht in vollem Umfang. Um die ideale Entwicklung unserer Geistesfähigkeiten zu veranschaulichen, nutzen wir Tibeter das aus China bekannte Symbol von *Yin* und *Yang*. Wir nennen es *Yab* und *Yum*.

Yab symbolisiert das weibliche, passive, weiche, fließende, empfangende, introvertierte Prinzip. Es repräsentiert im weitesten Sinne Emotionen und integrative Charaktereigenschaften wie Erhaltungsbestrebungen, Harmonie, Kooperation, Toleranz und Mitgefühl. *Yab* ist tendenziell altruistisch, denn es erlebt ganzheitlich und umfassend.

Sein Gegenpol ist *Yum*, das männliche, aktive, starke, fordernde Prinzip. *Yum* steht für selbstbehauptende Eigenschaften, ist aktiv, linear, statisch, zielgerichtet, extrovertiert und expansiv. *Yum*-Charaktereigenschaften wären zum Beispiel analytische Intellektualität, Selbstbehauptungsfähigkeit und zielgerichtetes, vergleichendes, beurteilendes Denken.

Jeder tendiert in die eine oder andere Richtung. Menschen, die in den westlichen Leistungsgesellschaften erzogen wurden, sind unabhängig von ihrem Geschlecht charakterlich eher männlich. Das wollen viele Frauen zwar nicht gern hören, aber die meisten von ihnen sind ebenso männlich wie der männlichste Mann."

Mir schien, als fasse die Yogini sämtliche Erfahrungen, die ich in den letzten Wochen und Monaten gemacht hatte, präzise zusammen. Ich sah die Symbolik hinter den Ereignissen, die mich bis zu ihr geführt hatten. Ich sah, wer ich gewesen war, als ich nach Indien „gerufen" worden war, wer ich heute war und wer ich in Zukunft sein würde. Ich sah, dass Daniel der Mensch war, der mich neben Rondorf am meisten herausforderte. Es war die mitreißende Macht meiner Gefühle für ihn, die mich oft so hilflos machte. Ich sah, dass ich trotz gegenteiliger Beteuerungen nicht bereit war, mich auf das Leben einzulassen. Ich war nicht bereit, Freude und Schmerz zu fühlen. War das nicht genau das, was ich Daniel vorgeworfen hatte?

Niemand konnte mir besser zeigen, was mir fehlte, als Pema, denn sie war intuitiv und weiblich, und doch stark und selbstbestimmt. An ihr sah ich, dass das eine das andere nicht ausschloss. Die Gegensätze konnten und mussten einander ergänzen.

„*Yab* und *Yum* repräsentieren das dynamische Zusammenspiel von männlichen und weiblichen Kräften", fuhr Pema fort. Die Lehre von der Dualität, die eigentlich keine Lehre von getrennten Entitäten ist, sondern vielmehr von Gegensätzen, die einander bedingen und durchdringen, birgt umfassende Einsichten für jeden Bereich des Lebens. Sie ist von unschätzbarem Wert für das Verständnis menschlicher Beziehungen, vor allem von Liebesbeziehungen. Ihr sagt, dass Liebe blind macht. Wir glauben, dass Liebe sehend macht, denn Liebe ist die Wahrheit selbst. Sie kennt keine Trennung, nur die Einheit. Deshalb kennt sie auch keine Gegensätze. Die Liebe ist das Werkzeug des Göttlichen, göttliche Gnade und das Göttliche selbst!"

Mir lief ein Schauer über den Rücken. Hatte ich etwas Ähnliches nicht schon einmal gehört? War die Liebe wirklich so machtvoll?

„Solange die Gegensätze noch unbewusst sind, bekämpfen sie einander."

Diesen Satz kannte ich. Er stand in dem Brief! Mein Herz raste, und ich hatte Mühe, Pema weiter zuzuhören. Mit unmenschlichem Kraftaufwand zwang ich mich dazu. Ich durfte kein Wort verpassen. Es war so wichtig, dass ich verstand, was sie mir sagte. Vielleicht sogar lebenswichtig.

„Sie sind wie die beiden Pole einer elektrischen Leitung, Plus und Minus. Durch ihre Spannung erzeugen sie Energie, die sich allzu oft in Konflikten entlädt. Wenn ein Partner vorwiegend den männlichen Part übernimmt und der andere ausschließlich den weiblichen, herrscht in der Partnerschaft ein Ungleichgewicht. Beide Partner können nicht ihr volles Potenzial entfalten, weil jeder den anderen in der Ausbildung jener Eigenschaften behindert, die ihm fehlen. Die Beziehung ist statisch und daher männlich ausgerichtet. Die Partner sind eher Konkurrenten als echte Partner. Obwohl sie glauben, einander zu lieben und zu fördern, behindern sie einander.

Bei einer voll integrierten, ganzen, heilen Person sind männliche und weibliche Charaktereigenschaften im Gleichgewicht. Ein solcher Mensch ist aktiv und passiv, gebend und nehmend, selbstbehauptend und erhaltend, intellektuell und emotional, kreativ und rezeptiv zugleich. Erst wenn dieses Gleichgewicht hergestellt ist, wird das wahre, das Höhere Selbst sichtbar. Wer diesen Zustand erreicht hat, ist ganz, ist heil. Ein heiler Mensch ist ein heiliger Mensch. Er verfügt über die reine Macht des höheren Geistes, weil er seine niedere, polare Natur bezwungen hat. Diese Macht wird ihm nur unter einer Bedingung geschenkt: Er darf nichts mehr für sich selber wollen."

Mein Kopf brummte. Ich konnte einfach nichts von dem behalten, was Pema mir sagte, obwohl es mir logisch erschien. Wir saßen immer noch im Schneidersitz auf dem Plateau. Die Sonne brannte uns heiß auf den Kopf, und ich fühlte wieder leichten Schwindel und Müdigkeit.

„Ich glaube, ich habe dich überfordert." Pema lächelte mitfühlend.

„Ich werde nie verstehen, was du mir eben erklärt hast."

„Du wirst es verstehen, sobald du Erfahrungen machst, die es dir bestätigen. Verlange nicht von dir, immer alles sofort zu verstehen. Du weißt nun, worauf du zu achten hast. Vergegenwärtige dir nur immer wieder das Ideal der Einheit der Gegensätze und das vordergründige Spiel von *Yab* und *Yum*. Die Gegensätze selbst werden dich zur Einheit führen!"

Sie zog mich in die schattige Höhle.

„Daniel wird gleich aufwachen."

Und tatsächlich… Daniel räkelte sich auf seinem Lager und grunzte wohlig. Pema kochte uns Tee und reichte dazu mit Gemüse gefüllte Brotfladen, die satt machten und ausgezeichnet schmeckten. Ich spürte, dass der Abschied nahte, und es fiel mir schwer, mich von Pemas zarter und dennoch überwältigender Präsenz zu lösen. Herzlich umarmte sie uns und küsste uns auf die Stirn. Die Harmonie, das Gleichgewicht der Kräfte war so zerbrechlich. Der leiseste Windhauch nahm es wieder. Je öfter ich es erlebte, desto schwerer fiel es mir, mich erneut dem leidvollen Wechselspiel der Gegensätze auszusetzen. Mir war, als wüsste ich endlich, wonach ich suchte. Und dieses Wissen machte die Abwesenheit des Gesuchten unerträglich! Mein Herz brannte vor tiefer Traurigkeit und unstillbarer Sehnsucht. Zum zweiten Mal fragte ich die Yogini : „Gibt es noch etwas, das wir wissen müssen?"

Ich sah, dass sie zögerte. Dann sagte sie: „Die Befreiung beginnt gerade erst. Es ist die Befreiung von alten Geheimnissen, alten Schulden und alten Sünden. Wenn ihr den Schmerz der Vergangenheit spürt, vergebt die Schuld der anderen und habt Mitgefühl für euren eigenen Schmerz. Erst wenn die Schuld getilgt ist, seid ihr von der Gefahr der Verletzung frei. Wisst, dass derjenige, der euch mit der Schuld konfrontiert, im Spiel eures Lebens nur eine Rolle unter vielen spielt. Er ist nicht besser oder schlechter als ihr!"

Mir war eiskalt. In meinem Kopf hallten düstere Worte wider:

„In der Vergangenheit eines jeden von uns liegt auch das Böse begraben.

Auch wer sich heute für unfehlbar hält wie Frau von Teubner, sollte nicht versäumen, die Fehler der früheren Generationen zu sehen."

Wie eine Ertrinkende griff ich nach Pemas Arm. „Pema, was wird geschehen? Sag' es mir, du weißt es!" Ich schrie hysterisch. Daniel versuchte, mich zu beruhigen. Pema sah mich traurig an. „Ich kann dir nicht sagen, was geschehen wird, Caroline. Es ist Teil eurer Prüfung. Du selbst musst den Mut haben, dich jedem Schmerz zu stellen. Ich würde dir nicht helfen, wenn ich dir heute sagte, wogegen du dich morgen wappnen musst. Ich kann dir nur soviel sagen: Unerkannte Schuld und unerkannte Angst binden dich an die Vergangenheit, unerfüllte Wünsche binden dich an die Zukunft. Erst wenn diese Bindungen gelöst sind, bist du frei von den Bindungen der Zeit. Dann werden Vergangenheit, Gegenwart und Zukunft eins sein und du wirst den Zusammenhang sehen. Erst wenn du gelernt hast, den Schmerz des scheinbar Unerträglichen zu ertragen, wirst du frei sein. Du kannst erst dann vollständig erwachen, wenn der Schmerz des Gesehenen und Erlebten dich nicht mehr töten kann, weil du innerlich bereits gestorben bist…" Traurig lächelnd winkte Pema uns nach, als wir über den schmalen Grat zurück zum Kloster gingen. Ich war zu betäubt, um wahrzunehmen, wie es Daniel ging. Meine Gedanken kreisten nur um mich, *meine* Angst, *meinen* Schmerz, *mein* Leid, *meine* Vergangenheit. Da war kein Raum für Daniel und *seine* Gefühle, *seine* Angst, *seinen* Schmerz, *sein* Leid und *seine* Vergangenheit. Mein Ich schrie, ich, ich, ich, ich will…, ich will nicht… Pema hatte es ordentlich in Aufruhr gebracht.

Als wir das Kloster erreichten, berichteten die Nonnen aufgeregt, dass Nyngma ein paar Stunden nach unserem Aufbruch verschwunden sei. Er habe das Kloster ohne Erklärung verlassen und sei seitdem nicht wieder aufgetaucht. Ich machte keinen Hehl daraus, dass ich froh war, Nyngma los zu sein. Daniel versuchte mir klar zu machen, dass wir ohne Nyngma mit großen Problemen auf unserer weiteren Reise zu rechnen hatten. All das kam mir im Vergleich zu der Gefahr, die ich herannahen spürte, lächerlich vor. Wir verbrachten die Nacht im Kloster, und meine Nervosität wuchs. Die diffusen Vorahnungen ließen sich nicht verdrängen.

An der Stelle, an der wir vor zwei Tagen den Wagen versteckt hatten, lagen zwei Bündel, ein Zelt und etwas Proviant. Der Wagen war nicht mehr da. Ungläubig standen wir neben der Kuhle, in die Nyngma die wenigen Sachen geworfen hatte, die es uns ermöglichten, wenigstens die nächsten Tage zu überleben. Verzweifelt warf ich mich auf den Boden und schrie: „Mieses, kleines tibetisches Schlitzohr!"

Daniel starrte sprachlos auf die aufgewühlte Erde, in der noch die Reifenspuren unseres Fortbewegungsmittel zu sehen waren. „Ich habe die Schlüssel. Die Ratte muss die Ersatzschlüssel behalten haben."

„Und jetzt? Wie zum Teufel sollen wir von diesem verlassenen Flecken Erde wegkommen?"

Daniel ließ sich neben mir nieder. Eine Sekunde lang ließ mich meine Zuneigung zu ihm alles andere vergessen. Sie erfasste mich wie eine lichte, leichte Welle und fegte alles Negative kraftvoll beiseite. Da war nichts als Liebe in mir. Sie war wie ein Hoffnungsschimmer und trug mich über mich selbst und die Situation hinaus. Endlich vergaß ich mein selbstmitleidiges, schimpfendes Ego. Es geschah einfach, und ich sah dabei zu. Ich betrachtete Daniel zärtlich. Seine Bewegungen waren selbst in dieser misslichen Situation von kraftvoller Eleganz, und sein Blick zeugte von wacher Intelligenz. Seine Nähe bedeutete beruhigende Gelassenheit. Pema hatte Recht, die Liebe machte sehend.

„Warum schaust du mich so sonderbar an?" Natürlich war Daniel mein verklärter Blick nicht entgangen.

„Ich habe über uns nachgedacht."

Er lachte. „Meinst du, das ist der richtige Zeitpunkt, über uns nachzudenken, Caroline? Wir haben lebenswichtigere Probleme."

„Vielleicht… Aber es hilft ungemein, sich zwischendurch auf das Wesentliche zu besinnen!"

„Und was ist deiner Meinung nach das Wesentliche?"

„Die Liebe!"

Daniel sah mich verblüfft an. „Ich will deine idealistischen Gefühle ja nicht verletzen, aber das ist absurd. Wir sitzen hier im Nirgendwo, ohne Auto, ohne Proviant, ohne Führer und du glaubst, wir finden einen Ausweg, wenn wir uns auf die Liebe besinnen?"

Wahrscheinlich hatte er Recht. Ich hatte mich mal wieder von meinen sentimentalen Gefühlen überwältigen lassen. Ich verleugnete die Schwierigkeiten, die wir hatten. Das angenehme Gefühl verschwand, und ich fühlte mich dumm, zurückgestoßen, klein, hilflos und schwach. Mürrisch schwieg ich und überließ dem großen Daniel das Pläneschmieden, denn er hatte ja den problemorientierten Durchblick.

Als wir den ersten Schock über unsere aussichtslose Lage überwunden hatten, schulterten wir jeder eines der Bündel, die Nyngma uns gnädigerweise dagelassen hatte, und machten uns auf den Weg. Daniel führte uns in Richtung Straße. Ich hatte vorgeschlagen, zum Kloster zurückzukehren und die Nonnen um Hilfe zu bitten, aber Daniel war der Meinung, dass sie uns nicht weiterhelfen konnten. Er spielte lieber den Starken und gab vor, den Weg zu kennen. Wir marschierten durch unwegsames Gelände, das der Jeep vor wenigen Tagen spielend leicht hinter sich gelassen hatte. Ich spürte schon nach einer halben Stunde jeden meiner Knochen. Widerwillig schleppte ich das Zelt und war mal wieder in jener hoffnungslosen Stimmung, in der ich am liebsten aufgegeben hätte. Jedes Hindernis auf unserem Weg schien eine erneute Prüfung für unsere innere Sicherheit zu sein. In mir war jedenfalls kein Funken Sicherheit mehr, nur noch dunkle Hoffnungslosigkeit. Keuchend versuchte ich, Daniel meine depressive Stimmung zu beschreiben. Er meinte, meine Reaktion sei ganz natürlich.

„Wir schwingen lange wie ein Pendel zwischen vermeintlich positiven und negativen Situationen hin und her. Aber eigentlich gibt es gar keine negativen Situationen. Negativ machen sie nur der Widerstand unseres Verstandes, unsere Wahrnehmung und unsere Wertung. In Wirklichkeit sind die anstrengenden, zermürbenden Situationen, die Situationen, die unseren Zweifel und unsere Angst wecken und uns bis ins Mark erschüttern, bedeutsamer als die, in denen alles glatt und nach unserer Vorstellung geht. Denn hier müssen wir über unseren Schatten springen, über uns hinauswachsen und unsere Grenzen mutig überschreiten. Sie bieten uns die Chance, uns dem scheinbar Unmöglichen zu stellen und in der größten Hoffnungslosigkeit Vertrauen zu beweisen. Ob wir es glauben oder nicht: Immer dann, wenn wir zweifeln, Angst haben oder unsicher sind, sind wir der Wirklichkeit näher, als wenn wir glauben, alles im Griff zu haben! Verzweiflung zwingt uns zur Konzentration und zur Bündelung unserer Willenskraft."

Stumm stapfte ich vor mich hin. Galt das auch, wenn man einsam und mit sehr wenig Proviant im höchsten Gebirge der Welt herumirrte? In Situationen, die lebensbedrohlich waren? Daniel ließ nicht locker. Er versuchte mit aller Macht, mich aus meinen düsteren Gedanken zu ziehen, aber ich stürzte immer wieder ab. „Sieh es doch einmal so, Caroline. Rein objektiv gesehen hat unser Fahrer uns sitzen lassen und wir sind nun gezwungen, allein durch unwegsames Gelände zu latschen. Kein Ende in Sicht! Das bedeutet aber auch, dass wir Nyngma erst einmal los sind."

Ich hörte wohl nicht recht. Ungehalten maulte ich: „Ach, auf einmal?! Nyngma ist mit Sicherheit unterwegs zu Rondorf. Er wird ihm erzählen, dass wir bei Pema waren, und Rondorf wird sich darüber freuen, dass sich sein Vorsprung vergrößert, weil wir zu Fuß niemals am Kailash eintreffen werden. Und dann hecken die beiden irgendeine Gemeinheit gegen uns aus..."

„Caroline! Kannst du dich nicht ein bisschen mehr anstrengen?"

Daniel grinste mich herausfordernd und doch liebevoll an. Plötzlich musste ich über mich und meine Bitterkeit lachen. Es war, als könne ich mich eine Sekunde lang mit Daniels Augen sehen. Wir erlebten immer dasselbe und standen uns eigentlich nur selbst im Weg. Ich strengte mich an und suchte nach einer positiven Deutung unserer Misere. Gleichzeitig versuchte ich, mich auf den Weg zu konzentrieren und nicht zu stolpern. Ohne zu denken, sagte ich wie zu mir selbst: „Wenn man die Suche nach Shambhala symbolisch betrachtet und den Weg, den man als Suchender beschreiten muss, als Initiationsweg auf der Suche nach dem wahrhaften Selbst versteht, dann ist jedes äußere Hindernis ein inneres Hemmnis, eine Blockade der Energie und des Bewusstseins. Dann wird unser Vertrauen geprüft, unsere Reife und vor allem unsere Fähigkeit, auch in angespannten Situationen achtsam zu bleiben, uns nicht verstricken zu lassen und intuitiv zu handeln."

Daniel blieb abrupt stehen. Ich bemerkte es kaum, sondern wanderte nachdenklich weiter. Erst als ich seine Schritte nicht mehr hörte, blickte ich mich suchend nach ihm um und rief: „Wo steckst du?"

Daniel setzte sich wieder in Bewegung und schloss zu mir auf. „Das ist es! Durch unsere Angst, das Ziel unserer Reise vielleicht nicht zu erreichen, geraten wir immer wieder in Situationen, die diese Befürchtung scheinbar bestätigen. Und dann sind wir blind. Blind für alles, was einen positiven Ausgang ermöglichen könnte. Wir müssen also lernen, unsere Befürchtungen zu verstehen. Oftmals, wenn wir scheinbar furchtlos voranschreiten und uns selbst immer wieder stolz auf die Schulter klopfen, weil wir ach so intuitiv waren und sich die Ereignisse so mühelos entfaltet haben, versuchen wir nichts anderes, als unsere eigenen Ängste zu beschwichtigen. Wenn wir dann an einen Punkt kommen, an dem die Ereignisse nicht unseren Erwartungen entsprechen, fällt das ganze Kartenhaus in sich zusammen. Wir sind unserer Illusionen über uns selbst beraubt. Statt dies einzusehen, sehen wir unsere Befürchtungen bestätigt und verstehen nicht, dass wir aus Angst etwas in die Ereignisse hineininterpretieren, was sie gar nicht enthalten. Unser Geist projiziert unsere innere Wirklichkeit in die äußeren Ereignisse. Erst dadurch bekommen sie ihren subjektiven Gehalt. Wie oft klaffen Wunsch, also Erwartung und Wirklichkeit derart auseinander!"

Daniels Bemerkung erschütterte mich bis ins Mark. Er hatte Recht! Das, was ich von dieser Reise erwartete, und das, was wir wirklich erlebten, stimmte nur in seltenen, friedvollen Momenten überein. Plötzlich sah ich es. Ich sah, dass ein Teil von mir immer siegreich, immer stark und immer schneller als andere sein wollte. War er es nicht, konnte er es kaum ertragen und beschimpfte sich als unfähig, schwach und wertlos. War das nicht genau die Spaltung, von der Pema gesprochen hatte? War das das Ego, der Ich-Gedanke? Warum konnte ich mich nicht einfach auf die Dinge einlassen und sie so sehen, wie sie waren? Warum mussten Hoffnungen und Befürchtungen meinen Blick für das trüben, was war? Warum konnte ich die Dinge nicht einfach so hinnehmen, wie sie kamen? Bis jetzt hatte ich es nicht einmal bemerkt. Und doch geschah es. Ließ es sich beenden, auch wenn man nicht derjenige war, der es bewusst und absichtlich tat?

Es wurde langsam dunkel, und wir schlugen unser Zelt auf einer Lichtung auf. Daniel kochte uns eine Kleinigkeit aus undefinierbaren Konserven, die Nyngma in einen Beutel gepackt hatte. Der Brei schmeckte fürchterlich, aber er stillte den größten Hunger.

21

ch wollte nicht schon wieder eine Diskussion mit Daniel anfangen. Also behielt ich die Befürchtung für mich, dass wir in die falsche Richtung gingen. Erst als wir am nächsten Abend die Straße immer noch nicht erreicht hatten und ziellos durch die Gegend irrten, führte ich Daniel langsam an die Möglichkeit heran, dass wir uns verlaufen haben könnten.

Er schnauzte mich ungehalten an: „Meinst du, das weiß ich nicht?"

Die explosive Heftigkeit seiner Reaktion überraschte mich und ich beschloss, nicht weiter in seiner Wunde zu bohren. Gleich nach dem spärlichen Essen zog ich mich ins Zelt zurück, um wenigstens in dieser Nacht ein wenig zu schlafen und einer Konfrontation aus dem Weg zu gehen. Wenige Minuten später kroch Daniel in seinen Schlafsack. „Es tut mir Leid, Caroline. Ich kann nicht mehr klar denken. Ich weiß nicht, wie wir Rondorf gegenübertreten sollen, wenn wir nach diesem ermüdenden Fußmarsch auf ihn treffen. Ich spüre, dass sich meine Kraftreserven erschöpfen. Ich bin unerträglich gereizt und kann mich zur Zeit selbst nicht ausstehen."

„Glaubst du, das wird besser, wenn wir uns gegenseitig bekämpfen?"

Daniel versuchte mich in den Arm zu nehmen, aber seine Bewegung wirkte unecht, mechanisch und irgendwie steif. Ich wich automatisch zurück. Zwischen uns schwelte ein Konflikt, der nicht mehr lange vertuscht werden konnte. War Daniel in der Lage, zuzugeben, dass er sich verlaufen hatte? Würde er mir die Führung überlassen, weil mein Gespür für die richtige Richtung ausgeprägter war als das seine?

Mir war aufgefallen, dass Daniel sich in sich selbst zurückzog, sobald er das Gefühl hatte, dass ich die Führung übernahm. Er wurde dann schweigsamer und wirkte unsicher, fast mürrisch. Erst wenn sein Rat gefragt war, lebte er wieder auf und übernahm automatisch die Führung, bis seine Position durch die Ereignisse wieder in Frage gestellt wurde. So hatte ich Daniel in der Höhle der Yogini erlebt. Er hatte uns zu ihr geführt, aber sie hatte die meiste Zeit mit mir gesprochen. Für mich hieß das, dass ich hilfsbedürftiger und unreifer war, dass ich ihren Rat dringender brauchte und dass ich mehr Fragen hatte als Daniel. Doch wenn ich Daniels Verhalten in den letzten beiden Tagen betrachtete, hatte ich das Gefühl, dass er eifersüchtig oder neidisch auf mich war. Wie ließ sich der Knoten lösen? Was konnte ich tun, um Daniel das Gefühl der Unterlegenheit zu nehmen? Durfte ich das überhaupt? Musste er diese Gefühle nicht selbst klären? Vielleicht bot die verfahrene Situation eher Anlass zu der Frage, inwieweit ich ihn in die bestehende Konkurrenzsituation gedrängt hatte. Spielte ich vielleicht ständig die Überlegene und machte ihm damit seine männliche Rolle streitig? War ich, wie Pema mich beschrieben hatte, zu schnell, ja sogar überaktiv, männlicher als der männlichste Mann und ließ Daniel nicht genug Raum, sich neben mir zu entfalten?

Plötzlich verstand ich ihn nur zu gut. All die selbst verleugnenden, selbst verurteilenden Gefühle, die von ihm Besitz ergriffen hatten, erlebte ich ja selbst immer wieder. Sie waren wie ein tiefer Abgrund, in den man ohne Vorwarnung stürzte. Man sah es nicht, man fühlte es nicht, und wenn es einmal geschehen war, handelte man nicht mehr frei, sondern getrieben von Zorn und Hass auf denjenigen, der diese Gefühle in einem auslöste. Konnten wir überhaupt hoffen, Shambhala jemals zu finden, wenn unsere negativen Emotionen uns immer wieder übermannten? Liefen nicht all unsere Gespräche der letzten Tage auf diese Frage hinaus?

Pema hatte davon gesprochen, dass in einer Partnerschaft beide Partner zur persönlichen Vollständigkeit finden mussten. Beide mussten sich ihrer Stärken und Schwächen bewusst sein. Solange die Stärken des einen noch die Schwächen des anderen waren, herrschten Abhängigkeit statt Freiheit, Ungleichgewicht statt Ausgeglichenheit. Ich hatte plötzlich etwas Wichtiges über die Entwicklung verstanden, die ein Mensch durchlaufen musste, um nach Shambhala gelangen zu können. Unabhängig davon, ob das Königreich tatsächlich existierte oder nur ein Symbol für die höchste Stufe geistiger Entwicklung war, stand es für einen selbstlosen Zustand, der weder Selbstaufgabe noch Selbstbehauptung bedeutete. Vor meinem inneren Auge formten sich zwei Menschen. Beide sahen fast identisch aus und waren doch so verschieden wie Menschen nur sein können. Der eine hatte tiefe Falten im verhärmten Gesicht, obwohl er nicht älter als vierzig sein konnte, während der andere jugendlich, frisch, unbeschwert und voller Lebensfreude war. Ich konzentrierte mich auf den älter Wirkenden. Sofort schossen mir verschiedene Bezeichnungen für seine Charaktereigenschaften durch den Kopf: erfolgsorientiert, zielstrebig, ehrgeizig, konform, kontrolliert, vernünftig, egoistisch, dominant, stark, charismatisch, reich, leitend, führend, gewinnend, prinzipientreu, ängstlich, aggressiv und defensiv. Ich sah einen Mann, wie ich sie zu Hunderten kennen gelernt hatte – in der Redaktion, als Interviewpartner; selbst viele meiner Freunde entsprachen diesem Prototyp. Ich betrachtete seinen Körper und seine Ausstrahlung. Er schien seltsam starr, irgendwie eingerostet, kraftlos und unlebendig, hölzern und kalt. Mir war klar, dass dieser Mann von seinem Verstand beherrscht wurde und sich vom Leben abgeschnitten fühlte. Er glaubte, dass alles, was er erlebte, Zufall oder Schicksal war, und sah sich den Ereignissen hilflos ausgeliefert. Er konnte nur reagieren. Die einzige Chance auf Glück, die er sah, lag im Ausbleiben von leidvollen Ereignissen. Und deshalb lebte er immer in Angst, immer defensiv und niemals entspannt oder gar zufrieden.

Mein innerer Blick wanderte zum nächsten Anschauungsobjekt. Gern hätte ich Daniel von meinen inneren Betrachtungen berichtet, aber erst musste ich den Unterschied zwischen den beiden augenscheinlich gleichen Männern sehen. Der Zweite blickte weich und wissend. Er wirkte gelassen und unerschütterlich. Mit ihm assoziierte ich Eigenschaften wie dynamisch, offen, gelassen, gefühlsbetont, wohlhabend, unabhängig, frei, heiter, beschwingt, humorvoll, ausgeglichen, altruistisch, liebevoll, kreativ, einfallsreich, unangepasst, hilfsbereit, kosmopolitisch, neugierig, intuitiv, vertrauensvoll, verantwortungsbewusst, frei von Konkurrenzdenken und Machtgelüsten, selbstzentriert und weise. Er fühlte sich in Einklang mit allem, was ihn umgab. Er liebte sein Leben, und alles, was ihm geschah, sah er als Lektion, die ihn wachsen ließ. Er lehnte nichts ab, sondern hieß alles willkommen, was seinen Weg kreuzte, denn er glaubte fest daran, dass er auf jede Frage, auf jedes Erlebnis die passende Antwort finden konnte. Für ihn gab es keine Spaltung zwischen Wunsch und Wirklichkeit. Er lebte sein *Dharma*, seine wahre Natur.

Es war nur ein gedankliches Bild, das mir plötzlich einen fundamentalen Unterschied zwischen möglichen Lebenseinstellungen zu Bewusstsein brachte. Ein Mensch, der in erster Linie auf sein eigenes Wohl bedacht war, sich über andere stellte und vor sich und anderen immer die bestmögliche Rolle spielen wollte, ein solcher Mensch konnte unsere Aufgabe nicht erfüllen. Konnte Daniel sie erfüllen? Und konnte ich es? Nein, im Moment konnten wir beide es nicht. Eine innere Transformation war nötig, ein Prozess der Charakteränderung, in dem alles Starre, Strikte, Feste, ängstlich Verschlossene und affektiv Reagierende abgeschliffen wurde, bis wir bereit waren, weich und nachgiebig mit den Ereignissen zu fließen – rezeptiv und kreativ zugleich.

Ich wurschtelte mich aus dem Schlafsack und lief hinaus ins Freie. Im Zelt mit Daniel wurde es mir plötzlich zu eng. Konnte ich ihn nach dieser Erkenntnis noch lieben? Liebte ich ihn überhaupt, wenn ich so über ihn dachte? Auf welcher Basis stand unsere Beziehung, wenn er mich für meine Stärken ebenso hasste wie ich ihn für seine? Ziellos tigerte ich durch die Dunkelheit, bis ich mich irgendwann irgendwo in der Nähe des Zeltes niederließ. In der Stille hörte ich Daniels gleichmäßige, tiefe Atemzüge.

Ich überlegte, wie ich Daniel an meinem neuen Verständnis teilhaben lassen konnte. Ich wollte, dass auch er den Unterschied sah, war mir aber seiner Abwehrhaltung bewusst. War er zur Zeit überhaupt in der Lage, irgendeinen Rat anzunehmen? Würde er nicht alles, was ich sagte, für überheblich und erniedrigend halten?

Mürrisch trat Daniel im Morgengrauen vor das Zelt. Ich hatte die eiskalte Nacht draußen am Feuer verbracht. Natürlich fürchtete ich, dass die so demonstrierte räumliche Trennung ihn noch mehr verunsichern und vor den Kopf stoßen könnte, aber gleichzeitig konnte ich mich nicht anders verhalten, solange ich nicht wusste, wie ich ihm erklären sollte, dass wir an der Schwelle zu einer wichtigen gemeinsamen Entwicklung standen. Die Gegensätze erzwangen den Ausgleich! Pema musste das gesehen haben, als sie uns gemeinsam beobachtet hatte. Nur deshalb hatte sie mir das Polaritätsgesetz so ausführlich erklärt.

Ich hatte in der Nacht noch weiter gegrübelt. Ein Gedanke hatte den nächsten ergeben. Natürlich passte die Beschreibung des ersten Charakters besser auf Rondorf als auf irgendeinen anderen. Rondorf war skrupellos und so machthungrig, dass er noch nicht einmal vor magischen Techniken oder gar Verbrechen zurückschreckte. Zeitweilig war er mir eher wie eine Karikatur als wie ein realer Mensch aus Fleisch und Blut vorgekommen. Rondorf lebte sämtliche Klischees, die ich aus meiner Branche kannte. Er hatte sich scheinbar selbst erschaffen. Er hatte zielstrebig eine bestimmte Identität angenommen und lebte nun all das, was seiner Ansicht nach zu dieser Identität gehörte. Er war unfähig, zu entscheiden, ob sein Verhalten angemessen war oder nicht. Rondorf fand keine Antworten auf die Fragen seines Lebens. Ob er überhaupt danach suchte? Rondorf war ganz klar mein externes Symbol für das interne Ego. Der Schluss, den ich für mich persönlich daraus zog, lautete: Überall dort, wo ich dominieren wollte, überall dort, wo ich kontrollieren wollte und bereit war, für meine eigenen Bedürfnisse über Leichen zu gehen, gab es etwas zu lernen. Auch ein Teil von mir war gnadenlos, hart, starr, gierig, größenwahnsinnig und unnachgiebig. Was ich in der letzten Nacht gesehen hatte, war vor allem ich selbst...

Ich war heilfroh, als wir das Lager abbrachen, unsere Päckchen schulterten in die Richtung gingen, in die ich uns schon gestern geführt hätte. Daniel ging so schnell voraus, als wolle er mich abhängen, und ich kam immer mehr aus der Puste. Daniel befand es nur selten für nötig, sich nach mir umzudrehen. Sein Trotz ärgerte mich, und ich fand sein Verhalten zum Kotzen, obwohl ich es verstand. Plötzlich war er hinter einem Felsvorsprung verschwunden.

Mir war, als hörte ich ein unheilvolles Grollen, gefolgt von einem dumpfen Geräusch, vielleicht einem Aufprall, gleich darauf ein unterdrücktes Stöhnen – und dann... Stille. Mein Herz klopfte laut und ungestüm. Blitzschnell rannte ich um den Felsvorsprung herum und suchte nach einer Spur von Daniel. Es dauerte eine Weile, bis ich ihn entdeckte. Er lag auf dem Rücken unter Steinen und blutete aus einer klaffenden Kopfwunde. Ich beugte mich über ihn und rief seinen Namen. Obwohl ich Angst um ihn hatte, konnte ich sehr klar denken. Ich legte einen Schlafsack unter seinen Kopf, fühlte seinen Puls und tastete seinen Körper nach Verletzungen ab. Sein Puls ging sehr ruhig, aber gleichmäßig. Die Wunde am Kopf blutete stark, war aber nicht tief und schien nicht lebensbedrohlich zu sein. Größere Sorgen machte mir sein linkes Bein, das verdreht am Boden lag. Ich räumte die Steine beiseite. Als ich sein aufgerissenes Hosenbein völlig zerriss, kam mir der gebrochene Schienbeinknochen entgegen. Geistesgegenwärtig nutzte ich Daniels Ohnmacht und richtete das Bein so gut ich konnte. Mit einer leichten Drehung nach rechts setzte ich die Knochen aufeinander und bandagierte die Wunde notdürftig mit Stoffstreifen, die ich aus meinem Hemd gerissen hatte. Dann schiente ich das gebrochene Bein mit einem Stück Holz. Die Kopfwunde klebte ich notdürftig mit ein paar Pflastern zusammen, die ich in Daniels Rucksack gefunden hatte. Ich wusste selbst nicht, woher ich das alles konnte.

Erst nachdem ich Daniel notdürftig versorgt hatte, kam die Nervosität zurück. Wie sollten wir nur hier wegkommen, nachdem einer von uns verletzt war? Es war schlimm genug, dass wir ohne Wagen waren und uns verlaufen hatten. Ich unterdrückte die Panik und versuchte, Daniel aus seiner Ohnmacht zu holen. Er stöhnte laut, als ich seinen Namen rief und ihm ein paar gezielte Ohrfeigen gab. Seine Augen schauten glasig und verwirrt zu mir auf. „Was? Caroline? Was?"

Ich legte den Zeigefinger auf die Lippen und bedeutete ihm, nicht zu sprechen. „Du bist in einen Steinschlag geraten. Du hast nur eine kleine Platzwunde an der linken Schläfe."

„Mein Bein tut grausam weh."

Es hatte keinen Sinn, ihm das ganze Ausmaß seiner Verletzung verschweigen zu wollen. „Dein linkes Schienbein ist gebrochen. Ich habe es notdürftig geschient. Aber wir brauchen unbedingt Hilfe."

Aus Daniels Blick sprach nichts als Resignation. Ich erschrak und konnte die Angst, die mich lähmte, nicht mehr unterdrücken. Was war, wenn wir keine Hilfe fanden, wenn ich Daniel mit seinem gebrochenen Bein nicht von hier fortbringen konnte, wenn sich die Wunde entzündete, wenn Daniel in der Wildnis starb? Die Angst schien plötzlich realer als alles andere, realer vor allem als die Möglichkeit, Daniels Leben zu retten. Ich wagte nicht, ihn anzusehen, weil ich nicht wollte, dass er meine mutlosen Gedanken erriet. Aber er wusste auch so, was ich dachte. „Caroline. Jetzt hängt alles von dir ab!" Seine Stimme klang klar und nüchtern. „Nur du kannst uns hier herausbringen. Geh' und hole Hilfe. Soweit ich weiß, liegt das nächste Dorf ein oder zwei Tagesmärsche nordwestlich von hier. Nimm den Rest des Proviants mit. Ich werde allein zurechtkommen, bis du Hilfe gefunden hast."

„Ich kann dich so nicht allein hier liegen lassen", schrie ich hysterisch.

„Caroline!" Daniels Stimme war scharf wie ein Messer. „Hör mir zu!" Ich war den Tränen nahe.

„Du musst gehen. Und du musst die Augen aufmachen. Wir werden Hilfe finden. Erinnere dich, wie wir in Lhasa die Alte mit der Karte gefunden haben. Wir hatten keinen Anhaltspunkt, nur deinen Traum und deine innere Gewissheit!"

Ich verstand nicht, warum er plötzlich wieder so ruhig und gelassen wirkte. Sein Verhalten stand in krassem Gegensatz zu den letzten Tagen. Hatte ich ihn unterschätzt? Jetzt, wo Weitsicht lebensnotwendig war, bewies er sie. Ich nickte stumm.

Ohne ein weiteres Wort zu verlieren, deckte ich Daniel mit dem zweiten Schlafsack zu, sammelte Holz und entzündete ein wärmendes, schützendes Feuer neben ihm. Ich teilte die Nahrungsmittel, die wir noch hatten, ein paar ranzige Fladenbrote, in zwei gleiche Teile, wickelte den einen in eine Tüte und legte diese in Daniels Reichweite. Auch die halbe Flasche Wasser, die uns geblieben war, ließ ich bei ihm. Ich verabschiedete mich nicht, sondern drehte Daniel den Rücken zu und marschierte blind vor Tränen in nordwestliche Richtung.

Ich war schuld an seinem Unfall. Mit meinem zickigen Verhalten hatte ich seine Unachtsamkeit provoziert. Hätte ich ihn gleich mit meinen Gedanken konfrontiert, statt sie für mich zu behalten, wäre die Situation zwischen uns geklärt gewesen und niemals derart eskaliert. „Ich bin schuld, ich bin schuld…" Meine grausame Selbstanklage wiederholte sich im Rhythmus meiner Schritte. Mechanisch marschierte ich vorwärts und versuchte nebenbei, mir den Weg bis zu der Stelle zu merken, an der ich Daniel zurückgelassen hatte.

Gegen Nachmittag erreichte ich ein Tal. Ich stand auf einer Anhöhe und blickte in die Ferne. Vor der nächsten Bergkette lag ein dunkelgrüner See. Vielleicht wohnten an seinem Ufer Menschen. Dieser Gedanke verlieh mir neue Kräfte, und ich lief taub und blind vor Verzweiflung und Freude auf das Wasser zu.

Das Tal war länger und weiter, als ich von meinem Aussichtspunkt vermutet hatte. Als es dunkel wurde, hatte ich das Ufer des Sees noch immer nicht erreicht. Aber ich versagte mir jede Pause und lief weiter. Gegen Mitternacht erreichte ich das Gewässer, dessen Oberfläche sich im Nachtwind kräuselte. Unter anderen Umständen wäre ich von seiner Schönheit bezaubert gewesen. Jetzt verblasste sie neben meiner Sorge. Ich hielt dennoch eine Sekunde lang inne, eine Sekunde, in der sich die dunklen Wolken am Himmel teilten und das Licht des Mondes die Wasseroberfläche in einen milchig grünen Spiegel verwandelte. Ich sah mein verängstigtes Gesicht im Wasser. Plötzlich löste es sich auf und verwandelte sich in Pemas Antlitz, das mich ernst anblickte und fragte: „Warum zweifelst du noch immer?"

Ich erschrak so sehr, dass ich die Augen kurz schloss, und als ich erneut auf die Wasseroberfläche blickte, sah ich nichts als die Schatten der Wolken und kleine Wellen, die sich schäumend am Ufer brachen und meine Füße benetzten. Müde taumelte ich zurück und ließ mich in den Sand fallen. Innerlich schrie ich einer unsichtbaren Yogini ins Gesicht: „Warum ich noch zweifle, fragst du mich? Ich zweifle, weil diese Reise mich an meine Grenzen bringt. Ich zweifle, weil ich von Tag zu Tag größere Angst vor meiner Angst bekomme. Je mehr ich um die behindernde Wirkung des Zweifels weiß, desto größer wird meine Angst vor ihm und desto monströser und zerstörerischer wird der Zweifel selbst. Ich zweifle, weil Daniels Leben an einem seidenen Faden hängt. Ich zweifle, weil ich fürchte, dass wir einer Fata Morgana nachlaufen, die sich auflöst, wenn wir in ihre Nähe kommen."

Im Nachhinein kam es mir wie Zauberei vor. Plötzlich tauchte, wie von Geisterhand geschaffen, ein Dorf vor mir auf, das ich bisher nicht gesehen hatte, obwohl ich überall nach Anzeichen einer menschlichen Siedlung gesucht hatte. In einer einfachen Lehmhütte, die sich in den Windschatten eines Berghangs schmiegte, brannte Licht. Ich taumelte auf die Hütte zu. Blind vor Tränen und zitternd vor Erleichterung klopfte ich an die niedrige Holztür. Ein Mann öffnete mir. Erst da fiel mir ein, dass ich kein Tibetisch sprach. Ich redete Englisch auf ihn ein, aber offensichtlich verstand er mich nicht. Im Nu versammelten sich immer mehr Menschen um mich, Kinder, Erwachsene, Männer und Frauen, Alte und Jugendliche. Ein etwa zehnjähriger Junge versteckte sich schüchtern lächelnd hinter seiner Mutter und betrachtete mich aufmerksam, während ich zum hundertsten Mal das Wort „Hilfe" wiederholte. Der Junge zupfte am Rockzipfel seiner Mutter. Sie beugte sich zu ihm hinunter und er flüsterte ihr etwas ins Ohr. Das Gesicht der Frau erhellte sich. Aufgeregt rief sie in die Menge. Plötzlich erhellten sich auch die fragenden Mienen der anderen und es kam Bewegung in die Gruppe. Der Mann, der mir die Tür geöffnet hatte, rannte in einen Holzverschlag hinter dem Haus und kam mit einem aufgezäumten Yak zurück. Er nahm einen Beutel entgegen, den die Mutter des verständigen Kindes ihm gab, und bedeutete mir, ihn zu führen. Trotz der Dunkelheit fand ich den Weg durch das Tal, über Hügel und durch Schluchten zurück in den dichten Wald. Um die Mittagszeit hatten wir Daniel erreicht. Das Feuer war erloschen und er lag wach. Mein Herz machte einen Sprung. Er lebte! Gott, war ich glücklich, ihn zu sehen.

Daniel war leicht benebelt. Er hatte versucht, das Feuer in Schach zu halten und der Schmerz, den jede Bewegung seines gebrochenen Beines bereitete, hatte an ihm gezehrt. Der Tibeter überblickte die Situation in Sekundenschnelle. Er wechselte nur wenige erklärende Worte mit Daniel und ging dann sofort daran, eine Trage aus Ästen und mitgebrachten Stricken zu knüpfen. Ich half ihm, so gut ich konnte, und bald hoben wir Daniel auf die Trage, die wir an das Yak hängten. Daniel stand der Schweiß auf der bleichen Stirn. Ich fürchtete, er könne Fieber bekommen, weil die Wunde nicht ausreichend desinfiziert worden war.

Mit der hölzernen Trage war es weitaus schwieriger, zurück ins Dorf zu gelangen. Immer wieder stöhnte Daniel vor Schmerz auf. Manchmal fiel er in Ohnmacht. Wir taten alles, um ihn bei Bewusstsein zu halten, ihm Mut zu machen und seine Schmerzen zu lindern. Als wir den Weiler erreichten, waren wir am Ende unserer Kraft. Die Dorfbewohner liefen aufgeregt zusammen, als sie uns kommen sahen. Daniel wurde samt der Trage in das Haus gebracht, an dessen Tür ich letzte Nacht so verzweifelt geklopft hatte. Der kleine Raum war dunkel. Offensichtlich lebten viele Menschen hier. Sie hatten einen Schlafplatz für Daniel frei geräumt. Er stöhnte wieder vor Schmerz, als wir ihn ablegten. Jemand nahm mich beiseite. Ich folgte einer jungen Frau in ein anderes Haus. Sie gab mir etwas zu essen, Buttertee und Wasser. Dann führte sie mich zu einem Lager, das aus Teppichen und Felldecken bestand. Willenlos folgte ich ihren klaren Anweisungen. Ich war heilfroh, dass ich endlich anderen die Entscheidung überlassen konnte, was zu tun war… und die Sorge um Daniels Gesundheit.

Mein ganzer Körper schmerzte. In meinen Schläfen pochte es. Mühevoll gelang es mir, meine schweren Lider zu öffnen. Wo war ich? Es roch fremd, es war dunkel und ich lag unter einer klammen Felldecke. Der Schweiß hatte meine Haare verklebt. In einer Ecke des Raumes flüsterte jemand. Ich versuchte, mich auf einen Ellenbogen zu stützen und aufzurichten, aber mein Arm knickte zitternd ein und verweigerte meinem schwachen Willen den Gehorsam. Ein junger Mann trat an mein Lager und blickte mich aus mongolischen Augen erleichtert an. Strahlend weiße Zähne erhellten sein breites Gesicht, als er lächelte. „Wieder wach. Frau geschlafen drei Tage!"

Das war kaum möglich. Wahrscheinlich sprach der Junge nur wenig Englisch und hatte etwas verwechselt.

„Frau sehr müde. Viel Sorgen. Mann sehr krank."

Oh Gott, jetzt fiel mir alles wieder ein. Tränen der Erschöpfung traten mir in die Augen, Tränen der Erschöpfung und der Erleichterung, dass wir es bis hierher geschafft hatten. Langsam formten meine Lippen die Worte: „Wie geht es Mann? Bein okay?"

„Ja, ja. Mann okay", berichtete der Junge stolz.

„Kann ich Mann sehen?"

Fragend zuckte der Junge die Schultern und ging zurück in die Ecke, aus der ich vorhin die Stimmen gehört hatte. Nach einem kleinen Wortwechsel mit einer Frau kam er zu mir zurück. „Frau sehr schwach. Erst essen und trinken, dann Mann sehen!" Schon trat eine kleine drahtige Frau an mein Bett, lächelte mich an und reichte mir süße Getreidegrütze und warmes Wasser. Das Wasser schmeckte salzig, aber ich trank es und spürte, wie mit jedem Schluck ein wenig von meiner Kraft zurückkehrte. Obwohl das Essen mich stärkte, weckte es von neuem die unendliche Müdigkeit, die meinen Kopf wie ein eiserner Ring zu umklammern schien. Ich hatte Mühe, die Tasse abzustellen. Wieder fiel ich in einen abgrundtiefen Schlaf, als wollte ich nichts als vergessen.

Wann immer ich erwachte, brachte man mir Nahrung und Getränke. Schon befürchtete ich, das Ritual von Fütterung und Tiefschlaf würde sich endlos wiederholen, als der Englisch sprechende junge Mann eines Tages verkündete: „Heute Mann sehen!"

Noch immer schwach erhob ich mich von meinem Lager und verließ, auf meinen Pfleger gestützt, die Hütte. Draußen wagte ich einen zaghaften

Blick an mir herunter. Ich trug ein einfaches tibetisches Kleid, das mir viel zu klein war. Dann erkannte ich das Haus, in dem ich Daniel zurückgelassen hatte. Die Tür stand offen. Im Inneren saßen viele Menschen, die mich neugierig anschauten. Mein Blick fiel kurz in die wachen Augen eines alten Mannes, der stumm zu nicken schien. Meine Besorgnis verschwand augenblicklich.

Daniel lag mit offnen Augen auf seinem Lager hinter einem Vorhang. Die Platzwunde an seinem Kopf war schon verheilt. Hatte ich so lange geschlafen? Der Junge setzte mich liebevoll auf den Rand des Krankenlagers. „Mann und Frau allein reden."

Dankbar ergriff ich seine Hand und schon wieder stiegen mir Tränen in die Augen.

Noch während ich mit dem Jungen sprach, spürte ich Daniels intensiven Blick. Daniel sah mich anders an, und er sprach mit einem anderen Teil von mir als zuvor. Wir berührten uns auf einer anderen geistigen Ebene. Ich wusste es sofort, noch bevor er ein Wort gesagt hatte. Glücklich und erleichtert erwiderte ich seine stumme Begrüßung. Ich war ihm so nahe, so verbunden. Ich war eins mit ihm. Es bedurfte keiner Worte, um diese Einheit auszudrücken. Nein, Worte waren hier nicht einmal angemessen. „Das muss eine Auswirkung des gemeinsam erlittenen Schmerzes sein", dachte ich.

„Was ist geschehen?", hörte ich mich fragen.

Daniel nahm meine Hand, setzte sich ohne sichtbare Zeichen von Erschöpfung auf und sah mich durchdringend an. Mir war, als schaue er direkt in mein Herz. Und das hüpfte leicht und beschwingt, freier und friedvoller als je zuvor.

„Viel!"

„Was Daniel, was?"

Ohne mir zu antworten, zog er mich zu sich heran und umarmte mich, als hätte er unendlich viel nachzuholen.

„Ich liebe dich, Caroline", flüsterte er mir ins Ohr und ich wusste, dass er es noch nie so ernst gemeint hatte. Heute stand weniger zwischen ihm und seinen Gefühlen als jemals zuvor. Deshalb stand auch weniger zwischen ihm und mir. Ich rückte ein wenig von ihm ab, um ihm in die Augen zu schauen und streichelte die Narbe, die von seiner Kopfverletzung zurückgeblieben war.

„Ich beginne zu verstehen, was Liebe bedeutet", sagte ich nachdenklich.

Wir schwiegen, während wir uns mit den Augen berührten, zärtlicher als Hände es vermochten, leidenschaftlicher als Küsse es konnten. Sehen war in diesem Moment Fühlen. Sehen war Sein.

Daniel atmete tief ein, legte sich zurück und zog mich neben sich. Erst als ich in seinem Arm lag, begann er zu berichten. Meine Gedanken folgten seiner Stimme in die Welt seiner jüngsten Erfahrungen, in die Zeit, die ich verschlafen hatte.

„Wir trafen vor fünf Tagen hier ein. Es ging mir sehr schlecht. Du hattest die Kopfwunde sehr gut versorgt und auch das gebrochene Bein bestmöglich behandelt, aber der offene Bruch hatte sich trotzdem entzündet und ich hatte sehr viel Blut verloren. Ich phantasierte und bekam Fieber, das in der Nacht weiter stieg. Die Frau des Tibeters, der mit dir gekommen war, versorgte das Bein so gut sie konnte, aber als sie das Fieber nicht unter Kontrolle bekam, fürchtete sie, ich würde mein Bein verlieren. Am nächsten Morgen hatte ich ein paar klare Minuten. Ich sprach mit dem Tibeter und seiner Frau und sie teilten mir schonungslos mit, was mit meinem Bein los war. Voller Überzeugung und so klar wie lange nicht erklärte ich ihnen, dass ich mein Bein nicht verlieren würde. Ich sei auf dem Weg nach Shambhala und wir hätten den Auftrag, einen Deutschen aufzuhalten, der das alte Geheimnis missbrauchen wolle. Insgeheim fürchtete ich, die Leute könnten meine Worte meinem hohen Fieber zuschreiben und sie als lächerliche Hirngespinste abtun. Aber sie blickten sich an, wechselten ein paar Worte miteinander und sagten dann: ‚Wir lassen den Arzt des Klosters holen.'

Erschöpft fiel ich zurück in mein Delirium. Wenn ich zwischendurch erwachte, flößte ein alter Mann mir Pillen ein und wusch meine Wunde mit nichts als klarem Wasser aus dem See. Wenn ich schlief, begegnete ich demselben alten Mann in meinen Träumen. Er erklärte mir, dass ich zwischen drei Möglichkeiten wählen könne: hier und heute zu sterben, mein Bein zu verlieren oder binnen weniger Tage zu genesen und meine Reise fortzusetzen. Ich verstand seine Worte nicht, denn ich glaubte, dass ich einen Unfall gehabt hatte, dass ich vom Steinschlag getroffen und lebensgefährlich verletzt worden war. Ich glaubte, dass ich den Folgen dieser Ereignisse nun hilflos ausgeliefert war. Natürlich fürchtete ich, mein Zustand könne sich verschlechtern. Und wenn die Folge meines Unfalls

Sterben hieß, musste ich mich damit abfinden, denn es gab nichts, was ich dagegen tun konnte. Der Alte lachte mich aus und fragte mich, was ich mich schon viel zu oft hatte fragen lassen müssen: Weshalb ich so wenig über das Wesen des Geistes und des Körpers wisse, wo ich doch seit mehr als zwanzig Jahren Tibetologie studiere. Er nannte mich einen Narren, weil ich der größten Täuschung erlegen sei, der ein Mensch erliegen könne, und nicht einmal verstand, weshalb ich mich verletzt hatte. ‚Ich habe mich verletzt, weil ich im falschen Moment unter einem abrutschenden Felsvorsprung stand‘, sagte ich. Da wandte sich der Alte von mir ab und ging davon. Ich rief ihm nach: ‚Warum gehst du?‘ Und er antwortete enttäuscht: ‚Wenn du so wenig von der Leerheit der Dinge, von ihrer nicht-inhärenten Existenz verstanden hast, kannst du nichts von dem verstehen, was ich dir erklären will.‘ Ich humpelte hinter dem Alten her, erwischte ihn an der Jacke und rief verzweifelt: ‚Erklär’ es mir. Wenn ich es nicht verstehe, musst du es mir erklären! Bitte!‘

Aber der Alte blieb standhaft. Unbarmherzig wandte er sich von mir ab und sagte: ‚Ich habe keine Lust, einen eitlen Narren zu unterrichten.‘ Da platzte mir der Kragen und ich schrie: ‚Warum nennst du mich eitel, wenn du mir nicht die Chance gibst, meine Eitelkeit zu erkennen? Warum nennst du mich einen Narren, wenn du mir nicht die Chance gibst, meine Dummheit einzusehen?‘

Ich weiß nicht, was den Alten zur Umkehr bewegte. Vielleicht war es die Leidenschaftlichkeit meiner Worte und der wirkliche Wunsch nach Einsicht, der darin zum Ausdruck kam. Jedenfalls befahl er mir, ihm zu folgen. Er führte mich zeitlich und räumlich zu der Stelle, an der mein Unfall passiert war, und noch weiter zurück... Ich sah dich und mich in den letzten Tagen unserer Wanderung und davor bei Pema. Ich sah mein eigenes Gesicht und nahm meine Reaktionen und Gefühle erneut wahr. Die Gefühle waren deutlicher, lebhafter, irgendwie größer und unmittelbarer als sonst. Es schien, als sei ich mein eigener Beobachter, der jede noch so subtile Stimmung, Motivation, jedes Gefühl, alles Innere und alles Äußere erleben durfte. Ich erschrak, denn ich spürte giftigen Neid und überwältigende Eifersucht. Ich beneidete dich um deine natürliche Weisheit, deine Art, mit Pema zu reden, die Aufmerksamkeit, die Pema und die Lamas dir schenkten und die du so selbstverständlich annahmst. Ich beneidete dich um deine Intelligenz, um deinen Scharfsinn, um deine Einfühlsamkeit und um vieles mehr. Ich fühlte mich dir unterlegen, wollte mich dir mit allen Mitteln widersetzen und kämpfte mit eisernem Willen um die Vorherrschaft. Ich sah, dass du meine Schwäche längst erkannt hattest und überlegtest, ob und wie du sie mir zeigen solltest. Ich sah, dass ich dir die Chance nahm, den Konflikt zu lösen. Ich sah, dass ich dickköpfig und halsstarrig war. Es tat unsagbar weh, meine eigene Schwäche erkennen zu müssen. Aber noch schwerer wog die Einsicht, dass diese Schwäche meinen Unfall bewirkt hatte…"

Daniel sprach betont langsam weiter: „Ich war nicht bereit gewesen, mit dir *gemeinsam* vorwärts zu schreiten und dein Wissen ebenso anzuerkennen wie meines. Ich war nicht bereit gewesen, meinen eigenen zwanghaften Wunsch zu erkennen, immer und überall der Lehrer und der Führer sein zu wollen. Ich hatte mich gegen eine notwendige Entwicklung gestellt – und das hat mir buchstäblich das Bein gebrochen. Meine eigene Starrheit und mein bösartiger Eigensinn haben ein äußeres Ereignis hervorgebracht, das mir zeigte, an welcher Stelle ich weicher, dehnbarer und flexibler werden musste. Mein eigener Hochmut hat die Demut erzwungen. Aber selbst nach dem Unfall, als ich einen ganzen Tag und eine ganze Nacht allein im Wald lag, war mir nicht der Gedanke gekommen, dass eine innere Fehleinstellung die äußere Verletzung bewirkt haben könnte. Wie oft hatte ich gelesen und anderen vermittelt, dass Körper, Geist und Umwelt nach buddhistischem Verständnis eins sind. Wieder einmal musste ich erkennen, dass meine Lehre und mein Leben zwei verschiedene Dinge waren. Ich konnte diese Einsicht kaum ertragen. Da begriff ich, wie schrecklich du dich bei Pema gefühlt haben musstest, als du sahst, dass du dich immer wieder selbst verleugnet hattest. Ich hatte dasselbe getan! Der Alte verlangte von mir, dass ich auf der Stelle meine Lehre und mein Leben miteinander vereinte. Oder ich würde die Konsequenz meiner Uneinsichtigkeit tragen, mein Bein opfern oder sogar sterben müssen."

Die Spannung in dem kleinen Raum wuchs. Ich nahm nur noch Daniels Worte und Gefühle wahr, und wie ich mit ihnen und ihm verschmolz. Jedes seiner Worte machte tiefen Eindruck auf mich, ohne dass ich um intellektuelles Verständnis hätte ringen müssen. Wir kommunizierten auf einer Ebene, die jenseits des Verstandes lag. Daniels Gedanken und Gefühle schienen meine eigenen zu sein.

Daniel fuhr fort: „Der Arzt hatte kein Mitleid, als ich bitterlich weinte. Mein ganzes Selbstbild geriet auf eine Weise ins Wanken, die so schmerzhaft war, dass ich das Gefühl hatte, eher an diesem seelischen Schmerz zu sterben als an meiner vergleichsweise lächerlichen Beinverletzung. Ich war nicht besser als Rondorf. Auch unsere Reise rückte plötzlich in ein anderes Licht. Aber der Alte ließ mir nicht einmal Zeit, meine Tränen zu trocknen. Wie Pema warnte er mich vor den Fesseln des Selbstmitleids und wies mich auf eine weitere, noch schwerwiegendere Fehleinstellung hin, die ebenfalls meinen Tod bedeuten konnte – wenn nicht heute, dann irgendwann auf dem vor uns liegenden Weg. Er sagte: ‚Du machst denselben Fehler, den alle Menschen machen und den nur wenige jemals korrigieren. Du identifizierst dich mit deinem Körper. Kein Objekt auf der Welt bindet dich so sehr an sich wie er. Du leidest, wenn du glaubst, dass er Schmerzen hat. Du fütterst ihn, wenn du glaubst, dass er Hunger hat. Du gibst ihm Wasser, wenn du glaubst, dass ihn dürsten könnte. Du alterst, weil du glaubst, dass er älter werden muss. Du trainierst ihn, weil du glaubst, attraktiv sein zu müssen. Du lässt dich von deinem Körper beherrschen, weil du glaubst, dass deine Existenz von der seinen abhängt. Du bist der Diener deines Körpers und nicht sein Meister.‘

Seine Worte trafen mich wie ein giftiger Pfeil. Ich wollte nichts mehr hören, weil ich glaubte, nicht mehr verkraften zu können. Ich hielt mir die Ohren zu wie ein Kind, das sich weigert, sich die Strafpredigt seiner Mutter anzuhören. Aber er fuhr erbarmungslos fort: ‚Von allen Täuschungen ist die Identifizierung mit dem Körper die schlimmste. Unser Wesen ist Geist. Der Körper dient uns als Mittel der Erfahrung in der Welt der Erscheinungen. Der Körper ist die erste Erscheinungsform, mit der wir in unserem Leben konfrontiert werden. Wir wachsen mit ihm auf und halten ihn für uns selbst. Aber der Körper ist nur ein Ding, der grobstoffliche Ausdruck des dahinter liegenden Bewusstseins, ein bloßes Gefäß. Wenn wir uns an ihn binden, beherrscht er uns. Wenn wir uns jedoch von ihm lösen, können wir ihn von Krankheit und Verfall befreien. Das ist die Erlösung vom Leiden, von Alter, Krankheit und Tod, von der Buddha in seiner dritten Edlen Wahrheit sprach. Der Körper hat eine andere Dichte und Schwingungsfrequenz als der Geist. Wenn du deinen Geist an deinen Körper bindest, wird dieser ebenso schwer wie der Körper. Nur das Ego, das uns eine von allem getrennte Existenz vorgaukelt, ist ebenso dicht und schwer wie der Körper.

Wenn ihr euch mit dieser Ebene der Erfahrung identifiziert, werdet ihr Shambhala niemals erreichen. Shambhala ist nicht körperlich, wie ihr es im Moment noch seid. Es lässt sich nur durch die uneingeschränkte Freiheit des Geistes erreichen, denn es ist ein spirituelles Land. Du musst ohne Flügel fliegen lernen. Die Flügel, die dich nach Shambhala tragen können, sind die Flügel des befreiten Geistes, der an keinen Körper und kein Ego mehr gebunden ist, weil er beide überschritten hat, ohne sie zu verleugnen. Das kann nur die Erkenntnis deines wahren Wesens bewirken, das jenseits von Körper, Raum und Zeit zu finden ist. Wenn du heute glaubst, an deiner Verletzung sterben zu müssen, weil du ein Sklave deines Körpers und dessen Verfall hilflos ausgeliefert bist, so wirst du morgen tot sein. Wenn du aber noch heute lernst, dich über deinen Körper zu erheben, ohne ihn zu verleugnen, wird dein Bein in einer Woche geheilt sein.'

Mit diesen Worten, die in meinen Ohren widerhallten wie eine düstere Prophezeiung, ließ er mich allein. Dieses Alleinsein war das grausamste Alleinsein, dem ich jemals ausgesetzt war. Tausende von Gedanken quälten mich. Ich versuchte, mich als von meinem Körper getrennt zu sehen. Aber je mehr ich das versuchte, desto unmöglicher wurde es, desto schlimmer schmerzte mein Bein und desto fürchterlicher wurden meine Fieberträume. Der verzweifelte Versuch schien mich nur noch fester an meinen Körper zu binden. Irgendwann war ich zu erschöpft, einen weiteren Gedanken zu denken. Als ich am nächsten Morgen erwachte, lebte ich noch. Das Fieber war gesunken, das Bein schmerzte kaum noch. Ich sah meinen Körper im Bett liegen und wusste, dass ich nicht mein Körper war. Er war nur eine Form in meinem Bewusstsein. Nichts weiter.

Der Alte trat an mein Bett und lächelte. Er sagte kein Wort, aber ich wusste: Er weiß, dass ich es verstanden habe. Ich hatte mich irgendwie von meinem Körper befreit. Ich hatte es nicht getan, es war mir passiert. Mein Körper war mir dadurch nicht fremd oder gleichgültig geworden, im Gegenteil, er schien wichtiger. Ja, er schien sogar viel mehr mein Körper zu sein als das jemals der Fall gewesen war. Er war leichter geworden und strahlender. Meine Gedanken waren kühner geworden. Meine Grenzen waren weiter geworden. Meine Empfindungen intensiver... Meine Starrheit hatte sich gelöst. Ich hatte mich von meinem Ego gelöst!"

Der Heiler trat zu uns. Er lächelte, als er uns beieinander liegen sah. Dann murmelte er etwas auf Tibetisch, während er durch uns hindurch in die Ferne sah. Ich stand auf und berührte die Füße des Alten, wie es in Indien Sitte war, wenn man einem anderen Menschen Respekt und Verehrung erweisen wollte. Er kicherte wie ein Schulmädchen. „Steh auf, Caroline. Ich habe nichts Besonderes getan. Er hatte die Kraft, sich über sich selbst zu erheben. Wäre er nicht bereit und fähig dazu gewesen, hätte er über meine Worte gelacht. Seine Wunden sind sehr gut verheilt. In drei bis vier Tagen kann er weiterreisen."

Ich erschrak. Wieder einmal hatte ich einen Punkt erreicht, an dem ich die Reise am liebsten abgebrochen hätte. Unsere Aufgabe hatte uns ihre scharfen Zähne gezeigt. Leben und Tod lagen so nah beieinander, dass die Grenzen zu verwischen schienen. Wir waren nur ein einziges Mal unvorsichtig gewesen, hatten die richtigen Fragen zur falschen Zeit gestellt und es vermieden, einander unsere Gefühle zu gestehen. Aus Feigheit und aus Angst vor einer emotionalen Eskalation hatten wir geschwiegen. Das Resultat war lebensbedrohlich gewesen. Ich fürchtete die Konsequenzen unseres Verhaltens auf dem weiteren Weg.

„Wohin wollt ihr als nächstes?", fragte der Alte.

„Zum Kailash", antwortete Daniel.

Der Arzt schien nicht überrascht. „Werdet ihr dort auf den Deutschen treffen?"

„Vermutlich. Vielleicht ist er aber auch längst in den Kunlun-Bergen."

„Er hat euch bisher nicht aufgehalten, nur ein oder zwei Mal gewarnt. Und das eigentlich auf lächerliche Weise, wenn man bedenkt, wie ernst ihm die Sache zu sein scheint. Erstens glaube ich, dass er euch benutzt, weil er und die Chinesen weniger wissen als ihr. Und zweitens glaube ich, dass er euch bald in eine Falle locken wird. Wenn ihr die Kunlun-Berge erst erreicht habt, dürfte das schwer werden. Aber er könnte euch diese Falle am Kailash stellen. Vielleicht hat er den Fahrer deshalb zurückgerufen. Er wollte Zeit gewinnen, damit er alles vorbereiten kann. Und er wollte, dass ihr arglos und erschöpft in seine Falle geht."

Das würde meine Nervosität und meine düsteren Vorahnungen erklären. Das würde auch erklären, warum Nyngma uns mit Zelt und Proviant zurückgelassen hatte. Er hatte nicht gewollt, dass wir die Reise abbrachen. Wir sollten nur langsamer vorwärts kommen.

„Caroline, erinnerst du dich an den Brief, den uns der Hotelbesitzer zugesteckt hat? Den Brief, der dir solche Angst gemacht hat...?"

Natürlich erinnerte ich mich daran. Beim bloßen Gedanken an ihn befiel mich sofort wieder die gleiche lähmende Angst, die mich gepackt hatte, als wir die unverständliche Botschaft zum ersten Mal gelesen hatten. Ich versuchte, mich an den genauen Wortlaut zu erinnern. „Es begann, glaube ich, mit Gegensätzen: *Die Gegensätze bekämpfen sich, bis sie die Einheit hinter ihrer Trennung erkennen können...* oder so ähnlich.

So bekämpfen und betrügen sich auch die Menschen innerhalb der Organisationen, weil sie nicht wissen, dass sie dasselbe Ziel haben.

Chinesen arbeiten für Tibeter, Tibeter für Chinesen.

Nicht alle Lamas sind so gut, wie sie scheinen.

Die Schatten der Macht lauern hinter jedem Mächtigen.

Es ist oft besser, hinter den scheinbar Guten etwas Böses zu vermuten, als hinter den scheinbar Bösen nichts Gutes.

Und dann kamen die Sätze, die mich so erschreckt hatten:

In der Vergangenheit eines jeden von uns liegt auch das Böse begraben.

Auch wer sich heute für unfehlbar hält wie Frau von Teubner, sollte nicht versäumen, die Fehler der früheren Generationen zu sehen.

Schweiß bildete sich auf meiner Stirn. Verzweifelt sah ich den alten Geistheiler an. „Was kann das nur bedeuten?"

„Der Deutsche wird euch mit Sicherheit eine Falle stellen. Er weiß euch zu manipulieren!"

„Das hört sich an wie ein Lob", rief Daniel aufgebracht. „Rondorf ist ein Schwein. Er hat nichts anderes im Sinn als Machtgewinn und Machtmissbrauch, was immer er tut... Er mag versuchen, einen jeden von uns glauben zu machen, dass er *für* die Ziele von Shambhala kämpft. Das tut er nicht! Rondorf geht es nur um sich selbst, um nichts und niemanden sonst."

„Dann ist er der beste Lehrer, den ihr finden konntet."

Meine Beinmuskeln spannten sich und ich war kurz davor, dem alten Mann an die Gurgel zu springen. Ich nahm meine ganze Willenskraft zusammen, blieb angespannt sitzen und schrie blind vor Zorn: „Rondorf ist skrupellos und gefährlich. Niemals, nie könnte er mein Lehrer sein!"

„Warum nicht, Caroline? Denkst du wirklich so undifferenziert? Glaubst du wirklich, dass die Dinge nur schwarz oder weiß sind, gut oder schlecht?

Außerdem hast du doch bereits verstanden, dass Rondorf auch ein Symbol für das menschliche Ego ist. Warum wehrst du dich plötzlich so vehement dagegen, dass du etwas von ihm lernen könntest? Das ist kindisch!"

Die unverblümte Kritik saß. Ich schluckte.

„Unsere Feinde sind unsere besten Lehrer. Erst wenn wir lernen, unsere Feinde zu lieben, ist wahrhafter Frieden möglich. Liebende Güte und wirkliches Mitgefühl muss alle fühlenden Wesen einschließen, auch und vor allem die, von denen wir glauben, dass sie uns schaden wollen. Nur wer gelernt hat, seinen Feind ebenso zu lieben wie seinen Geliebten, hat die Dualität wirklich überwunden. Gut und Böse sind relativ. Sie bedingen einander. Gutes wird es niemals ohne Böses geben können, Böses niemals ohne Gutes. Rondorf kann ohne euch nicht existieren, ebenso wenig wie ihr ohne ihn! Nur wer gelernt hat, auf der absoluten Ebene zu leben und zu schauen, erkennt die absolute Wahrheit, das Gemeinsame hinter den relativen Erscheinungen. Glaubst du wirklich, dass das, was du an Rondorf kritisierst, nichts mit dir zu tun hat? Dein Feind ist dein bester Spiegel. Alles was du an ihm verabscheust, lebt und wirkt auch in dir. Die verdrängten Bereiche der menschlichen Persona müssen lebendig werden, und lebendiger als Rondorf sie für dich macht, können sie nicht werden. Vergiss niemals, dass alles, was er sagt und tut, dir nur deshalb so zuwider ist, weil auch du es irgendwann gesagt oder getan hast. In jedem Menschen leben Gut und Böse ganz nah beieinander. Indem du das, was du für das Böse hältst, verdammst, zwingst du es immer tiefer in sein Schattendasein. Dann wirst du niemals die Kraft finden, es aus den Untiefen deiner Psyche ans Licht zu holen. Vielleicht ist das der Sinn der Botschaft, die dich so erschreckt. Die Welt, die Vergangenheit, die Menschen, man selbst, all das kann nicht immer nur gut sein. Das ist die größte Illusion. Bereite dich auf Dinge vor, die du verabscheust, die du niemals akzeptieren würdest, wenn du die Wahl hättest. Rechne mit dem Schlimmsten. Dann kann das Schlimmste dich nicht überraschen!" Der Arzt sah Daniel mitfühlend an. „So, ich glaube, wir gönnen ihm jetzt noch ein wenig Ruhe. Schlaf ist die beste Medizin. Komm, Caroline. Auch du kannst noch etwas von dem kostbaren Elixier vertragen."

Ich schlüpfte unter die Felldecken meines Lagers und schlief sofort ein. Traum mischte sich mit Realität, Verständnis mit Unverständnis, Angst mit einem neuen, kaum zu beschreibenden Gefühl des unerschütterlichen Vertrauens und der Geborgenheit. Irgendwo zwischen Wachen und Schlafen vermutete ich, dass der Arzt mir ein Schlafmittel in den Tee mischte, den ich immer wieder durstig trank, wenn ich kurz aufwachte. Ich verlor jedes Gefühl für Raum und Zeit. Selbst Daniels Nähe vermisste ich nicht. Ich fühlte mich wie eine Drogensüchtige in einer stickigen Opiumhöhle, süchtig nach Schlaf, süßer Trägheit und dumpfer Unbewusstheit. Doch auch diese Phase fand ihr Ende, und als ich endlich genug geschlafen hatte, fühlte ich mich klar, voll neuer Kraft, beschwingt, optimistisch, unerschütterlich. Ich verlangte nach Essen, nach meiner eigenen Kleidung, und ich wollte Daniel sehen. Das Leben hatte mich wieder.

Nur wenig später traf ich Daniel am Ufer des Sees. Er saß auf einem morschen Holzsteg, der tief in das grüne Wasser hineinreichte und träumte vor sich hin. Mir wurde ganz warm, als ich seine schlanke Gestalt so auf dem Steg sitzen sah. Sobald er meinen Blick auf seinem Rücken spürte, drehte er sich um. Er verzog keine Miene, aber das kraftvolle, befreite Blitzen in seinen Augen erhellte sein ganzes Gesicht. Der Glanz der Seele, dachte ich. Einen Moment lang hatte ich das Gefühl, als sähe ich den Buddha selbst, schlank, königlich, achtsam – erwacht. Langsam ging ich auf ihn zu, weil ich diesen Anblick genießen wollte, seine überwältigende Präsenz und seine strahlende Schönheit, die selbst neben der atemberaubenden Schönheit der Natur nicht verblasste. Als ich ihn endlich erreicht hatte, ließ ich mich neben ihn auf den morschen Steg fallen.

„Ausgeschlafen, Caroline?"

„Endlich! Wie lange habe ich diesmal geschlafen?"

„Drei volle Tage und Nächte."

Ich schwieg nachdenklich.

„Was denkst du?" Meine Gedanken waren wichtig, und er wusste es.

„Ich denke, dass ich noch vor wenigen Tagen resigniert aufgegeben hätte, weil wir kostbare Zeit verloren haben. Heute bin ich jedoch sicher, dass dieser Aufenthalt Wunder gewirkt hat und dass wir alle Zeit der Welt haben. Wir führen keinen Wettlauf gegen die Zeit. Sie ist mit uns. Sie hat ihren eigenen Rhythmus."

Daniel sah mich an. „In den letzten Tagen hatte ich manchmal große Angst, verrückt zu werden. Ich fand unsere Reise irrwitzig, unsere Beziehung, die Dinge, die geschahen. Mich schien die Größe unserer Aufgabe zu erdrücken. Ich bin kein Weltverbesserer, kein Retter der Ideale, kein Kämpfer für Gerechtigkeit und gegen das Böse. Eigentlich will ich all diese Dinge nicht. Ich will nicht mit dir durch feuchtes, unwegsames Gelände hetzen. Ich will nichts mit diesem Rondorf zu tun haben, geschweige denn mit den Chinesen. Ich bin nicht einmal mehr sicher, ob ich Shambhala finden will. Viel lieber will ich in mein altes Leben zurück. Ich will zurück nach Dharamsala oder nach Delhi. Ich möchte zurück zu den Dingen, die mir vertraut sind, in den Alltag und zu der Routine, die ich all die Jahre kannte."

Ich dachte: „Er will zurück zu Malika." Da war er wieder, der alte Schmerz. Heute zweifelte ich zwar nicht mehr an seinen Gefühlen für mich, war aber noch lange nicht sicher, ob er wirklich mit mir zusammen sein wollte. Ich schob den Gedanken beiseite, denn ich spürte, dass er mir wieder alle Kraft raubte. Der Stachel der Verlustangst steckte immer noch in mir.

Wir fuhren erschrocken zusammen, als wir hinter uns die Stimme des tibetischen Arztes hörten: „Glaubst du wirklich, dass du das willst?" Er sah Daniel durchdringend an. In seinem Blick lagen Frage und Anklage zugleich.

„Ja, ich bin sicher, dass ich das will", antwortete Daniel im Brustton der Überzeugung.

„Je weniger der Pilger den heiligen Ort zu suchen bereit ist, desto tiefer wird er in sein Geheimnis eingeweiht werden."

Mir entschlüpfte ein einfältiges „Warum?"

„Das Höhere Selbst muss den Suchenden führen. Es ist Antrieb und Ziel zugleich. Wer eine bewusste und gewollte Entscheidung trifft, handelt aus Eigennutz und Eitelkeit. Doch wer in seinem Inneren den unwiderstehlichen Sog fühlt, der ihn nach Shambhala zieht, kann sich diesem Sog nicht widersetzen. Früher oder später wird er sich allerdings für die Suche entscheiden müssen. Shambhala wird einem niemals gegen den eigenen Willen aufgezwungen. So lautet das Gesetz."

Der Arzt zog den Plan aus der Tasche, auf dem der Weg zum Kloster in den Kunlun-Bergen markiert war. „Ich habe mir eure Karte angesehen." Er grinste. „Die nächste Etappe eurer Reise ist nicht sehr beschwerlich und nicht sehr weit. Ich habe eine Idee…" Er setzte sich verschwörerisch in unsere Mitte und weihte uns mit schelmischer Freude in seinen Plan ein.

Wenig später ließ er uns allein auf dem Steg zurück. Wieder zogen dicke Wolken auf. Ich fröstelte leicht und genoss den Moment dennoch mit jeder Faser meines Seins. Selten hatte ich so intensiv das Gefühl gehabt, zu leben.

Plötzlich fiel mir etwas ein. Aus heiterem Himmel. Ich erinnerte mich an den Tag, als ich Daniel an seinem Krankenbett aufgesucht hatte. Als der Alte uns das erste Mal zusammen gesehen hatte, hatte er etwas auf Tibetisch gesagt. Ich hatte nicht gewagt, sofort nach der Bedeutung seiner Worte zu fragen, aber jetzt schien sie wichtig zu sein. Daniel erinnerte sich sofort an die Begebenheit, obwohl sie viele Tage, viele Gedanken und viele entscheidende Lektionen zurücklag. Die Worte des Alten hatte ich schon einmal aus tibetischem Munde gehört.

„Es ist durch die Liebe und angesichts der Liebe, dass sich die Welt entfaltet. Durch die Liebe gewinnt sie ihre ursprüngliche Einheit und ihre ewige Nicht-Trennung zurück."

Da wusste ich, dass die Yogini Recht gehabt hatte. Die Gegensätze führten uns zu ihrer ursprünglichen Einheit zurück.

22

D aniel ritt auf dem Rücken eines Yak, um sein Bein nicht zu sehr zu beanspruchen. In Begleitung unseres Krähenschwarms waren wir auf dem Weg nach Har Qu, einer Siedlung wenige Kilometer vom Berg Kailash entfernt. Kurz vor dem Ort lag ein Kloster, in dem *zufällig* ein Bruder von Doktor Donden lebte, dem Mann, der Daniel das Leben gerettet hatte. Nachdem der Doktor uns in seinen Plan eingeweiht hatte, uns zu seinem Bruder zu bringen, waren wir unverzüglich aufgebrochen. Gemeinsam mit allen Dorfbewohnern hatten wir unseren letzten Abend mit *Chang*, tibetischem Bier, begossen. Ich befürchtete, meine Dankbarkeit nicht hinreichend zum Ausdruck bringen zu können, aber Daniel, der die Sitten und Gebräuche kannte, beruhigte mich. „Es ist eine große Ehre für sie, uns zu helfen. In jedem Tibeter ist der Mythos von Shambhala lebendig. Viele beten täglich, im nächsten Leben in Shambhala wiedergeboren zu werden. Fast jeder sehnt sich nach dem Ruf, den die meisten niemals hören werden. Sie sind stolz darauf, durch uns an der Legende teilhaben zu können. Wir machen für sie einen Traum wahr. Das ist ihnen Lohn genug."

Daniel und ich trugen einfache tibetische Tracht. Sie war der sicherste Schutz vor Entdeckung. Aus demselben Grund führte Doktor Donden uns auf einem Pfad, der die verschiedenen Klöster fernab der Straßen miteinander verband. Ich ließ mich von meinen neuen Gedanken und Gefühlen davontragen. Plötzlich wollte ich wissen, welches Geheimnis, welche bewegende Kraft hinter all dem stand, was uns bisher geschehen war. Ich wollte wissen, was uns nach Shambhala zog wie ein großer, kosmischer Magnet. Ich fühlte mich stark und von einer unsichtbaren Macht getragen und beschützt. Aber ich spürte immer noch den Dorn des Zweifels in mir, leiser zwar, aber nicht zu verleugnen. Ich wusste, dass Unsicherheit und Angst nach wie vor ein Teil meines Wesens waren. Wenn ich genauer hinhörte, vernahm ich tief in mir etwas, das unaufhörlich verzweifelt schrie. Mal schrie es laut und hysterisch, mal wimmerte es wie ein ängstliches Kind. Es war nur eine Frage der Zeit, bis ich der Angst und der Hoffnungslosigkeit wieder erliegen würde. Mein Ego hatte mich noch immer fest im Griff.

Als wir am Abend unter einem Felsvorsprung unser Lager aufschlugen, zeigte ich mich schweigsam und introvertiert. Daniel respektierte meinen unausgesprochenen Wunsch, allein zu sein. Doktor Donden ging davon. Ich vermutete, dass er sich zur Meditation zurückzog. Daniel und ich hatten diese Aufgabe und auch die Übungen, die Pema uns so eindringlich ans Herz gelegt hatte, völlig vernachlässigt. Wenn ich ehrlich war, hatte ich sie sogar vergessen. Würden wir so jemals die geistige Kraft finden, die wir so dringend brauchten? Was taten wir eigentlich dafür, die Energie und die Bewusstheit Shambhalas zu erlangen? Nichts.

Daniel saß am Feuer, und ich betrachtete ihn von der Seite. Er saß ruhig und still da. Seit er von seiner schweren Verletzung genesen war, wirkte er viel schöner, unbekümmerter und unerschütterlicher. Was war das nur für eine Liebe zwischen uns? Warum ließ sie nichts an seinem Platz? Warum zwang sie uns, alles in Frage zu stellen? Ich hätte mir nie vorzustellen gewagt, dass man so tief lieben konnte, mit jeder Faser seines Seins. Baba hatte es lange vor mir gewusst: Die Sehnsucht nach der wahren Liebe war in mir erwacht. Wie Daniel konnte ich mir nicht mehr vorstellen, je wieder anders zu lieben. Bedingte Liebe würde meine Sehnsucht nie mehr stillen können… Ich hatte nie wie andere – Julie zum Beispiel – von der „großen" Liebe geträumt. Oder doch? Einen Traum hatte es gegeben… War es ein Traum gewesen? Nein, kein Traum. Eine Vision? Auch das war nicht das richtige Wort. Wissen. Ja, der Ausdruck kam meinem Gefühl am nächsten. Sicheres Wissen. Diese absolute Gewissheit hatte ich schon als kleines Mädchen gehabt. Damals, als die Dinge noch unkompliziert und klar gewesen waren; damals, als ich noch ich selbst gewesen war; damals, als ich getanzt hatte… Zu dieser Zeit hatte ich sicher gewusst, dass es in meinem Leben nur einen Mann geben würde, der mich tief berührte. Jeder, der vor ihm kam, war nur die Vorbereitung auf die intensive Gemeinsamkeit, die wir erleben würden. Und nach ihm würde es keinen zweiten geben…

Ich saß an die Felswand gelehnt und spürte, wie ich von einem einzigartigen Gefühl tiefer Befreiung überwältigt wurde. Vor meinem inneren Auge liefen sämtliche Situationen meines vergangenen Lebens, in denen ich ebenso sicher gewusst hatte, wie Szenen eines Filmes ab. Ich erlebte jenes bedingungslose Vertrauen, das inneres Wissen war und nach dem ich bisher so verzweifelt gesucht hatte. Die Alte, die uns in Lhasa die Landkarte übergeben hatte, hatte versucht, uns für dieses Gefühl zu öffnen; Pema hatte es fast geschafft, aber nur fast. Und plötzlich, als ich es nicht suchte, war es da. Freudig erregt sah ich die inneren Bilder, Szenen aus meiner Kindheit, meiner Schulzeit, meiner Zeit in der Schweiz, in den USA, in Berlin... Es waren viele, viel mehr, als ich für möglich gehalten hätte. Und in den letzten Monaten waren es immer mehr geworden: der Anblick des Roerich, die Begegnung mit Baba am Taj Mahal, das erste Treffen mit Daniel, der Besuch in Adyar... Ich hatte Mühe, alle Szenen zu erkennen, denn sie folgten immer schneller aufeinander. Doch plötzlich wusste ich, dass es nicht wichtig war, sie einzeln in Erinnerung zu behalten. Es ging um das Grundgefühl, das sie vermittelten: Ruhe, Klarheit, Wachheit, kühle Entspannung, absolute Präsenz und Aufmerksamkeit, Sicherheit, Gewissheit, Leichtigkeit, Freiheit, Ich-Losigkeit, Wunschlosigkeit. Das war die Stimme meiner untrüglichen Intuition. Endlich konnte ich sie hören und von den anderen Gedanken unterscheiden, die unermüdlich auf mich einstürmten.

Daniel lag schon unter seiner Decke und döste, als ich mich endlich entschließen konnte, mich auch hinzulegen. Er öffnete nur kurz die Augen und entspannte dann sichtlich, als er mich sah. Ich war immer noch hellwach, erfüllt von einem intensiven Gefühl der entspannten Freude und Energie. Da bemerkte ich, dass sich zwischen uns wieder etwas verändert hatte. Mein Verlangen schwieg. Da war weder Verlust- noch Trennungsangst. Der Dorn des Zweifels hatte in diesem Augenblick keine Macht über mich, weil ich sicher wusste, dass Daniel und ich zusammengehörten.

Wir erreichten das Kloster nach einem weiteren Tagesmarsch. Daniel sprang erleichtert von seinem schwankenden Tragetier. Auf den letzten Kilometern im unwegsamen Gelände hatte er ständig gegen Übelkeit ankämpfen müssen. Doktor Dondens Bruder empfing uns in der Besucherhalle und verhielt sich höchst abweisend. Ich fühlte mich nicht erwünscht und hätte mich am liebsten auf dem Absatz umgedreht, um das Kloster wieder zu verlassen. Der Doktor und sein Bruder diskutierten heftig.

„Kannst du verstehen, was sie reden?", fragte ich Daniel.

„Der Rinpoche scheint nicht sehr erfreut darüber, dass sein Bruder uns hergebracht hat."

In dem leeren Raum hallten die geflüsterten Worte der streitenden Brüder zischend von den Wänden wider. Spannung lag in der Luft. Ich fing an zu schwitzen. Mir wurde schwindelig. Mein Herz klopfte heftig, immer lauter, immer schneller. „Nur nicht das schon wieder", dachte ich.

„Alles in Ordnung, Caroline?" Daniel legte schützend seinen Arm um mich. Ich merkte, wie sich mein Körper allmählich beruhigte und Gelassenheit und Sicherheit zurückkehrten. Daniel atmete ruhig und gleichmäßig. Automatisch passte sich mein Atemrhythmus dem seinen an. Warum regte mich die Ablehnung bloß so auf? Fast glaubte ich, sie übertrage sich auf mich.

Endlich kehrte Doktor Donden zu uns zurück. Auch ihm merkte man die Erregung an. Sein Gesicht war gerötet und seine sonst so entspannten Hände wirkten verkrampft und zittrig. „Entschuldigt, dass ihr so lange warten musstet. Mein Bruder war sehr überrascht, mich zu sehen. Wir verstehen uns nicht gut…!"

Das reichte mir als Erklärung nicht. Das Streitgespräch war eindeutig nicht persönlich motiviert gewesen. Es war um Daniel und mich gegangen. Warum log der Doktor uns an?

„Aber…", fuhr er zögernd fort, „…wir können zwei Tage hier bleiben."

„Warum sollten wir unsere kostbare Zeit verschwenden, wenn wir hier offensichtlich nicht willkommen waren?", fragte ich mich.

Ein mürrischer Mönch wies Daniel und mir demonstrativ zwei verschiedene Kammern zu, doch ich hielt es in meiner gefängnisähnlichen Zelle nicht lange allein aus. Als ich mich heimlich zu Daniel schlich, fühlte ich mich wie eine Verbrecherin, die gegen eherne Klosterregeln verstieß. Alles in diesem Kloster wirkte erdrückend, eng und streng auf mich. Mir fehlte regelrecht die Luft zum Atmen.

Um vier Uhr weckte man uns zur Morgenmeditation. Verschlafen blickte ich in ein vorwurfsvolles Mönchsgesicht, das der Spiegel meines schlechten Gewissens zu sein schien. Während der Meditation und dem anschließenden Gebet glaubte ich, den kritisch prüfenden Blick des Rinpoches auf mir zu spüren. Sein Bruder saß neben ihm. Sie wirkten plötzlich alles andere als zerstritten.

„Frau von Teubner, Mr. Nirula!" Kurz bevor wir mit den Mönchen die Gebetshalle verließen, rief der Rinpoche uns zu sich. „Bitte folgen Sie mir. Ich möchte gern, dass Sie das Frühstück mit mir gemeinsam einnehmen."

Der Rinpoche führte uns in sein Zimmer und bat uns höflich, Platz zu nehmen. Ein junger Mönch reichte uns Tee und *Tsampa*, warme Gerstengrütze. Der Rinpoche, der einige Jahre jünger sein musste als sein Bruder, war ein Meister der Inszenierung. Er spannte uns absichtlich auf die Folter. Zunächst aßen wir schweigend. Erst nach einer halben Stunde, die uns unendlich lang vorkam, richtete er das Wort an uns: „Es tut mir Leid, dass Sie den Eindruck gewinnen mussten, unser Kloster sei Fremden gegenüber alles andere als gastfreundlich gesinnt. Ich muss Sie um Verständnis und Nachsicht bitten. Wir leben in einer schwierigen Zeit, in der es sicherer ist, einem Fremden zu misstrauen als ihn mit offenen Armen aufzunehmen. Unser Kloster ist nicht sehr bekannt. Selten findet ein Besucher den Weg zu uns. Vor vielen Jahren haben wir beschlossen, keine Fremden mehr einzulassen. Damals hatte ein chinesischer Militärtrupp zu uns gefunden. Die Männer wollten alles über Shambhala und das Kalachakra-Tantra wissen. Als wir uns weigerten, unser Wissen preiszugeben, bedrohten sie uns mit ihren Waffen. Da geschah etwas Merkwürdiges... Alle eingeweihten Mönche hatten das geheime Wissen plötzlich vergessen. Wir erinnerten uns an nichts. Es war, als hätten wir nie davon gewusst. Viele von uns wurden misshandelt und gefoltert. Erst als die Chinesen einsahen, dass wir uns nicht verstellten, sondern wirklich nichts wussten, ließen sie von uns ab, nicht ohne aus Rache einige meiner Brüder vor unseren Augen zu töten. Beinahe wäre es ihnen gelungen, unser Kloster in Brand zu stecken. Wir konnten das Schlimmste gerade noch verhindern."

Abscheu spiegelte sich in Daniels Augen, und ich war fassungslos.

„Sie wissen sicher, dass die wahre Lehre nur vom Lehrer an den Schüler weitergegeben wird. Dies dient dem Schutz der Wahrheit und der Prüfung des Schülers. Natürlich gibt es viele Texte und Kommentare, in denen die tantrische Lehre schriftlich fixiert wurde, aber das Entscheidende lässt sich nicht in schriftlicher Form vermitteln. Geschriebene oder gesprochene Sprache ist ein Ausdrucksmittel des Verstandes, den wir zu überwinden suchen. Wie könnte der Verstand sich selbst überwinden? Dazu braucht es etwas Größeres, Umfassenderes: Erkenntnis. Und Erkenntnis kann nur durch Erfahrung vermittelt werden. Deshalb gibt es meines Wissens keine einzige Aufzeichnung über die wirkliche Essenz der Lehre."

„Sie meinen alle Riten, alle Mantras und Gebete, alle Übungen und der Kern der Lehre selbst, all das sei niemals aufgezeichnet worden?" fragte ich fasziniert. Der Rinpoche lächelte mich an, als spräche er mit einem Kind. „Natürlich gibt es Aufzeichnungen über Shambhala. Es gibt die Reiseführer, viele Kommentare, Gedichte und Gebete tibetischer und indischer Denker. Aber das alles betrifft nicht die Essenz der Lehre. Jeder Lehrer nimmt von vornherein nur wenige Schüler auf. Er beobachtet sie, er prüft sie, er unterrichtet sie. Der Unterricht besteht weniger in der direkten mündlichen Unterweisung als in der indirekten Übermittlung. Der Schüler wird Situationen ausgesetzt, in denen er seine spirituelle Reife unter Beweis stellen muss. Oft weiß nur der Lehrer, dass der Schüler dieser Prüfung unterzogen wird. Die Beziehung zwischen Lehrer und Schüler ist deshalb sehr eng. Sie basiert auf absolutem Vertrauen. Erst wenn der Lehrer den Schüler für reif befindet, das heilige Wissen zu verwalten, wird dieser in die inneren Geheimnisse eingeweiht."

„Aber ich selbst habe mit Tausenden anderer an einer Kalachakra-Initiation in Dharamsala teilgenommen. Der Dalai Lama bereist die ganze Welt und weiht in Sportstadien Massen von Menschen ein, die vielleicht nicht einmal wissen, was Buddhismus eigentlich ist." Daniel sprach laut. Man merkte ihm an, dass es ihm schwer fiel, den Worten des Rinpoche Glauben zu schenken. Dieser gab sich die größte Mühe, uns den Unterschied zu erklären. „Ja, diese Einweihungen werden gegeben. Jeder bekommt, was er auf dem spirituellen Pfad braucht. Viele kennen die Lehren, und es gibt viele Eingeweihte, aber nur wenige, die Zugang zu den wirklichen Mysterien finden. Selbst unter uns Mönchen gibt es nicht viele, die höchste Erkenntnis erlangen.

Das ist auch der Grund, weshalb unsere Lehre von vielen Ausländern kritisiert wird. Es mag auf den ersten Blick so aussehen, als wollten wir das Beste und Machtvollste für uns behalten. Dabei entscheiden nicht wir. Es ist vielmehr ein ganz natürliches Auswahlverfahren. Trotzdem werden in

Europa und Nordamerika immer mehr Stimmen laut, die eine Buddhisierung ihrer Demokratie fürchten. Kritiker nennen das lamaistische System faschistisch. Zumindest kritisieren sie die Beziehung, die sich automatisch zwischen Lehrer und Schüler ergibt, als zu hierarchisch, zu autoritär und damit als diktatorisch. Viele sprechen sogar offen die Befürchtung aus, der Dalai Lama nutze seine Macht, um eine Weltregierung zu schaffen, wie sie im Mythos von Shambhala erwähnt wird. Nach alter Überlieferung hat der Herrscher Tibets Anspruch auf den Weltenthron."

„Ich hatte eigentlich den Eindruck, dass sich der Buddhismus im Westen wachsender Beliebtheit erfreut", warf ich ein.

„Ja, wir haben viele prominente Fürsprecher im Westen. Wie das eben so ist, wird jede Erscheinung von manchen positiv und von anderen negativ beurteilt. Das ist das Wesen der Dualität. Deshalb sind wir auch keine Missionare. Wir wissen, dass unsere Lehre nur eines von vielen Mitteln zur Reinigung des Geistes und zur Klärung des Bewusstseins ist. Sie soll uns befähigen, hinter die Welt der Erscheinungen zu blicken. Jede Religion ist selbst eine solche Erscheinung, hinter die man schauen muss, um die Wahrheit zu sehen."

Da war sie wieder, die lebendige Erinnerung an Baba, den Weisen. Ein schwacher Duft stieg in meine Nase und ließ mich aufmerken. Es war eine Mischung aus Sandelholz, Feuer, Anis und frischer, sandiger Luft. Erstaunt blickte ich mich im Saal um. Da war nichts. Weder Daniel noch der Rinpoche hatten den geheimnisvollen Geruch bemerkt. Oder doch? Der arglos dreinblickende Rinpoche sagte etwas, das mir das Blut in den Adern stokken ließ: „Mancher alte Schlangenbeschwörer weiß mehr als die großen politischen und religiösen Führer unserer Zeit."

Auch Daniel verstand den Wink. Er sah mich durchdringend an, während der Rinpoche ungerührt weitersprach.

„Wir stehen heute vor einer wichtigen Entscheidung. Wir können weiter auf unsere Unterschiede beharren und uns immer weiter voneinander entfernen, oder wir richten das Augenmerk auf unsere Gemeinsamkeiten und finden heraus, dass wir eigentlich alle nur ein Ziel haben und in unserem Wesen gleich sind."

„Wäre Ihre Entscheidung, keine Pilger auf dem Weg nach Shambhala mehr aufzunehmen und niemanden mehr zu unterweisen, dann nicht falsch gewesen? Indem Sie Suchenden die Hilfe kategorisch verweigern, nutzen Sie Ihr Wissen, um sich von ihnen zu distanzieren. So schaffen Sie eine Kluft, wo Sie eigentlich Brücken bauen wollen."

War das Daniel, der da sprach, der wohlerzogene, ruhige, diplomatische Daniel?

Der Lama bewies Humor. Er lachte schallend. „Sie haben Recht, Professor Nirula. Wir sollten die Sache vielleicht weniger streng handhaben. Wir waren uns damals einig, dass wir niemals das richtige Werkzeug in die Hände der falschen Menschen geben wollten. Die Gefahr ist einfach zu groß. Es könnte die vollständige Zerstörung Tibets bedeuten. In unserer Angst entschieden wir so. Gleichzeitig war uns bewusst, dass unsere Entscheidung das Aussterben des alten Wissens bedeuten könnte." Der Rinpoche übte plötzlich rührende Selbstkritik: „Seien Sie nachsichtig mit einem alten, starrsinnigen Mönch. Mein Bruder hat mich gebeten, Sie in einen Teil der Lehren einzuweihen. Wie er mir erzählt hat, sind Sie im Laufe Ihrer Reise vielen Lamas und Mönchen begegnet, die Ihnen grundlegende Dinge beigebracht haben. Er meinte auch, Sie hätten die notwendige Bereitschaft und Fähigkeit, die Erkenntnis zu erlangen. Er lobte Ihr reflexives Denken, Ihre schnelle Auffassungsgabe und Ihre außergewöhnliche Hingabefähigkeit. Er ist der Meinung, dass Ihr Geist und Ihr Herz ungewöhnlich rein sind…"

Zum ersten Mal hörte ich diese Dinge über mich, ohne Stolz zu verspüren. Auch Daniel wirkte ungerührt.

„Trotz dieser günstigen Gegebenheiten glaubt mein Bruder, dass Sie eine tantrische Initiation brauchen, um den Gefahren, die noch auf Sie warten, begegnen zu können. Offen gesagt, ich teile seine Meinung. Bis heute Morgen weigerte ich mich jedoch, Ihnen die Einweihung zu geben. Aus den eben dargelegten Gründen."

„Bis heute Morgen? Jetzt nicht mehr?", fragte Daniel geradeheraus.

„Ein altes Sprichwort sagt: ‚Wenn der Schüler bereit ist, kommt der Lehrer.' Es ist nicht so, dass der Schüler sich selbst für bereit erklärt und den Lehrer sucht, damit er ihm beibringt, was er zu lernen verlangt. Es ist umgekehrt. Der Schüler ist nicht bereit für den Lehrer, bis der Lehrer von selbst erscheint, weil die Seele des Schülers ihn gerufen und um geistige Führung gebeten hat. Lange habe ich diesen Ruf nicht mehr vernommen. Diesmal war es sehr schwer, ihn zu hören und noch schwerer, ihn hören zu wollen." Der Rinpoche zuckte entschuldigend mit den Schultern. „Zu groß war meine Ablehnung gegenüber jedem Fremden, gegenüber der Arroganz, mit der die Menschen unsere heiligen Orte betreten und durch ihre bloßen Gedanken verunreinigen. Meine rigorose Ablehnung war so groß, dass ich nicht einmal sah, wen mein Bruder mir brachte. Sie haben um nichts gebeten und ich war dennoch nicht bereit, Ihnen zu geben, was Sie zu diesem Zeitpunkt so dringend brauchen. Ich bitte vielmals um Verzeihung."

Der Rinpoche lehrte uns eine Lektion von unschätzbarem Wert: Wenn du einen Fehler gemacht hast, so habe keine Scheu, ihn zuzugeben und versuche, die Wunden, die er hinterlässt, mit Ehrlichkeit und der Bereitschaft dazuzulernen zu heilen. Seine ursprünglich ablehnende Haltung hinterließ keine Narben, nicht einmal die Spur einer Erinnerung. Es war, als habe es sie nie gegeben.

„Aber ich habe bereits einen Teil der Kalachakra-Einweihungen erhalten", gab Daniel zu bedenken.

„Ich weiß. Doch diese Einweihung wird anders sein. Sie betrifft euch beide, eure Gemeinsamkeit mehr als eure getrennte Existenz. Mehr kann ich euch nicht sagen. Je weniger ihr darüber wisst, desto besser. Ihr müsst mir vertrauen!"

Auf dem Weg zurück durch das mystische Labyrinth des Klosters erklärte uns irgendein junger Mönch, dass wir nun 24 Stunden getrennt voneinander verbringen müssten. Er bat mich, meine Sachen aus meiner Kammer zu holen und ihm zu folgen, während er Daniel in seinem Raum zurückließ und ihm versprach, bald nach ihm zu sehen.

Angespannt folgte ich dem Mann, dessen kahler Schädel in der schummrigen Dunkelheit wie eine Laterne glänzte, in einen abgelegenen Flügel des Klosters. Ein weiterer Mönch erwartete mich in einer Kammer. Er begrüßte mich mit einer Verbeugung und stellte sich vor. Sein Name war Rentsin. Seine für einen Tibeter ungewöhnlich hellen Augen musterten mich wach und fragend. Ich merkte, wie meine Bewegungen ungelenk wurden. Rentsins Blick verunsicherte mich. Automatisch machte ich mich auf weitere Einsichten in mein inneres Wesen gefasst.

„Meine Aufgabe ist es, Sie auf die Einweihung vorzubereiten. Ich soll Sie reinigen, damit Ihr Körper und Ihr Geist bereit ist für die Kräfte, die der Rinpoche Ihnen übertragen wird", erklärte er.

Der Rinpoche hatte uns gebeten, ihm zu vertrauen. Hatte ich soviel Vertrauen, dass ich Rituale über mich ergehen lassen konnte, von denen ich nichts verstand?

Rentsin gab mir Wasser und Tee, reinigende Kräuter und ungewürzten Reis. Er begleitete mich auf einer wundersamen geistigen Reise durch eine Meditation, die mich mit Klarheit und Freude erfüllte. Anschließend führte er mich in einen dampfenden Baderaum, in dem eine riesige steinerne Wanne mit nach Kräutern duftendem Wasser auf mich wartete. Die rituelle Waschung sei die wichtigste Vorbereitung, erklärte er. Als ich aufgeweicht aus der Wanne stieg, fühlte ich mich geistig frisch und gleichzeitig körperlich ausgelaugt und müde.

Allein der Tag mit Rentsin hätte mir als Stärkung und Initiation genügt. Rentsin lachte, als ich ihm dankte: „Meine Aufgabe ist klein im Vergleich zu der Aufgabe, die Sie zu bewältigen haben. Alles, was Sie in mir sehen, liegt in Ihnen. Ich bin nur ein nützliches Hilfsmittel, dessen Sie sich bedienen."

Was für ein Gefühl wäre es, das Leben so zu betrachten und sich selbst als Werkzeug auf dem Erkenntnisweg der anderen zu sehen? Als nichts sonst...

Ein paar Stunden lang vergaß ich die ätzenden Zweifel, die Selbsterniedrigung und den Kampf mit mir selbst, all das, was sonst Teil meines inneren Dialogs war und mich ständig nach Perfektion streben ließ. Hier bei Rentsin war alles gut – so wie es war. Es gab keinen inneren Dialog, der mit „du solltest, du müsstest, du darfst nicht" begann. Ich war eins mit mir selbst und genoss diesen Zustand.

Während die anderen Mönche in der Abendandacht inbrünstig das „Om mani padme hum" rezitierten und ihr Gesang bis zu uns drang, lag ich entspannt auf einem weichen Kissen. Plötzlich fragte Rentsin: „Was erhoffen Sie sich von dieser Reise, Caroline?"

Die Frage traf mich wie ein Schlag. Es dauerte lange, bis ich meine Gedanken einigermaßen unter Kontrolle hatte. Ich erhoffte mir, Rondorf aufzuhalten, Daniel ganz für mich zu gewinnen, Shambhala zu schützen, vielleicht sogar zu finden und wieder so ruhig und unbeschwert zu leben wie früher... Ein Gedanke jagte den anderen, aber keiner schien die wirkliche Antwort zu sein. Ich wollte all das hinter mich bringen, um endlich wieder so leben zu können wie früher. Ja, das wollte ich. Die Antwort schmeckte bitter wie Galle. Konnte das die Wahrheit sein? Dennoch sprach ich sie aus: „Ich erhoffe mir, nach diesem einmaligen Abenteuer in die Ruhe meines alten Lebens zurückkehren zu können.“

Rentsin reagierte wider Erwarten nicht. Stattdessen fragte er scheinbar arglos: „Welchen Sinn hätte die Reise dann für Sie gehabt, Caroline?“

Ich lachte, als ich merkte, dass er mir eigentlich die gleiche Frage gestellt hatte wie zuvor. Er erlaubte mir nicht, auszuweichen. Stolz vermied ich es, in die Falle zu gehen, und blieb bei meiner zuvor geäußerten Ansicht, die ich diesmal noch inbrünstiger formulierte. „Die Reise wäre dann ein Abenteuer gewesen, das im Nachhinein wie ein Traum anmuten würde. Aus der Sicherheit meines Alltags könnte ich das Abenteuer lachend betrachten, denn ich hätte es überstanden.“

Schon während ich es aussprach, wusste ich, dass Rentsin in ein Wespennest gestochen hatte. Ich wusste, dass ich mich zu lügen bemühte und dennoch die Wahrheit sagte, so klar, dass jeder sie hören konnte – selbst ich. Ich hatte Angst und ließ sie nicht zu. Ich wollte stark sein, obwohl ich mich schwach fühlte.

„Als ich fünf Jahre alt war, brachten mich meine Eltern in ein Kloster in der Nähe meines Heimatortes in Westtibet“, erzählte Rentsin. „Bis zu diesem Zeitpunkt war ich sehr glücklich gewesen. Meine Eltern gaben mir die Freiheit, zu sein, was ich sein wollte, und setzten mir dennoch Grenzen, an denen ich die Reichweite meiner Freiheit austesten konnte. Nie musste ich an ihrer Liebe zweifeln. Viele Jahre habe ich den Tag verdammt, an dem sie zu einem religiösen Fest gingen, denn als sie wiederkamen, packten sie sofort meine wenigen Sachen und brachten mich in das Kloster, in dem sie zuvor gefeiert hatten. Mein Vater sagte, er habe das Orakel nach dem Schicksal seiner Kinder befragt. Es hatte ihm geraten, seinen ältesten Sohn als Mönch aufwachsen zu lassen. Hunderte, Tausende Male habe ich mir gewünscht, nicht der älteste Sohn zu sein. Meine Mutter übergab mich dem Klostervorsteher, der riesengroß und streng vor mir stand. Sie nahm mich auf den Arm, ich sah die Tränen in ihren Augen und fühlte mich trotzdem verraten. Lange Jahre hallten ihre letzten Sätze in mir wider, und doch verstand ich sie nicht. Meine Mutter hatte gesagt: ‚Unsere Kinder sind ein Geschenk, aber sie sind nicht unser Eigentum. Wir haben nur die Aufgabe, sie zu führen und zu begleiten, bis das Leben ihnen ihre eigene Aufgabe offenbart. Dann müssen wir sie aus unserer Obhut dem Leben zurückgeben, damit sie frei sind, ihrer Bestimmung zu folgen. Das Leben hat Großes mit dir vor, mein Kleiner.‘“

Ich sah, wie die Erinnerung auch jetzt wieder Tränen in Rentsins Augen trieb. Seine Geschichte hatte viele Bedeutungen, doch an diesem Abend war nur eine Bedeutung wichtig.

„In den nächsten Jahren quälten mich tiefe Trauer und das schreckliche Gefühl, verlassen worden zu sein. Die Menschen, denen ich das meiste Vertrauen entgegengebracht und in deren Gegenwart ich mich sicher gefühlt hatte, hatten mich weggegeben und heimatlos gemacht. Für mich war das gleich bedeutend mit Verrat. Ich war einsam und litt. Ich ließ niemanden an mich heran, obwohl viele versuchten, die Mauer zu durchbrechen, die ich um mich aufgebaut hatte. Ich wollte mich nie wieder öffnen, damit ich nie mehr verletzt werden konnte. Bald nannten sie mich den Einsiedler. Mein Lama fand, dass ich diesen Beinamen wohl aus einem wichtigen Grund hatte. Er entschied, dass ich meine selbst gewählte Rolle auch wirklich spielen sollte, und schickte mich in eine Höhle. Dort verbrachte ich viele Wochen und Monate allein, tief versunken in Gebet und Meditation. In dieser Zeit ging ich durch die Hölle, die ich mir selbst erschaffen hatte. Schon nach kurzer Zeit kam der ganze Schmerz an die Oberfläche, den ich bisher unterdrückt hatte. Bald verstand ich, dass ich nach fünfzehn Jahren immer noch an einem Leben festhielt, das unwiederbringlich verloren war. Es war längst nicht mehr mein Leben. Ich sah meine Härte, meinen Hass und meine Wut, und ich sah, wie ich mich selbst quälte. Ich hatte all die Jahre gegen mich selbst gekämpft, gegen mein eigenes Leben. Ich war nicht einsam, ich wollte einsam sein. Ich war nicht verlassen worden, ich wollte verlassen sein. Mein Schmerz war mein einziger Lebensinhalt geworden. Ich suhlte mich darin und bekämpfte jeden, der mir diesen Schmerz nehmen wollte, als wolle er mir das Leben nehmen. Ich hatte Leid an die Stelle von Leben gesetzt. Ich lebte in einer idealisierten Vergangenheit und wollte weder die Schönheit der Zukunft noch die Heiligkeit des Augenblicks sehen. In dem Moment, in dem ich all das erkannte, klagte ich mich selbst an. Wie konnte ich nur so leiden wollen? Gleichzeitig hatte ich tiefes Verständnis für mich selbst, für den kleinen Jungen, der die Geborgenheit hatte verlassen müssen, um erwachsen und bewusst zu werden, um er selbst zu werden. Meine Eltern hatten das Richtige getan. Sie hatten mich losgelassen, weil sie wussten, dass es Höheres gab als den Wunsch, ein Kind möglichst lange bei sich zu haben. Sie hatten den höheren Willen erkannt und akzeptiert.

Und plötzlich sah ich mich mit den Augen meiner Mutter, empfand ihre tiefe Liebe, ihre Fürsorge, ihren Wunsch nach meinem Wohlergehen. Da konnte auch ich die Vergangenheit loslassen. Endlich blickte ich gespannt auf die Gegenwart und fragte mich, wie ich meine Aufgabe am besten erfüllen konnte und was ich lernen musste, um ihr gewachsen zu sein. Dieses Wachstum hatte ich so lange behindert. Deshalb hatte ich gelitten. Jetzt war ich endlich befreit."

Ich sah, dass Rentsin dieses Gefühl der Befreiung noch heute hatte. War ich ihm deshalb begegnet?

„Warum erzähle ich Ihnen das? Nun, ich sehe, dass Sie innerlich hart sind, Caroline. Sie lehnen viele Dinge ab, weil Sie sich an vielen anderen Dingen festhalten. Wenn Sie mich fragen, so glaube ich, dass der Sinn Ihrer Reise nicht greifbar ist und dennoch ein kostbares Juwel. Der Sinn liegt in der Heilung. Heilung setzt einen weiten Geist voraus, der die Dinge akzeptiert, wie sie sind, der sich nicht unnötig gegen die Gegebenheiten auflehnt und dadurch Kraft verschwendet. Heilung bedeutet, den höheren Willen anzuerkennen und ihn zu seinem eigenen zu machen. Ich habe viel Kraft verschwendet, weil ich gegen mich selbst gekämpft habe. Heilung geschieht in dem Moment, in dem der innere Kampf aufhört, in dem aus der Spaltung Einheit wird. Das ist der Weg des Pilgers, der nach Shambhala reist. Er begibt sich auf die Suche nach seinem inneren Heiligtum. Vielleicht findet er unterwegs auch äußere Tempel der Weisheit, aber in keinem von ihnen wird er finden, was er wirklich sucht, wenn er nicht bereit ist, sich mit seinen inneren Dämonen anzufreunden. Ich glaube, Sie sind wie ich war: nicht wirklich bereit, die Vergangenheit gehen zu lassen. Sie halten an einem überholten Selbstbild fest. Sie müssen endlich verstehen, dass Sie nicht das sind, wofür Sie sich immer gehalten haben."

Ich war noch immer nicht bereit, meine Illusionen durch die Wahrheit zu ersetzen. „Rentsin, ich fürchte, dass diese Reise mich überfordert und ich einfach nicht wage, mir das einzugestehen und aufzugeben."

Rentsin lachte mich aus. „Jetzt müssten Sie sich sehen, Caroline. Sie liegen in den Kissen wie eine Diva. Ihr Blick ist kühn, Ihre Lippen sind geschürzt. Sie sind für jede Herausforderung gewappnet – jedenfalls wollen Sie das alle glauben machen, sich selbst eingeschlossen. Wenn es dann aber wirklich soweit kommt und ein wenig unbequem wird, möchten Sie kneifen und lieber wieder zurück nach Hause laufen – wie ich damals. Aber zu Hause ist nicht mehr zu Hause. Die Türen hinter Ihnen sind verschlossen. Es geht nur vorwärts. Und vor Ihnen gibt es zwei Türen. Die eine steht für Wachstum und Heilung, die andere für Stagnation, im schlimmsten Fall sogar für Regression, denn wer die vielfältigen Möglichkeiten des Bewusstseins einmal durchschaut hat, kann nur zurückfallen, wenn er nicht weiter dazulernen will."

„Sie meinen, es gibt kein Zurück?" Erst jetzt merkte ich, wie fürchterlich ich diesen Gedanken fand. Eigentlich war der Traum, wieder in mein altes Leben zurückkehren zu können, das Einzige, was mich in all diesen Wochen wirklich getröstet hatte. Ich zog eine Decke zu mir heran und mummelte mich ein. Rentsin beobachtete mich liebevoll. „Caroline, Sie sind eine wundervolle Frau. Versuchen Sie nicht, Ihren Schmerz erträglicher zu machen, indem Sie einen starken Mann spielen und sich selbst immer mehr in den Hintergrund drängen!"

Mir war, als spräche Pema durch Rentsin zu mir. Ich hatte also noch immer nicht begriffen, was sie mir hatte erklären wollen. Hilflos machte ich einen schlechten Scherz: „Ich dachte, Ihre Aufgabe sei es, mich zu reinigen, und nicht, mich mit Gedanken zu vergiften, die ich nicht denken will."

„Reinigung ist Öffnung, Caroline, Öffnung für wichtige Erkenntnisse. Solange Sie vor sich selbst davonlaufen, werden Sie Rondorf nie das Wasser reichen können. Nehmen Sie endlich die Maske ab! Sie stehen sich nur selbst im Weg."

Ich stöhnte. Ich konnte nicht einmal mehr wütend werden, wenn ich jemanden so über mich sprechen hörte. Ich hörte es ja nicht zum ersten Mal und wusste es längst selbst. Und doch war die Gewohnheit stärker als mein bewusster Wille. Rentsin entzündete Räucherwerk in jeder Ecke des Raumes, sprach ein Gebet vor dem Altar des Buddha und kam, bevor er den Raum verließ, noch einmal zu mir herüber. Ich befand mich schon in jenem eigenartigen Zustand zwischen Wachen und Träumen, in dem einem alles intensiver, größer, wichtiger und klarer erscheint. Rentsin beugte sich über mich und flüsterte mir ins Ohr: „Erinnere dich daran, wie es war, als du getanzt hast…"

Als ich geweckt wurde, hatte ich das Gefühl, nicht eine Sekunde geschlafen zu haben. Bilder der Vergangenheit hatten sich mit vermeintlichen Zukunftsvisionen gemischt. Immer wieder hatte ich vor verschlossenen Türen gestanden, bis es mir endlich gelungen war, eine davon zu öffnen. Und hinter dieser Tür hatte ein kleines blondes Mädchen in einer orangeroten Mönchsrobe getanzt. Ich hatte einen seltsamen Klang vernommen, mit dem das Mädchen zu verschmelzen schien. Sobald ich erwachte, waren die Traumbilder verflogen. Rentsin stand vor mir und deutete auf eine Robe, die an einem Haken an der Wand hing. Es war die klassische Robe, die die jungen Mönche bei Ihrer Aufnahme in den Orden erhielten. Der Rinpoche wünschte, dass wir diese Robe trugen, um uns unter den Schutz der Lamas zu stellen. Mein Magen knurrte, aber ich musste nüchtern bleiben. Das verlangte das strenge Protokoll.

Rentsin führte mich in die Gebetshalle. Fast gleichzeitig betrat Daniel in Begleitung eines anderen Mönchs den großen, dunklen Raum. Auch er trug die einfache Mönchsrobe. Die warmen Farben verliehen seiner olivfarbenen Haut einen goldenen Schimmer. Er wirkte wieder einmal überirdisch schön und erhaben wie der Buddha selbst. Als sich sein Blick mit meinem traf, wusste ich sofort, was er dachte. Es waren Gedanken, die er vor langer Zeit ausgesprochen hatte: „Du bist das Schönste, das ich je gesehen habe."

Außer uns standen nur die beiden Mönche und der Rinpoche in der riesigen Halle. Es war kalt und ungemütlich. Schweigend wurden wir angewiesen, uns zu Füßen des Rinpoche nebeneinander zu setzen. Ich hatte Angst vor der Einweihung gehabt, Angst vor der Macht der Lamas, die ich nicht zu erfassen vermochte, Angst vor Manipulation, Angst davor, als Werkzeug der Lamas gegen die Chinesen missbraucht zu werden. Doch plötzlich war nichts von alldem mehr da, nur noch gespannte, vertrauensvolle Achtsamkeit. Keine Gedanken, keine Befürchtungen und keine Wünsche.

„Ich glaube, in Ihrem Land bezahlt man für ayurvedische Entschlackungskuren eine Menge Geld", neckte uns der Rinpoche. „Die Reinigungspraktiken sind Teil unserer Körper-Geist-Medizin. Geistige Vergiftungen bringen den Körper aus dem Gleichgewicht, ebenso wie sich körperliche Verspannungen und Vergiftungen auf den Geist auswirken. Daher ist es vor jeder Einweihung wichtig, den Körper zu entgiften, um den Geist zu öffnen und empfänglich zu machen."

Empfänglich? Wofür?

Meine stumme Frage wurde sogleich beantwortet. „Ich werde heute Ihre *Chakras* und Ihren Energiekanal, *Sushumna Nadi*, für die höhere Energie von Shambhala öffnen. Bei Kleinkindern funktioniert dieser Kreislauf noch einwandfrei. Sie sind eins mit sich und ihrer Umgebung. In den ersten Lebenswochen ist die Fontanelle, das *Kronen-Chakra*, noch vollständig geöffnet, und das Kind steht mit den höheren Energien in Verbindung. Doch je älter der Mensch wird und je mehr der Energiefluss blockiert wird, desto stärker wird das Gefühl, von allem getrennt zu sein. Nur wenn *Prana* den Körper wieder vollständig durchflutet, ist vollkommene Heilung und Selbsterkenntnis möglich. Die Energie entfacht das Feuer der Transformation. Ich werde heute einige geheime tantrische Praktiken anwenden. Sie brauchen keine Angst vor dem zu haben, was geschieht. Es ist nicht wichtig, dass Sie es verstehen, denn es wirkt jenseits des Verstandes. Die Energie, die durch Sie hindurchfließen wird, stellt eine direkte Verbindung zu den Weisen von Shambhala her. Sie werden dadurch empfänglicher für deren geistige Führung, so dass Sie Ihre Aufgabe klarer sehen und müheloser erfüllen können. Allerdings muss Ihnen klar sein, dass diese Energie sehr stark ist. Sie wird die Wirkung Ihrer Handlungen und Ihrer Gedankenkraft um ein Vielfaches potenzieren. Daher ist es wichtig, dass Sie lernen, Ihre Gedanken zu verstehen und Ihre wahre Motivation zu ergründen. Jeder Widerstand gegen die führende Kraft kann weiteres Leid bewirken. Sie müssen also unbedingt lernen, Ihren eigenen Willen vollständig aufzugeben. Der niedere Verstand muss sich ganz und gar ergeben. Eigentlich ist diese Einweihung nur für fortgeschrittene Schüler gedacht, denn sie setzt eine gewisse Meisterschaft über den Geist voraus. Andererseits ist es aber auch so, dass die heilende Kraft den Eingeweihten leiten kann. Ursache und Wirkung sind auf jener Ebene des Seins nicht mehr voneinander zu trennen, denn dort ist Energie Bewusstsein und Bewusstsein Energie.

Im Grunde tue ich heute nichts, als Sie für Ihr Höheres Selbst zu öffnen, den wahren Meister. Das macht es Ihnen leichter, Ihre niedere, affektive Natur zu erkennen und zu überwinden. Diese Öffnung kann der praktizierende Yogi auch in der Meditation erreichen. Viele Lamas übertragen die Kraft, die sie selbst verwirklicht haben, auf ihre Schüler, wenn sie spüren, dass die Schüler diese weise für höhere Ziele gebrauchen werden. Das ist auch ein Grund, weshalb ich zögerte, Ihnen die Initiation zu geben. Obwohl mein Bruder mir versichert hat, dass Ihre natürliche Weisheit und Ihr Mitgefühl ungewöhnlich ausgeprägt sind, befürchtete ich, Sie könnten zu eigensinnig sein. Unser Gespräch und meine Beobachtung haben mich jedoch eines Besseren belehrt. Sie werden die Kraft und die Unterstützung Shambhalas brauchen, um die nächste Etappe Ihrer Reise bewältigen zu können. Ich gebe Ihnen nur ein Mittel in die Hand, und Sie müssen mir versprechen, es nach bestem Wissen und Gewissen einzusetzen."

Ich wollte aufspringen und davonrennen und spürte, wie auch Daniel von überwältigender Furcht ergriffen wurde. Ich verstand nichts von *Chakras* und Energie. Ich wusste nur, was Pema uns erklärt hatte. Reichte das, um mit einer unsichtbaren Kraft umgehen zu können, deren Wirkung ich nicht kannte und die ich nicht unmittelbar würde erkennen können? Ich fühlte mich ja jetzt schon willenlos und getrieben. Würde ich mich dann nicht noch machtloser fühlen? Daniel sah mich an. Wir wussten beide, dass es kein Zurück gab. Wir mussten den Weg weitergehen, auch wenn das bedeutete, sich unbekannter, unsichtbarer und unbeherrschbarer Mittel zu bedienen. Ich hörte mich mit fester Stimme sagen: „Ich verspreche, Ihr Geschenk nach bestem Wissen und Gewissen einzusetzen."

Mir war, als klatsche Rentsin innerlich Beifall. Auch Daniel nickte. Mulmig wurde mir erst wieder, als der Rinpoche Daniel und mich bat, uns einander gegenüber zu setzen und uns die Hände zu reichen. Daniel legte seine rechte Hand flach auf meine linke und ich tat das Gleiche bei ihm. Dann sollten wir die Augen schließen. Wir gaben uns in die Obhut des Rinpoche, ohne zu wissen, was er tat. Er trat zu uns heran und murmelte eine tibetische Litanei. Mir wurde schwindelig. Heiß fühlte ich Daniels Hände auf den meinen. Ich fragte mich gerade, warum es wohl wichtig war, dass Daniel und ich gemeinsam hier saßen und gewissermaßen zu einer körperlichen Einheit verschmolzen, als ich plötzlich keinen differenzierten Gedanken mehr denken konnte und in eine Welt der Farben und Gefühle glitt. Ich spürte einen enormen Anstieg der Energie. Meine Wirbelsäule kribbelte ebenso wie meine Füße. In den Händen hatte ich ein prickelndes, angenehmes Gefühl, als würde ich von tausend hauchfeinen Nadeln gestochen. In meinem Bauch rumorte es. Dann wurde es kurze Zeit sehr hell vor meinem inneren Auge. Ich sah gleißend weißes Licht, gemischt mit tiefem Lila. Dann spürte ich einen Ruck in der Mitte der Brust und im Rücken zwischen den Schulterblättern. Es fühlte sich an, als sei etwas zerplatzt, als habe sich etwas geöffnet. Tiefe Entspannung folgte.

Die Berührung des Rinpoche brachte mich zurück zu dinglichem Bewusstsein. Ich öffnete die Augen und sah Daniel in genau dem gleichen Augenblick an, in dem er mich ansah. Eine Sekunde lang glaubte ich, ihn nicht außerhalb von mir wahrzunehmen. Mir war, als sei ich er und er sei ich, und gleichzeitig waren wir doch etwas anderes: reines Gewahrsein. Konnte man da überhaupt noch von Ich und Du sprechen?

Der Rinpoche löste unsere Hände voneinander. Mir war bitterkalt, meine Lippen liefen blau an und ich klapperte mit den Zähnen. Viele Vitalfunktionen seien während der tiefen Entspannung, die mit der erhöhten Bewusstheit einhergehe, gedrosselt, erklärte der Rinpoche. Das habe zur Folge, dass der Körper schnell abkühle. Wir sollten uns hinlegen und schlafen oder ruhen, und uns auf gar keinen Fall überanstrengen. Er versprach, später nach uns zu sehen.

Rentsin begleitete Daniel und mich zurück in den Raum, in dem ich die letzte Nacht verbracht hatte. Ich hatte das Gefühl, dass Schweigen angebracht gewesen wäre, aber ich konnte den Mund nicht halten. Obwohl mir bitterkalt war und ich zitternd an Boden saß, war ich aufgekratzt und glücklich. Und wenn ich glücklich war, musste ich reden. Warum eigentlich? Daniel reagierte ganz anders. Er war die Ruhe selbst, wirkte introvertiert und frei von jedem Zwang, zu denken oder zu sprechen.

„Es ist eigenartig… immer wenn ich so tiefe Nähe erlebe wie eben, werde ich mir schlagartig meiner inneren Einsamkeit bewusst. Es ist, als gehörten die beiden zusammen wie Zwillinge", sagte ich nachdenklich.

Daniel zog mich in seine Arme. „Ich weiß, Caroline."

„Warum ist das so, Daniel?"

„Ich weiß es nicht, *meri jaan.*"

Er küsste mich auf die Stirn, die Nase, die Augen, die Ohren und den Mund.

Ich spürte, dass jenseits unseres Oberflächenbewusstseins etwas geschehen war, das uns im Moment noch unverständlich war. Zu viele Verunreinigungen des Geistes lagen noch wie Nebelschwaden über der Wahrheit. Es war, als litten wir an Amnesie. Wir wussten, dass wir es wussten, und konnten es doch nicht ins Bewusstsein holen. Wir waren beide noch nicht so weit. Unsere Erfahrungen sprachen von Trennung im Gegensatz zur Einheit, von klar abgegrenzter Identität im Gegensatz zu ganzheitlicher Wahrnehmung, um Dualität und Einheitsbewusstsein – und wir verstanden sie nicht.

Ich fühlte mich ohnmächtig angesichts jeglicher Trennung und wünschte mir immer wieder aufs Neue, sie zu überwinden und zu besiegen. Ich sah nicht, dass ich meine Kräfte vergeudete, indem ich zu erzwingen versuchte, was nicht zu erzwingen war.

Daniel fürchtete die Gemeinsamkeit, die geistige Einheit mehr als die Trennung. Er hatte immer noch ein schlechtes Gewissen. Er glaubte, Malika zu betrügen und gleichzeitig mich, von seinen Kindern ganz zu schweigen. Wir waren selbst wie die zwei Seiten einer Medaille, wie *Yub* und *Yam*. Wie konnte das jemals zusammenpassen?

23

Als der Rinpoche den Raum betrat, wusste er sofort, was wir gerade durchlitten. Vielleicht hatte er das Problem schon vorher erkannt und uns deshalb bewusst gemeinsam eingeweiht. Für das geübte Auge musste es offensichtlich sein, dass wir Gemeinsamkeit *und* Getrenntsein fürchteten. Geschickt faltete der Rinpoche seine Beine und setzte sich entspannt und doch gerade und fest zwischen uns. Mir war, als symbolisiere er die Mauer, die ich noch immer zwischen uns spürte.

„Wie fühlen Sie sich?", fragte er.

Daniel rief: „Phantastisch! Wie betrunken."

Der Rinpoche lachte. „Ja, das ist göttliche Trunkenheit, die einzige wahre Trunkenheit. Sie führt in den Zustand der Selbstvergessenheit, der Ich-Losigkeit. Doch vergessen Sie nie, dass Sie wirkliche Selbstvergessenheit nur erfahren können, wenn Sie wissen, wen es zu vergessen gilt!"

Passte das nicht zu unserem Thema? Fürchteten wir die Ich-Losigkeit? Oder wussten wir noch immer nicht, wen es zu vergessen galt?

„Es könnte sein, dass Sie in den nächsten Tagen ein leichtes Kribbeln in Händen und Füßen spüren", erklärte der Rinpoche. „Das ist die Energie, die sich ihren Weg bahnt, wenn sich die Verspannungen lösen. Ihr Körper wird sich in den nächsten Tagen selbst reinigen. Ebenso Ihr Geist. In der Meditation werden Sie immer häufiger tiefe Ruhe erfahren. Vielleicht spüren Sie, wie Sie von Wärme oder Licht durchflutet werden. Lassen Sie jede neue Erfahrung zu und beobachten Sie sie."

„Könnte es sein, dass ich mich heute viel mehr als Beobachter meiner selbst und der Ereignisse fühle als vor dem tantrischen Ritual?" Ich versuchte, meine Beobachtung in Worte zu fassen.

„Ja. Durch das Ritual hat sich die Verbindung zu Ihrem allwissenden, beobachtenden Selbst verstärkt. Von nun an kann es Sie besser führen und leiten, weil Sie mit seinen Augen sehen lernen. Sie haben nun Zugang zu Bereichen des Wissens, die Ihnen zuvor verschlossen waren. Hören Sie noch mehr als bisher auf Ihr Gefühl. Versuchen Sie, sich der unendlichen Weisheit mit Neugier zu nähern. Probieren Sie aus, was geschieht, wenn Sie Ihrem intuitiven Wissen folgen, und was, wenn Sie es ignorieren. Üben Sie sich im spielerischen Umgang mit Ihrem inneren Führer.“

Wir brauchten für unsere Reise zum Berg Kailash länger als erwartet. Ein Teil der Strecke war von Regenfällen so stark aufgeweicht, dass wir immer wieder Umwege machen mussten. Am dritten Tag endlich erkannten wir in der Ferne die schneebedeckte Spitze des heiligen Berges, den viele Inder und Tibeter für den Weltenberg Meru halten, den Mittelpunkt der Welt. Der Führer, den der Rinpoche uns mitgegeben hatte, warf sich unvermittelt auf die Knie, zog seine Gebetskette durch die Finger und murmelte ein *Mantra.* Die Wolken rissen auf, und der weiße Berg hob sich deutlich vom dunkelblauen Himmel ab. Größe und Weite erfüllten mich. Erst als unser frommer Begleiter sein Gebet beendet hatte, setzten wir uns wieder in Bewegung.

Man erwartete uns im Kloster Zering, das auf unserer Landkarte markiert war. Mit bloßem Auge kaum zu erkennen, schmiegte es sich an einen der Nachbarberge des Kailash. Meine Achtsamkeit hatte nachgelassen. Über all den wunderbaren Ereignissen der letzten Tage hatte ich Rondorf und die Bedrohung, die er darstellte, völlig vergessen. Die Energie der Einweihung wirkte noch immer nach. Alles um mich herum schien unwirklich und unwichtig. Ich hatte begonnen, mich zu überschätzen. Das eindringliche Gefühl des Widerstandes, das ich beim Erklimmen des Klosterberges in den Beinen spürte, führte ich auf Müdigkeit zurück und ignorierte es.

Zu dieser Jahreszeit waren viele Pilger unterwegs. Der Kailash ist eine natürliche *Stupa,* ein Symbol für den reinen Buddhageist. In den drei bis vier Wochen, die die Pilger brauchen, um den Berg zu umrunden, durchwandern sie symbolisch *Bardo,* das Reich zwischen Leben und Tod, die Schattenwelt, um anschließend im reinen Geiste wiedergeboren zu werden. Der Pilger, der den Berg Kailash umrundet hat, ist symbolisch von der materiellen in die geistige Welt gewandert. Danach wird sein Leben nie mehr dasselbe sein...

Wir betraten das Kloster mit einer Gruppe von Pilgern. Ich hielt mich im Hintergrund und versteckte mein Gesicht hinter einem Schal, den ich wie eine Kapuze trug, während Daniel uns ein Zimmer besorgte. Es schien uns nicht ratsam, sofort nach Lama Tashi Lösal zu fragen, wie der Rinpoche uns geraten hatte. Nach dem abendlichen Gebet mischte sich Daniel unter die eifrig disputierenden Mönche im Hof, während ich mich in unser Zimmer zurückzog. Auf dem Weg dorthin begegnete ich einem Mönch, der mich höflich grüßte und – wie mir schien – eindringlich musterte. Ich hatte das Gefühl, dass er sich nach mir umdrehte und beobachtete, in welches Zimmer ich verschwand. Daniel kam spät zurück. Ich hatte schon geschlafen.

„Hast du den Lama gefunden? Ich glaube, es wird höchste Zeit", drängte ich.

„Nein."

„Vorhin, als ich in unser Zimmer ging, hat mich ein Mönch so seltsam angesehen."

„Caroline, hörst du wieder die Flöhe husten?"

In genau diesem Moment klopfte es an unserer Tür. Ich sah die Angst in Daniels Augen, noch bevor er sie verstecken konnte. „Herein!", zischte er auf Tibetisch.

Langsam öffnete sich die Tür. Wir saßen in der Falle. Jetzt erinnerte ich mich an das lähmende Gefühl in den Beinen, das mich gewarnt hatte, dieses Kloster zu betreten. Nun war es zu spät. Ein großer, schlanker Mönch betrat den Raum. Er legte die Hände zur Begrüßung vor der Brust zusammen und verbeugte sich leicht.

„Ich habe Sie schon vor einigen Tage erwartet", sagte er.

Vor Erleichterung wäre ich fast in Tränen ausgebrochen. Als der Mönch sah, wie Daniel und ich aufatmeten, stellte er sich vor: „Ich bin Lama Tashi Lösal. Nennen Sie mich einfach Tashi. Es tut mir Leid, wenn ich Sie erschreckt habe."

Übertrieben heiter rief Daniel: „Halb so schlimm! Wir werden langsam paranoid."

Ich beobachtete den Lama wie ein Luchs. Es war wirklich soweit gekommen, dass ich niemandem mehr traute.

„Sie kommen im Auftrag von Lama Chödön Töldup aus Dharamsala?"
Wir nickten.

„Wir hatten erst vor wenigen Tagen Besuch von der chinesischen Staatspolizei."

„Warum?", fragte Daniel einfältig.

„Ihretwegen natürlich. Man erzählte uns, ein indischer Mann und eine deutsche Frau seien in den Klöstern auf der Suche nach wertvollen Kunstgegenständen. Jeder, der einen Verdacht schöpfe, solle sofort Meldung machen."

Innerlich lachte ich über die Lüge, die Rondorf und die Chinesen sich ausgedacht hatten. Kunstdiebe. Wie gefährlich! Dennoch fragte ich: „Werden Sie Meldung machen?"

Lama Tashi lachte laut. „Natürlich. Ich habe sofort Meldung gemacht, als ich Sie vorhin in Ihr Zimmer schleichen sah. Die Chinesen werden gleich da sein!"

„Was können wir tun?" Dankbar nahm ich zur Kenntnis, dass Daniel wieder völlig nüchtern und sachlich war.

„Heute Nacht sind Sie hier sicher. Morgen bringe ich Sie in ein kleineres Kloster etwa eine halbe Tageswanderung von hier. Dort werden Sie weitere Informationen über den Fortgang Ihrer Reise erhalten. Versuchen Sie zu schlafen und kommen Sie morgen früh nach der ersten Meditation vor das Haupttor. Bleiben Sie bis dahin unter allen Umständen in Ihrem Zimmer. Bis morgen!"

So schnell wie Lama Tashi Lösal erschienen war, verschwand er auch wieder. Ich wagte nicht, Daniel zu fragen, was er von der Idee hielt, dem Lama in ein anderes Kloster zu folgen. Davon war bisher nicht die Rede gewesen.

Die Nacht war endlos. Daniel schlief neben mir, einen Arm um meine Taille gelegt. Ich lag wach und grübelte. Kurz nach Mitternacht war mir, als hörte ich das Geräusch eines Wagens. Ich hörte gedämpfte Stimmen, einige harsche Befehle und dann wieder ein Motorengeräusch, das sich allmählich in der Stille der kristallklaren Nacht verlor. Meine Vorstellungskraft malte ein lebendiges Bild von chinesischen Staatssicherheitsbeamten, die in der Dunkelheit nach uns suchten. Daniel schlief friedlich. Ich wagte nicht, ihn zu wecken. Ich musste mich getäuscht haben. Seit Tagen hatten wir kein einziges Fahrzeug gesehen.

Wir trafen Lama Tashi wie verabredet nach der Morgenandacht. Ich behielt die nächtlichen Eindrücke für mich, um Daniel nicht unnötig zu beunruhigen. Es reichte, wenn einer von uns vor Angst gelähmt war. Während wir auf dem Hof standen, suchte ich den Boden nach Reifenspuren ab. Da war nichts. Oder doch? Jemand hatte den Boden vor nicht allzu langer Zeit mit einem Reisigbesen gefegt. Die Spuren des Besens waren noch frisch.

Die Wanderung zum Kloster Lungmo, wo wir laut Tashi in Sicherheit waren und weitere Informationen bekommen sollten, dauerte nur ein paar Stunden. Als wir uns dem Kloster näherten, bemerkte ich, wie Daniel immer hölzerner und stiller wurde, ein untrügliches Zeichen dafür, dass er unsicher war oder Gefahr witterte. Aber die äußeren Umstände gaben keinen Anlass für Argwohn.

Nach der offiziellen Begrüßung folgte ein kurzer Besuch beim Abt des Klosters. Er versprach, uns am nächsten Tag seine ganze Aufmerksamkeit zu widmen. Es gäbe vieles zu besprechen. Warum nicht jetzt sofort? Enttäuscht zogen wir uns in unser Zimmer zurück, das mir wie eine Gefängniszelle vorkam, und taten alles, um nicht darüber sprechen zu müssen, dass wir möglicherweise drauf und dran waren, Rondorf in die Falle zu gehen.

Es war wieder mitten in der Nacht, als ich erneut Motorengeräusche hörte. Diesmal schienen sie von überallher zu kommen, vom Boden, aus der Luft. Sie dröhnten in meinem Kopf. Daniel wachte auf und starrte mich mit weit aufgerissenen Augen an. Dann sagte er mit beängstigend ruhiger Stimme: „Wir sitzen in der Falle."

Wir hatten es beide seit Tagen gewusst. Es hatte in der Luft gelegen, wir hatten es mit jedem Atemzug gewittert, und doch hatte es die Schwelle zu unserem Bewusstsein und unserem kalkulierenden Verstand nicht überschritten, weil wir es nicht hatten wahrhaben wollen. Wir hatten uns die Falle quasi selbst gestellt.

Daniel hatte den Satz kaum beendet, als ein paar uniformierte Gestalten in unsere Kammer stürmten und wild fuchtelnd und schreiend ihre Gewehre auf uns richteten. Ich blickte tatsächlich zum ersten Mal in meinem Leben in einen Gewehrlauf, aber seltsamerweise machte die ganze Szenerie kaum Eindruck auf mich. In schlechtem Englisch forderten die Chinesen uns auf, ihnen zu folgen. Einer schnappte unsere wenigen

Habseligkeiten und schubste uns den engen Gang entlang zu einem Hinterausgang. Die ganze Aktion verursachte einen unglaublichen Lärm. Dennoch erschien keiner der Mönche auf der Bildfläche. Hatte Tashi uns doch verraten?

Draußen wartete ein startbereiter Hubschrauber. Sechs Chinesen zerrten uns hinein und warfen uns auf die staubige Ladefläche, wobei ich mir die Hand verletzte. Der Hubschrauber hob sich in die Luft. Meine verletzte Hand schmerzte höllisch. Daniel hatte sich den Kopf an einem Haken gestoßen und blutete aus einer Platzwunde. Die Chinesen brüllten uns an und scherten sich einen Dreck um unsere Verletzungen.

Nach etwa zwanzig Minuten landeten wir wieder. Es war zu dunkel, um zu erkennen wo. Unsere Entführer trieben uns wie Vieh vor sich her und versuchten, uns einzuschüchtern. Ich verstand es selbst nicht, aber je dramatischer die Szene wurde, desto ruhiger konnte ich sie mir anschauen. Meine Ängste waren wahr geworden, und das war weit weniger schlimm als die diffusen Sorgen, die mich bisher erfüllt und gelähmt hatten. Endlich war die Gefahr konkret, und wir konnten ihr direkt begegnen.

„Halten wir durch?", fragte ich Daniel, als wir aus dem Helikopter gestoßen wurden.

Er grinste herausfordernd: „Jetzt können wir zeigen, ob wir etwas gelernt haben!"

Sofort schlug mir einer der Chinesen mit seinem Gewehrlauf auf die verletzte Hand. Nur mühsam gelang es mir, einen Schrei zu unterdrücken.

Wir befanden uns nun in einem kleinen Kloster auf der Südseite des Kailash. Über uns ragte die schneebedeckte Spitze des Berges silbern glänzend in den tiefschwarzen Himmel. Das Kloster lag versteckt hinter einem Felsvorsprung und schien nur über eine schmale Steintreppe oder mit einem Helikopter zu erreichen zu sein. Ich folgte den Soldaten in der sicheren Erwartung, in wenigen Sekunden auf Rondorf zu treffen.

Die Gebetshalle war zu einer Art Tribunal umfunktioniert worden. Auf einfachen Holzbänken saßen chinesische Generäle. Sie lachten und unterhielten sich. Als sie uns bemerkten, erhoben sie sich mechanisch und traten auf uns zu. Es dauerte eine Weile, bis ich Rondorf in einer der Uniformen erkannte. Die Geschlossenheit des militärischen Auftritts hätte reichen müssen, um mich einzuschüchtern, aber die Inszenierung verfehlte ihre beabsichtigte Wirkung. Das Ganze kam mir wie eine Schmierenkomödie vor. Glaubte Rondorf wirklich, dass wir so leicht zu beeindrucken waren? Glaubte er wirklich, mit militärischer Gewalt an das Wissen von Shambhala gelangen zu können? Wie naiv war er eigentlich? Man behandelte uns wie Staatsfeinde. Rondorf musste mehr Angst vor uns haben, als er je zugeben würde. Das gefiel mir.

Der Lärm der metallbeschlagenen Stiefel, den die hohen Wände der Meditationshalle eben noch als Echo zurückgeworfen hatten, war verklungen und es war plötzlich totenstill. Klar und leidenschaftslos blickte ich Rondorf mitten ins Gesicht. „Nette Uniform, Herr Rondorf. Gefällt mir besser als das knautschige Jackett, das Sie in Delhi immer getragen haben. Wirklich, sehr adrett!"

Rondorf zögerte. Er zwinkerte. Er wusste nicht, was er antworten sollte. Dann schrie er: „Halten Sie die Klappe, Frau Von und Zu. Sie haben mich lange genug genervt!" Er machte eine kaum wahrnehmbare Handbewegung. Ich spürte einen fürchterlichen Schmerz im Nacken. Dann verlor ich das Bewusstsein.

Als ich wieder aufwachte, hing ich vornüber gebeugt auf einem Stuhl und hatte grausame Kopfschmerzen. Sofort kam die Erinnerung zurück. Wir waren in der Gewalt der Chinesen. Wo war Daniel? Da hörte ich seine weiche, bezaubernde Stimme unmittelbar neben mir: „Ich habe Ihnen bereits gesagt, dass ich Tibetologe bin. Ich bin im Rahmen eines Forschungsprojekts unterwegs. Frau von Teubner begleitet mich aus rein beruflichem Interesse. Deutschland interessiert sich in zunehmendem Maße für die Tibetfrage und den Buddhismus."

Wir saßen an einem kleinen Tisch, den Generälen gegenüber, die auf der Richterbank Platz genommen hatten. Der Reihe nach stellten sie ihre harschen Fragen. Keiner von ihnen ließ uns auch nur eine Sekunde lang aus den Augen. In ihren Gesichtern war nichts als Verachtung für uns zu lesen. Für sie waren wir keine Menschen.

„Warum reisen Sie dann mit gefälschten Papieren unter falschem Namen und in dieser albernen Mönchsverkleidung?" Ein grauhaariger Chinese, den ich seinem Auftreten nach für General Zhiang hielt, schrie hysterisch: „Sie sind auf der Suche nach dem heiligen Shambhala. Geben Sie es doch endlich zu! Sie wissen, dass diese Suche verboten ist. Sie haben sich nach chinesischem Recht strafbar gemacht."

Daniel blieb gelassen. „Wir suchen gar nichts. Der Mythos von Shambhala ist ein Märchen, so etwas wie die biblische Geschichte vom Paradies oder die Prophezeiungen des Johannes. Schließlich käme auch kein christlicher Pilger auf die Idee, den Garten Eden zu suchen. Vielleicht wird es dereinst ein Goldenes Zeitalter geben, aber Sie glauben doch nicht im Ernst, dass ein indischer Buddhist und eine deutsche Christin die spirituelle Reife haben, dieses Zeitalter einzuläuten." Provokant fügte er hinzu: „Oder glauben Sie das etwa?"

Der General kochte. Rondorf sah, dass ich wach wurde. Er stand auf und kam langsam auf mich zu. Der blanke Hass lag in seinem Blick. Es erschreckte mich, zu sehen, dass ein Mensch, dem ich nichts getan hatte, mich derart hassen konnte. Mein Herz begann wild zu klopfen, mein Atem stockte, und ich war einer neuen Ohnmacht nah.

„Na, mein Teubchen…" Rondorf bückte sich zu mir herunter. Sein Gesicht kam dem meinen ganz nah. Wie immer roch er nach Alkohol. Ich kämpfte gegen die Übelkeit an. Endlich wich Rondorf zurück. Theatralisch zog er ein Papier aus der Brusttasche seiner Uniform. „Und was ist das? Sieht doch ganz nach einer Landkarte aus. Wollen Sie uns immer noch weismachen, dass Sie nicht auf der Suche nach Shambhala sind?"

Das war die Kopie unserer Karte! Plötzlich wusste ich, was zu tun war. Ich setzte mich gerade auf, als hätte es den betäubenden Schlag in den Nacken nie gegeben, und blickte dem stinkenden Rondorf klar und fest in die geröteten Augen. „Ja, Herr Rondorf, wir sind auf der Suche nach Shambhala."

Alle im Raum hielten den Atem an. Auch Daniel. General Zhiang blickte triumphierend in die Runde. Er glaubte, dass ich ihm in die Falle gegangen war. Rondorf schrie: „Na also!"

„Nichts, na also. Es existiert nicht!"

„Was?" Rondorf wurde immer hysterischer. „Was soll das heißen?"

„Ganz einfach. Sie haben ja gehört, was Mr. Nirula gesagt hat: Shambhala ist eine Utopie, ein Mythos, ein Traum. Es gibt kein geheimes tibetisches Wissen, das seine Existenz rechtfertigt. Nichts. Rein gar nichts."

Ich log und log doch nicht. Niemals war ich von der Existenz Shambhalas mehr überzeugt gewesen als heute. Diese Überzeugung gab mir eine ungeheure, fast magische Kraft. Es war, als hätte ich plötzlich ein grundlegendes geistiges Gesetz verstanden, das untrennbar mit dem heiligen

Königreich verbunden war: *Willst du vorwärts gehen, so mache einen Schritt zurück.* Gerade machte es mir höllischen Spaß, die Luft aus Rondorfs Ballon zu lassen. Es klappte. Der General wurde allmählich nervös. Er spielte irritiert mit seiner Gürtelschnalle und warf Rondorf argwöhnische Blicke zu. Ich wusste plötzlich sicher, dass Rondorf ihm den Floh ins Ohr gesetzt hatte, mit der Macht von Shambhala könne er mehr werden als ein kleiner Provinzgeneral im annektierten Tibet. Als atheistischer Kommunist glaubte dieser Chinese nur an das Greifbare. Man konnte ihm das nicht Greifbare ganz leicht ausreden, weil er ohnehin daran zweifelte. Das wusste ich von meinen eigenen Zweifeln. Solange man zweifelte, wünschte man sich nichts mehr, als jemanden, der dem Zweifel Nahrung gab. Der zweifelnde Verstand war in der Regel sehr viel stärker als das intuitive, vertrauensvolle Wissen.

Rondorf schrie. „Blödsinn. Sie lügen!"

„Beweisen Sie mir das Gegenteil. Ich bin hundertprozentig sicher. Shambhala ist nichts als ein religiöses Ideal, um die Gläubigen zu ködern und zu verführen." Ich hatte alles gesagt, was es zu sagen gab, und fiel in tiefes, selbstsicheres Schweigen. Rondorf marschierte zwischen den Generälen, Daniel und mir auf und ab. Sein Gehirn arbeitete fieberhaft – aber sehr langsam und nicht effektiv genug.

General Zhiang hatte die Nase voll. Mein Plan war aufgegangen. Er zischte ein paar Befehle in die Runde. Seine Männer erhoben sich. Man legte uns Handschellen an und brachte uns in getrennte Kammern. Wir waren Gefangene des chinesischen Staates. Offizielle Begründung für unsere Festsetzung: Verfolgung staatsfeindlicher Ziele. Ironischerweise verfolgten wir diese Ziele weit weniger besessen als die staatlichen Hüter von Gesetz und Ordnung.

Naturlich grübelte ich ununterbrochen darüber nach, wie wir aus unserem Gefängnis ausbrechen konnten. Wir mussten schnell fort von hier und weiter in die Kunlun-Berge. Und wir mussten endlich herausfinden, wonach Rondorf wirklich suchte. Macht, geistige Macht war zu abstrakt. Rondorf war ein Mann, der das Konkrete suchte und brauchte. Es musste also etwas ganz Konkretes sein, das er auf der Suche nach Shambhala zu finden hoffte.

Rondorf selbst gab mir die Antwort auf diese entscheidende Frage, als er mir einen wenig freundschaftlichen Besuch in meiner Zelle abstattete. Er trug einen Knüppel in der Hand und spielte die ganze Zeit scheinbar unabsichtlich damit. Es war eindeutig: Dieser Mann sah seine Felle davonschwimmen. „Ich schlage Ihnen einen Deal vor, Frau von Teubner."

Verächtlich zog ich die rechte Augenbraue hoch und sah Rondorf abwartend an.

„Wir arbeiten zusammen. Sie schreiben am Ende die Story, und ich ziehe mich aus dem Journalistengeschäft zurück."

Eiskalt konterte ich: „Warum sollte ich auf ein Angebot von Ihnen eingehen, Herr Rondorf, wo Sie mich doch offensichtlich so sehr hassen, dass Sie jede Gelegenheit nutzen, mich in die Pfanne zu hauen?"

„Sie können gar nicht ablehnen!" Rondorf grinste breit. Mir lief eine schmerzhafte Gänsehaut über den ganzen Körper. Hatte er einen Trumpf im Ärmel, von dem ich nichts wusste? „Wenn Sie nicht bereit sind, mein Angebot anzunehmen, werde ich Ihnen etwas verraten, was Ihnen gar nicht gefallen wird! Und ich werde meine Informationen mit authentischen Belegen an die internationale Presse weiterleiten. Dann sind Sie erledigt, und zwar nicht nur als Journalistin. Sie haben eine Nacht Bedenkzeit."

„Ich brauche keine Bedenkzeit!"

„Warum so übereilt, Teubchen? Lassen Sie sich Zeit."

Endlich sah ich den Zusammenhang. Der ominöse Drohbrief! Rondorf drohte mir mit Enthüllungen über meine Vergangenheit, mit den „Schatten der Macht"… Ich spürte, wie ich drauf und dran war, auf sein Einschüchterungsmanöver hereinzufallen. Es kostete mich ungeheure Selbstdisziplin, die Angst in Schach zu halten und nicht ihr entsprechend zu reagieren. „Sie können mich nicht erpressen, Rondorf. Es gibt nichts, das ich vor der Öffentlichkeit zu verbergen hätte, und nichts, das ich zu sehen fürchte." Mir war klar, dass ich mich soeben selbst belog, aber ich musste bluffen.

Rondorf machte auf dem Absatz kehrt und warf mir einen letzten Blick über die Schulter zu. Er sah aus wie ein Krokodil, das seine Beute betrachtet – jeden Moment bereit, zuzuschnappen. Mit letzter Kraft rief ich hinter ihm her: „Warum tun Sie das alles?"

Abrupt blieb er stehen und sprach wie zu sich selbst: „Weil ich mir mit Hilfe der geheimen Schriften jeden Wunsch erfüllen kann!"

Ein zärtlicher Kuss weckte mich. Daniel hatte sich über mich gebeugt, streichelte mich mit eiskalten Händen und flüsterte: „Komm! Wir müssen sofort verschwinden."

Ich wagte nicht zu fragen, wie es ihm gelungen war, sich aus seinem Gefängnis zu befreien, wie er zu mir gefunden und die Wache vor meinem Zimmer ausgetrickst hatte. Aber ich verstand sofort, als er mich nicht durch die Tür nach draußen führte, sondern durch einen schmale Öffnung in der Wand, die sich so lautlos wieder hinter uns schloss wie sie sich geöffnet hatte. Daniel nahm mich an der Hand und leuchtete uns mit einer Fackel den Weg. Ich folgte ihm über viele Treppen und durch verzweigte Gänge immer tiefer in den Berg hinein. Wir wanderten durch ein unterirdisches Höhlensystem, das sich wie ein Maulwurfsbau durch den ganzen heiligen Berg zog. Offenbar war Daniel schon einmal hier gewesen. Er kannte jeden Gang, jede Treppe und alle geheimen Pforten, die sich nur öffneten, wenn man einen bestimmten Punkt berührte. Es war kalt und feucht. Noch immer wagte ich nicht, Daniel Fragen zu stellen. Woher kannte er diese Höhlen? Warum konnte er uns so sicher führen? Wohin brachte er uns?

24

Wieder traten wir durch eine Wandöffnung und befanden uns erneut in einem Kloster. Ich hoffte nur, dass es nicht dasselbe war, das wir gerade erst verlassen hatten.

„Wo sind wir?" wagte ich endlich zu fragen.

„Im Kloster Lanang. Es gibt hier einen Abt, den du kennen lernen solltest."

Wie Schatten huschten wir über den Hof und standen bald vor der Tür zu den privaten Gemächern des Abtes. Daniel schien keine Skrupel zu haben, den Ordensmann mitten in der Nacht aus dem Schlaf zu reißen. Er klopfte an die eisenbeschlagene Tür und trat ein, bevor er dazu aufgefordert worden war. Dann löste er seine Hand von meiner. Ich erschrak. Einsamkeit und Unsicherheit brachen augenblicklich und völlig unvorbereitet über mich herein. Erst der bekannte Duft der Butterlampen brachte ein Gefühl der Geborgenheit und des Schutzes zurück. Eine unerklärlich vertraute Stimme mit hartem Akzent sagte: „Daniel, wie gut, dass du sie herbringen konntest."

Dann trat der Abt aus dem schummrigen Dunkel des Raumes, umarmte Daniel herzlich, fast väterlich und reichte mit die Hand zum Gruß. Erst jetzt sah ich, dass er Europäer war. Natürlich bemerkte er meinen überraschten Blick.

„Mit einem deutschen Mönch haben Sie in Tibet nicht gerechnet, was, meine Liebe?"

Mehr als ein dümmliches „Nein" fiel mir als Antwort nicht ein.

Daniel stellte uns einander vor. „Caroline, das ist Lama Khyentse. Lama, das ist Caroline von Teubner."

„Ich bin sehr erfreut, Sie kennen zu lernen. Vor langer Zeit war ich gemeinsam mit Ihrem Großvater in Tibet."

Vergeblich versuchte ich, meine Überraschung zu verbergen. Woher kannte Daniel den Lama? Und woher kannte dieser Friedrich von Teubner? Daniel beantwortete einen Teil meiner stummen Frage: „Ich habe Lama Khyentse auf einer Expedition nach Tibet kennen gelernt. Und ich war häufig zu Gast hier in seinem Kloster. "

„Warum hast du das nicht früher gesagt? Wir hätten direkt hierher kommen können. Du wusstest, dass uns unsere Reise zum Berg Kailash führen würde. Wieso hast du eine so wichtige Hilfe nicht sofort in unsere gemeinsamen Pläne einbezogen?"

Natürlich lag die Betonung auf „gemeinsam". Ich fühlte mich betrogen und belogen. Daniel hatte mir wichtige, vielleicht lebenswichtige Informationen vorenthalten. Vertraute er mir so wenig? Hatte er insgeheim vorgehabt, Lama Khyentse ohne mich aufzusuchen? Daniel machte keine Anstalten, sich zu rechtfertigen: „Es bestand bisher keine Notwendigkeit, dir von Lama Khyentse zu erzählen."

Ich schwieg beleidigt. Der Lama legte herzlich einen Arm um meine Schulter. „Caroline. Es ist unwichtig, warum Sie nicht vorher von mir erfahren haben. In den Ereignissen, die den letzten Tagen vorausgingen, habe ich keine Rolle gespielt. Erst durch neue Verkettungen der Umstände ist es notwendig geworden, dass wir einander begegnen. Daniel hat richtig gehandelt. Er hat Sie erst hierher geführt, als er wusste, dass es notwendig und unumgänglich war." Mit seiner Ruhe nahm mir der Lama den ganzen Wind aus den Segeln. Also gut, ich war bereit, mir die Geschichte der beiden anzuhören.

Der Lama war schon fast neunzig Jahre alt. Ich wollte ihm kaum glauben, als er uneitel und offen über sein Alter sprach. Er hatte Daniel mit dem Höhlensystem unter dem Berg Kailash vertraut gemacht. In den Klöstern rund um den heiligen Berg gab es viele Aufzeichnungen, die diesen Höhlen große Bedeutung beimaßen. „Viele Lamas glauben, dass es außer der wirklichen Welt noch eine unterirdische Welt gibt. Und Shambhala unter seinem Namen Argatha soll ein Teil dieser Welt sein. Meines Erachtens stehen die Reiseführer und Berichte von Reisenden, die Shambhala erreicht haben, im Widerspruch zu diesem Glauben, denn in fast all diesen

Aufzeichnungen ist die Rede davon, dass man das heilige Land nur im Flug erreichen kann. Deshalb habe ich fast mein ganzes Leben der Erforschung jener unterirdischen Höhlen gewidmet. Niemand weiß, wann und wie sie entstanden sind. Sie wirken wie von Menschenhand geschaffen, aber wenn dem so wäre, müsste es auch Menschen geben, die dort gelebt haben oder noch heute leben; zumindest aber Zeugnisse ihrer Existenz. Es grenzt an ein Wunder, dass es in einem unwirtlichen Land wie Tibet eine unterirdische Welt gibt, die nur dem zugänglich ist, der sie kennt. Schon viele Reisende, die nach Shambhala gelangen wollten, haben sich im Labyrinth der unterirdischen Gänge verirrt und dort unten den Tod gefunden."

Mir lief ein eiskalter Schauer über den Rücken. Das alles war viel zu phantastisch, um wahr zu sein. Unglaublich war nicht nur, dass die Höhlen uns eine wundersame Rettung in letzter Sekunde beschert hatten, sondern auch, dass uns die Chinesen ausgerechnet in ein Kloster geschleppt hatten, das mit jenem unterirdischen Höhlensystem verbunden war, in dem Daniel sich auskannte wie in seiner Westentasche. Gab es so viele Zufälle auf einmal? Konnten wir soviel Glück haben?

„Lama Khyentse und ich haben viele Karten studiert und viele gemeinsame Ausflüge in die Höhlen unternommen", erklärte Daniel. „Wir haben sogar neue Karten angefertigt. Wir kennen sämtliche unterirdischen Verbindungen zwischen den Klöstern am Berg Kailash. Viele der Mönche benutzen niemals die Wege über der Erde, vor allem nicht während des Monsuns und in den langen, eiskalten Wintern."

„Wäre das nicht eine Erklärung für die Existenz der Höhlen?" fragte ich.

„Die Gänge sind älter als die Klöster. Außerdem bleibt die Frage, wie sie gebaut wurden. Zunächst einmal hätte alles exakt berechnet werden müssen, und dann hätte es selbst mit den technischen Mitteln, die uns heute zur Verfügung stehen, eine Ewigkeit gedauert, den heiligen Berg auszuhöhlen wie ein Ameisennest."

Ich wechselte abrupt das Thema. Die Höhlen waren ein Rätsel. Was mich viel mehr interessierte, war Lama Khyentse selbst. „Gestatten Sie mir eine Frage, Lama Khyentse? Wie sind Sie aus Deutschland hierher gekommen?"

Täuschte ich mich oder sah der Lama Daniel fragend an. Daniel nickte kaum merklich, als gäbe er seine Zustimmung. Er machte ein ernstes Gesicht. Plötzlich war ich gar nicht mehr sicher, ob ich die Antwort des Lamas hören wollte. Dieser erwiderte kryptisch: „Das ist eine lange Geschichte. Sind Sie sicher, dass Sie sie hören wollen?"

Irgend etwas an seinem Unterton und an den Blicken, die die beiden Männer ausgetauscht hatten, mahnte mich zur Vorsicht. Ich versuchte, mir in Windeseile darüber klar zu werden, ob ich bereit war, die persönlichen Konsequenzen meiner Neugier zu tragen. Entschlossener als ich wirklich war, sagte ich: „Ja, Lama Khyentse, ich will Ihre Geschichte hören."

Der Lama lächelte. Daniel entspannte sich neben mir. „Dann will ich Sie Ihnen erzählen, mein Kind.

Ich wurde 1911 in Leipzig geboren und studierte später Geschichte und Geographie in Berlin. Meine Liebe zur Mythologie brachte mich bald mit verschiedenen Logen und Geheimorganisationen zusammen. Die beginnenden dreißiger Jahre waren trotz ihres schlechten Rufes eine Zeit der Prosperität und des Wachstums, zumindest auf geistiger Ebene. Deutschland war zu dieser Zeit reich an Komponisten, Philosophen und kritischen Denkern, die in ihren Werken den Schrecken der Naziherrschaft voraussahen. Wir lebten in einer Zeit der Umwälzungen, der Suche und der geistigen Neuorientierung. Hitler war gerade Reichskanzler geworden, obwohl man ihn noch vor nicht allzu langer Zeit als größenwahnsinnigen Putschisten belächelt hatte. Ich habe mich später oft gefragt, wie es passieren konnte, dass ich ein Mitspieler im schrecklichsten Szenario der Menschheitsgeschichte wurde, aber es gibt keine logische Erklärung dafür. Bitte halten Sie mich nicht für einen alten Narren, der sein Leben zu erklären versucht und seine Fehler rechtfertigen will. Ich habe vor langer Zeit die Verantwortung für meine Taten übernommen. Mehr konnte ich nicht tun…"

Ich wagte nicht, mein Unverständnis auszudrücken. Wovon sprach Lama Khyentse überhaupt? Er war Deutscher, er hatte die Machtübernahme der Nazis erlebt und vielleicht nichts dagegen getan. Das machte ihn doch noch lange nicht zu einem schlechten Menschen. Wie viele hatten geschwiegen, vorgegeben, nichts gewusst zu haben, oder sogar tatkräftig für Hitler und seine Ideologie gekämpft. Ich hatte meinen Großvater immer bewundert. Als er merkte, dass er in Deutschland seine Neutralität nicht wahren konnte, war er nach Amerika ausgewandert. Er hatte einen Weg gefunden, sich Hitlers Macht auf elegante Weise zu entziehen. Lama

Khyentse führte mich zurück in das Deutschland vor dem Zweiten Weltkrieg. Es war eigenartig, wie fremd und zugleich vertraut mir diese Zeit war.

„1933 lernte ich Heinrich Himmler während einer Logenzusammenkunft kennen. Wir verstanden uns auf Anhieb. Bald warb er mich als neues Mitglied seines Geheimordens an, und ich war stolz, dass es mir gelang, in der Hierarchie schnell aufzusteigen. Obwohl es eigentlich erklärtes Ziel unseres Orden war, das Bewusstsein und die Selbsterkenntnis seiner Mitglieder zu fördern, war er in den frühen dreißiger Jahren hauptsächlich Ideenschmiede und Propagandawerkzeug der Nazis. Wussten Sie, dass fast alle Nazis in hohen Ämtern Mitglieder in esoterischen Organisationen waren?"

„Nein." Das hatte ich in der Tat nicht gewusst.

„Jedes Mal, wenn ich mit Deutschen ins Gespräch komme, die nach dem Krieg geboren sind, bin ich überrascht, dass sie nur über die äußeren Fakten der Nazizeit informiert sind. Sie kennen die geschichtlichen Daten, die äußeren Umstände, die zur Naziherrschaft geführt haben, und die grausamen Folgen, aber über die innere Motivation derer, die damals regiert haben, wissen sie nichts. Mich erschüttert das kollektive Schuldgefühl, das Ihre Generation noch immer mit sich herumträgt. So viele glauben noch heute, dass das Naziungeheuer in ihnen weiterlebt und jederzeit erneut hervorbrechen kann. Ich bin da anderer Meinung. Ich glaube nicht, dass junge Deutsche gefährlicher sind als andere junge Menschen. Das Ungeheuer der Machtgier lebt in jedem von uns. Es nützt keinem etwas, es nur im anderen zu sehen. Wirklich gefährlich ist das kollektive Schuldgefühl, das auf den jungen Menschen lastet, und der Wunsch nach Vergessen, der mit diesem Schuldgefühl einhergeht. Es ist an der Zeit, dass dieses Schuldgefühl endlich aus den Tiefen des kollektiven Unterbewusstseins heraufgeholt und geheilt wird, damit echtes Verständnis und das Annehmen der gemeinsamen Vergangenheit an die Stelle der kollektiven Verdrängung treten können. Es reicht nicht, wenn in den Schulen schockierende Dokumentarfilme über Hitlers Reden, die Reichskristallnacht und die Konzentrationslager gezeigt werden. Diese Bilder manifestieren nur die Angst und den Schrecken, die Abscheu und die Reue... Diejenigen, die sie sehen, werden immer Kinder mit einer schrecklichen Vergangenheit bleiben, für die sie sich schuldig fühlen und schämen...

Ich begleitete Himmler zu vielen geheimen Logentreffen und später auch zu Treffen der Thule-Gesellschaft, zu der nur der elitäre Nazizirkel Zugang hatte. Himmler war begeistert von meinen geschichtlichen Kenntnissen und meiner ,mythologischen Intuition', wie er es nannte. Wir teilten eine gemeinsame Leidenschaft für die schneebedeckten Gipfel des tibetischen Himalaja und die Mythologie der mongolischen Völker. Die alte Bön-Religion faszinierte uns gleichermaßen. Immer wieder diskutierten wir ein Buch, das Himmler schon seit den zwanziger Jahren beschäftigte, Ferdinand Ossendowskys *Tiere, Menschen, Götter*. In diesem Buch wird ein geheimes Reich im Herzen Asiens beschrieben, das Zentrum der Welt, das verborgene Argatha. Obwohl *Tiere, Menschen, Götter* ursprünglich als Sachbuch auf mythologischer Grundlage geschrieben worden war, wurde es bald offiziell als Roman bezeichnet. Es sollte für die Öffentlichkeit wie eine schöne Phantasie aussehen, während es für die Eingeweihten, die nach der Weltherrschaft strebten, die reine Wahrheit war. Hier war die Rede vom gelobten arischen Land, vom Antrieb und Ziel ihres Wirkens. Es war eine eigenartige Angewohnheit der Nazis, an ganz verschiedenen Orten auf der Welt nach Rechtfertigungen ihrer Ideologie zu suchen.

Auf einigen dieser Treffen begegnete ich auch dem Reichskanzler. Viele behaupten, Hitler sei nur eine exoterische Marionette der hinter ihm stehenden esoterischen Zirkel gewesen. Aber so wie ich den Führer kennen gelernt habe, war er mehr als das. Er hatte umfassende Kenntnisse auf dem Gebiet der Mythologie und Magie. Er hielt sich für einen modernen Gralssucher, der sein Gefolge, ja sein ganzes Land zu unbegrenzter Weisheit, zu Reinheit, Reichtum und Fülle führen wollte. Natürlich war das die Ursache für Hitlers Größenwahn, aber auch für seine Kraft, die Welt zu bewegen, jene Kraft, die nicht nur seiner eigenen Psychose ständig Nahrung gab, sondern auch der Massenpsychose seiner Anhänger.

Die Symbole der Nazis waren allesamt archetypischer Art, sei es das Hakenkreuz, das eigentlich ein Symbol für die kosmische Regeneration ist, oder die Idee von der Reinheit einer Rasse… Ich glaube, dass so viele den Gräueltaten der Nazis gegenüber blind waren, weil sie sich zum ersten Mal mit fast allen Menschen ihres Volkes verbunden fühlten. Die Archetypen haben die Macht, solche Gefühle hervorzubringen, denn sie öffnen das Bewusstsein für unterbewusste, kollektive Inhalte, die viele Individuen miteinander teilen. Hitler schaffte es, sein Volk zu vereinen und Gefühle der

Isolation ebenso aufzulösen wie das Bedürfnis nach Individualität. Wenn er sprach, gab es nichts als seine Stimme, seinen immens großen Willen und seine mitreißende Vision. Er hypnotisierte jeden und gab allen, wonach sie verlangten: Gemeinsamkeit und Schutz durch einen mächtigen Staatsapparat unter einem mächtigen Führer sowie das Versprechen einer glorreichen Zukunft."

Lama Khyentse machte eine nachdenkliche Pause, aber als er sah, dass jede weitere Ablenkung mich nur unnötig auf die Folter spannen würde, führte er Daniel – der die Geschichte ohne Zweifel bereits kannte – und mich zurück in die dunkelste Zeit der deutschen Geschichte. Zum ersten Mal war es meine eigene Geschichte.

„Himmler hatte das Buch von Ossendowsky wieder und wieder studiert. Dann lernte er zufällig ein Medium namens Carl Maria Willigut kennen. Willigut, den man später ‚Hitlers Rasputin' nannte, nahm immer häufiger an unseren geheimen Treffen teil. Eines Tages beschloss Himmler, Williguts mediale Fähigkeiten vor unser aller Augen zu demonstrieren. Nach anfänglichem Zögern waren wir einverstanden, und Willigut fiel in einen tranceartigen Zustand. Er verkündete den Beginn einer neuen Ära. Die Schöpfung, so sagte er, unterläge nur einem Gesetz, und einer der Schlüssel zu diesem Weltgesetz läge beim Dalai Lama in den tibetischen Klöstern. Gleichzeitig verkündete er, dass nur wenige Jahre nach Deutschland auch Tibet fallen würde. Natürlich ignorierten wir die Prophezeiung vom Fall Deutschlands ebenso wie die vom Fall Tibets. Heute glaube ich, dass Williguts Worte eine völlig andere Bedeutung hatten als wir damals dachten.

Natürlich war Williguts Prophezeiung für Himmler eine Bestätigung dessen, was er schon von langer Hand geplant hatte: Eine Expedition nach Tibet musste unternommen werden. Und 1938 war es dann so weit. Unter der Führung von Heinz Schäfer schickte Himmler mit ausdrücklicher Legitimation durch den Führer eine Expedition nach Tibet. Offiziell galt diese Reise der geographischen Erkundung des Landes. Inoffiziell suchten wir Argatha, das heilige Shambhala, die Wiege der Menschheit, das reine Land, das Hitler als ‚Auserwählter' mit militärischen Mitteln und diktatorischer Macht in Deutschland wieder aufleben lassen wollte. So unglaublich es klingen mag, aber wir folgten damals dem Ideal Shambhalas. Wir wollten wirklich ein rein arisches Land schaffen. Das Wort „arisch" stammt aus dem Sanskrit. Dort bedeutet der Begriff *aryan* vornehm, spirituell oder kultiviert. Wir waren bestrebt, eine Rasse zu schaffen, die rein und weise genug war, um das neue Reich, das goldene Zeitalter einzuleiten. Leider war unser Bewusstsein nicht rein und spirituell genug, um die Wahrheit hinter den Worten zu verstehen. Wir interpretierten die vedischen Ideale, die in dem Wort *aryan* zum Ausdruck kommen, im Lichte unserer persönlichen Vorlieben und Beschränkungen. Wir hielten die arischen Qualitäten für die Merkmale einer Rasse, einer Gruppe von Menschen, die sich durch ihre äußere Vollkommenheit von anderen Rassen, Gruppen und Individuen unterschied. Wir ernannten uns selbst zu Weltenrichtern und maßten uns an, bestimmen zu können, welches Aussehen, welche Charaktereigenschaften und welche Nationalität die vollkommene Rasse haben musste. Wir verwechselten Vollkommenheit mit äußerer Perfektion. Wir waren der Ansicht, jedes Mittel einsetzen zu können, um unsere Utopie Wirklichkeit werden zu lassen. Und wir glaubten tatsächlich, dass die Antwort auf unsere Frage in den buddhistischen Klöstern Tibets zu finden war. Buddha selbst hatte seine Religion *Aryan Dharma* genannt. Das reichte uns als Beweis. Wir wollten die reine Lehre finden und sie zum Gerüst unseres Weltenstaates machen."

Ein Schauer lief durch meinen Körper. Mir war schlecht. Ich hatte grauenhafte Kopfschmerzen. Der Lama widerte mich an. Die Vergangenheit meines Volkes widerte mich an und beschämte mich. Ich sprang auf und rief: „Wie konnten Sie nur so einen kranken Irrsinn glauben? Wie konnten Sie sich nur daran beteiligen?"

Auch der Lama stand auf. Er war größer als ich, schlank und asketisch. Hatte ich vorschnell geurteilt? Es war schwer vorstellbar, dass dieser Mann an jenen Greueltaten beteiligt gewesen sein sollte, die in der Menschheitsgeschichte ihresgleichen suchten. Heute war sein Gesicht geprägt von Güte und Vergebung. Als ich in seine wässrig grauen Augen blickte, verstand ich, dass er versucht hatte, die wirkliche Motivation der an diesen Taten Beteiligten zu ergründen – vor allem seine eigene. Alles, was er mir berichtete, entstammte seinem eigenen Erleben. Er kannte die äußeren und die inneren Ereignisse. Er wusste, wie man mit Schuld umging, wie man schuldig wurde und wie man Vergebung fand. Dennoch empfand ich rasende Wut, geboren aus dem Gefühl der absoluten Ohnmacht und Hilflosigkeit gegenüber Gier, Mord und Schlimmerem. Mit erstickter Stimme krächzte ich: „Erzählen Sie mir nicht, dass Sie damals nur taten, was alle getan haben!"

Mein emotionaler Ausbruch berührte den Lama nicht. Er blieb nüchtern, gelassen und klar, schaute mir heiter ins Gesicht und machte nicht einmal den Versuch, sich zu rechtfertigen. Er stellte lediglich fest, was für ihn unverrückbare Wahrheit war. Er hatte tatsächlich Frieden mit seiner grausamen Vergangenheit geschlossen. Seine Reaktion beeindruckte mich tiefer als seine Worte.

„Ich habe Ihnen eingangs erklärt, dass ich vor langer Zeit die Verantwortung für meine Taten übernommen habe. Das macht sie nicht besser oder schlechter, aber es macht mich frei. Ich hatte die Wahl, mein Leben lang mit unerträglichen Schuldgefühlen zu leben oder mir die Schuld anzusehen, die ich auf mich geladen hatte. Es dauerte lange, bis ich verstand, dass meine persönliche Schuld weit größer war als die, die viele andere auf sich laden. Aber gerade diese Dimension erlaubte mir, zu verstehen, dass Gut und Böse relative Begriffe sind, die von unseren ethischen Vorstellungen geprägt werden. Die Wahrheit liegt jenseits von Gut und Böse. Wer gelernt hat, aus der Wahrheit heraus zu leben, kann auch vergeben – sich selbst und anderen. Wir alle müssen diesen Prozess durchlaufen – unabhängig vom Ausmaß unserer Schuld."

Meine Wut steigerte sich in einen hysterischen Schreikrampf: „Sie machen es sich sehr einfach! Vergeben und vergessen – vorbei. Stellen Sie sich doch mal im Geist vor die Millionen von Juden, die ihre Angehörigen in Konzentrationslagern verloren haben, allen Besitz und ihre Menschenwürde, und sagen Sie denen, dass Sie die Verantwortung für Ihre Taten übernommen haben und jetzt wieder frei sind!"

„Glauben Sie mir, ich habe in meinem Leben viele Juden getroffen. Auch der jüdische Glaube beinhaltet den Begriff der Vergebung, wenn die Schuld von einem reinen Herzen auf sich genommen wird. Die Sünde ist ein Teil des menschlichen Lebens. Es gibt kein sündenfreies menschliches Leben. Körperliche Existenz bedeutet Unvollkommenheit, zumindest solange, bis die Umkehr stattgefunden hat."

Ich begriff nicht, was Lama Khyentse mit Umkehr meinte.

„Caroline, wollen Sie nicht erst den Rest meiner Geschichte anhören, bevor wir uns an schwer verständlichen Begriffen wie Schuld und Sühne festbeißen und Sie mir hier die Augen auskratzen?"

Er hatte Recht. „Was hat mein Großvater mit der ganzen Sache zu tun?"
fragte ich einlenkend. Endlich war die Frage heraus, die ich krampfhaft
hatte vermeiden wollen. Vielleicht hatte ich mich nur deshalb so aufgeregt,
um nichts über meinen Großvater hören und nicht über die Beteiligung
meiner Familie an dem Unfassbaren nachdenken zu müssen.

„Ihr Großvater hat uns die Durchführung der Himalaja-Expedition ermöglicht."

Ich schwankte. Meine Übelkeit und mein Kopfschmerz wurden augenblicklich stärker. Daniel sprang auf und umarmte mich so vorsichtig, als
sei ich zerbrechlich. Mir schien, dass Khyentse uns gerührt betrachtete.
Erst als er sah, dass ich mich wieder gefangen hatte, sprach er weiter:
„Himmler stellte mich als Assistent an Schäfers Seite. Ich war sowohl für
die geographische Ausarbeitung der Expedition als auch für Teile ihrer
organisatorischen Durchführung zuständig. Und so begegnete ich Ihrem
Großvater…

Wir waren auf der Suche nach Sponsoren. Es gab eine Liste mit den Namen von Spendern, die der Partei regelmäßig große Geldbeträge zukom-
men ließen. Manche davon waren nur bereit, scheinbar wissenschaftliche
Projekte zu unterstützen, um eine ideologisch reine Weste zu behalten.
Einer dieser Sponsoren war der Reeder Friedrich von Teubner. Als ich ihn in
Bremen aufsuchte, um ihn persönlich um seine Unterstützung zu bitten,
enthüllte er mir unter dem Siegel der Verschwiegenheit sein Interesse an
den geheimen Logen der Nazis. Er war bereit, eine großzügige Spende
zu machen und sogar die ganze Reise zu finanzieren, stellte jedoch eine
Bedingung: dass er an der Expedition teilnehmen dürfe und danach die
Chance bekomme, als unparteiischer Bürger in die USA auszureisen, ohne
sein Vermögen in Nazihände geben zu müssen. Sie können sich meine
Überraschung vorstellen. Friedrich von Teubner war kein Parteimitglied
und stand in dem Ruf, der Partei gegenüber völlig indifferent zu sein. Und
nun erklärte mir dieser Mann, dass er persönlich an den geheimen Pfeilern
der Parteiideologie interessiert sei, und wagte auch noch, auf ziemlich
plumpe Weise einen persönlichen Vorteil aus der ganzen Angelegenheit
zu ziehen."

Der Lama sah mich an und suchte in meinem Gesicht nach Hinweisen
auf meine innere Reaktion. Doch entgegen meiner eigenen Befürchtung
und dem, was mein Ausbruch zuvor hatte vermuten lassen, blieb ich ganz

ruhig. Irgendwie schaffte ich es ohne große Anstrengung, die gehörten Informationen rein intellektuell und frei von persönlichen Gefühlen aufzunehmen. Instinktiv wusste ich jedoch, dass dies nur die erste Phase war. Bald würden die Gefühle ans Licht kommen, die mit der Zerstörung meiner Illusionen verbunden waren. Zeitlebens hatte ich meinen Großvater für integer und frei gehalten und war stolz darauf gewesen, seine Enkelin zu sein. Mein ganzes Selbstbild basierte auf dieser Ansicht. Weil Friedrich von Teubner so edel gewesen war, war auch Caroline von Teubner ein freier, humanistischer Geist mit den edelsten Absichten. Alle hatten meinen Großvater verehrt und geschätzt. Er war nicht nur der materielle Dreh- und Angelpunkt unseres familiären Wohlergehens gewesen, sondern vor allem der idealistische. Mein Vater, meine Mutter, mein Onkel, seine Söhne – wir alle hatten uns in unendlichen Gesprächen immer wieder selbstkritisch gefragt, ob wir uns in der damaligen Situation so verhalten hätten wie Friedrich. Hätten auch wir Deutschland den Rücken gekehrt? Hätten auch wir unter allen Umständen persönliche Neutralität gegenüber dem totalitären Regime gewahrt – auch wenn es vielleicht den Verlust des eigenen Lebenswerkes und des angesammelten Vermögens bedeutet hätte?

Der Lama riss mich aus meinen Gedanken und erzählte weiter: „Ich verließ Ihren Großvater und vertröstete ihn mit einer Antwort auf sein Begehren, bis ich mit Himmler Rücksprache genommen hatte. Himmler muss über die Bedingungen des Reeders bereits informiert gewesen sein, denn er bat mich sofort nach meiner Rückkehr aus Bremen zu sich. Ich persönlich hätte von Friedrich von Teubner nicht einen Pfennig genommen. In meinen Augen war er ein Filou, der nur auf seinen eigenen Vorteil bedacht war. Überrascht vernahm ich Himmlers Befehl: Ich hatte die Spende anzunehmen und dafür zu sorgen, dass Herr von Teubner unter falschem Namen an der Expedition teilnehmen konnte. Himmler deutete an, dass er sich später persönlich um die Emigration des Reeders kümmern würde. Ich vermutete, dass zwischen den beiden noch weitere Absprachen bestanden. Friedrich von Teubner war offensichtlich ein Protegé Himmlers.

Wenige Monate später brachen wir auf. Ihr Großvater reiste unter dem Namen eines bekannten deutschen Geologen, Armin Walter. Er verhielt sich zunächst recht unauffällig. Die vorgesehene Reiseroute verlief von

Lhasa zum Berg Kailash. Irgendwo am heiligen Berg vermuteten wir den Eingang zum unterirdischen Höhlensystem, zu unserem Arghata, dem unsichtbare Zentrum und wahren Aufenthaltsort der arischen Rasse. Oder wir hofften zumindest, dort Hinweise auf deren Existenz und damit die mythologische Rechtfertigung unseres irdischen Wirkens zu finden.

Die Reise war beschwerlich, mühsam und dennoch ein großes Abenteuer für jeden von uns. Plötzlich schien Deutschland, die Möglichkeit eines Krieges, ja sogar die Suche nach dem Schlüssel zur Macht in immer weitere Ferne zu rücken. Die gigantischen Berge und die Weite der Landschaft, die Klarheit des Himmels und der Luft und die Einfachheit des Lebens weckten eine nie gekannte Freude in mir. Ich war sicher, dass an diesem Ort viele, vielleicht sogar alle Geheimnisse der Menschheit verborgen lagen. Aber mehr als einmal regten sich Zweifel in mir, ob ich diese Geheimnisse, falls wir sie finden würden, mit den Machthabern in Deutschland teilen wollte.

Als wir nach Monaten den Berg Kailash erreicht hatten, besuchten wir die umliegenden Klöster und machten Grabungen an Stellen, die uns aus alten Schriften bekannt waren, und wo wir die Höhlen vermuteten. In dieser Zeit kam ich häufiger mit Ihrem Großvater ins Gespräch. Er war ein sehr gebildeter Mann, wissbegierig, hochintelligent, aber auf eine schwer zu beschreibende Art verbissen, ich möchte fast sagen eiskalt. Also hütete ich mich instinktiv, ihm mehr zu erzählen als er bereits wusste, und versuchte, die Erfolge und Misserfolge unserer Suche vor ihm geheim zu halten.

Nun werden Sie sich sicher fragen, wonach wir eigentlich suchten. Es waren drei Dinge. Wir suchten das unterirdische Labyrinth, um Beweise für das heilige Argatha zu finden. Dort sollte sowohl ein Zugangsplan zum heiligen Shambhala versteckt sein als auch ein Pergament, das die wichtigsten Lektionen aus der tantrischen Lehre des diamantenen Fahrzeugs zusammenfasste. Dabei handelte es sich angeblich um Aufzeichnungen, die König Suchandra gemacht hatte, als er von Buddha in das Kalachakra-Tantra eingeweiht worden war. Diese Dinge waren nur einmal in der Geschichte der Menschheit schriftlich festgehalten und von König Suchandra persönlich versteckt worden. Ich habe mich oft gefragt, warum die Aufzeichnungen überhaupt existierten. Es war doch abzusehen gewesen, dass es Menschen geben würde, die versuchten, den Weg der persönlichen Läuterung zu umgehen und die Macht der tantrischen Weisheit für ihre persönlichen Zwecke zu nutzen. Warum sollte sich ein Mensch durch den Schmerz, die Angst, die Wut und die Verzweiflung seines Unterbewusstseins quälen, wenn es einen schnelleren und direkteren Weg zur unbegrenzten Macht gab? Vielleicht ist das der Grund für die Existenz dieser Aufzeichnungen. Sie selbst sind eine Prüfung!

In den Wochen, die wir am Berg Kailash verbrachten, wuchs mein Zweifel an der Richtigkeit unserer Expedition. Viele meiner Erfahrungen waren mir damals noch unverständlich, aber es schien, als weite sich mein Bewusstsein allein durch den Aufenthalt in Tibet. Ich wusste plötzlich mit absoluter Sicherheit, dass das Höhlensystem existierte und dass es Argatha wirklich gab, ebenso wie die Pergamente, die wir suchten. Und plötzlich war mir auch klar: Ich musste verhindern, dass sie in die Hände der Deutschen fielen. Ich trug lange, zermürbende Gewissenskämpfe mit mir selbst aus. Es fiel mir unendlich schwer, die Rolle des Verräters anzunehmen, die das Leben offenbar für mich geschrieben hatte.

In dieser Zeit hatte ich mehrere luzide Träume. Ich wanderte allein durch ein tibetisches Kloster, war gekleidet wie ein Lama und sprach Tibetisch. Es war immer wieder derselbe Traum, und wenn ich aufwachte, wusste ich nicht, ob ich die Szene, in der ich ein Lama war, geträumt hatte oder ob meine Teilnahme an der Expedition ein Traum war. Zur gleichen Zeit besuchten wir das Kloster Lanang. Ich war wie verzaubert. Mir schien, dass dies das Kloster aus meinen Träumen war. Ich fühlte mich wohl, fast zu Hause, mehr zu Hause als ich mich jemals an einem Ort gefühlt hatte. Der Abt schenkte mir außergewöhnliche Beachtung, beobachtete mich neugierig und wohlwollend. Für unser Vorhaben ergaben die Gespräche mit dem Abt keine Neuigkeiten. Im Gegenteil: Sie stifteten eine eigenartige Verwirrung unter uns, die später zu einem heftigen Streit führte. Nach unserer Rückkehr ins Lager versuchte ich, die anderen davon zu überzeugen, dass es Zeit war, unsere Expedition abzubrechen, aber leider ohne Erfolg.

In der Nacht wurde ich durch ein leises Kratzen am Dach meines Zeltes geweckt. Als ich vor das Zelt trat, sah ich eine geduckte Gestalt, die mir Zeichen machte, ihr in die Dunkelheit hinter einen Felsvorsprung zu folgen. Es war ein Mönch, den ich schon im Kloster gesehen hatte. Er überreichte mir stumm eine Nachricht des Abtes: ‚Was ihr sucht existiert. Aber du weißt, dass ihr es nicht finden dürft. In den alten Lehren geht es nicht darum, die Welt zu beherrschen, sondern vielmehr darum, das Wesen der Welt, die Wirklichkeit zu erkennen. Geisteskräfte sind auf diesem Weg nur hinderlich. Nur wer das Wesen der Leerheit nicht begriffen hat, wird sich ihrer bedienen. Das höchste Ziel ist, allem zu entsagen. Das *Aryan Dharma*, von dem Buddha sprach, ist rein und licht. Ihr spielt nur eure Rolle im Spiel der Welten und der Gegensätze, im Spiel von Auf- und Niedergang der Geschlechter und Ideologien. Folge im Morgengrauen dem Fuchs. Er wird euch in die Unterwelt führen. Nimm den ehrgeizigen Mann und drei, vier andere als Zeugen mit. Das ist wichtig! Der Fuchs wird dich an eine Stelle führen, an der es Anzeichen für die Existenz des heiligen Shambhala gibt. Die Höhlen sind in ähnlicher Weise versiegelt wie die verborgenen Täler. Jeder wird nur das finden, was sein Geist zu finden bereit ist. Das ist der magische Schutz, den Suchandra seinen Aufzeichnungen gab. Deine Freunde suchen persönlichen Reichtum, Ruhm und die Macht der Dominanz und der Zerstörung. Und genau das werden sie finden. Du aber folge dem Fuchs durch seinen unterirdischen Bau. Er wird dich zu mir führen.‘ Ich wusste, dass das meine einzige Chance war, unserer Expedition, an die ich längst nicht mehr glaubte, ein Ende zu setzen. Schnell vernichtete ich die Nachricht.

Am nächsten Morgen war ich schon vor Sonnenaufgang auf den Beinen und sorgte dafür, dass Ihr Großvater und drei der anderen bei mir waren. Vielleicht können Sie sich meine Überraschung vorstellen, als plötzlich neben unserem Lager ein Fuchs auftauchte, der suchend umherlief und in einer Felsspalte verschwand, kurze Zeit später aber wieder auftauchte und förmlich auf uns zu warten schien. Ich machte die anderen auf den Fuchs aufmerksam. Wieder verschwand das Tier in einer Felsspalte, die groß genug für einen Menschen war. Ich griff nach einer Lampe und folgte ihm in die Dunkelheit. Die anderen blieben hinter mir. Es war feucht und kalt, und meine Lampe erleuchtete nur einen kleinen Teil der Höhle, in der wir nun standen. Der Fuchs führte uns in ein Labyrinth von Gängen und Höhlen und war plötzlich verschwunden, als wir in eine Grotte traten, die von einer Art natürlichem Licht ausgeleuchtet wurde. Es war unmöglich auszumachen, woher dieses Licht kam. Von außen konnte es jedenfalls nicht hereindringen. Die Grotte schien zu phosphoreszieren, die Steine, die ihre Wände bedeckten, besaßen eine innere Leuchtkraft. Fasziniert hielten wir inne. Die Luft vibrierte vor Energie. Augenblicklich fühlte ich mich leicht und frei. Tränen traten mir in die Augen, ein Gefühl der Seligkeit überwältigte mich. Wir vermuteten, dass es sich bei den leuchtenden Steinen um Edelsteine ganz besonderer Art handelte. Einige schimmerten wie Brillanten. Bevor ich eingreifen konnte, klopfte Ihr Großvater die Steine mit seiner Lampe von der Wand und stopfte sich die Taschen damit voll. Ich erschrak, denn ich erinnerte mich an das, was der Abt mir geschrieben hatte: *Ihr sucht Reichtum, Ruhm und die Macht der Dominanz und der Zerstörung.* Uns war nichts heilig, wir wollten alles besitzen und uns alles einverleiben, egal ob es Reichtum, Kunstschätze, Länder oder Menschenleben waren. Wir hatten keinen Respekt, weder vor dem Leben noch vor einem heiligen Ort. Natürlich würden wir Argatha niemals finden können. Unsere Gier würde uns davon abhalten.

Ich erschrak zu Tode, als ich ein fürchterliches Grollen hörte und versuchte, Ihren Großvater und die anderen dazu zu bewegen, mit dem Raubbau innezuhalten. Ich wusste plötzlich, dass diese Höhle nichts als eine Prüfung war. Wer ihrem Glitzern und der Verführung, die sie darstellte, widerstehen konnte, durfte weiter in das Labyrinth vordringen und andere Schätze finden, bis er am Ende mit unschätzbaren Geistesschätzen belohnt wurde, den Aufzeichnungen Suchandras und vielleicht sogar dem heiligen Argatha. Aber außer mir erkannte keiner in unserer Gruppe, dass wir die Wahl hatten. Das Grollen wurde stärker, die anderen klopften noch besessener und stopften sich noch hastiger die Taschen voll. Dann geschah, was ich befürchtet hatte. Die Decke der Grotte stürzte auf uns herab. Ihr Großvater wurde unter dem Gestein begraben, aber nur leicht verletzt. Im Nebel des aufwirbelnden Staubes sah ich noch, wie sich die anderen aufrappelten und Ihren Großvater freischaufelten. Dann hörte ich, wie verzweifelte Stimmen nach mir schrien. Offenbar glaubten sie, ich sei unter den Schuttmassen begraben worden. Der Teil der Höhle, in dem ich etwas abseits von den anderen gestanden hatte, war vollständig eingestürzt, aber mir war nichts passiert... Die anderen suchten stundenlang nach mir, gruben mit den Händen im Schutt und wiederholten ihre verzweifelten Rufe. Erst als sie beschlossen, zum Lager zurückzukehren und Hilfe zu holen, sah ich den Fuchs wieder. Glücklich und erleichtert folgte ich ihm durch die unterirdischen Gänge bis ins Kloster Lanang. Mein Lehrer, der damalige Abt, erwartete mich schon und schloss mich herzlich in die Arme..."

Keiner von uns wagte zu atmen. Ich schmiegte mich noch enger an Daniel. Die innere Spannung, die ich empfand, war unerträglich. Mit Lama Khyentses Geschichte war so viel auf einmal in mir zusammengebrochen, dass ich befürchtete, mich augenblicklich in nichts aufzulösen. Was war ich noch, wenn meine Wurzeln ein Trugbild waren? Aber offensichtlich hatte Lama Khyentse noch nicht alles berichtet. Mühsam fragte ich: „Haben Sie von da an sofort das Leben eines buddhistischen Mönchs geführt?"

„Ja. Es war keine schwere, von Zweifeln geprägte Entscheidung. Es geschah irgendwie. Ich lernte damals, dass die richtigen Dinge immer einfach sind. Man stellt sich ein oder zwei Fragen, und das Leben führt einen in die richtige Richtung, wenn man bereit ist, den Zeichen zu folgen."

„So wie dem Fuchs?", fragte ich.

Der Lama lächelte. „Wie dem Fuchs."

„Und wem ist mein Großvater gefolgt?"

„Schwer zu sagen. Nach allem, was ich gehört und beobachtet habe, weiterhin dem Geld und der Macht. Vom Kloster Lanang aus beobachtete ich, wie immer wieder Suchtrupps in die Höhle vordrangen. Zunächst suchten sie mich, doch dann suchten sie Wochen und Monate lang nach den Aufzeichnungen. In regelmäßigen Abständen geschah ein Unglück. Jemand wurde verletzt, jemand verirrte sich. Die Höhlen schienen ihre eigene Dynamik zu haben, die den Schatz immer wieder auf neue Weise verbarg, damit kein Unwissender ihn finden konnte. Erst vier Monate später brachen sie ihre Zelte ab. Zu dieser Zeit hatte ich längst meinen Kopf geschoren und das Mönchsgewand angelegt. Für mich folgte eine glückliche Zeit. Obwohl mich oft die Erinnerungen quälten und mich die Schulung durch meinen Lehrer noch öfter an den Rand des Erträglichen brachte, wusste ich, dass ich die richtige Wahl getroffen hatte. Ich war umgekehrt, hatte mich von der Täuschung ab- und der Wahrheit zugewandt. Ich nahm einen tibetischen Namen an und existierte für den Rest der Welt fortan nicht mehr. Ich wurde im wahrsten Sinne des Wortes neu geboren, nachdem ich für die Welt gestorben war…

Später hörte ich, dass die Expedition unverrichteter Dinge nach Deutschland zurückgekehrt war. Offiziell hieß es, man habe die Reise abbrechen müssen, weil in diesem Jahr der Monsun besonders schlimm gewütet und weitere geologische Untersuchungen unmöglich gemacht habe. Himmler tobte. Er schickte einige Jahre später einen weiteren Suchtrupp zu uns. Sie werden bereits erraten haben, dass auch diese Männer seltsame Dinge erlebten, aber niemals fanden, wonach sie suchten.

Ihr Großvater blieb nach seiner Rückkehr nur noch wenige Wochen in Bremen und schiffte sich dann mit seiner Frau nach New York ein. Er ließ sich in Boston nieder und baute eine weitere Reederei auf. Vielleicht hat er die tibetischen Edelsteine als Kapital eingesetzt. Er soll später in den USA eine geheime Loge gegründet haben, der viele immigrierte Nazis beigetreten sind…"

„Glauben Sie, dass das die Geschichte ist, mit deren Offenbarung Rondorf mir gedroht hat?"

„Sicher! Nur diese Vergangenheit wäre geeignet, Ihren Ruf als integere Journalistin ein für alle Mal zu zerstören. Wer würde der Enkelin eines alten Nazis und Geheimbundmitglieds glauben, dass sie eine reine Weste hat, wenn sie auf den Spuren ihres skrupellosen Vorfahren durch den Himalaja reist. Nach einer solchen Enthüllung würde ich jeden Ihrer Artikel äußerst argwöhnisch lesen, vor allem, wenn Sie über tibetischen Buddhismus berichteten…"

Mein Ruf als Journalistin war mir gleichgültig. Die persönliche Desillusionierung wog viel schwerer. Lama Khyentse versuchte mich zu trösten. „Ihr Großvater hatte die Wahl. Er hat sie eindeutig getroffen. So wird auch Ihr Vater die Wahl gehabt haben. Auch er hat sie eindeutig getroffen. Und auch Sie, Caroline, haben Ihre Wahl eindeutig getroffen – in die entgegengesetzte Richtung. Sie sind umgekehrt, genau wie ich damals. Deshalb sind Sie jetzt hier. Vergessen Sie das nicht!"

Die Worte des Lama gaben mir Trost und neue Hoffnung. Plötzlich erkannte ich, dass mich das eben Gehörte von sämtlichen Fesseln befreite, die meine Familie und meine konservative Erziehung mir angelegt hatten. Es machte mich auf beängstigende Weise frei und unabhängig. Es gab mir meine eigene Sicht der Dinge und meine persönliche Verantwortung zurück. Endlich stand ich nicht mehr im Schatten meines ach so integeren und bewundernswerten Großvaters. Das größte Vorbild meines Lebens entpuppte sich als ganz normaler Mensch mit vielen Fehlern und Schwächen.

Unvermittelt schwenkte der Lama von den äußeren Ereignissen auf deren Bedeutung für meine innere Entwicklung um: „Lösen Sie Ihre Verstrickungen mit der Vergangenheit. Versuchen Sie zu ergründen, wo die

Werte Ihrer Familie Sie immer gefesselt haben. Verurteilen Sie Ihren Großvater nicht. Sie können sein Verhalten nicht ändern. Sie sind nicht für ihn
verantwortlich. Wie wir alle hat auch er nur getan, was er tun musste.
Trennen Sie sich nicht von ihm und seinen Motiven. Letztendlich haben
wir alle nur ein Ziel: größtmögliches Glück. Jeder versucht, dieses Ziel
auf seine Weise zu erreichen. Friedrich von Teubner kannte keinen anderen Weg zum Glück. Durch den Schock, den Sie heute erlitten haben, sind
ungeheure Energien frei geworden. Nutzen Sie diese für Ihre persönliche
Entwicklung und verschwenden Sie sie nicht, um an der Vergangenheit
festzuhalten und mit etwas zu hadern, das Sie nicht mehr ändern können.
Reinigen Sie Ihr Bewusstsein. Befreien Sie es von beengenden Vorstellungen, die andere Ihnen auferlegt haben. Nutzen Sie diesen Tag, um sich von
allen Glaubenssätzen über sich selbst und das Leben zu befreien, die Sie
daran hindern, sich selbst zu begegnen. Machen Sie Ihren Frieden mit Ihrer
persönlichen Vergangenheit und der Ihres Volkes. Nur dann können Sie die
Leere erfahren, die wir Buddhisten unser Ziel nennen. Sie müssen bereit
sein, sich selbst nackt gegenüberzutreten. Auge in Auge – ohne Abwehr
oder Furcht. Solange Sie sich und andere noch irgendwie bewerten, ist
diese Nacktheit nicht möglich. Bewertung schafft Trennung und Distanz.
Suchen Sie das Gemeinsame. Dann erst wissen Sie, was wir Buddhisten mit
Mitgefühl meinen. Leere bedeutet Einheit, Einheit mit allem, auch mit dem
Verabscheuungswürdigen. Unsere Schatten sind die Dämonen, die uns am
stärksten an unser Ich binden. Alles, was Sie verleugnen und verdrängen,
folgt Ihnen auf Schritt und Tritt. Je stärker die Verdrängung, desto stärker
das Ich. Das Ich ist unbeugsam, gierig, herrschsüchtig, ängstlich – aber vor
allem klein. Es fürchtet nichts mehr als die Grenzenlosigkeit der verwirklichten Leere, denn es weiß, dass diese Erfahrung sein Tod ist. Nur deshalb
werden wir Buddhisten oft als Nihilisten bezeichnet. Es ist das Ich, das die
Leere als Nichts erfährt."

Ich schwieg wie betäubt und fühlte mich innerlich leer. Wie aus weiter
Ferne hörte ich, dass das Gespräch zwischen Khyentse und Daniel plötzlich
ganz pragmatisch geworden war. Daniel fragte gerade: „Was glaubst du,
wie lange wir hier sicher sind?"

„Nicht länger als drei, vier Tage. Caroline braucht so lange dringend
Ruhe. Wir sollten den Schock nicht unterschätzen. Ich lasse euch jetzt
allein."

Stille hüllte uns in einen Kokon, in dem wir eins zu sein schienen. Daniel hielt mich noch immer im Arm. Meine Brust war eng, wie zugeschnürt. Ich war zu deprimiert, zu schockiert und zu traurig, um zu weinen. „Warum tut es so weh?", fragte ich, sobald der Lama uns verlassen hatte.

„Der Schmerz der Desillusionierung ist die einzige Medizin, die unsere Blindheit heilt", sagte Daniel.

„Kennst du diesen Schmerz?"

„Das weißt du doch, Caroline."

Ja, ich wusste es, aber in diesem Moment konnte ich mir nicht vorstellen, dass es auch nur einen Menschen auf der Welt gab, der ebenso litt wie ich.

„Irgendein Lama hat einmal zu mir gesagt: ‚Wie willst du die Helligkeit der Wahrheit ertragen, wenn dein Geist nicht einmal weit genug ist, den Schmerz der Selbsterkenntnis zu ertragen? Erst wenn du dich gegen nichts mehr wehrst und alles hinnehmen kannst, bist du bereit, das Wesen zu schauen.'" Daniel drehte mich langsam zu sich herum, damit ich ihn ansah. „Es ist die Liebe, die einen zwingt, alles anzuschauen und hinzunehmen, *meri jaan.* Wir haben Liebe gewollt. Jetzt müssen wir die Konsequenzen unseres sehnlichsten Wunsches tragen. Das ist der einzige Weg aus dem Schmerz. Er wird erst dann vorüber sein, wenn wir nichts als Liebe sind…"

25

Ich war die Enkelin eines Lügners, eines skrupellosen Egoisten. Mein Großvater war schlimmer gewesen als Rondorf. Konnte man eine solche Erkenntnis ertragen? Konnte ich sie ertragen? Alles, was ich bisher für sicher und wahr gehalten hatte, hatte sich mit einem Mal in Luft aufgelöst. Die Wahrheit war so schwer zu akzeptieren... Ich fiel in ein abgrundtiefes Loch und konnte mir nicht vorstellen, wie es jemals wieder mit Licht und Leben gefüllt werden sollte.

Lama Khyentse wusste, wie die Seele in einem solchen Fall reagierte. Hatte er nicht Ähnliches selbst erlebt? Er überließ mir sein Zimmer und ließ mich mit meinem Schmerz allein. Nichts und niemand durfte mich ablenken. Ich durfte nicht vor dem Schmerz fliehen. Ich musste mich damit konfrontieren. In der Einsamkeit fand ich die Kraft, mir die Vergangenheit anzusehen. Ich sah meine Familie und die Lüge, auf der sie ihre Existenz aufgebaut hatte. Ich glaubte, keine Wurzeln mehr zu haben, niemandem mehr vertrauen zu können. Die ich am meisten geliebt hatte, hatten mich belogen. Mein Vater musste gewusst haben, wie Großvater Friedrich zu seinem Vermögen gekommen war. Oder hatte auch er es nicht wahrhaben wollen? Wie konnte es passieren, dass wir meinen Großvater so idealisierten? Warum war er uns so groß und integer vorgekommen, obwohl er nichts als ein skrupelloser Heuchler gewesen war? Manchmal weinte ich, manchmal empfand ich nichts als tiefe Ruhe. Ich fühlte Wut und Zorn, Ohnmacht und lähmende Schuld. Ein stetiger Strom unverarbeiteter Gefühle floss aus meinem Unterbewusstsein in mein Bewusstsein und reinigte mich. Ich konnte nichts tun, als dieses Geschehen zu bezeugen. Automatisch verzichtete ich auf Nahrung, trank nur Wasser und ein wenig Tee.

Irgendwann versiegte der Strom der Bilder und Gefühle und ließ mich leer zurück. Mir war, als sei ich ein Gefäß, das man ausgeschüttet hatte. Erst als nichts mehr in mir war, spürte ich, dass ich Frieden mit der Vergangenheit und mit Friedrich von Teubner geschlossen hatte. Lama Khyentse hatte Recht: Was er getan hatte, lag nicht in meiner Verantwortung. Die Vergangenheit demonstrierte mir eindrucksvoll, dass man gewisse Dinge akzeptieren musste, wenn man nicht an ihnen zerbrechen wollte.

Ich fand Daniel bei den Mönchen in der Gebetshalle. Ich hatte keine Ahnung, wie spät es war und wie viele Tage vergangen waren. Lautlos setzte ich mich unter die Meditierenden und genoss die tiefe Stille der inneren Leere.

Plötzlich klopfte mein Herz heftiger, mein Atem ging schneller, und ohne Vorwarnung tauchte ein Bild vor meinen inneren Augen auf: Soldaten in Lanang. Ich riss die Augen auf und blickte in Khyentses Gesicht. Auch Daniel sah mich an. Die beiden hatten es also auch gesehen! Alle anderen Mönche um uns herum, es waren an die dreißig, meditierten weiter und hatten offenbar nichts bemerkt. Khyentse nickte. Ruhig und bestimmt beendete er die Meditation. Während die Mönche die Meditationshalle verließen, trat er an mich heran. „Sie kommen! Ihr müsst gehen!"

„Wann werden sie hier sein?", fragte ich ängstlich.

„Vielleicht noch heute, vielleicht erst morgen. Die Zeit ist ungewiss. Nur das Ereignis ist sicher."

So hatte auch ich es empfunden.

„Daniel kennt den Weg. Ich habe ihm beschrieben, wo Suchandras Aufzeichnungen heute versteckt sind. Vor vielen Jahren habe ich sie geborgen und an einen sichereren Ort gebracht, aber ich weiß nicht, ob sie auch vor den Chinesen und Rondorf so gut geschützt sind wie damals vor den Nazis. Die Chinesen haben viel von den Tibetern gelernt. Die Lamas, die sie bei sich haben, sind möglicherweise in der Lage, die Siegel mit magischen Ritualen zu lösen und Zugang zu den Aufzeichnungen zu bekommen. Das müsst ihr in jedem Fall verhindern. Es ist eure wichtigste Aufgabe!"

Der Abschied fiel kurz aus. Es war kein Raum für Sentimentalität. Deutlich erkannte ich, dass Menschen kamen und gingen, wie es der Sache, die uns alle verband, dienlich war. Nur sie war wichtig. Sympathie oder Antipathie, Geborgenheit oder Bedrohung – es gab keinen Grund, länger an einem Ort zu verweilen als an einem anderen. Wenn man den inneren Ruf hörte, musste man weiter.

Wieder betraten wir die unterirdischen Gänge. Ein Mönch begleitete uns. Er kannte den Weg ins Kunlun-Gebirge, der scheinbar letzten Etappe unserer Reise. Schon nach wenigen Stunden hatten wir die Dunkelheit des inneren Kailash verlassen und bewegten uns auf nicht markierten Pfaden. Vor uns lag eine endlos weite Strecke, hinter uns die Bedrohung durch Rondorf und die Chinesen. Immer wieder fragte ich mich, warum das tantrische Wissen, die Essenz der geheimsten Lehre der Welt, schriftlich festgehalten und niemals vernichtet worden war. Fürchteten die alten Weisen, dass die Kette zwischen Lehrer und Schüler, durch die das Geheimnis bewahrt wurde, eines Tages abreißen könnte?

Wir gingen durch Täler und Schluchten, über Zugbrücken und vorbei an schwindelerregenden Abgründen. Tisong, unser Führer, gönnte uns nur ab und zu eine kurze Rast, aber auf wundersame Weise erschöpften sich unsere Kräfte nicht. Selbst Daniels Bein, das noch auf der Wanderung zum Kailash häufig geschmerzt hatte, behinderte die Kletterpartien nicht. In gleichmäßigem Schritt wanderten wir auf Schlammpfaden und über schneebedeckte Berge und befanden uns stets in einem Zustand höchster Achtsamkeit. Dennoch schienen viele Konturen, die in meinem Denken zuvor scharf gewesen waren, plötzlich ineinander zu fließen. Der Raum, die Landschaft, die uns umgab, war im einen Moment überschaubar und begrenzt, und wirkte im nächsten unendlich und weit wie in einem Traum. Mein Zeitempfinden schien völlig verloren gegangen zu sein. Obwohl ich zwischen Tag und Nacht unterscheiden konnte, wusste ich nicht, wie viele Tage, Stunden oder Minuten vergangen waren. Es hätte Sommer oder Winter sein können. Die Vergangenheit existierte nicht mehr. Mein Leben in Berlin und Delhi schien kein Teil meiner Existenz mehr zu sein, ebensowenig wie der Aufenthalt in Dharamsala vor nur wenigen Wochen. Selbst das Kloster Lanang war nur noch ein Gedankengebilde, das an meinem inneren Auge vorbeizog und keine nennenswerten Empfindungen mehr hervorrief.

Eines Morgens, als wir ein Feuer anzündeten, um uns Tee zu machen und ein paar Stunden zu schlafen, versuchte ich, Daniel meine Eindrücke zu schildern. „Mir scheint, die Zeit, wie ich sie kannte, löst sich auf – und mein Gefühl für den Raum auch, das heißt, mein Gefühl für mich in diesem Raum. Ich weiß nicht, wie ich es erklären soll… Ich glaube, die Relationen verschieben sich."

Daniel lächelte. Der lange Marsch hatte ihn schlanker gemacht. Seine Gesichtszüge waren ausgeprägter als zuvor, schärfer, markanter und dennoch weicher. Seine Augen stachen leuchtend und groß aus seinem wettergegerbten Gesicht und durchdrangen mich auf beängstigende und doch beruhigende und liebevolle Weise.

„Das Geheimnis der Zeit, Caroline, ist eines der wichtigsten in der Lehre des Kalachakra. Kalachakra bedeutet nicht umsonst ‚Rad der Zeit'. Die Lamas lehren, dass es unser Ego ist, das uns an Raum und Zeit bindet. Unser Ego ist der Teil unserer Persönlichkeit, welcher der Dualität und damit der Relativität der Erscheinungen unterworfen ist. Zeit ist relativ zum Beobachter – wie alles in der Welt der Objekte relativ zum wahrnehmenden Subjekt ist. Das Gleiche gilt für den Raum. Raum und Zeit gehören als vierte Dimension unmittelbar zusammen. Würde einer von uns in diesem Moment mit Lichtgeschwindigkeit einmal um die Welt geschickt, wäre er bei seiner Rückkehr im Verhältnis zu dem am Ausgangsort Verbliebenen verjüngt. Am Ausgangsort läuft die Zeit nach den alten Regeln, während sie in der Bewegung mit Lichtgeschwindigkeit langsamer läuft. Zeit verhält sich umgekehrt proportional zur Geschwindigkeit. Unsere Empfindung und damit die Wirkung der Zeit auf unsere Persönlichkeit und unseren Körper hängt immer von einem Fixpunkt ab. Das Empfinden für Zeit ist nicht gegeben, sondern erlernt. Als Kinder empfanden wir Minuten wie Stunden, Tage wie Wochen und ein Jahr bis zu unserem nächsten Geburtstag als Ewigkeit. Erst mit zunehmender Anpassung an die alltäglichen Gegebenheiten und Anforderungen, Stundenpläne und Gewohnheiten hängt sich unser Zeitempfinden an diese künstliche Einteilung, die untrennbar mit unserem Ego verbunden ist. Das Ego teilt die Zeit ein, es trennt Stunde von Stunde, Ereignis von Ereignis – und das nur, weil es in der Ursuppe dessen, was Zeit eigentlich ist, nicht existieren kann. Das Empfinden für Zeit und Raum ist die größte Illusion. Zeit ist keine konstante Linie, an der entlang ein Ereignis auf das andere folgt, und der Raum ist kein wirkliches Hindernis, das wir mit Pferden, Yaks, Autos oder Flugzeugen überwinden müssen. Wir können dieses Hindernis einzig und allein dadurch überwinden, dass wir die Illusion auflösen, die wir uns darüber machen."

„Ich habe nicht den Mut, sämtliche Grenzen meines Geistes auf einmal zu überschreiten."

Der schweigsame Tisong meldete sich zu Wort: „Wer lernt, sein Ich zu überwinden, überwindet automatisch sämtliche Grenzen der Zeit und des Raumes. Verwirklichung der Leere bedeutet nichts anderes als das Niederreißen aller Grenzen, die zwischen uns und dem Ganzen bestehen. Wenn erst einmal alle Mauern gefallen sind, leben wir glückselig und im Einklang mit allen fühlenden Lebewesen. Das ist das Wesen des *Dharma*."

Wir hatten alle drei das Gefühl, dass wir uns mehr und mehr der Wahrheit näherten. Rückte damit auch Shambhala näher? Oder war es umgekehrt?

Der Frieden, die Ruhe, das faszinierende Erleben der inneren Wandlung fand ein jähes Ende, als wir nur wenige Stunden später Hubschraubergeräusche über uns hörten. Die Chinesen hatten unsere Fährte wieder aufgenommen. Vergeblich hatten wir gehofft, unser Ziel, das Kloster Shünlu, ohne akute Bedrohung zu erreichen. Wir befanden uns noch mindestens drei Tagesmärsche von diesem Ziel entfernt, irgendwo im unbewohnten Himalaja. Tisong, der den Flügelschlag des Hubschraubers noch vor Daniel und mir gehört hatte, hatte uns schnell unter einen Felsvorsprung gezogen, der gerade weit genug überhing, um uns Dreien Unterschlupf zu gewähren. Mein Herz klopfte wie wild. Ich klammerte mich an Daniel und konnte fühlen, wie sich die Härchen auf seiner Haut vor Angst zu Berge stellten. Wir hatten Rondorf viele Male die Stirn geboten und doch war sie immer noch da: die Angst vor der Gewalt, mit der seine bloße Präsenz immer wieder aufs Neue drohte. Ich wünschte mir nichts sehnlicher als die Gewissheit, dass wir Rondorf nicht fürchten mussten und ihm und der chinesischen Armee nicht unterlegen waren, aber ich war weit davon entfernt. Und Daniel ging es nicht anders. Wie zwei Feiglinge drückten wir uns an die kalte, feuchte Felswand. Die Angst schluckte unseren Mut wie ein schwarzes Loch. Vor meinen inneren Augen spielten sich Schreckensszenarien von erneuter Festnahme, quälenden Verhören und sogar Folterung ab, und ich konnte nichts dagegen tun. Die inneren Bilder quälten mich schlimmer, als Rondorf mich jemals gequält hatte. Je näher wir dem Schatz kamen, hinter dem Rondorf her war, desto größer wurde die Gefahr.

Der Hubschrauber drehte ab. Er hatte uns nicht gesehen. Aber von nun an würden wir noch mehr auf der Hut sein müssen. Gegen Abend fanden wir eine Höhle, in der vor nicht allzu langer Zeit ein Asket gewohnt haben musste. *Yantras* zierten die Wände. Ein einfaches Lager war mit Stroh ausgelegt. Längst ausgekühlte Asche markierte die Feuerstelle. Wir bezogen die von vielen Meditationen geweihte Höhle und hofften, die *Yantras* würden auch uns schützen und die bösen Geister der Chinesen und des raffgierigen Deutschen abhalten. Aber wir wussten, dass wir nicht ewig in dieser Höhle bleiben konnten. Es hatte keinen Sinn, sich zu verstecken und der lähmenden Angst nachzugeben. Wir mussten die Pergamente vor Rondorf finden. Das war unsere Aufgabe, die wir nun endlich kannten!

Irgendwie schafften wir es, uns voll auf dieses Programm zu konzentrieren. Unsere persönlichen Bedürfnisse traten hinter der Bedeutung zurück, die unsere Aufgabe für die Lamas und viele andere hatte. Wir wurden auf merkwürdige Weise zum Werkzeug eines Willens, der stärker war als wir selbst, und der selbst unsere Angst in Schach hielt. Sie war zwar noch vorhanden, aber sie hielt uns nicht mehr zurück.

Wir schleppten uns mühsam voran, blieben aber immer aufmerksam. Wir lauschten, wir ließen unsere Blicke umherschweifen. Jede Unachtsamkeit konnte dazu führen, dass wir den Chinesen in die Falle gingen. Während das Militär uns jagte, war Rondorf sicherlich schon mit dem Hubschrauber in das Kunlun-Gebirge geflogen. Die Zeit, die uns eben noch einen Teil ihrer Bedeutung offenbart hatte, wandte sich plötzlich wieder gegen uns.

Wir hörten den Jeep erst, als es schon zu spät war. Wir wanderten gerade durch ein Tal auf ein Dorf zu, in dem wir die Nacht verbringen wollten. Es war völlig unmöglich, sich hier zu verstecken. Auch zum Fliehen war es viel zu spät. Aus dem Jeep sprangen fünf Chinesen mit Maschinengewehren und verfrachteten uns in einen zweiten Jeep, der kurz nach unserer Festnahme eintraf. Dann fuhren wir unter einem bewölkten Himmel hinein in die schwarze Nacht. Daniel saß zwischen zwei Soldaten auf der vorderen Bank. Ich wurde zusammen mit Tisong auf die hintere gedrückt.

Schmerzhaft spürte ich die Mündung eines entsicherten Maschinengewehres an meinen Rippen. Der offene Jeep raste durch die Nacht und ich fror entsetzlich. Innerlich beschimpfte ich uns für unsere Dummheit und Unachtsamkeit. Wie hatten wir nur so blöd sein können, einfach in dieses Dorf zu marschieren, mitten in die Falle? Es brauchte nicht einmal besondere Intelligenz, uns dort zu erwischen. Oder bedeutete diese erneute Verhaftung vielleicht eine wichtige Lektion, die wir auf andere Weise nicht lernen konnten? Wir befanden uns auf Messers Schneide zwischen Leben und Tod. Nie hatte ich etwas Existenzielleres erlebt. Ich stöhnte laut, als mir das ganze Ausmaß unserer Lage bewusst wurde. Sofort drückte sich der kalte Lauf des Gewehres fester in meine Seite.

Wir fuhren die ganze Nacht. Schon nach wenigen Stunden hatte ich jedes Gefühl für die Richtung verloren. Bewegten wir uns auf das Kunlun-Gebirge zu oder entfernten wir uns von ihm? Erst nachdem wir den ganzen nächsten Tag durchgefahren waren, tauchte in der Ferne eine Art Militärlager auf. Daniel und Tisong blickten starr geradeaus. Selbst wenn sie den Ort kannten, ließen sie sich nichts anmerken.

Der Jeep hielt vor einer Baracke, und man zwang uns, auszusteigen. Der Beifahrer fesselte Tisong und Daniel aneinander, während der Kerl, der mich unentwegt mit seinem Gewehr gepiesackt hatte, mir Handschellen anlegte. Dann trennten sich unsere Wege. Es dauerte eine Sekunde, bis ich begriff: Daniel und Tisong wurden in einen anderen Teil des Lagers gebracht als ich. Ich stolperte, meine Knie wurden weich. Ich musste zusehen, wie das geschah, was ich am meisten fürchtete: Daniel und ich wurden getrennt. Er schaute nicht einmal zurück. Der Schmerz der Einsamkeit traf mich wie ein Schlag. Erst als ich den Gewehrlauf in meinem Nacken spürte, fand ich die Kraft, weiterzugehen.

Rondorfs Handlanger trieb mich zu einer flachen Baracke rechts neben dem Hauptgebäude, vor dem wir angekommen waren. Ich saugte die Umgebung in mich auf wie ein Schwamm: die Position der Häuser, ihre Entfernung zum Zaun; die Tatsache, dass das Lager vor einem hohen Berg lag. Je mehr ich sah, desto klarer wurde meine Vorstellung davon, wo ich mich befand. Ich hatte schon oft davon gelesen, es aber nie so richtig glauben wollen. Es hieß, dass die Chinesen Straflager für Tibeter errichtet hätten. Je mehr Chinesen nach Tibet umgesiedelt wurden, desto mehr Tibeter verschwanden auf mysteriöse Weise...

Mein Peiniger stieß mich brutal in eine der Hütten. Der Raum war karg möbliert: zwei Stühle, ein Tisch, eine Lampe. Der bewaffnete Chinese drückte mich auf einen der Stühle und kettete mich mit den Handschellen an der Lehne fest. Dann bezog er seinen Wachposten vor der Tür. Wenige Minuten später besuchte mich ein General, der in seiner grünlich-grauen, mit Orden und Auszeichnungen dekorierten Uniform wie ein Gockel aussah. Er kam gleich zur Sache und beschimpfte mich als Staatsfeindin. Ich sei auf der Suche nach archäologisch wertvollem Material, das ich dem chinesischen Volk, also seinem rechtmäßigen Besitzer, entwenden wolle. Ich stellte mich stur und verweigerte die Auskunft. Stunden später – ich war standhaft geblieben – ließ man mich in eine andere Hütte bringen. Ich landete auf dem feuchten, erdigen Boden einer kalten Einzelzelle. Außer einer hölzernen Pritsche, einer Grube für die Notdurft und einer verdreckten Eisenschale enthielt der Raum nichts. Augenblicklich fiel ich in ein schwarzes Loch aus Pessimismus, Angst und Hoffnungslosigkeit. Mein Magen krampfte sich zusammen, und ich musste mich übergeben. Der Gestank des Erbrochenen machte alles nur noch schlimmer. Er erinnerte mich an die Bitterkeit und an die innere Leere, die ich durchlitt. Ich fing an, mich selbst anzuklagen. Ich war zu verwöhnt. Endlich zeigte das Leben mir seine Härten. Endlich erfuhr auch ich die Grausamkeit der Realität. Doch je lauter die Selbstanklage wurde, desto tiefer versank ich in Selbstmitleid. Die Grenze des Erträglichen war längst erreicht. Nur einen Millimeter weiter, und sie wäre überschritten. Ich würde zerbrechen wie dünnes Glas.

Mit klappernden Zähnen lag ich auf der Pritsche und sehnte den Schlaf und das süße Vergessen, das er schenkte, herbei wie eine Süchtige die Spritze. Aber er verweigerte sich und überließ mich den Dämonen der Angst. Ich schwankte zwischen dem sicheren Wissen, dass die Dämonen allein meinem Geist entsprangen und dem Wahn, die Schreckensprojektionen, die auf der Leinwand meines angespannten Bewusstseins erschienen, für real zu halten. Alles, was ich in den letzten Wochen gelernt hatte, existierte nicht mehr. Ich glaubte zu wissen, dass Rondorf mich bald töten lassen würde – vielleicht nicht morgen, aber bald, irgendwann in den nächsten Tagen, wenn ich genug gelitten hatte.

Am Morgen, als ich das Sonnenlicht durch die Fugen zwischen den Holzbalken dringen sah, war ich soweit, mir den Tod zu wünschen. Wäre einer der Soldaten jetzt in meine Zelle gekommen, wäre ich womöglich vor ihm auf die Knie gefallen und hätte ihn um den erlösenden Schuss gebeten. Der Belag auf meiner Zunge schmeckte bitter wie Galle. Innerhalb von zwölf endlosen Stunden war ich zu einem Schatten meiner selbst geworden. Rondorf wusste, wie man mich mürbe machte. Oh, wie ich ihn hasste!

Ich hatte es wahrscheinlich einer dieser glücklichen Fügungen zu verdanken, dass am nächsten Tag keiner der Bewaffneten zu mir kam. Nur einmal schob jemand eine Schale kalten, klebrigen Reis durch eine Luke in der Tür zu mir hinein und eine Tasse abgestandenes Wasser, das nach Moos und Erde schmeckte. Ich zwang mich, die spärliche Ration zu mir zu nehmen und überließ mich erneut meinen Befürchtungen. Mir fehlte einfach die Kraft, mich von ihnen zu befreien.

Mitten in der Nacht hörte ich Geräusche vor meiner Tür. Zwei Männer zischten sich auf Chinesisch Fragen und Befehle zu. Ein Riegel wurde zurückgeschoben, und jemand trat ein. Der Strahl einer Taschenlampe traf mich, und ich wurde unsanft am Arm vom Bett gerissen. Ich kämpfte mit dem Schwindel, der von der Schwäche und der Schnelligkeit des Aufspringens rührte. Es war Rondorf, der sich wieder einmal die Genugtuung gönnte, mich schwach zu sehen.

„Na, mein Teubchen, dass wir uns so schnell wiedersehen, hätten Sie wohl nicht gedacht, was!?"

Ich gab kein Antwort.

Rondorf zog mich quer über das Gelände hinüber zu dem Raum, in dem ich schon gleich nach unserer Ankunft im Lager verhört worden war. Er stieß mich roh auf denselben Stuhl und baute sich groß und bedrohlich vor mir auf. Sein Atem roch wie eh und je nach scharfem Alkohol. Ich musste würgen. Ich konnte Rondorf einfach nicht riechen. Der Mann war mir körperlich zuwider, und das nutzte er, um mir immer wieder zu nahe zu kommen und mich so grausam zu quälen. Ruhig setzte er sich mir gegenüber, ergriff meine Hand und streichelte sie mit seinen viel zu großen Pranken. Ich zog meine Hand zurück. Rondorf grinste breit: „Sehen Sie, Teubchen, genau das ist Ihr Problem. Sie sind zu wenig kooperativ. Sonst könnten Sie längst wieder zu Hause in Berlin sein."

In diesem Moment nahm ich wahr, wie ich blitzschnell neue Kraft schöpfte. Die Dämonen des Ekels, der Ohnmacht und der Angst tanzten zwar noch immer ihren betörenden Tanz und versuchten, mich in ihren Bann zu ziehen, aber mein Bewusstsein war plötzlich so klar, dass ich verstand, was wirklich geschehen war: Die Ohnmacht, der Kontrollverlust, die Einsamkeit und die Todesangst hatten in mir Emotionen geweckt, die mich glauben ließen, am Ende zu sein. Irgendwo in mir gab es eine Assoziationskette, die Ohnmacht und Kontrollverlust mit physischem Tod gleichsetzte. Und Rondorf personifizierte diese Bedrohung meiner Existenz. Ich stand buchstäblich dem Sensenmann gegenüber. Nur mit Mühe konnte ich ein befreites Lachen unterdrücken. Der Mann war in seiner Unberechenbarkeit absolut berechenbar. Endlich war ich nicht mehr sein Opfer. Wir standen uns zumindest gleichberechtigt gegenüber.

Er kämpfte jedoch weiter um die Rolle des Stärkeren und machte einen neuen Einschüchterungsversuch: „Der indische Bastard ist bereits unterwegs nach Delhi. Er war kooperativer als Sie. Wollte unbedingt zurück zu seinem Frauchen und seinen Kindern."

Rondorf log. Niemals hätte Daniel so schnell aufgegeben. Nicht nach allem, was wir zusammen durchgemacht hatten. Ich schwieg und ließ Rondorf in dem Glauben, dass ich ihm ohne Daniel keinen Widerstand entgegenzusetzen hatte.

Rondorf übertrieb die Schmierenkomödie: „Er hat Ihnen nicht einmal Grüße ausgerichtet. So sehr liebt er Sie. Sie sind ja so naiv, Teubchen…"

Ich entdeckte mein schauspielerisches Talent, als ich mir echte Tränen aus den Augen presste. Rondorf gefiel sich so sehr in seiner Rolle, dass er nicht einmal misstrauisch wurde.

„Natürlich hat Ihr sauberer Freund uns verraten, wo sich die Pergamente befinden, die wir suchen."

„Natürlich. Und was wollen Sie dann von mir?"

„Von Ihnen will ich erstens das Versprechen, dass Sie niemals über das berichten, was Sie hier erlebt haben!"

Endlich gab es einen Grund, Rondorf laut ins Gesicht zu lachen. Als ich mich wieder beruhigt hatte, sagte ich spitz: „Sie glauben doch nicht im Ernst, Herr Rondorf, dass ich Sie mit Ihrem krankhaften Vorhaben einfach so davonkommen lasse?"

„Doch, das glaube ich."

„Aus welchem Grund sollte ich das tun?"

„Weil niemand Ihre Geschichte glauben wird!"

Ich lachte wieder. „Sie meinen wirklich, dass die Naziaffinität meines Großvaters meine journalistische Glaubwürdigkeit zerstören kann?"

„Immerhin reisen Sie auf seinen Spuren durch den Himalaja und suchen offenbar das Gleiche, was er vor sechzig Jahren vergeblich gesucht hat."

„Und was tun Sie? Wie sind Sie überhaupt auf die Legende um Shambhala und das geheime Wissen gestoßen?"

Ich war überrascht, wie leicht Rondorf sich erneut zu einer Preisgabe seiner Motive verleiten ließ. Zum ersten Mal, seit ich ihn kannte, leuchteten seine Augen und er geriet regelrecht ins Schwärmen: „Seit frühester Jugend interessiere ich mich für die esoterische Seite des Dritten Reiches. Irgendwann bin ich dann auf die Verbindung zwischen Nazi-Ideologie und Shambhala beziehungsweise Argatha gestoßen. Als ich in China lebte, hatte ich immer wieder Kontakt zu militärischen Zirkeln, die das Gleiche suchten wie ich. Ich bin dann bald in die Partei eingetreten. Wir kämpfen für eine große Sache… Als ich nach China kam, war die Annektierung Tibets gerade zehn Jahre her. Das ist lang genug, um herauszufinden, dass es ein altes Pergament gibt, in dem das gesamte Wissen Shambhalas zusammengefasst ist, aber zu lang, um nicht langsam nervös zu werden, weil dieses Wissen zu gut versteckt ist. Wir waren schon viele Male kurz davor, den Schatz zu bergen. Zuletzt bekamen wir von Professor Kapoor, der dank Ihrer Neugier nicht mehr am Leben ist, einen wichtigen Hinweis auf den Ort, an dem die Aufzeichnungen König Suchandras heute versteckt sind. Leider kamen immer wieder unvorhergesehene Dinge dazwischen, wenn wir versuchten, uns dem Versteck zu nähern. Man sagt, die Lamas hätten den Ort versiegelt. Doch davon lassen wir uns nicht abschrecken. Die Aufzeichnungen Suchandras ermöglichen die Weltherrschaft. China ist das drittgrößte und bevölkerungsreichste Land der Welt und muss in der neuen Weltordnung die entscheidende Rolle spielen – als das erste selbstverwirklichte, reine Land auf Erden."

Verächtlich fragte ich: „Und welche Rolle haben Sie sich selbst in diesem Szenario zugedacht, Herr Rondorf?"

„Ich werde zumindest derjenige sein, der geholfen hat, eine neue Weltordnung zu schaffen."

Wäre sein Verhalten nicht von so weitreichender Konsequenz gewesen, hätte ich einfach nur mitleidig über Rondorf gelächelt. „Glauben Sie wirklich, dass Sie eine neue Weltordnung mit den alten Mitteln der

Macht und Gewalt schaffen können? Hat Ihnen die Geschichte nicht bewiesen, dass Gewalt, Zwang und Kontrolle der Massen auf Dauer nur zu Frustration und Rebellion, aber niemals zur erstrebten Einheit führen? Die Trennung muss im Inneren überwunden werden. Frieden ist vor allem geistiger Frieden!"

Ich sah, dass Rondorf meine Worte nicht verstand. Sein Blick wurde leer und verständnislos. Er hörte mich nicht. Zum ersten Mal erlebte ich, dass ein Bewusstsein nur das aufnehmen kann, was seinem Wahrnehmungsvermögen entspricht. Rondorfs Bewusstsein war anders als das meine. Deshalb hasste er mich so sehr. Und deshalb fiel es mir so schwer, ihn in meiner Nähe zu ertragen. Während Rondorf die Welt als feindlich gesinnt erlebte und glaubte, sie zähmen, kontrollieren und unterdrücken zu müssen, war die Welt für mich ein magisches Mysterium, ein Rätsel, das sein Geheimnis nur in unkontrollierter Freiheit preisgab und es mir gewissermaßen schenkte – zu treuen Händen.

„Ein Volk kann nur wirklich frei sein, wenn es einen starken, mächtigen Führer hat", dozierte Rondorf.

Ich lachte verächtlich. „Das haben andere vor Ihnen geglaubt und sind eines Besseren belehrt worden. Was ist mit Mitgefühl, Herr Rondorf? Haben Sie sich schon einmal gefragt, wie ein Volk einer politischen und militärischen Elite folgen soll, von der es weiß, dass sie zu Mord, Raub, Unterdrückung und Manipulation fähig und bereit ist? Die Freiheit, von der Sie sprechen, ist Sklaverei. Ein wirklich freies Volk braucht Repräsentanten, keine Unterdrücker!"

„Wenn das Volk sieht, dass es Reichtum und Macht in Hülle und Fülle haben kann, wird es seiner politischen Führung folgen."

Es hatte keinen Sinn, Rondorf von meiner Weltsicht überzeugen zu wollen. Ich kam daher abrupt auf die Ausgangsfrage zurück. „Und was ist das Zweite, das Sie von mir erwarten?"

Ich staunte nicht schlecht, als ich Rondorfs Antwort hörte: „Sie werden das Manuskript König Suchandras für uns bergen."

„Warum sollte ich das für Sie tun?"

„Die Legenden enthalten auch Prophezeiungen für die Zukunft. Teil dieser Vorhersagen ist, dass die Menschheit unter der Regentschaft von König *Rudra Chakrin, d*em nächsten Herrscher von Shambhala, in einem paradiesischen Zustand leben wird. Es wird dann nicht nur einigen wenigen vorbehalten bleiben, das sagenumwobene Land zu finden und dort aufgenommen zu werden. Nein, alle Menschen werden in den Genuss der Fülle, des Reichtums und der Weisheit von Shambhala kommen. Der Geist von Shambhala wird gewissermaßen auf die Erde herabkommen."

Sarkastisch fragte ich: „Und was hat das alles mit mir zu tun?"

Rondorf schnauzte: „Wenn Sie mich ausreden ließen, würden Sie es erfahren. Die Legende prophezeit auch, dass ein göttliches Paar durch seine Liebe zur Erkenntnis der Wirklichkeit gelangen wird. Dieses Paar wird Shambhala finden und es anderen zugänglich machen."

War es das, was die Lamas gemeint hatten, als sie wieder und wieder beteuerten, die Beziehung zwischen Daniel und mir berge ein ungeheures Potenzial? Ich wusste, dass Rondorf die Wahrheit sagte. Ich wusste, dass Daniel und ich dieses Paar waren. Die Tiefe unserer Liebe war das Potenzial. Die Kraft dieser Liebe konnte die Gegensätze vereinen. Rondorf hatte mir ungewollt den Schlüssel zum Geheimnis unserer Beziehung gegeben. Freude und Dankbarkeit überwältigten mich und gleichzeitig genoss ich meinen Triumph. Rondorf brauchte mich. Er hatte nicht mich in der Hand, nein, ich hatte ihn in der Hand. Ich bohrte in der Wunde seiner Abhängigkeit: „Und Sie glauben, dass Daniel und ich dieses ‚göttliche' Paar sind?! Im Klartext: Ohne uns kein Geheimwissen! Zu dumm, dass Sie Daniel nach Delhi zurückgeschickt haben." Ich kostete meine Genugtuung aus und quälte Rondorf noch ein bisschen: „Was springt für mich dabei heraus?"

„Die Regierung hat eine beachtliche Summe für Ihre Mithilfe bereitgestellt. Natürlich werden wir auch unser kleines Geheimnis hinsichtlich Ihrer Vergangenheit für uns behalten. Und Sie werden mit der Einsicht in die tantrischen Aufzeichnungen belohnt."

„Ich brauche Bedenkzeit", hörte ich mich sagen.

„Selbstverständlich!" Rondorf war plötzlich zahm wie ein Kätzchen. „Soviel Sie brauchen."

„Bringen Sie mich zurück in meine Zelle. Ich werde Sie wissen lassen, wenn meine Entscheidung gefallen ist."

„Klopfen Sie drei Mal oder sagen Sie dem Soldaten, der Ihnen das Essen bringt, wie Sie sich entschieden haben."

Rondorf sah mich prüfend an. Mir war, als traue er meiner neuen Kooperationsbereitschaft noch nicht. Ich wunderte mich über mich selbst.

War ich tatsächlich bereit, auf seine Seite zu wechseln? Bevor Rondorf mich allein zurückließ, sagte er betont freundlich: „Sollten Sie sich gegen eine Mithilfe entscheiden, werden Sie dieses Gelände nicht lebend verlassen. Sie werden verstehen, dass wir auch Ihren Freund finden und töten müssen. Überlegen Sie also nicht zu lange, Teubchen!"

Das Triumphgefühl verschwand ebenso schnell, wie es gekommen war. Rondorf würde auch ohne mich versuchen, an die Pergamente zu kommen. Aber für mich gab es anscheinend kein „ohne Rondorf". Die vermeintliche Alternative war gar keine: Rondorf und den Chinesen helfen, oder sterben. Vielleicht konnte ich sie später austricksen... Aber lohnte es sich überhaupt, sich aufzulehnen? War es nicht einfach dämlich, Rondorfs Angebot abzulehnen? Ich würde genug Geld bekommen – wahrscheinlich für den Rest meines Lebens – und ich hätte Teil am bestgehüteten Schatz der Menschheit, dem Königsweg zur Erleuchtung. Alles, was ich dafür tun musste, war, den Chinesen und Rondorf den Schatz zu überlassen, nachdem Daniel und ich ihn geborgen hatten – immer vorausgesetzt, dass wir dazu in der Lage waren. Danach konnte alles wieder so sein wie früher. Rondorf hatte mich geschickt geködert. Er hatte mir genau das geboten, wonach ich mich schon so lange am meisten sehnte: problemlose Rückkehr in mein altes Leben.

Die Unterredung mit Rondorf hatte mich angestrengt; die Notwendigkeit, eine vernünftige Entscheidung zu treffen, noch viel mehr. Ich schlief leicht, eigentlich war es mehr ein Dösen, irgendwo zwischen Wachen und Träumen. Plötzlich war mir, als stünde jemand an meinem Lager. Ich spürte den Lufthauch einer Bewegung. Ich blinzelte und sah niemanden, doch dann erkannte ich sie klar und deutlich: Pema, die Yogini. Sie strich mir sanft über die Stirn. Die Berührung gab mir Kraft. Meine Gedanken wurden urplötzlich klar und scharf wie Nadeln. Als die Yogini sprach, hatte ich ein überwältigendes Gefühl von Nähe und Geborgenheit – unerschütterliches Vertrauen: „Hast du vergessen, was ich dir beigebracht habe? Entscheide niemals nur mit dem Verstand. Dein Geist hüpft hin und her. Er sieht zwei Alternativen und ist geneigt, die zu wählen, die ihm die leichteste zu sein scheint. Du wählst die Vergangenheit, weil du dich nach der Verantwortungslosigkeit und Bequemlichkeit deines alten Lebens zurücksehnst. Damit wirst du zurückfallen. Alles, was du in Indien und Tibet gelernt hast, wird bald vergessen sein. Dies ist eine Prüfung, Caroline. Wenn du dich für deine alten Reaktionsmuster entscheidest, hast du sie nicht bestanden. Es gibt nur eine Entscheidung, und du kennst sie. Ich gebe zu, dass die Entscheidung angesichts der Wahl, die Rondorf dir lässt, nicht leicht ist. Er bietet dir die Alternative, in dein altes Leben zurückzukehren oder zu sterben. Aber glaube mir, Caroline, die Rückkehr in dein altes Leben wird schlimmer sein als der physische Tod. Rondorf ist ein gerissener Hund. Er kennt deine Ängste und versucht immer wieder, dich zu manipulieren. Es gibt immer mehr als zwei Möglichkeiten…"

Die Yogini schwieg und ließ ihre Worte auf mich wirken. Auch nachdem ich ihren Sinn begriffen hatte, war die Versuchung groß. Ich kämpfte und spielte die Möglichkeiten in meinem Geist durch. Wieder berührte die Yogini meine Stirn und der Gedankenkampf verebbte. Ich fand die Kraft zu fragen: „Welche Möglichkeit gibt es noch?"

„Du könntest fliehen und dich allein auf die Suche nach der Höhle machen. Die Prophezeiung ist wahr. Daniel und du, ihr seid das göttliche Paar, das durch die Kraft seiner Liebe den Weg zu König Suchandras Schatz und damit nach Shambhala finden kann. Aber du kannst das Pergament auch allein bergen. Die Liebe in dir ist bereits stark genug, um zu erreichen, wozu ihr eigentlich gemeinsam berufen seid. Berge das Pergament und mache mit ihm, was deine Intuition dir rät." „Das kann ich nicht!"

Die Yogini sah mich kopfschüttelnd an – wie eine Mutter, die ihr willensstarkes Kind belächelt, weil sie reicher an Lebenserfahrung ist und die Konsequenzen seines starrköpfigen Handelns bereits überblicken kann, während das Kind noch im Dunkeln tappt. „Warum glaubst du, das nicht zu können?"

„Ich kann unmöglich ohne Daniel gehen, ohne ihn bin ich nichts…"

Das Lächeln der Yogini wurde noch wärmer. „Kannst du dir vorstellen, dass jetzt der Zeitpunkt gekommen ist, allein weiterzugehen? Du musst dich endlich von Daniel lösen, Caroline. Die Liebe, die du in ihm siehst, ist in Wirklichkeit in dir. Nur wenn du bereit bist, Daniel zu verlieren, wirst du seine Liebe für immer gewinnen. Konfrontiere dich endlich ganz bewusst mit deiner Angst vor Einsamkeit und Getrenntheit. Erst dann wirst du frei sein."

Ich fühlte heiße Tränen auf meinen Wangen. Die Yogini verlangte Unmögliches von mir. Doch irgendwie fand ich den Mut, ihr eine letzte Frage zu stellen: „Selbst wenn ich es wollte,… wie soll ich fliehen? Das Lager ist bewacht. Die Zelle ist verriegelt. Es gibt keinen Ausweg."

„Jede scheinbar unüberwindliche Mauer ist immer nur eine Mauer des zweifelnden Geistes. Schau!"

Ich sah, wie ich mit bloßen Händen ein Loch unter meiner Pritsche buddelte, das bald zu einem Tunnel wurde. Ich hatte fast übermenschliche Kräfte und schaufelte das Loch in nur wenigen Stunden. Ich schlüpfte hinaus ins Freie, hangelte mich im Schatten der Dämmerung auf der Rückseite der Holzhütten entlang hinüber zu dem Berg, den ich bei meiner Ankunft wahrgenommen hatte. Dort war ein verstecktes Tor. Es war nicht bewacht… und nicht verschlossen. Ich blickte die Yogini fragend an.

„Dein unerschütterlicher Glaube ruft alle helfenden Kräfte herbei. Die Weisen von Shamhbala werden dich leiten. Aber du musst dir selbst vertrauen und deiner Fähigkeit, das Rätsel zu lösen und die Lehren vor Missbrauch zu schützen. Nur wenn die Weisen spüren, dass dein Vertrauen von keinem noch so leisen Zweifel mehr zu erschüttern ist, können Sie dich führen. Sonst hörst du ihre leisen Hinweise nicht. Sonst bist du nicht frei, ihren Willen zu tun. Lass sie für dich handeln, dann wird dir nichts geschehen!"

Plötzlich verschwand die beruhigende Hand über meiner Stirn. Ich erwachte und befühlte mein Gesicht. Es war tatsächlich nass vor Tränen. Noch fühlte ich die Wärme ihrer Berührung auf meiner Stirn und roch den süßlichen Duft ihres natürlichen Parfüms. Noch lange, nachdem die Yogini wieder verschwunden war, lag ich wie gelähmt auf meiner Pritsche und wog das Pro und Kontra der Möglichkeiten gegeneinander ab. Plötzlich war der Zweifel wie weggeblasen. Ich setzte mich auf, sprang von der Pritsche, schob sie zur Seite und grub mit bloßen Händen ein Loch in die weiche Erde. Sie gab nach wie Butter. Leise und schnell wie ein Fuchs grub ich einen Gang, der breit genug war, dass ich mich mühelos hindurchzwängen konnte.

Der Tag nahte, und als ich den Wächter kommen hörte, schob ich die Pritsche über meine Grabungen und tat, als schliefe ich. Rondorf schien meine Forderung zu respektieren und mich in Ruhe zu lassen, bis ich von selbst verkündete, wie ich mich entschieden hatte. Da konnte er lange warten…

Am frühen Nachmittag war der Tunnel fertig. Ich musste nur noch die letzten Erdreste nach außen stoßen. Bei Einbruch der Dunkelheit wagte ich den Ausbruch. Dreck fiel mir in die Augen, als ich den Gang durchbrach. Es machte mir nichts aus. Ich schob mich hinaus und drückte mich an die Hüttenwand dicht neben dem Zaun. In der Ferne sah ich den wandernden Suchscheinwerfer eines bemannten Wachturms. Geschmeidig schlich ich von einer Hütte zur nächsten. Bald hatte ich das Ende des Zaunes erreicht. Am Hang des Berges fand ich das Tor, das ich in meinem Traum gesehen hatte. Der letzte Zweifel löste sich in Wohlgefallen auf, als sich die Tür bei der leichtesten Berührung durch meine zitternde Hand öffnete. Ich war frei.

26

I ch kam zügig voran und machte mir keine Sorgen mehr. Pema hatte versprochen, dass ich Hilfe bekommen würde. Die Tatsache, dass die Situation so fatal war, half. Ich hatte keine Wahl. Ich musste einfach darauf vertrauen, dass ich geführt wurde und das Richtige tat. Sonst würde ich in den nächsten vierundzwanzig Stunden überschnappen oder sterben.

Wie auf der Etappe, die ich mit Daniel und Tisong zurückgelegt hatte, hielt ich mich dicht an den Felsen, jederzeit bereit, hinter die nächste Felsspalte zu springen. Jeden Stein, jeden Berg, den Himmel und jede Pflanze nahm ich mit einer Schärfe und Klarheit wahr, die mich hin und wieder blinzeln ließen. Meine Füße berührten kaum den Boden. Es fehlte nicht mehr viel, und ich wäre geflogen.

Die erste Nacht verbrachte ich in einer kleinen Höhle hinter einem Wasserfall. Ich sammelte Reisig und dünne Äste, schlug zwei Steine aufeinander und schaffte es tatsächlich, ein Feuer zu entzünden. Der Fluss schenkte mir Wasser. An den Wänden der Höhle wuchsen feine, zarte Moose, die ich im Wasser von Erde befreite und dann genüsslich aß. Das war besser als der matschige Reis, den ich im Gefängnis zu mir genommen hatte. Mit jeder Minute, die ich allein verbrachte, gewann ich größeres Zutrauen in meine Fähigkeit zu überleben. Und nicht nur zu überleben, sondern meine Aufgabe zu erfüllen. Ich dachte an Daniel und fragte mich, wo er war. Würde Rondorf ihn quälen, wenn er merkte, dass ich geflohen war? Oder würde Daniel die Kraft finden, sich führen zu lassen, um seine eigene Aufgabe zu erfüllen?

Das Feuer war in der Nacht ausgegangen, aber ich hatte nicht gefroren. Die Höhle hatte die Wärme des Feuers gespeichert. Mit der bloßen Hand schöpfte ich ein wenig Wasser und trank es, bevor ich mich wieder ins Freie wagte, um meine Wanderung fortzusetzen.

Nach ein paar Stunden hörte ich leises Hufgetrappel. Ich blickte hinab ins Tal und sah eine Yakherde mit mehreren Treibern. Ich konnte mein Glück kaum fassen. Wenn hier, im unbewohnten Nordwesten Tibets, Yaktreiber waren, dann bedeutete das, dass auch eine Nomadenfamilie in der Nähe sein musste. Unterhalb eines gigantischen Felsplateaus, vor Wind und Wetter geschützt, entdeckte ich eine Gruppe von Zelten. Kinder spielten davor. Eine Frau stampfte in einem hölzernen Fass Butter.

Als ich mich dem Lager näherte, zogen mich die Kinder sofort zu den Zelten. Verwirrt stand ich ihrer Mutter gegenüber. Ich musste einen fürchterlichen Anblick geboten haben, so schmutzig und ausgemergelt wie ich war, doch das freundliche Lächeln der einfachen Frau nahm mir jede Scheu. Während die Kinder sich an mich klammerten, als würden sie mich schon ihr Leben lang kennen, versuchte ich, mich mit Händen und Füßen und einigen Brocken Tibetisch verständlich zu machen: *„Nga, Caroline."* Ich deutete auf mich.

Erleichtert nahm ich zur Kenntnis, dass die Frau mich verstand. Sie hielt im Butterstampfen inne, lächelte einladend und sagte: *„Nga, Dawa."*

„Lhakang kaba rä gönpa Shünlu – Kunlun Mountains." Ich versuchte zu erklären, dass ich auf der Suche nach dem Kloster Shünlu in den Kunlun-Bergen war. Dawa riss die Augen weit auf und blickte mich erstaunt an. *„Thag nyepo!"* Das Kloster sei weit entfernt. Obwohl sie an das Wanderleben gewöhnt war, schien die Strecke, die ich zurückzulegen beabsichtigte, ihr Vorstellungsvermögen zu übersteigen.

Die Männer kamen von der Weide zurück. Dawa wandte sich an einen drahtigen Mann mit kritisch-intelligentem Blick. Aus der Art, wie die beiden miteinander umgingen, schloss ich, dass dies ihr Mann sein musste. Er musterte mich eindringlich, was Dawa sichtlich unangenehm war. Sie lächelte mich freundlich und entschuldigend an und stellte mir ihren Mann vor. *„Khong Lhaga."* Dann sprach sie ein paar Sätze mit ihm. Das Einzige, was ich verstand, waren mein Name und die Worte Kloster Shünlu. Auch Lhaga schien überzeugt, dass die Reise zum Kloster viel zu weit sei. Er hielt mich offensichtlich für eine dieser Verrückten, die an möglichst abgelegene Orte reisen, um ihre Abenteuerlust zu befriedigen, noch dazu allein – als Frau. Dennoch schien er zu spüren, dass ich Hilfe brauchte.

Ich folgte der Einladung der beiden, die kommende Nacht bei ihnen zu verbringen. Dawa kochte sogleich frischen Buttertee und buk in Windeseile ein paar Fladenbrote für mich. Am Abend kamen alle im Hauptzelt zusammen und setzten sich um den warmen Lehmofen. Die Männer rauchten. Eine der alten Frauen ließ die 108 Perlen ihrer *Mala* durch die Finger gleiten, während sie mit monotoner Stimme ein *Mantra* sang. Ich war tief berührt. Obwohl ich eine Fremde war, hatten sie mich ganz natürlich und ohne falsche Zurückhaltung in ihren Kreis aufgenommen, nachdem die erste Schüchternheit überwunden war. Mir fiel auf, dass sich die Männer rechts vom Ofen aufhielten, während die Frauen die linke Seite des Zeltes nutzten. Dawa nähte, eine andere junge Frau kämmte Wolle. Die Kinder rannten durcheinander und schmiegten sich immer wieder an meinen Rockzipfel, bis sie todmüde auf ihre Säcke fielen und in Sekundenschnelle friedlich schliefen. Auch ich wurde müde, war aber gleichzeitig nervös. Ich musste auf jeden Fall noch vor dem Schlafengehen klären, wie ich morgen weiterwandern musste. Also wandte ich mich an Dawa. Sie schien offener als die anderen und sehr bemüht, mir zu helfen. Als ich wieder nach dem Weg zum Kloster Shünlu fragte, merkte ich, wie die anderen verstummten und sich mir zuwandten. Die ganze Sippe blickte mich fragend an. Verzweifelt versuchte ich deutlich zu machen, wie dringend mein Anliegen war. Ich hatte keine Zeit zu vergeuden. Ich musste so schnell wie möglich nach Shünlu. Mit Händen und Füßen versuchte ich zu erklären, dass ich von einem hohen Lama beauftragt worden war, dorthin zu reisen. Die Augen der Anwesenden wurden größer und größer. Wahrscheinlich hielten sie mich für eine Irre, die den Verstand verloren hatte, weil sie zu lange allein in den Bergen war. Plötzlich meldete sich die Alte zu Wort, die bis dahin unaufhörlich ihr *Mantra* rezitiert hatte. Sie wandte sich zuerst an Dawa und dann an Lhaga. Beide schienen von ihren Worten eingeschüchtert, und es war offensichtlich, dass sie großen Respekt vor der Alten hatten. Sie sprach ein paar Worte, die wie ein Befehl klangen und kehrte zu ihrer Rezitation zurück. Dawa erklärte mir, dass Lhaga mich morgen früh mit dem Pferd begleiten würde. „*Thugje che!*"

Noch bevor die Sonne aufging, wurde ich geweckt. Dawa reichte mir eine Tasse Tee und eine Schale *Tsampa* zum Frühstück. Dann war es Zeit, Abschied zu nehmen. Die Kinder standen wie Orgelpfeifen neben dem

Zelt und zupften an ihren Kleidern, während ihr Vater mir auf sein Pferd half und sich anschließend hinter mir in den Sattel schwang. Lhaga hatte sein Pferd mit Fellen und Leder beladen. Er wollte die Gelegenheit nutzen und in der Stadt, die auf unserem Weg lag, neue Nahrungsmittel erwerben.

Gegen Abend erreichten wir die Stadt. Lhaga erledigte seine Geschäfte, während ich die ganze Zeit stumm daneben stand und ihn beobachtete. Er war offensichtlich ein gern gesehener Geschäftspartner. Die Leute begrüßten ihn herzlich und waren begeistert von der Qualität seiner Yakfelle. Ich ging davon aus, dass wir die Nacht in einem Gästehaus in der Stadt verbringen würden, aber nachdem Lhaga alles erledigt hatte, half er mir aufs Pferd und ritt in schnellem Galopp aus der Stadt hinaus. Der Ritt durch die Nacht nahm kein Ende. Ich wurde langsam müde. Immer wieder fielen mir die Augen zu, immer wieder neigte sich mein Kopf vornüber, so dass ich fast vom Pferd gefallen wäre. Lhaga bemerkte meine Müdigkeit und machte eine Pause, um das Pferd an einem Bach zu tränken und mir Gelegenheit für eine Erfrischung zu geben. Er selbst zeigte keinerlei Anzeichen von Müdigkeit. Erst im Morgengrauen, nachdem wir fast 24 Stunden lang geritten waren, sah ich in der Ferne die Mauern eines Klosters. Sofort war ich hellwach, deutete aufgeregt auf das Kloster und rief: „Shünlu?"

Lhaga enttäuschte mich. Es war nicht das Kloster Shünlu, sondern ein Kloster mit Namen Thösam Ling. Später erfuhr ich, dass dies soviel wie „Insel des Hörens und Meditierens" bedeutete. Thösam Ling war ein Nonnenkloster. Zielstrebig führte Lhaga mich durch die Gänge, in denen die Nonnen bereits ihren täglichen Arbeiten nachgingen. Offenbar suchte er eine bestimmte Person. Erst als wir einer Nonne gegenüberstanden, die der alten Nomadin zum Verwechseln ähnlich sah, fiel bei mir der Groschen. Das musste die Schwester der Alten sein. Lhaga erklärte ihr mein Anliegen. Sie lächelte strahlend und begrüßte mich – endlich – auf Englisch. „Mein Neffe sagt mir, dass Sie auf der Reise zum Kloster Shünlu sind?"

Die Nonne war offenbar kein bisschen überrascht darüber, dass ihr Neffe ihr eine übermüdete, zerlumpte Europäerin brachte. Sie stellte sich als Pema vor. Ich nahm die Namensgleichheit als Hinweis darauf, dass ich hier die Hilfe bekommen würde, die ich brauchte. Während sich Lhaga in der Küche verköstigen ließ und dann gleich wieder von dannen ritt, folgte ich Pema in den herrlichen Klostergarten. In einer Art Gewächshaus grünten und blühten die ungewöhnlichsten Pflanzen. Pema erklärte, es sei eine wichtige Übung der Nonnen, die exotischen Pflanzen, die sie überall auf der Welt gesammelt hätten, im unwirtlichen Klima des tibetischen Nordens zu hegen und weiterzuzüchten. „Die Pflanzen lehren uns heilende Hinwendung. Durch sie erkennen wir, wie weit wir auf dem spirituellen Pfad fortgeschritten sind. Durch unsere liebevolle Pflege finden sie buchstäblich die Kraft, in den Himmel zu wachsen."

Im Gewächshaus war es feuchtwarm. Der Geruch modriger Erde nahm mir zunächst fast den Atem, aber bald beflügelte die Frische des Grüns meine Sinne. Pema musterte mich von der Seite. „Sie müssen noch einige Dinge lernen, bevor Sie Ihrer Aufgabe gewachsen sind", teilte sie mir emotionslos mit.

Ich blieb abrupt stehen und sah ihr direkt ins Gesicht. „Können Sie sich vorstellen, dass ich langsam genug gelernt habe?"

„Wer einmal den Schritt in Richtung Wahrheit gewagt hat, darf nicht mehr innehalten oder zurückgehen. Er muss den Prozess in stetigem, rhythmischem Schritt durchlaufen. Wenn er sein Ziel zu schnell erreichen will, ist dies genauso unheilvoll wie der Wunsch, aus dem Prozess auszusteigen. Aber das wissen Sie doch längst, Caroline. Warum tun Sie sich immer wieder selber Leid!"

Entrüstet rief ich: „Aber das tue ich doch nicht!"

„Sie müssen endlich lernen, schonungslos ehrlich zu sich zu sein."

„Aber das bin ich. Ich war noch nie so ehrlich zu mir wie hier in Tibet."

„Das mag zutreffen, aber es reicht noch nicht. Noch wollen Sie die Starke sein, die keine Angst kennt, die die Bösen bezwingt und die Welt rettet. Vielleicht haben Sie sich von dem Bild gelöst, das Sie in der Vergangenheit von sich hatten, aber Sie haben es durch ein neues, viel gefährlicheres ersetzt. Das Ego kennt viele Tricks."

Was fiel dieser Nonne eigentlich ein? Ich wollte mir ihre besserwisserischen Belehrungen nicht länger anhören. „Sie sind dies nicht, Sie sind das nicht, ein bisschen zu viel hiervon, ein bisschen zu wenig davon…" Natürlich war ich nicht perfekt. Ich war ein Mensch voller Fehler und Unzulänglichkeiten, aber das waren diese Nonnen und Lamas auch. „Das höre ich mir nicht länger an", schnaubte ich, machte auf dem Absatz kehrt und ließ Pema einfach stehen. Blind vor Tränen lief ich durch die

Gänge des Klosters, bis ich endlich irgendwo eine Holzbank fand, auf der ich mich niederließ, um mich in meinem Selbstmitleid zu suhlen. Ich schluchzte, heulte, weinte und schimpfte. Ich wusste selbst, dass meine Reaktion auf Pemas Worte viel zu heftig war, aber die durch die Erschöpfung verstärkte Wut riss mich einfach mit sich. Ich weiß nicht, wie lange ich dem Sturm in mir erlaubte, auszubrechen, schwächer zu werden und schließlich ganz zu verebben. Erst als die Tränen versiegten und einer herrlichen Ruhe und Klarheit Platz machten, wagte ich mich aus meinem Versteck und suchte nach Pema. Ich fand sie an derselben Stelle, an der ich sie verlassen hatte, aber ihr Gesichtsausdruck hatte sich verändert. War sie mir zuvor hart und anklagend erschienen, so wirkte sie nun weich, verständnisvoll und tröstend. Sie sagte nichts und erwartete wohl, dass ich den ersten Schritt tat.

„Es tut mir Leid, Pema. Sie haben meine kindischen Wutausbrüche nicht verdient."

„Alles, was geschieht, hat seinen Sinn. Sobald Sie sich für Ihre Gefühle verurteilen, unterdrücken Sie sie. Und dann passiert so etwas wie eben. Ich habe eigentlich nicht viel gesagt, aber Sie haben meine Worte als Angriff gegen Ihre Integrität verstanden. Ihr nur mühsam stabil gehaltenes Gleichgewicht ist innerhalb von Sekunden zusammengebrochen. Weil es nicht echt war! Sie bemühen sich um Verständnis, Sie wollen den Auftrag der Lamas erfüllen, aber Sie fühlen sich noch immer überfordert. Sie haben Angst, etwas Wertvolles zu verlieren. Sie schwanken ständig zwischen himmelhoch jauchzend und zu Tode betrübt. Wenn es Ihnen gut geht, wollen Sie nichts lieber, als diesen Zustand bis in alle Ewigkeit zu konservieren. Sehnen Sie sich deshalb so sehr nach dem Paradies?"

Ich blickte Pema wie versteinert an. Ich konnte ihre Frage nicht beantworten. Ich kannte die Antwort nicht.

„Caroline, das Paradies ist harte Arbeit. Glückseligkeit kann man erst finden, wenn man nicht mehr danach sucht, wenn man das Glück und die Freude nicht mehr festhalten will. Fangen Sie endlich an zu leben. Sie versuchen unentwegt, negative Erfahrungen zu vermeiden und brechen zusammen, sobald Ihnen der kleinste Stein in den Weg gelegt wird. Buddha sagte:

Freude und Schmerz,

Verlust und Erfolg,

Schande und Ruhm,

nimm alles gleich gelassen hin,

ohne Gier und ohne Widerstand.

Dies ist der Ausweg

aus dem Reich der Täuschung.

Versuchen Sie, echten Gleichmut zu erlangen. Ich spreche hier nicht von Gleichgültigkeit oder Phlegma, sondern von wahrer Gelassenheit. Gelassenheit ist die höchste Tugend, die es zu verwirklichen gilt. Sie ist die absolute Ruhe zwischen den beiden Polen Freude und Schmerz."

Ich schluckte. Pema hatte Recht. Es gab eine Zeit, in der ich mich vor jeder negativen Erfahrung gefürchtet hatte, aber ich hatte mich ehrlich schon gebessert. Ich hatte Rondorf ohne Furcht die Stirn geboten, nachdem ich sein Spiel durchschaut hatte, und ich hatte Daniel in seinen Klauen zurücklassen können, ohne in Panik zu geraten.

Pema las meine Gedanken. „Schon besser ist nicht genug. Außerdem hilft es Ihnen nicht, sich immer wieder vor sich selbst zu rechtfertigen. Haben Sie endlich den Mut, nackt vor sich selbst zu stehen. Solange Sie sich selbst belügen, wird das Leben Ihnen zeigen, wo Sie ehrlich zu sich sein müssen. Gehen Sie jetzt! Wir treffen uns heute Nachmittag wieder hier. Dann will ich keine Ausreden hören, sondern die Wahrheit."

Aus dem Grün hinter uns tauchte eine junge Nonne auf, die mich schweigend in einen anderen Trakt des Gebäudes führte. In der Küche gab sie mir Essen und eine Tasse heißes Wasser. Dann führte sie mich in die Meditationshalle, drückte mir eine *Mala* in die Hand, deutete auf ein Kissen in der hintersten Ecke des Raumes und wies mich an, auf „Om mani padme hum" zu meditieren. Erneut regte sich Unmut in mir. Wer war ich eigentlich, dass ich mir das gefallen lassen musste? Pema hatte mich eine Lügnerin genannt und schickte mich nun in Klausur, wo ich über meine Verfehlungen nachdenken sollte. Länger als eine Stunde ließ ich meinen wütenden Gedanken freien Lauf – bis ich mich plötzlich selbst schimpfen hörte. Es war eigenartig und kaum zu beschreiben. Etwas in mir löste sich von dem schimpfenden Teil, und ich hörte mir selbst zu. In diesem Moment hielt ich mitten in meinem Gezeter inne und brach in schallendes Gelächter aus. Ich lachte über mich und über die Vermessenheit, mit der ich meine eigene Größe immer und immer wieder betont hatte: Ich musste ein ganz besonderer Mensch sein, dass die Lamas mich losschickten, um Rondorf aufzuhalten. Alles an Caroline war besonders, aber wehe, jemand wagte, mich zu kritisieren. Das brachte mich augenblicklich aus der Fassung und ließ mich entweder an mir und meinen Fähigkeiten zweifeln oder machte mich blind vor Wut. Mein Lachen war stärker als die Tränen zuvor und erlöste mich von der unerträglichen Anspannung.

Ich war fast enttäuscht, als die Nonne zurückkehrte, um mich wieder zu Pema zu bringen, aber ich folgte ihr mit nie gekanntem Gleichmut und grinste weiter innerlich vor mich hin. Mein Bauch kribbelte eigenartig, als sei er von einem großen Glücksgefühl erfüllt. Die Erinnerung an einen dicken, grinsenden Jadebuddha an einer silbernen Kette war plötzlich wieder da. Das innere Lächeln musste sich in meinen Gesichtszügen spiegeln, denn als Pema mich sah, sagte sie: „Du hast das innere Lächeln gefunden! Das ist die Heiterkeit der selbst distanzierten Gelassenheit!"

Das Lächeln breitete sich in meinem ganzen Körper aus und ich berichtete: „Ich habe zum ersten Mal meinen Stolz und meine Arroganz gesehen und erkannt, wie lächerlich ich eigentlich bin. Ich habe mich selbst ausgelacht, ohne Häme, ohne Anklage, ohne Gefühle der Schuld oder Scham. Ich fand es plötzlich so albern, wie sehr ich darauf bedacht war, etwas Besonderes zu sein. Das, was ich für etwas Besonderes gehalten habe, ist nicht besonders. Etwas anderes ist wirklich besonders, aber das kann ich nicht benennen, denn es ist viel größer als ich."

Pema küsste mich auf die Stirn. Dann sagte sie: „Heute hast du deine Verstrickungen bewusst gesehen und lösen können. Du hast erlebt, wie dein Ego dich von mir trennte, wie es mich zum Ankläger und dich zum unschuldigen Opfer machte. Du hast erlebt, wie dein Ego die Kontrolle über eine unkontrollierbare Situation wiedergewinnen wollte, und wie du immer mehr zu deinem schimpfenden, um Macht ringenden Ego wurdest – bis du dich von ihm lösen und es einfach auslachen konntest. Und schon hat es sich schweigend zurückgezogen. Eigentlich ist das Ego nichts als ein Blutsauger, der das Licht der Betrachtung fürchtet. Sobald der Strahl deines Bewusstseins darauf fällt, beginnt es sich aufzulösen. Um seinem Tod zu entfliehen, zieht es sich immer tiefer zurück – bis die Kraft deiner Innenschau so groß ist, dass das Licht keinen Raum in dir mehr unbeleuchtet lässt. Dann erkennst du die Quelle des kleinen Ichs… In diesem Moment löst sich dein Ego für immer auf. Dann bist du eins mit deinem Selbst und mit allen Objekten um dich herum. Dann gibt es kein Subjekt mehr. Dann bist du zum Buddha geworden. Deshalb riet Buddha, sich immer wieder in Gelassenheit zu üben. Wer sich nämlich nicht auf den Kampf mit seinem kleinen Ich einlässt, besiegt es schnell. Der tödlichste Feind des Egos ist die gelassene, immerwährende, liebevolle Betrachtung."

Ich schlenderte neben Pema durch das Gewächshaus. Sie kam mir vor wie eine Wunderheilerin, die mich von der Krankheit der Anmaßung geheilt hatte. Auf sehr wirkungsvolle Weise hatte sie mich Demut gelehrt. Wir schwiegen, bis Gedanken an die Zukunft mich erneut aus der Einheit rissen.

„Und schon springt der Affe auf den nächsten Ast", kommentierte Pema meinen Gedankensprung. Ich sah sie missmutig an. Immer wenn ich glaubte, ihre Sympathie gewonnen zu haben, belehrte sie mich. Und sogleich fühlte ich mich wieder in der Defensive. Doch diesmal war ich lernwilliger. Statt mich selbst zu verteidigen, fragte ich lachend: „Was heißt das?"

„Wir Buddhisten vergleichen den nicht wissenden Geist mit einem Affen, der von Ast zu Ast springt. Er wird von den süßen Früchten angezogen, die an verschiedenen Ästen hängen, und will immer süßere erhaschen. Am Ende läuft er Gefahr, von keiner Frucht jemals wirklich befriedigt und erfreut zu werden. Eine andere könnte ja noch süßer sein. Der Affe hat nicht den Mut, zu verweilen und zu genießen. Er lebt in ständiger Angst, das Beste zu verpassen. Er lebt in der süßen, verheißungsvollen Zukunft statt in der Gegenwart."

Schon wollte ich mich wieder verteidigen. Ich hatte doch den Auftrag, nach Shünlu zu reisen. Selbstverständlich musste ich auch an die Zukunft denken.

„Natürlich ist es wichtig, dass du so schnell wie möglich nach Shünlu kommst. Aber du bist permanent mit der Frage beschäftigt, wie du dorthin gelangen kannst. Selbst während wir hier miteinander reden, sind deine Gedanken auf die Zukunft gerichtet. Du bist weder ganz hier noch ganz in Shünlu. Du bist hier und dort, dort und hier. Du bist zerstreut. Du erlebst nicht unmittelbar. Auf diese Weise verlieren deine Gedanken an Kraft. Du verlierst an Kraft. Es hat keinen Sinn, dass du nach Shünlu weiterreist, wenn deine Gedanken kraftlos sind. Angst macht sie kraftlos, der Wunsch nach Kontrolle macht sie kraftlos; aber auch die Tatsache, dass du sie in die Zukunft richtest, macht sie kraftlos. Nur machtvolle Gedanken, die sich mit der Kraft der Gegenwart verbinden, kannst du nutzen, um dein Leben gestaltend zu beeinflussen. Weißt du das denn nicht?", fragte Pema mitfühlend.

„Was?"

„Dass du unendliche schöpferische Fähigkeiten hast?"

„Nein", gab ich zögernd zu.

„Dann darfst du auf keinen Fall schon jetzt nach Shünlu reisen!" Pema sagte das mit einer Bestimmtheit, die mich erschreckte.

„Warum nicht?"

„Weil dort all deine konzentrierte Kraft gefordert werden wird."

Pema machte eine unheilvolle Pause. „Weil du Daniel nicht wiedersehen wirst, wenn du diese Kraft nicht erwirbst!"

Wie vom Donner gerührt blieb ich stehen. Tränen traten mir in die Augen, obwohl ich geglaubt hatte, alle Tränen geweint zu haben. Pema nahm mich liebevoll in die Arme und wischte mir mit einem Ärmel ihres Gewandes die Tränen weg. Alle Kraft wich aus meinen Gliedern. Meine Knie begannen zu zittern. Pema führte mich zu einem Altar, der an einem Ende des Gewächshauses aufgestellt war. Auf dem Altar stand eine Buddha-Statue und daneben eine Statue von *Shiva Nataraja*, dem Gott der Vergänglichkeit, der von einem Feuerring umgeben die Welt zertanzt. Ich hatte diese Statuen in Indien oft gesehen, ihnen aber niemals Beachtung geschenkt. Der Schmerz der Verlustangst zog mich in einen Strudel, in dem ich diesmal wirklich zu ertrinken drohte, aber Pema hatte ein weises Sprichwort parat: „Wo die Nacht am dunkelsten, ist der Tag am nächsten!"

Vielleicht wollte sie mir Mut machen und sagen, dass dieser Schmerz notwendig war, damit der Tag der Befreiung, den ich so sehnsüchtig herbeisehnte, kommen konnte. Das war der Preis, den ich bezahlen musste: unendlich tiefer Schmerz, der bis an die Grenze des Erträglichen ging. Pema ließ mich bis zur Erschöpfung weinen. Dann erst legte sie behutsam ein Samenkorn des Verständnisses in den von tiefer Verzweiflung bereiteten Boden meines Bewusstsein: „In Shambhala gibt es zwei eherne Gesetze: das Gesetz der Wahrheit und das Gesetz der Liebe.

Wahrheit ist das Erkennen des Wesens aller Dinge jenseits der Dualität, jenseits der Relativität, die unmittelbare Erfahrung des Göttlichen, die Verwirklichung des Höchsten Selbst. Das Schauen der Wahrheit ist die unmittelbare Folge jener Erfahrung, die wir Erleuchtung nennen, *Nirvana*, das Verlöschen des Ich. Das Licht des eigenen Bewusstseins wird endlich so hell, dass es keine Schatten mehr gibt. Du siehst dein Wesen als allumfassende Einheit, die nichts mehr ausschließt und an nichts mehr gebunden ist, weil sie aus sich selbst heraus erfüllt und erleuchtet ist. Wahrheit ist die Seele des Menschen und die Seele der Welt.

Das Gesetz der Liebe ergibt sich aus dem Gesetz der Wahrheit, denn wer die Wahrheit erkannt hat, kennt die wahre Bedeutung der Liebe. Für viele ist die Liebe der einzige Weg, der zur Wahrheit führt. Deshalb lehren die Meister von Shambhala neben dem Gesetz der Wahrheit auch die Bedeutung der Liebe. Für die meisten ist Liebe Attraktion, Zuneigung, Begehren, zumeist begleitet von dem Wunsch nach körperlicher Vereinigung. Viele werden auf die Frage, was Liebe für sie bedeutet, Antworten geben wie: Vertrauen, Verständnis, gegenseitige Unterstützung, Verbundenheit. Nur die wenigsten werden sagen, dass Liebe in erster Linie Hingabe bedeutet. Doch das ist die Art von Liebe, die in Shambhala gelehrt wird. Hingabe an die unbändige, erleuchtende Kraft der Liebe bedeutet das Aufgeben des Egos, der Kontrolle und des Wunsches nach Macht. Sie gipfelt in einem mit dem Geliebten geteilten Gefühl der Einheit und Freiheit, Freiheit von Erwartungen, Wünschen und Begierden – bedingungslose Akzeptanz, absolute, ungeteilte Gegenwart. Die Liebesbeziehung ist die wichtigste Beziehung, die ein Mensch eingehen kann, denn sie spiegelt all seine Ängste, Wünsche, Hoffnungen und Begierden. Je größer die eigene Angst vor Mangel und Trennung ist, desto größer ist der Wunsch, der Partner möge den Mangel und die grausame Trennung durch seine Liebe heilen. Aber wir können die Trennung nur selbst überwinden. Andere können uns unsere Mängel zwar zeigen, wenn wir sie aber brauchen, um diese Mängel zu überdecken, sind wir süchtig. In einer solchen Beziehung fehlt die Freiheit. Darum müssen wir lernen, uns von unserer Abhängigkeit zu befreien und die Sicherheit, die wir im anderen suchen, in uns selbst zu finden. Und wir müssen einen Weg vom Nehmen zum Geben finden. Erst dann lieben wir wirklich."

Ich schluckte. Pema beschrieb das Gefühl der Ohnmacht und des unüberwindbaren Getrenntseins, das ich Daniel gegenüber so oft empfunden und niemals auch nur annähernd verstanden hatte. So unfassbar es klang, aber ich liebte Daniel mehr als mich selbst. Ich glaubte, ohne ihn nicht leben zu können. Wenn er nicht war, war ich nicht. Ich hatte mich in ihm verloren. Das, was ich für Liebe hielt, war nichts anderes als Selbstaufgabe. Jetzt erinnerte ich mich, dass ein Satz, den Liebende oft zueinander sagen und den ich selbst vor kurzem zu Daniel gesagt hatte, in meinen Ohren immer falsch geklungen hatte: „Ich brauche dich!" Heute verstand ich, warum. Nur wenn man den Geliebten nicht braucht, aber trotzdem liebt, entsteht das Vakuum, in dem wahre Liebe wachsen kann.

Pema schwenkte von der unpersönlichen Erklärung zu mir um: „Caroline, du bist ein sehr distanzierter Mensch. Vielleicht hat es in deinem Leben Menschen gegeben, die deine Grenzen nicht respektiert und dich mehr verletzt haben, als du ertragen konntest. Vielleicht bist du zu oft und zu früh auf dich selbst gestellt gewesen… Du bist ein sehr sensibler Mensch."

Sie hatte die emotionalen Wunden meiner Vergangenheit mit solcher Macht aufgedeckt, dass ich kaum wusste, wie mir geschah. Zuerst tauchten nur einzelne Bilder, Stimmen und Situationen auf, doch dann mischten sich Gefühle darunter. Plötzlich verstand ich, wer ich wirklich war, weil ich sehen konnte, was das Leben aus mir gemacht hatte. Und endlich verstand ich auch meine ambivalenten Reaktionen auf Daniel. Ich wünschte mir nichts sehnlicher als seine heilende Nähe und fürchtete sie in gleichem Maße, weil ich gelernt hatte, dass Liebe immer wieder Übergriff bedeutete, Kritik und der Anspruch, bestimmten, hohen Erwartungen gerecht zu werden. Meinen Eltern war unsere aristokratische Herkunft so wichtig gewesen, dass sie mich stets entsprechend gedrillt hatten. Anerkennung und Liebe hatte ich mir hart erarbeiten müssen. Und über allem schwebte stets das Bild meines unerreichbaren Großvaters, dem wir alle verzweifelt und natürlich zum Scheitern verurteilt nachstrebten. Ich war nie um meiner selbst geliebt worden. Meine kindliche Phantasie war im Keim erstickt worden. Man hatte mich früh auf ein Internat geschickt. Dort hatte ich mich viele Nächte einsam in den Schlaf geweint und mich oft allein, nicht dazugehörig und von der Verantwortung für mich selbst überfordert gefühlt. Das hatte sich erst geändert, als ich mein Interesse am Journalismus entdeckte… Nein, eigentlich erst, als ich die Rolle annahm, die meine Familie für mich erdacht hatte; erst, als ich bereit war, mich selbst in das Korsett zu zwängen, in dem ich bereits steckte. Die Kette emotionaler Erinnerungen wollte nicht abreißen. Mir war, als führe Pema mich systematisch durch meine Vergangenheit, und zwar auf einer Ebene, die mir bisher nicht zugänglich gewesen war.

„Ich kann dich auf dem Weg begleiten," sagte sie, „aber die Türen musst du selbst öffnen. Wenn du nicht bereit dazu bist, würden wir deine Psyche nur verletzen. Wir dürfen ihr nichts vor Augen führen, was sie noch nicht sehen kann oder sehen will!"

Ich fand die Kraft, einen Scherz zu machen: „Ich kann aber auch nichts denken, ohne dass du es noch vor mir weißt!"

Pema lächelte verschmitzt. „Das ist nichts Besonderes. Du und ich sind eins! Falte deine Hände." Ich setzte mich auf. Die Tränen waren versiegt. „Wozu?", fragte ich.

„Komm, mach schon. Ich will dir etwas zeigen." Neugierig folgte ich ihrem Beispiel und faltete meine Hände wie zum christlichen Gebet.

„Was fühlst du?"

Ich zuckte mit den Schultern.

„Kannst du unterscheiden, welche Hand welche ist? Welche ist die linke und welche die rechte?"

Ich konnte es nicht. Beide Hände fühlten sich an wie eine. Dort, wo sie sich berührten, verschmolzen sie zu einer Einheit, die jede Differenzierung unmöglich machte, obwohl ich intellektuell sicher wusste, dass sich rechte und linke Hand berührten. „Nein, beide Hände fühlen sich wie eine an!"

„Genau! So fühlt es sich an, wenn alles eins ist, wenn die Grenzen des individuellen Bewusstseins gefallen sind. Dann bist du ich und ich bin du. Deine Gedanken sind meine und umgekehrt. Aber erst, wenn dich nichts mehr erschreckt, bist du bereit, diese Einheit zu erfahren. Furcht beweist, dass die Mauer der Trennung noch da ist."

Pema sah, dass ich vollkommen erschöpft war. „Ich werde dir heute nicht mehr zumuten!"

„Versprochen?", fragte ich vorsichtig.

„Nur eines noch. Wir dürfen den Unterricht nicht vergessen. Deshalb bist du ja hier."

„Unterricht?"

„Ja! Ich habe dir gesagt, dass du lernen musst, deine Gedanken kraftvoll werden zu lassen. In unseren Gedanken liegt die Macht der bewussten Evolution. Menschliche Entwicklung kann unbewusst vonstatten gehen, das heißt, sie folgt innewohnenden Mustern, die wir nicht erkennen und von denen wir uns entweder getragen oder denen wir uns ausgeliefert fühlen. Unbewusste Evolution nennen wir Schicksal. Ihr liegt die Frage zugrunde, die jede Religion, jede Philosophie und jede Generation immer wieder aufs Neue stellt: Ist das Leben determiniert und vorherbestimmt oder gibt es die Möglichkeit der Selbstbestimmung? Was glaubst du, Caroline?"

Ich dachte lange nach. Schicksal oder freier Wille? Ich hatte mich nicht allzu oft mit dieser Thematik beschäftigt. Und wenn ich sie doch einmal angedacht hatte, etwa in den seltenen metaphysischen Gesprächen, die sich vor langer Zeit im Internat ergeben hatten, hatte ich eine Art Mittelweg befürwortet. Grundtendenzen waren gegeben, aber einzelne Situationen gaben uns die Möglichkeit der Wahl. Doch nach der Reise, die mich hier zu Pema geführt hatte, wusste ich nicht, ob ich diese Ansicht weiterhin vertreten konnte. Es war so viel geschehen, was mir das Gefühl gegeben hatte, keine einzige Entscheidung selbst getroffen zu haben.

„Zur Zeit beginnt eine neue Phase der menschlichen Evolution. Bald werden sich mehr und mehr Menschen für geistige Vorgänge interessieren und lernen, dass sich die Mauer, die Schicksal von freiem Willen trennt, in ihrem Bewusstsein befindet. Sinn jeder Evolution ist die fortschreitende Entwicklung der Menschheit zu immer größerer Vollkommenheit, und das beinhaltet auch die Nutzung des gesamten, unendlichen Potenzials jedes Einzelnen. Mit fortschreitender Entwicklung aller Individuen werden wir die nächste Ebene der kollektiven Evolution betreten. Wir werden fähig sein, zum Wohle des Ganzen bewusst den größtmöglichen Fortschritt zu bewirken, und zwar sowohl auf der materiellen als auch auf der geistigen Ebene. Die Krönung dieses Prozesses ist die bewusste und gewollte Wiedervereinigung mit dem Königreich Shambhala."

Ich dachte an Professor Kapoor, der dieses Prinzip erkannt und erforscht hatte, und daran, dass er hatte sterben müssen, weil ich so dumm gewesen war, ihn aufzusuchen. Wie wenig ich damals gewusst hatte! Pema war dabei, mir das Geheimnis zu offenbaren, das ihn das Leben gekostet hatte: „Gedanken sind Energie plus Information. Das ist der Stoff, aus dem unsere Welt besteht. Konstruktive, energiegeladene Gedanken, also Informationen, können die Dinge positiv verändern. Wir müssen nur den Mut haben, uns über den Glauben hinwegzusetzen, dass Materie etwas Festes, Unbeeinflussbares ist. Wir müssen verstehen, dass Materie keine vom Geist unabhängige, inhärente Existenz hat. Dann ist alles möglich."

Mein Kopf brummte. Ich konnte nichts mehr aufnehmen. Also beendeten wir unser Gespräch. Und sobald ich mich in meiner Kammer zur Ruhe gelegt hatte, fiel ich in Tiefschlaf.

Am nächsten Tag ließ Pema mich schon vor der Morgenandacht zu sich rufen. Sie erklärte, es sei ganz einfach, die eigenen Gedanken kraftvoll werden zu lassen. Ich müsse nur lernen, mich auf einen einzigen Gedanken zu konzentrieren. Endlich verstand ich, warum die meisten buddhistischen Mönche Jahre damit verbrachten, ihren Geist durch Meditation, Kontemplation, Visualisierung und Konzentration zu schulen. Es war das alte Lied, das schon Lama Dorje gesungen hatte: Zwing den Geist nicht! Je intensiver ich versuchte, mich auf einen Gedanken zu konzentrieren, desto schneller hüpfte der Affe zum nächsten Ast. Als weder bewusste Anstrengung noch Zwang halfen, versuchte ich es mit spielerischer Gleichgültigkeit, leider auch vergebens. Pema hatte ihre liebe Not mit mir, aber sie war geduldig. Wir versuchten es wieder und wieder, bis ich plötzlich das Gefühl hatte, etwas begriffen zu haben: Erstens war ich nicht davon überzeugt, dass ich zur Konzentration auf einen einzigen Gedanken fähig war, und zweitens wollte ich es aus eben diesem Grund zu sehr. Wieder einmal hatte ich mich selbst boykottiert und belogen. In dem Moment fiel der Groschen. Das war mit einspitziger Intention gemeint! Natürlich war meine Intention nicht fein wie eine Nadelspitze, wenn ich eigentlich nur meinem kritischen Verstand beweisen wollte, dass ich in der Lage war, ausschließlich einen Gedanken zu denken. Mit dem Wunsch, mir selbst etwas zu beweisen, bewies ich eigentlich nur, dass ich gespalten war. Da war einerseits der Zweifel und andererseits der Wunsch, diesen Zweifel eines Besseren zu belehren. Doch der Zweifel war stärker als die Kraft der Konzentration auf ein gedankliches Objekt. Es war ganz einfach. Und plötzlich klappte es. Ich merkte, wie sich Ruhe in mir ausbreitete und ich nichts mehr war als ein reiner Gedanke.

Pema klatschte begeistert in die Hände. Leider nicht, ohne die Übung gleich zu erschweren. Diesmal klatschte sie über einen Zeitraum von mehreren Stunden hinweg immer in die Hände, sobald ich einen Gedanken hatte, der mich vom Ort des Geschehens, von Pema und dem Gewächshaus forttrug. Zuerst klatschte sie fast ohne Unterbrechung, aber bald ließ das Klatschen nach, bis es schließlich nur noch sehr selten ertönte.

Auf diese Weise schulte Pema meinen Geist, der plötzlich weich und formbar geworden war. Liebevoll formte Pema ihn wie Ton, ohne ihm Schaden zuzufügen oder ihn über seine Grenzen hinauszutreiben. Wir bemerkten gar nicht, dass sie nicht mehr klatschte, als wir nachmittags zusammen durch die Gänge des Klosters wanderten. Erst als Pema mich darauf ansprach, fühlte ich, dass ich die entscheidende Lektion gelernt hatte. Ich hatte meine Konzentration und Kraft wiedergewonnen.

„Du bist in der Gegenwart angekommen. Bis hierher war es eine lange und beschwerliche Reise. Du wirst dich immer wieder von der Gegenwart entfernen, wenn ich nicht mehr da bin, um dich darauf aufmerksam zu machen, dass der Affe wieder unterwegs ist. Doch nun kennt er den Ort, an dem er von dem Zwang frei ist, ständig nach süßeren Früchten suchen zu müssen. Wann immer er will, kann er diesen Ort aufsuchen, bis er irgendwann ganz dort zu Hause ist."

Das fühlte sich nach Abschied an.

„Es ist an der Zeit, dass du weiterreist. Du kannst Shünlu in zwei Tagen erreichen. Ich gebe dir einen Esel mit, Vorräte und eine Karte. Unterwegs wird es sehr kalt sein. Shünlu liegt sehr hoch im Gebirge. Achte darauf, dass du dort oben keine oder nur eine sehr kurze Rast machst. Im Kloster erwartet dich ein Lama namens Shunyata. Das heißt Leere. Wie der Dalai Lama und viele andere Lamas und Rinpoches hat er das Rad des *Samsara* längst hinter sich gelassen. Aber er ist als Lama von Shünlu in diese Welt zurückgekehrt, um den wahrhaft Sehnsüchtigen die Wahrheit zu zeigen. Geh nach Shünlu. Alles Weitere wird sich dort ergeben. Versuche nicht, den Ausgang der Geschichte vorherzusehen. Alles, was sich von heute an ereignet, wird dir als Spiegel für die Reinheit deines Bewusstseins dienen. Je schwieriger die Prüfungen sind, desto weniger klar ist dein Geist. Poliere deinen Geist, als sei er selbst der Spiegel. Wenn er frei von Verschmutzungen ist, wirst auch du frei sein. Der Weg ist nicht mehr weit. Komm, du musst nun wirklich gehen."

27

J e näher ich Shünlu kam, desto kälter wurde es, aber gleichzeitig wurde die Luft immer klarer und reiner. Ich gönnte mir nur jeweils eine kurze Rast am Tag und ein paar Stunden Schlaf in der Nacht. Am Mittag des zweiten Tages erreichte ich die fröhlich sprudelnde Quelle eines Gebirgsbaches. Als ich mich darüber beugte, um zu trinken, nahm ich einen leichten Schwefelgeruch wahr. Ich zögerte. Vielleicht enthielt das Wasser irgendwelche Mineralien, die nicht gesund waren. Doch dann siegte der Durst. Das Wasser war klar und rein und hatte keinen üblen Beigeschmack. Erst als ich mich erhob und meine Reise fortsetzen wollte, bemerkte ich etwas Seltsames, das sich wie ein unsichtbarer Widerstand anfühlte. Zuvor war ich relativ mühelos gewandert, doch nun war ich müde, und jeder Schritt fiel mir unerträglich schwer. Mehr als eine Stunde lang schleppte ich mich dahin, bis ich schließlich eine schützende Höhle fand, wo ich in Sekundenschnelle in tiefen Schlaf fiel. Ich träumte von Daniel. Er stand neben Rondorf. Plötzlich richtete Rondorf ein Gewehr auf Daniel und drückte ab...

Schreiend und in Schweiß gebadet erwachte ich. Meine Stirn war glühend heiß. Ich hatte Fieber. Mit zitternden Händen versuchte ich, ein wenig Holz zu sammeln und ein Feuer zu entzünden. Es klappte nicht. Panik befiel mich. Was, wenn ich in dieser Höhle erfror, wenn ich einsam starb, ohne Daniel noch einmal gesehen zu haben? Auf der Stelle verließ ich die Höhle und trieb den Esel in die Richtung, in der laut meiner Karte Shünlu zu finden war. Pema hatte mir gesagt, dass ich kurz vor Sonnenuntergang dort sein würde, aber am Abend hatte ich das Kloster immer noch nicht erreicht. Als es zu allem Unglück auch noch zu schneien anfing, liefen mir Tränen der Verzweiflung über die Wangen. Da fand ich eine neue Höhle, in der ich die Nacht verbringen und das Ende des Schneesturms abwarten konnte. Diesmal gelang es mir ohne Probleme, mit herumliegendem Holz ein Feuer zu entzünden, doch das vertrieb die innere Kälte nicht.

Als ich die Augen aufschlug, sah ich den Mönch. Er hockte neben dem Feuer, das warm und groß brannte, viel größer, als letzte Nacht. „Lama Shunyata schickt mich", sagte der Mönch. „Wir haben Sie schon gestern Abend in Shünlu erwartet. Als Sie nicht kamen, wurde ich ausgeschickt, um Sie zu holen. Sie haben sich verirrt. Die Angst, die in der Einsamkeit auftaucht, hat ihr trügerisches Spiel mit Ihnen gespielt. Sie waren gestern schon ganz in der Nähe von Shünlu. Haben Sie das Kloster nicht auf dem Hang gesehen, als Sie aus der Quelle tranken?"

„Nein!", gab ich missmutig zur Antwort. „Ich habe kein Kloster gesehen. Sonst würde ich bestimmt nicht mit Fieber hier in dieser schrecklichen Höhle liegen!"

Der Mönch ignorierte meinen aggressiven Ton. „Was ist an der Quelle geschehen?"

„Was soll schon geschehen sein? Ich habe Rast gemacht und etwas getrunken."

„Ist Ihnen etwas Besonderes aufgefallen?

„Die Quelle roch nach Schwefel, aber als ich das Wasser trank, schmeckte es außerordentlich gut und erfrischend. Später fühlte ich einen unsichtbaren Widerstand, der mir das Gehen schwer machte und mich schnell ermüden ließ. Ich machte Rast in einer Höhle, nur einen Moment lang. Ein Alptraum riss mich aus dem Schlaf. Dann lief ich weiter, bis es zu schneien anfing. Ich hatte große Angst und fand eine neue Höhle. Und hier sind wir…"

Der Mönch nickte wissend. „Es funktioniert immer wieder!"

Da platzte mir der Kragen. „Was heißt das, es funktioniert? Ist die Quelle verzaubert oder was?"

„So ähnlich!" Noch wollte er nicht mit der Sprache heraus.

„Erklären Sie mir jetzt, was hier für ein Spielchen mit mir gespielt wird, sonst… sonst…" Mir fiel keine geeignete Drohung ein. Schlagartig wurde mir klar, wie lächerlich ich mich benahm. „Es… es… es tut mir Leid", stotterte ich.

Der Mönch nickte verständnisvoll und erklärte: „Die Quelle ist so etwas wie die letzte Prüfung, die man bestehen muss, bevor man Shünlu erreichen kann. Schon dass Sie ohne große Probleme bis dorthin vorgedrungen sind, ist äußerst ungewöhnlich. Das Wasser dieser Quelle ist besonders klar und rein, denn es kommt direkt aus dem Königreich Shambhala, das durch einen unsichtbaren Ring aus Gasen geschützt ist. Daher der Geruch, den Sie wahrgenommen haben. Die Quelle stellt die letzte Prüfung dar, weil nur derjenige aus ihr trinken wird, der sich nicht vor dem Geruch fürchtet, sondern die Klarheit des Wassers erkennt. Das Wasser war köstlich und erfrischend, als Sie es tranken, aber dann wurden Sie müde. Sie schleppten sich weiter und hatten einen fürchterlichen Traum. Ich wette, dieser Traum zeigte Ihnen das, was Sie am meisten fürchten."

„Ja, das stimmt."

„Wunderbar. Dann ist unsere Arbeit ein Kinderspiel." Statt zu erklären, welche Arbeit er meinte, sprach er wieder von der Quelle: „Sie haben mich gefragt, ob die Quelle verzaubert sei. Nein, das ist sie nicht. Aber sie ist so rein wie Shambhala. Sie ist eine heilige Quelle. Jeder, der aus ihr trinkt – es waren in den letzten fünfzig Jahren übrigens nur zwei Menschen –, kommt unmittelbar mit der Schwingung von Shambhala in Berührung. Das Wasser hat heilende Kraft. Es befreit Sie von sämtlichen Giften, die noch in Ihrem Körper und in Ihrem Geist sind."

Was war das denn nun wieder für eine unglaubliche Geschichte?

„Wasser ist ein besonderes Element. Es reinigt, nährt und heilt. Nicht umsonst baden die Hindus regelmäßig in den Fluten des heiligen Ganges, um sich von allen körperlichen und geistigen Unreinheiten zu befreien, und nicht umsonst gibt es überall auf der Welt Heilquellen. Wer das Wasser aus diesen Quellen trinkt, kann von all seinen Krankheiten geheilt werden. Das Wasser aus der Quelle von Shünlu trägt sämtliche Informationen, die Ihr Geist braucht, um Sie physisch und psychisch heil werden zu lassen. Es ist ein Vermittler der Idee von Vollkommenheit. Weil es Sie an diesen ursprünglichen Zustand erinnert hat, konnte alles aus Ihnen hervorbrechen, was Sie noch von diesem Zustand trennt. Das Fieber hat Ihren Körper entgiftet, und indem Sie von Ihrer Angst träumten, kam sie Ihnen zu Bewusstsein. Verstehen Sie den Mechanismus?"

„Ich glaube schon."

„Alles auf dieser Welt strebt nach größtmöglicher Einfachheit und Reinheit. Wenn wir einem Heiligen, einem Lama oder einem Guru begegnen oder heiliges Wasser wie dieses trinken, bricht alles aus uns hervor, was uns von dieser Einfachheit und Reinheit fern hält. So will es das Gesetz der Resonanz. Die stärkere Energie zieht die schwächere mit. Das ist alles."

„Warum bin ich dann so müde geworden?"

„Erstens aufgrund der körperlichen Reaktion. Der Körper, der sich gerade entgiftet, braucht alle Kraftreserven zur Wiederherstellung seines Gleichgewichts. Zweitens, weil Sie Ihrer Angst enormen Widerstand entgegensetzen."

„Widerstand? Das ist doch Quatsch. Ich weiß, wovor ich Angst habe!"

„Vielleicht wissen Sie es, aber Sie fürchten das Gefühl der Angst ebenso wie das Ereignis, das Ihre Angst wahr machen würde."

Da war etwas dran. Langsam begann ich, mich für das Anliegen des Mönchs zu interessieren. „Beginnt hier die Arbeit, von der Sie sprachen?"

„Genau! Sie müssen lernen, Ihre Angst zu lieben!"

Das war absurd. Kein Mensch liebte seine Angst. „Warum sollte ich das lernen?"

„Weil Sie sonst niemals frei sein können, sondern immer ein Sklave Ihrer Angst bleiben. Die Angst wird Sie dazu treiben, bestimmte Situationen zu vermeiden und Sie damit ewig an diese Situationen binden."

Ich hatte noch nie über das Wesen der Angst nachgedacht, obwohl sie mich seit so vielen Wochen begleitete. „Was ist Angst überhaupt?", fragte ich.

„Angst ist ein Instinkt, der einzig und allein dem Überleben dient. Ursprünglich regte sich Angst im Menschen nur, wenn das Leben unmittelbar in Gefahr war, aber mit der Zeit sind unsere Ängste immer komplizierter geworden. Heute fürchten Menschen meist nicht mehr direkt um ihr Überleben, sondern um Dinge, die dieses Überleben repräsentieren. Wir lernen im Laufe unseres Lebens, bestimmte Dinge und bestimmte Umstände für lebenswichtig zu halten. Wenn das, was wir für lebenswichtig halten bedroht wird, bekommen wir Angst. Hinter allen Ängsten steckt die Urangst – Todesangst, die Angst vor Kontrollverlust. Leider sind die Angsterfahrungen, die wir machen, oft so bedrohlich, dass wir nicht die Kraft haben, die primäre Motivation hinter der sekundären zu erkennen. Da unsere Ängste so eng mit unserem Überlebenstrieb verbunden sind, binden sie eine ungeheure Kraft und verschleiern unser Bewusstsein."

Fasziniert stellte ich fest, dass sich all meine Erfahrungen der letzten Monate immer wieder um dieses Thema gedreht hatten. Aber ich war zu verstrickt gewesen, um das Muster zu erkennen. Der Mönch gönnte meinem arbeitenden Verstand keine Ruhe. „Was würden Sie tun, wenn Sie einem Löwen gegenüberstünden? Nur Sie und der Löwe!"

„Das kann ich so nicht beantworten."

„Doch, das können Sie. Versuchen Sie es."

Ich dachte angestrengt nach. „Ich würde versuchen, wegzulaufen, mich zu verstecken, den Löwen zu töten."

„Glauben Sie mir, wenn ich Ihnen sagte, dass all das unnötig und sinnlos wäre? Der Tod wäre Ihnen gewiss! Sie glauben, dass die Angst beziehungsweise das Objekt, das die Angst hervorruft, bekämpft werden muss und dass Flucht die einzige Alternative wäre. Sie denken zu beschränkt und handeln aus der Gefangenschaft Ihres beschränkten Geistes heraus. Sie glauben an eine getrennte Existenz und haben das Wesen der Leerheit noch nicht begriffen. Ein Mensch, der seine Ängste kennt, weiß, was ihnen zugrunde liegt. Er weiß auch, dass es nichts zu fürchten gibt. Die Angst selbst bereitet den Boden für gefahrvolle Situationen. Außerdem nimmt sie Ihnen die Kraft, indem sie Sie aus der Gegenwart reißt und eine zukünftige Erfahrung befürchten lässt. Wenn Ihr Bewusstsein unerschütterlich in der Einheit aller Dinge verankert ist, fürchten Sie selbst den Angriff eines wilden Tieres nicht. Kennen Sie die biblische Geschichte von Daniel in der Löwengrube?"

Ja, ich kannte sie. „Warum?"

„Daniel soll hingerichtet werden. Er wird in eine Grube zu ausgehungerten Löwen geworfen – eine damals übliche Methode. Aber ein Wunder geschieht: Die Löwen zerfleischen Daniel nicht, sondern spielen mit ihm. Daniel ist ein Prophet, ein Weiser. Er fürchtet die Wildheit außerhalb seines Selbst nicht, weil er weiß, dass er und die Löwen auf einer höheren Ebene nicht getrennt voneinander existieren. Daniel hat die buddhistische Leere verwirklicht und den Schleier der *Maya* gelüftet. In seinem Erleben sind innen und außen eins. Daniel macht nicht eine Sekunde lang den Fehler, seine eigene innere Todesangst auf die Löwen zu projizieren und damit die tödliche Trennung zwischen Subjekt und Objekt zu schaffen. Er fürchtet sich nicht, weil er weiß, dass die Gefahr in seinem Bewusstsein entsteht, nicht im Außen. Also gibt es keinen Angriff… und Daniel muss weder kämpfen noch flüchten noch sterben."

„Und was hat das alles mit mir zu tun?", fragte ich.

„Damit haben wir die Grenze aufgezeigt, die Sie sich kaum merklich selbst setzen. Propheten und Wundertäter geben nur Beispiele für die unbegrenzten Möglichkeiten des menschlichen Geistes. Wenn Sie sich für kleiner und hilfloser halten als die Löwen, werden Sie gefressen. Wenn Sie sich für geringer halten als Daniel, den Propheten, können Sie die Leere nie verwirklichen. Wenn Sie glauben, dass Rondorf Daniel Nirula töten wird, dann wird er das tun – und Sie werden daran zugrunde gehen. So einfach ist das! Sie haben die Wahl! Und noch etwas: Ihr Traum zeigt auch Ihre Angst vor Rondorf. Sie glauben, er hätte Macht über Sie. Aber auch er hat nur die Macht, die Sie ihm geben, weil Sie unbewusst glauben, dass sich bedrohliche Ereignisse immer zu Ihrem Nachteil entwickeln. Solange Sie sich Rondorf unterlegen fühlen, wird er Sie dominieren. In Wahrheit sind Sie gleich. Sie sind eins. Nur wer einen anderen sieht, fürchtet sich! Rondorf spielt nur eine Rolle im Spiel des Lebens. Er zeigt Ihnen, dass Sie bestimmten Menschen Macht über sich geben. Sie können diesen Menschen die Macht aber auch wieder entziehen, und zwar einzig und allein dadurch, dass Sie sich von Ihrer Angst befreien, die aus dem Glauben an eine getrennte Existenz resultiert."

Wenig später saß ich auf dem Rücken meines Esels, und der Mönch brachte mich hinauf ins Kloster. Erneut passierten wir die Quelle, die nur wenige Kilometer von meiner Höhle entfernt lag. Ich trank noch einen kräftigen Schluck von dem magischen Wasser. Diesmal gab es mir genau die Kraft zurück, die es mir beim letzten Mal scheinbar genommen hatte. War ich der Wahrheit ein Stück näher gekommen?

In dieser Höhe gab es keine Bäume. Die Berge waren mit Schnee bedeckt, und die Schneekristalle strahlten hell und klar, obwohl der Himmel mit Wolken verhangen und die Sonne nicht zu sehen war. Schon von der Quelle aus hatte mir der Mönch das Kloster gezeigt. Shünlu lag wie ein Eispalast im Gebirge. Ich hätte schwören können, dass es gestern noch nicht dort gewesen war. Jedenfalls ließ ich den Eispalast von nun an nicht mehr aus den Augen, bis wir endlich vor seinen Toren angekommen waren.

Lama Shunyata stand im Hof, um mich zu begrüßen. Er half mir vom Esel und legte mir einen weißen Gebetsschal um die Schultern. Ehrfürchtig fiel ich vor ihm auf die Knie. Dann führte er mich lachend und scherzend in sein Kloster, das nicht von dieser Welt zu sein schien. Es war heller, wärmer und einladender als alle anderen Klöster, die ich bisher besucht hatte.

„Wir sind nur eine kleine Gemeinschaft und widmen uns kaum dem Studium der Lehren und Schriften. Wir leben vielmehr in größtmöglicher Einfachheit zusammen und lernen durch die tägliche Erfahrung und indem wir zwischen Shambhala und der Welt vermitteln."

„Wie können Sie vermitteln, wenn Sie nie Besuch bekommen?"

Der Mönch hatte doch erwähnt, dass in den letzten fünfzig Jahren nur zwei Menschen aus der magischen Quelle getrunken hatten. Mehr konnten dann das Kloster auch nicht erreicht haben.

Der Lama lachte laut. „Das ist eine berechtigte Frage. Wir sind keine Schule für Menschen, die etwas über Shambhala erfahren wollen, kein Ort der Zuflucht für Wissbegierige, keine letzte Station auf dem Weg nach Shambhala. Wir sind Vermittler in einem anderen, weniger greifbaren Sinne. Dadurch, dass wir in direktem Kontakt mit den Bewohnern von Shambhala stehen, sind wir ein Teil der Weisheit, die dort selbstverständlich ist. Diese Weisheit leitet uns jeden Tag, jeden Monat, jedes Jahr – und sie wächst durch die tägliche Anwendung und Weitergabe. Dadurch, dass sich unser Bewusstsein schrittweise dem Bewusstsein der Bewohner von Shambhala angleicht, werden immer mehr Menschen, die sich von dieser Entwicklungsstufe angezogen fühlen, in die Lage versetzt, dasselbe innere Wissen zu erwerben. Kennen Sie die Geschichte vom hundertsten Affen?"

„Nein!?"

„Diese Geschichte beschreibt eindrucksvoll, wie alle Lebewesen, vor allem die einer Rasse, auch durch indirekte Kommunikation miteinander verbunden sind. Sobald eine bestimmte Anzahl von Individuen – in diesem Fall waren es neunundneunzig Affen – eine neue Erkenntnis erworben hat – es ging um das Waschen von Kartoffeln –, sind auch Lebewesen der gleichen Art, die mehrere hundert Kilometer weit entfernt leben, in der Lage, dieselbe Fähigkeit zu entwickeln! Der Funke springt auch auf den hundertsten Affen über. Plötzlich wuschen alle Affen ihre Nahrung, auch die, die keinen unmittelbaren Kontakt mit den ‚Erfindern' gehabt hatten.

So funktioniert Evolution. Sie wirkt gewissermaßen ansteckend. Dahinter steckt das Gesetz der Resonanz, das Sie ja bereits kennen.

Haben Sie sich noch nie gefragt, warum ähnliche Erfindungen oder wissenschaftliche Entdeckungen häufig fast gleichzeitig in verschiedenen Teilen der Welt gemacht werden? Sie liegen förmlich in der Luft. Das ist das Prinzip der unmittelbaren Kommunikation. Wir lernen von Shambhala durch die, die einen ebenso hohen Entwicklungsstand erreicht haben wie die Bewohner von Shambhala, obwohl sie noch unter uns weilen. Diese Vermittler sind von außerordentlicher Bedeutung für die menschliche Evolution! Sie sind die wirklichen Lehrer, die Meister der Menschheit!"

„Ich habe eine Yogini getroffen, die schon seit frühester Kindheit Kontakt zu den geistigen Führern von Shambhala hatte!"

„Viele Lamas, Yogis, aber auch ganz gewöhnliche Menschen sind offen für die innere Führung durch das Höchste Selbst. Jeder Meister, ob er auf dieser Welt, in Shambhala oder in anderen geistigen Welten lebt, ist nur eine Manifestation des Höchsten Selbst. Dieses Selbst ist der eigentliche, wahre Meister, der *Sad Guru*."

Der Lama hatte mich freundschaftlich untergehakt. Während er mich durch sein lichtes Kloster führte, konnte ich mich an den Kunstgegenständen, mit denen jeder Gang und jedes Zimmer geschmückt waren, nicht satt sehen. Ich hatte auf meiner Reise viele schöne Orte gesehen, magische Plätze, an denen die absolute Wahrheit sichtbar geworden war, aber hier in Shünlu hatte ich den Eindruck, dass die Wahrheit nicht nur manchmal durchbrach, sondern dauerhaft anwesend war. Wir erreichten eine Art Atrium mit gläsernem Dach. Ich wagte nicht, zu fragen, wie man das Glas und die Materialien zum Bau von Shünlu hier herauf in mehr als 6000 Meter Höhe transportiert hatte.

Lama Shunyata setzte sich auf eine mit Kissen aus feinsten Stoffen belegte Sitzbank, bat mich, mich neben ihn zu setzen, und bot mir eine warme Grütze an. Ich stellte die Frage, die ich schon lange auf dem Herzen hatte: „Warum ist es so wichtig, dass sich unser Bewusstsein wandelt und wir lernen, das Leben der Bewohner von Shambhala zu verstehen und in unseren Alltag zu integrieren?"

Der Lama machte eine Pause, schenkte mir Tee nach und nahm selbst einen kräftigen Schluck, bevor er weitersprach: „Ich nehme an, Sie sind inzwischen mit der Legende vertraut. Shambhala steht nicht nur für eine erstrebenswerte menschliche Gesellschaft, sondern auch für eine Zukunftsvision von äußerster Klarheit und Kraft. Shambhala repräsentiert die subtilste Form zwischenmenschlichen Miteinanders, die subtilste Form der menschlichen Existenz, eine Welt, in der es keine Trennung zwischen Geist und Materie, innen und außen, Subjekt und Objekt gibt. Shambhala ist ein Ort, der außerhalb der Dualität existiert. Wenn wir unsere Existenz von unserem Körper und unserem individuellen Geist lösen können, sind wir bereit, auch in feinstofflichen Welten, in denen nicht der Körper die entscheidende Rolle spielt, sondern die Idee, die Information, zu existieren. Wir müssen lernen, auch in nicht-körperlichen Erfahrungen bewusst zu sein, ohne identifiziert zu sein. Bis dahin durchlaufen wir einen Lernprozess, in dem wir uns immer wieder häuten wie ein Schlange. Haut um Haut muss entfernt werden, damit wir leicht genug werden, um die Identifikation mit den Glaubenssätzen zu lösen, die uns an die Materie binden. Unsere innere Existenz lebt auf einer höheren Frequenz weiter. Dort sind wesentlich mehr Dinge möglich, denn dies ist die Ebene des Seins, die allen sichtbaren Dingen zugrunde liegt, sozusagen die Matrix hinter dem Sein, das energetische Feld.“

„Aber das beantwortet meine Frage nicht, Lama Shunyata. Das Leben ist doch nicht schlecht, so wie es ist. Warum müssen wir uns weiterentwikkeln und warum sollten wir nach etwas wie Shambhala streben? Warum müssen wir uns von Täuschungen befreien und die Wirklichkeit erkennen? Warum all die Mühe, wenn der Weg dorthin so schmerzhaft ist und man so vieles, was einem lieb und teuer war, unterwegs zurücklassen muss?“

„Weil die Veränderung unaufhaltsam ist. Je weniger wir uns in ihren Dienst stellen und je mehr wir uns gegen sie wehren, desto schmerzhafter wird sie sein. Die Weltsicht der getrennten Existenz für erhaltenswert zu halten ist eine Täuschung an sich. Sie kennen den Namen des künftigen Königs von Shambhala: *Rudra Chakrin*, der ‚zornige Raddreher‘. Er wird das Rad der Zeit, das Kalachakra, das die Matrix unserer Existenz bildet, schneller drehen. Mit anderen Worten, er wird die Schwingung des Lebens erhöhen. Das bedeutet, dass automatisch alles, was langsamer schwingt als die neue Grundfrequenz, nicht mehr lebensfähig sein wird. *Rudra Chakrin* übernimmt die Regentschaft am Ende des Kali-Yuga in höchstens zweihundert Jahren. Viele halten ihn für den bösen Rächer, aber er handelt nicht aus Rache. Das erscheint nur demjenigen so, der die täglichen kleinen Tode fürchtet und sich nicht verändern will. *Rudra Chakrin* handelt nur nach seiner Natur. Er handelt aus Liebe. Seine Macht, die Macht, mit der er das Rad der Zeit schneller drehen wird, ist das Feuer der reinen Liebe. Liebe erhöht die Frequenz, Liebe befreit, Liebe macht sehend, Liebe eint, Liebe heilt – wie unser Gebirgsbach, aus dem Sie erst gestern getrunken haben."

Es schien mir unendlich lange her zu sein.

„Wenn das Kali-Yuga zu Ende geht, wird ein neues, helleres, liebevolleres und weiseres Zeitalter anbrechen. *Rudra Chakrin* wird mit seinen Heeren ausziehen, um die Barbaren in einer letzten Schlacht zu töten. Seine Waffen werden stärker sein als alles, was Sie jemals gesehen haben, und er wird den Sieg davontragen. Aber es wird kein herkömmlicher Sieg in einem Krieg sein, wie Sie ihn sich vorstellen." Lama Shunyata lachte entschuldigend. „Die Legende entspringt der wilden Phantasie unserer mongolischen Vorfahren. Der wilde, zornige Raddreher ist eine tibetisch-mongolische Variante des *Shiva Nataraja*. Er ist Herr über Leben und Tod, Entstehen und Vergehen. Im Feuer seines Zorns, dem läuternden Feuer der Liebe, wird gewandelt, was nicht mehr zeitgemäß und der Evolution hinderlich ist. Daher ist es so wichtig, dass sowohl einzelne Menschen als auch menschliche Gemeinschaften wie Familien, Freunde, Gruppen, Vereine, Institutionen, Länder und Länderzusammenschlüsse lernen, sich von Altem zu trennen und an nichts festzuhalten. Bei dem Krieg, den die Legenden beschreiben, handelt es sich nicht um ein blutiges Gemetzel zwischen feindlichen Truppen, sondern um einen inneren Krieg, einen Krieg der Transformation, der beängstigender sein kann als jeder Krieg im Außen. Natürlich ist dieser Krieg auch mit äußeren Verlusten verbunden. Wer an alten Glaubenssätzen und Vorstellungen, an Bindungen und vermeintlichen Sicherheiten festhält, wird mit schmerzhaften Verlusterfahrungen konfrontiert werden, bis er versteht, dass Leben nur in der Freiheit wächst, ohne Anhaftung und ohne Verlangen. Alles, was wir kontrollieren wollen, wird sich zerstörerisch gegen uns wenden. *Rudra Chakrin* führt das Heer der Wandlung an. Die Schwerter seiner Krieger sind die Schwerter der Unterscheidungskraft. Nur wer wahr von falsch unterscheiden lernt, wird die Kraft finden, sich mit einem Schwertschlag vom Alten zu befreien. Der Ruf, dem des Königs Krieger in die Schlacht folgen werden, lautet: ‚La gyelo.‘ ‚Den Göttern den Sieg!‘ – man könnte auch sagen: ‚Wenn es an der Zeit ist, etwas aufzugeben, dann trenne dich ohne Reue!‘ Dieser Ruf ist beängstigend, denn er beinhaltet den Fluch der Einsamkeit und die Last der Eigenverantwortung, und viele werden den neuen König dafür hassen. Sie werden glauben, er hätte ihnen das Liebste genommen, das sie besaßen. Sie sind nicht weise genug zu sehen, dass der König von Shambhala ein König des Mitgefühls ist, der von all seinen Untertanen fordert, der Wahrheit ins Gesicht zu sehen, und der ihnen Eigenverantwortung und Selbsterkenntnis schenkt. Sie werden versuchen, ihn zum Sündenbock zu machen, denn sie haften an ihrem Ego und den von ihrem Ego geschaffenen Lebensbedingungen – bis sie erkennen, dass sie selbst es sind, die sich Schmerzen zufügen, weil sie nicht sehen wollen, weil sie das Geschenk ihres Königs nicht annehmen wollen oder können. Schon immer haben die Menschen *Rudra-Shiva* für einen furchteinflössenden Gott gehalten. Ich glaube, sie verwechselten ihn mit eurem Gott Jahwe, dem allzu menschlichen, richtenden Gott des Alten Testaments, der die Menschen zu seinen Sklaven machte. *Rudra Chakrin* bringt Freiheit von der Sklaverei. Aber es braucht Mut, diese Freiheit anzunehmen. Gefangenschaft kann große Sicherheit bedeuten, wenn man gewohnt ist, dem Befehl eines anderen zu folgen und gleichzeitig die eigene Stärke fürchtet…"

Lama Shunyata sprach leidenschaftlich und überzeugend. Nach allem, was ich erlebt hatte, konnte ich endlich begreifen, dass die Legende um Shambhala die reine Wahrheit war. Was Lama Shunyata berichtete, hatte ich selbst erfahren.

„Sie glauben also, dass die Menschheit heute an einem Wendepunkt steht, an dem sie die Wahl hat, am Althergebrachten festzuhalten und zu leiden, oder zu erwachen und sich von *Rudra Chakrin* verwandeln zu lassen?"

„Ja, das glaube ich. Und ich weiß, dass Sie diese Erfahrung selbst gemacht haben. Wie war es zu Anfang in Delhi, als Sie dem Deutschen begegneten, als Sie die Herausforderung suchten und doch so sehr fürchteten? Wir alle sind ähnlich unruhig, unzufrieden und veränderungssüchtig, wie Sie es waren. Sind Sie es noch?"

War ich es? fragte ich mich. „Nein!" gab ich bestimmt zur Antwort.

„Weil Sie gelernt haben, sich dem Prozess der Läuterung hinzugeben. Jeder von uns muss diese Erfahrung selber machen. Das ist der Tag der Kapitulation, der Tag, an dem *Rudra Chakrin* sein gewaltiges Heer zurückrufen wird, der Tag, an dem aus Barbaren Könige werden. Bis dahin wird die Welt oft den Anschein erwecken, als sei sie der Aggression und der Destruktivität zum Opfer gefallen. Doch das sind nur die notwendigen Begleiterscheinungen. Überall dort, wo es Kampf und Leid gibt, erzwingt der Fluss des Lebens den Ausgleich eines inneren Ungleichgewichts. Und auch das haben Sie am eigenen Leib erfahren: Erst wenn die Gegensätze im Gleichgewicht sind, können sie überwunden werden…"

Ich blickte hinaus auf die eisigen Berge des unendlichen Kunlun-Gebirges. Langsam ging die Sonne unter und tauchte den Schnee in orangerotes Licht. Ich versuchte zu begreifen, was mit mir geschehen und wie ich hierher gekommen war. Jeder Tag, jede Minute, jede Sekunde und jeder Gedanke hatte mir eine neue Erkenntnis geschenkt und mich reifen lassen. Wie weit entfernt war die Welt, die ich heute kannte, von der Welt, die ich mehr als dreißig Jahre lang für die Wirklichkeit gehalten hatte? Ich riss mich selbst aus meinen Gedanken und wandte mich wieder dem Lama zu: „Können Sie mir endlich sagen, welche Rolle Daniel und ich spielen? Ist es wahr, dass wir das ‚göttliche Paar' sind, das die Dualität zu überwinden vermag?"

„Ich glaube, Sie haben es mal wieder viel zu eilig, mein Kind. Jede Frage wird beantwortet, wenn die Zeit reif ist. Zunächst müssen Sie noch etwas lernen. Deshalb sind Sie bei mir!"

„Was muss ich wissen?", fragte ich ruhig.

Lama Shunyata sah mir unbarmherzig in die Augen, als wolle er jede meiner Reaktionen auf ihre Echtheit hin überprüfen. „Haben Sie verstanden, was Ihnen der Mönch, der Sie hierher brachte, über das Wesen der Angst beigebracht hat?"

„Ich glaube schon."

„Glauben Sie, dass diese Erkenntnis Sie von Ihrer Angst vor Verlust befreit hat? Glauben Sie, dass Daniel nun wieder frei ist?"

Hatte ich die Lektion wirklich so sehr verinnerlicht, dass ich weder an Daniel noch an die Angst gebunden war? Leise Zweifel regten sich in mir: „Ich weiß es nicht, Lama Shunyata."

„Dann haben Sie den Knoten noch nicht gelöst!"

Mit dieser kurzen, nüchternen Bemerkung zog mir der Lama den Boden unter den Füßen weg. „Sie machen einen kapitalen Fehler", fügte er hinzu.

Ich verstand nicht.

„Sie verwechseln das Wesen der Bindungslosigkeit mit Ablehnung, mit Verneinung. Sie glauben, dass Sie Daniel freigeben und zu seiner Frau zurückschicken müssen, dass Sie sich von ihm trennen müssen, um nicht an ihn gebunden zu sein. Doch mit dieser Ablehnung binden Sie sich nur noch mehr an ihn. Die Ablehnung spiegelt Ihre Angst, ihn zu verlieren, und drängt diese Angst ins Unbewusste, doch damit ist nichts gelöst. Nach wie vor verleugnen Sie Ihre eigenen Bedürfnisse!"

Der Lama gab mir ein paar Sekunden Zeit, um meine Gefühle auszuloten und festzustellen, dass er Recht hatte.

„Sie machen den gleichen Fehler, den diejenigen machen, die Buddhismus für Nihilismus halten. Diese Menschen glauben, dass man das Wesen der Leerheit nur erfahren kann, wenn man den Dingen jegliche Existenz abspricht. Aber der Kern des Buddhismus und seiner Methoden ist ein ganz anderer. Leerheit, nicht-inhärente Existenz, Erkenntnis der Einheit der Dinge setzt die Existenz der Erscheinungen voraus. Wir bedienen uns der unterschiedlichsten Techniken, um das Leben wirklich kennen zu lernen, um uns von ihm berühren zu lassen und es unmittelbar zu erleben. Das geht nicht durch Ablehnung, sondern nur, indem man ganz in jede Erfahrung eintaucht, sei sie nun leidvoll oder erfreulich. Nur das Ego glaubt, dass man alles entweder festhalten oder ablehnen muss. Es kennt den mittleren Weg nicht, den Weg des achtsamen Beobachtens, des So-Seins, des Loslassens, den Weg, auf dem man das Wesen der Erscheinungen erkennt. Leider, Caroline, und das sage ich nur ungern… leider ist die Art und Weise, wie Sie mit Daniel umgehen, ein Spiegel Ihrer Einstellung zum Leben!"

Das saß! Und um den befürchteten Angriff auf mein Ego abzuwehren, schrie ich: „Das lässt sich doch nicht generalisieren. Nur weil Daniel in mir ein Gefühl der Unsicherheit weckt, nur weil er offensichtlich meinen wunden Punkt berührt…!

In meiner blinden Rage merkte ich nicht, dass ich Lama Shunyatas Theorie untermauerte.

„Bei Pema haben Sie doch gelernt, Verwicklungen zu erkennen und zu lösen!"

Ich lief vor Lama Shunyata und seinem durchdringenden Blick davon und setzte mich beleidigt auf den Boden. Ich hatte genug gehört, genug über mich lernen und akzeptieren müssen. Es reichte! Die Grenze des Erträglichen war längst erreicht.

„Caroline, schauen Sie mich an." Shunayata kam zu mir herüber. „Alles, was Sie in Ihrem Innern für unabänderliche Realität halten, mit anderen Worten, alle Glaubenssätze, die Sie irgendwann einmal für sich formuliert haben, begegnen Ihnen in der Außenwelt als Erfahrungen wieder. Erst wenn Sie die Kluft zwischen innen und außen ganz geschlossen haben, sind Sie frei. Die Trennung von Daniel, die Sie so sehr fürchten, ist Ihre eigene Distanz zum Leben und zur Welt der Erscheinungen. Daniel spiegelt vor allem Ihre Einstellung zum Leben und zur Liebe. Auch wenn Sie es nicht gern hören, muss ich Ihnen sagen, dass Sie sich sowohl vor dem einen als auch vor dem anderen fürchten. Weil Sie den Schmerz des Verlustes fürchten, lassen Sie sich niemals voll und ganz auf etwas ein. Und Daniel reagiert abweisend auf Ihre unbewusste Abwehr. Die Ambivalenz und Ablehnung, die Sie in Daniel gesehen haben, sind nur ein Abbild Ihrer verdrängten Motivationen. Die Menschen spüren, ob man sich ganz ergeben hat oder noch nicht. Daniel zeigt Ihnen die Wurzel Ihres Egos. Sie müssen bis zu dieser Wurzel vordringen, um den Ich-Gedanken ein für alle Mal auszulöschen."

Shunyata hatte Daniel und mich nicht ein einziges Mal zusammen gesehen. Ich wusste nicht, woher er jedes Detail unserer Beziehung kannte, fühlte mich nackt, verletzt, verurteilt und hilflos. Ich hatte geglaubt, verstanden zu haben. Aber in Wirklichkeit hatte ich nichts verstanden.

„Das Gleiche gilt für Rondorf. Warum haben Sie Angst, äußeren Umständen ohnmächtig ausgeliefert zu sein? Wo liegt die Wurzel dieser Angst? Befreien Sie sich davon, denn sonst wird sie immer neue Ängste hervorbringen. Sie müssen das Leid an der Wurzel packen, Caroline! Nur dann kann Rondorf Ihnen nichts mehr anhaben."

Tränen liefen mir über die Wangen, als ich Shunyata bat, mich allein zu lassen. Noch nie in meinem Leben hatte ich so viel geweint wie in den letzten Tagen. Jedes Wort, das mir nur ein wenig unter die Haut ging, löste die heftigsten Gefühlsregungen in mir aus. Shunyata ließ mich von einem Mönch in ein helles Zimmer bringen. Den gigantischen Sonnenuntergang am Horizont nahm ich kaum wahr, weil ich mich die ganze Zeit fragte, welche Einstellung ich wohl zum Leben hatte, wenn Daniel und Rondorf ein Spiegel dieser Einstellung waren. Es war wieder einer dieser einsamen Kämpfe. Shunyata hatte die nächste Tür geöffnet, die geöffnet werden musste. Ich rief mir bewusst meine tiefen Gefühle zu Daniel in Erinnerung.

Der Tag unserer Begegnung bei Sangeeta kam mir in den Sinn. Je länger ich darüber nachdachte, desto dringender wünschte ich mir die Unschuld dieser ersten Begegnung zurück. Damals hatte sich nicht die Frage gestellt, ob, wann und wie wir zusammen sein würden. Es gab nicht den Wunsch, für immer mit Daniel zusammen und auch nicht die Angst, irgendwann von ihm getrennt zu sein. Langsam begann ich zu spüren, was Shunyata hatte sagen wollen: In der Liebe zwischen zwei Menschen offenbart sich die Beziehung des Liebenden zur Außenwelt. Der Liebende ist das Subjekt, welches das Objekt als getrennt von sich und deshalb begehrenswert betrachtet. Aber eben diese Trennung ist Illusion, die Illusion unserer Sinne, die nur das Sichtbare für Realität halten. So wie ich mich von Daniel getrennt fühlte, fühlte ich mich vom Leben getrennt. Und ebenso wie ich fürchtete, Daniel zu verlieren, fürchtete ich, dass sich das Leben, mein Leben, irgendwann gegen mich wenden könnte. Das war die Angst, die Rondorf sichtbar werden ließ… Das war die Grundlage allen Leidens, die Buddha mit seinen Lehren ergründen und letztlich aufheben wollte, die alte Dichotomie zwischen innen und außen. Wer sich als getrennt von allem erlebt, erlebt die Welt als übermächtig und unberechenbar. Er lebt in tiefer Unsicherheit, glaubt an die Macht eines unbeeinflussbaren Schicksals und wünscht sich doch nichts sehnlicher, als Macht über dieses Schicksal und über die begehrenswerten Objekte zu gewinnen. Doch die Sehnsucht nach Einheit, nach Erwachen, nach Selbstverwirklichung ist etwas ganz anderes als das Erlangen von Macht und Kontrolle. Diese Sehnsucht verlangt nach dem genauen Gegenteil, nämlich nach dem Aufgeben des Machtstrebens aus einem tiefem Verständnis der Wirklichkeit heraus – nach absoluter Hingabe und bedingungsloser Kapitulation des Ichs. Wer sich als eins mit allem erlebt, fürchtet keine Schwäche und keinen Verlust, denn er weiß, dass er nichts wirklich besitzen oder kontrollieren kann, weil es kein Objekt gibt, das außerhalb seines Selbst existiert. Das Objekt ist ein Teil des Subjektes. Es ist nur unser an das Ego gebundener Verstand, der uns von uns selbst und von der Welt trennt. Nur weil wir das Feste, das Materielle, die verschiedenen Objekte als getrennt voneinander sehen, erleben wir sie als begehrenswert oder ablehnenswert. Aber in Wirklichkeit sind sie nichts anderes als wir selbst und waren schon immer ein Teil von uns.

Nicht anders als meine Gedanken oder meine Hände war Daniel eine Erweiterung von mir und ich von ihm. Das war die Magie des Ganzen. Die verschiedenen Subjekte spielten zusammen wie die Zellen eines einzigen Organismus. Jeder machte die Erfahrung, die für ihn zum gegebenen Zeitpunkt wichtig war. Welche Erfahrung würden wir wohl machen, wenn wir beide das Wesen der Einheit hinter der Trennung verstanden und akzeptiert hatten?

Irgendwann schlief ich erschöpft ein und erwachte erst am folgenden Morgen, als Lama Shunyata mich liebevoll weckte, indem er mir über das Haar strich. „Caroline, wachen Sie auf!"

Ich war sofort hellwach, setzte mich auf und wollte gerade zu einem ausführlichen Bericht über meine letzten Erkenntnisse ansetzen, als der Lama mir bedeutete, dass es dafür noch zu früh sei. „Sie müssen erst etwas essen, Caroline. Überanstrengen Sie sich nicht."

Also genoss ich die frischen Krapfen und die warme Grütze, aber als ich nach dem Essen erneut zu einer Erklärung ansetzen wollte, unterbrach der Lama mich wieder: „Ich weiß, dass Sie es verstanden haben, Caroline. Ich wusste schon gestern, dass Sie nur einen kleinen Schubs brauchten. Vergessen Sie nie, dass Sie es waren, die das Rätsel gelöst hat. Alle, die Sie unterwegs getroffen haben, konnten nur auf die Fragen antworten, die Sie bereits gestellt hatten..." Shunyata betrachtete mich väterlich. „Sie haben das Wesen des Vajrayana erkannt. Der Vajrayana-Buddhist meidet keine Erfahrung, weder die mentale noch die emotionale noch die sinnliche. Er nutzt diese Erfahrungen als Mittel zur Transformation. In der Welt der Erfahrungen will er das Wesen der Dualität ergründen und die Transzendenz des Seins dahinter erfassen. Für jeden Adepten gibt es einen ganz speziellen Weg, der genau auf seine Bedürfnisse zugeschnitten ist. Deshalb liegt der Schlüssel zur Wahrheit in unseren Bedürfnissen und Wünschen. Hinter jedem unserer Wünsche steht der Wunsch nach Wiedererlangung der Einheit, die unser wahres Wesen ist. Wir wünschen uns Sicherheit, Geborgenheit, schützende, nährende Nähe, ungetrübte Glückseligkeit und Erkenntnis und glauben, diese Wünsche durch äußere Objekte befriedigen zu können. Aber die Objekte sind nichts anderes als eine Erweiterung unseres Selbst. Was wir in ihnen sehen, war lange vorher in uns geboren. Wenn wir einen Menschen treffen, der uns die Einheit wiederzuschenken verspricht, so sind wir gehalten, die Einheit zunächst und unerschütterlich in uns selbst zu suchen, bis wir eines Tages, geläutert durch die Schmerzen der Transformation, erkennen, dass wir längst gefunden hatten, wonach wir suchten. Dann erst ist wirkliche Liebe und echtes, authentisches Leben möglich. Dann erst erwacht die Schlange, die nichts als umfassendes Bewusstsein ist, das sich in vollendetem Kreis selbst erkennt. Vergessen Sie nie, Caroline, dass die Liebe der Schlüssel zu allen Erkenntnissen ist. Nur wer wahrhaft von Herzen liebt und erlebt, dass alle Grenzen schmelzen, weil er eins mit dem Geliebten ist, kann sein Bewusstsein über die Illusion der Getrenntheit erheben und erkennen, dass noch nie eine Grenze existiert hat."

Impulsiv sprang ich auf und umarmte Shunyata. Mein Herz war von tiefer Dankbarkeit erfüllt. Shunyata erwiderte meine Umarmung. Als wir uns voneinander lösten, wusste ich, was er als nächstes sagen würde: „Sie müssen nun gehen, Caroline."

28

Am Tor gab Shunyata mir einen prall gefüllten Rucksack mit Decke, Eispickel, Taschenlampe, Fernglas und Verpflegung für einige Tage. Dann schickte er mich zu Fuß in das immer drohender aufragende Kunlun-Gebirge. Ich hatte die Anweisung, einem bestimmten, mit Seilen und Gebetsfahnen markierten Pilgerpfad zu folgen.

Stille umgab mich. Ich hörte nichts als das Ein- und Ausströmen meines Atems und das gleichmäßige Klopfen meines Herzens. Der Pfad war von Eis bedeckt und nur schwer begehbar. Shunyata hatte gesagt, dass ich am zweiten Tag meiner Wanderung einen markanten Felsen erblicken würde. Er rage weit über den Pfad hinaus und sehe aus wie der Kopf eines Buddha. Doch weil der Schnee so hoch lag, hatte ich Mühe, irgendeine Struktur darunter zu erkennen. Ich hatte den Felsen schon fast passiert, als meine Sinne plötzlich durch Geräusche in der Ferne geschärft wurden und ich erkannte, wo ich war. Leider verflüchtigte sich meine Freude augenblicklich, als ich merkte, woher die Geräusche kamen, die ich gehört hatte. In weniger als fünfhundert Meter Entfernung lag auf einem überdachten Felsplateau ein offensichtlich militärisches Zeltlager.

Ich duckte mich hinter einen Felsvorsprung und schaute durch das Fernglas. Das Lager bestand aus drei großen Zelten. Dazwischen gab es eine Kochstelle und ein kleineres Versorgungszelt. Die Geräusche, die mich aufgeschreckt hatten, kamen von einem Generator. Auf dem Berg stand eine riesige Antenne, wahrscheinlich zum Versenden oder Empfangen von Satellitensignalen. Ich erstarrte vor Schreck, als ich einen der Soldaten erkannte, die uns am Berg Kailash festgenommen hatten. Es gab keinen Zweifel. Rondorf war mir zuvorgekommen. Bedeutete das, dass er die Dokumente schon in seinen Besitz gebracht hatte? Aber dann wäre er nicht mehr hier in den Bergen. Es sei denn, er erwartete mich… oder verfolgte ganz andere Ziele…

Die Kälte kroch langsam an meinen Beinen hinauf und lähmte mich. Also entschloss ich mich, zu handeln. Ich musste in die Höhle unter dem Buddhakopf gelangen, wenn ich nicht im Schnee erfrieren wollte. Geduckt und eng an die eisigen Felsen gedrückt schlich ich aus meinem Versteck. Der Eingang der Höhle war mit Schnee bedeckt. Nur eine kleine Spalte im ewigen Eis wies überhaupt auf einen Eingang hin. Ich versuchte, ihn mit bloßen Händen freizulegen. Meine Hände bluteten schon unter den zerrissenen Handschuhen, als ich Stimmen hinter mir hörte. Erschrocken fuhr ich herum und rannte so schnell ich konnte davon. Ich sprang vom Weg hinab auf einen kleinen Felsvorsprung über einer tiefen Schlucht und kauerte mich dort eng an die Felswand. Die Stimmen waren jetzt lauter zu hören. Offenbar standen die Männer, zu denen sie gehörten, vor dem Höhleneingang und diskutierten, wie man ihn wohl öffnen könne. Nach längerer Beratung zogen sie jedoch unverrichteter Dinge wieder ab, und ich blieb in meinem Versteck zurück, wohl wissend, dass ich schnell eine zündende Idee haben musste, weil ich die Nacht sonst nicht überleben würde.

Wieder nahm ich das Fernglas und beobachtete das Lager. Es machte nicht den Eindruck, als sei es eine provisorische Konstruktion für eine kurze Expedition, sondern wirkte eher wie ein militärischer Stützpunkt. Was trieben die Chinesen dort? Plötzlich fiel mir das Fernglas fast aus der Hand. Ich blickte direkt in Daniels Gesicht. Ein Soldat führte ihn an Handschellen zu einem der Zelte. Ein Lama trat heraus und übernahm den Gefangenen. Ich ließ das Lager nicht mehr aus den Augen. Nach einiger Zeit wurde Daniel von einem anderen Mann abgeholt und in den hinteren Teil des Lagers gebracht. Rondorf!!

Erst als sich eisige Dunkelheit über die unwirtlichen Berge legte, kroch ich steif gefroren aus meinem Versteck. Es grenzte an ein Wunder, dass ich die endlosen Stunden auf der Steinplatte überlebt hatte. Durch aufmerksames Beobachten hatte ich herausgefunden, dass das Lager von nur vier Leuten bewacht wurde. Bei Einbruch der Dunkelheit wurde eine Wache abgezogen.

Plötzlich wusste ich genau, was zu tun war. Zuerst musste ich Daniel befreien. Von hier aus konnten wir nur gemeinsam weiterkommen. Ich ließ meinen Rucksack auf dem Felsvorsprung zurück und nahm nur die Taschenlampe mit. Dann rannte ich die ersten Meter, um mich anschließend in gebückter, kriechender Haltung bis zum Lager zu schleichen. Der Wachposten, den ich hatte austricksen wollen, war gerade nicht an seinem Platz, so dass ich ungehindert in das Lager eindringen konnte. Erst als ich mich hinter die Zelte geschlichen hatte, erkannte ich, dass das eigentliche Lager in einer Höhle lag, die mit einer Stahltür gesichert war. Natürlich war Daniel in der Höhle gefangen und nicht, wie ich geglaubt hatte, in einem der Zelte.

Verzweifelt kauerte ich mich an die Felswand. Jetzt musste mir schnell etwas einfallen. Da sah ich vor meinem geistigen Auge klar und deutlich, wie ich zu Daniel vordringen konnte: Bald würde ein Soldat die Tür öffnen und sie offen stehen lassen, während er in eines der Zelte ging. Das war meine Chance, in die Höhle zu gelangen.

Ich wartete. Nach weniger als einer halben Stunde öffnete ein Soldat das Tor von innen, ließ es offen stehen und ging durch den Schnee in das Zelt, aus dem vorhin der Lama gekommen war. Ich huschte in das mit Fackeln beleuchtete Gewölbe und folgte meinem Gefühl.

Ich nahm Daniels Nähe schon von weitem wahr. Müde und abgemagert hockte er ganz hinten in einem dunklen Holzverschlag. Neben Daniels Verließ standen nur ein Tisch und ein Stuhl, aber kein Wachposten war zu sehen. Ich wusste nicht, wie ich mich bemerkbar machen sollte. Es war immerhin möglich, dass Daniel mich bereits für tot hielt. Da fiel mir etwas ein und ich flüsterte: „Sie scheinen eine Vorliebe für dunkle Räume zu haben, Professor Nirula."

Daniel unterdrückte einen Freudenschrei, fing sich aber sofort und dachte pragmatisch an seine Befreiung. „Der Schlüssel hängt unter dem Tisch, Caroline."

Ich tastete die Rückseite der Tischplatte nach einem Schlüssel ab. Meine Hände zitterten. Ich versuchte, mich an das Wesen und die Ursache der Angst zu erinnern – und sie verflüchtigte sich so schnell, wie sie mich überfallen hatte. Endlich fand ich den Schlüssel. In Windeseile öffnete ich die Tür, die Daniel von mir trennte. Uns blieb keine Zeit für Umarmungen, wir schlugen die Tür wieder zu, schlossen ab und klebten den Schlüssel unter den Tisch zurück. Es würde eine Weile dauern, bis die Chinesen entdeckten, dass Daniel entkommen war.

Daniel nahm mich an der Hand. Seine Hand war glühend heiß, als sie meine berührte. Wir rannten zum Tor. Es war wieder verschlossen. Panik ergriff mich. Wie sollten wir jemals hier herauskommen?

„Kennst du den Code?"

Daniel schüttelte nervös den Kopf. In der Höhle war es totenstill, doch plötzlich näherten sich Schritte. Gehetzt blickten wir uns um und entdeckten in letzter Sekunde einen Felsvorsprung, hinter den wir uns verstecken konnten. Ich hielt den Atem an. Das Tor öffnete sich. Kalter Wind pfiff uns ins Gesicht. Die Schritte entfernten sich. Wieder spürte ich den eiskalten Luftzug.

„Das Tor ist noch offen", flüsterte ich. Daniel sprang auf, riss mich mit und hechtete ins Freie. Wie von Geisterhand schloss sich das Tor hinter uns. Ich hatte am ganzen Leib eine Gänsehaut. Irgendetwas war hier nicht in Ordnung. So viel Glück konnten wir einfach nicht haben.

Unbemerkt schlichen wir an den Zelten und den Wachposten vorbei in die Freiheit. Am liebsten wäre ich in Freudengeschrei ausgebrochen, aber ich zügelte mein Temperament und zog Daniel weiter bis zu dem buddhagesichtigen Felsvorsprung.

„Hier ist es! Hinter diesen Steinen müssen Suchandras Dokumente verborgen sein", erklärte ich.

„Wir müssen uns beeilen. Sie werden bald bemerken, dass ich fort bin. Hast du Werkzeug dabei?"

Ich lief ein Stück weiter, sprang hinunter auf den Felsvorsprung und wollte meinen Rucksack holen. Er war nicht mehr da. Mein Herz blieb stehen. Also hatten die Schweine mich heute Nachmittag doch gesehen! Waren wir nur so glimpflich davongekommen, um Rondorf den Weg zu den Dokumenten zu weisen? Natürlich, nur so war es zu erklären, dass Daniel und ich immer noch lebten. Würde Rondorf uns nicht brauchen, hätte er uns längst aus dem Weg geräumt. Sein Plan war aufgegangen. Ich war so dämlich gewesen, ihn als Gegenspieler zu betrachten, während er mich die ganze Zeit wie eine Schachfigur hin und her geschoben hatte. Er hatte gewusst, dass der Ehrgeiz meine schwache Stelle war. Und in der Tat hatte es einen besonderen Reiz für mich gehabt, besser und schneller als Rondorf zu sein. Und erleuchteter… Er hatte mich klein gemacht, um den Wunsch nach Größe in mir zu wecken.

Langsam kehrte meine Kraft zurück. Ich zog mich wieder nach oben und lief hinüber zu Daniel. Er hatte sich bereits mit bloßen Händen an dem Höhleneingang zu schaffen gemacht und fragte völlig außer Atem: „Wo zum Teufel warst du so lange?"

„Mein Rucksack ist weg. Rondorf weiß, dass ich hier bin."

Daniel hörte auf zu graben.

„Wir sind ihm in die Falle gegangen!"

Daniel stand der kalte Schweiß auf der Stirn.

Ich erschrak, als ich den eiskalten Unterton in meiner eigenen Stimme hörte: „Wir werden jetzt diese verdammte Höhle öffnen und uns diese Dokumente schnappen!"

Die Wut darüber, von Rondorf als Marionette benutzt worden zu sein, verlieh uns beiden ungeahnte Kräfte. Wir scherten uns nicht um unsere blutigen, halb erfrorenen Finger und gruben uns mit der Kraft unserer bloßen Hände durch Schnee und Eis. In kürzester Zeit hatten wir einen Eingang freigelegt, der uns das Durchkriechen erlaubte. Wir standen in einer steinernen Grotte, dem Anfang eines weitläufigen Höhlensystems. Ich war überwältigt von der Schönheit dessen, was ich im Schein meiner Taschenlampe erkennen konnte. Diese Höhlen mussten uralt sein.

„Wie sollen wir die Dokumente finden?", fragte Daniel.

„Schau dich um, suche nach irgendwelchen Zeichen, die dir vertraut vorkommen."

Ziellos folgten wir dem Schein der Taschenlampe immer tiefer in die unterirdischen Gänge.

„Du kennst Lama Khyentses Geschichte. Manchmal führt einen etwas Unerwartetes."

Ich hatte das unangenehme Gefühl, dass wir uns im Kreis bewegten. Erschöpft sank ich neben einer sprudelnden Quelle zu Boden, trank einen Schluck von dem eiskalten Wasser und bat Daniel, sich neben mich zu setzen und uns eine kurze Pause zu gönnen.

Er wollte widersprechen und meinte, wir müssten uns beeilen.

„Natürlich müssen wir uns beeilen, aber ich kann nicht mehr!"

Daniel setzte sich zu mir, umarmte mich und küsste mich zärtlich auf Stirn und Wangen.

„Erzähl mir von deiner Gefangenschaft!", forderte ich ihn auf.

„Muss das jetzt sein? Rondorf wird bestimmt nicht lange auf sich warten lassen."

„Es könnte wichtig sein. Warum ist Rondorf wie ein Besessener hinter diesen Dokumenten her?"

„Na schön… Wir verbrachten mehrere Tage in dem Lager, in das die Chinesen uns gebracht hatten. Am zweiten oder dritten Tag kam Rondorf mit hochrotem Kopf zu mir. ‚Sie ist abgehauen‘, schrie er. ‚Nun müssen Sie ihre Aufgabe übernehmen. Glauben Sie ja nicht, dass Sie sie noch einmal lebend zu Gesicht bekommen.‘ Eine halbe Stunde später wurde ich mit verbundenen Augen in einen Hubschrauber verfrachtet. Tisong, unseren tibetischen Führer, sah ich nie wieder. Ich vermute, dass man ihn erschossen hat…

Der Hubschrauber landete auf dem Plateau über dem Lager. Ich wurde sofort zu dem Lama gebracht, der hier für Rondorf die Forschungen leitet. Es war Lama Chöne Yeshi! Um mich zum Reden zu bringen, zeigten sie mir Fotos von Malika und den Kindern. Zuerst drohten sie mir damit, Malika alles über uns zu erzählen. Da spürte ich zum ersten Mal, was ich so oft an dir beobachtet hatte: Ich hatte keine Angst und ließ mich nicht einschüchtern. Ich wusste plötzlich, dass wir nichts Falsches getan hatten. Ich hatte keine Schuldgefühle mehr und war deshalb nicht zu manipulieren."

Hieß das, dass er sich endlich für mich und seine Gefühle zu mir entschieden hatte? Ich nahm es völlig emotionslos zur Kenntnis, obwohl es genau das war, was ich so lange hatte hören wollen. Plötzlich spielte es gar keine Rolle mehr, ob Daniel Malika und sein altes Leben endlich loslassen konnte. Etwas viel Wichtigeres war an die Stelle von Eifersucht und Neid getreten, doch noch wusste ich nicht, was es war. Daniel erzählte hastig weiter. Wir hatten keine Zeit zu verlieren.

„Ich sah Lama Chöne Yeshi ungerührt an und schwieg. Als nächstes drohten sie damit, Malika und den Kindern etwas anzutun, aber ich wusste, dass das nicht geschehen würde. Mein Verstand konnte das alles nicht begreifen, aber mein Geist und mein Herz waren völlig ruhig und frei von Zweifel, Angst und Anspannung.

Dann versuchten sie es mit Folter und zuletzt mit Hypnose. Ich weiß nicht, was ich ihnen mitgeteilt habe, aber ich war heilfroh, dass ich das Versteck der Dokumente nicht kannte. Schließlich sperrten sie mich in den Verschlag, aus dem du mich befreit hast. Rondorf baute sich vor mir auf und schrie hysterisch: „Dann wird Ihre liebe Freundin uns eben das Versteck zeigen!"

In meinem Verschlag hatte ich schreckliche Alpträume und seltsame Ängste, die ich von mir nicht kannte. Ich versuchte zu meditieren und meinen Geist zu klären. Aufmerksam beobachtete ich, was vor meinem Gefängnis vor sich ging. Chinesische Soldaten, aber auch westliche Zivilisten kamen und gingen. Ich erkannte einen amerikanischen Kollegen, eine Koryphäe auf dem Gebiet der Bewusstseinsforschung, und glaubte, auch einen renommierten Physiker erkannt zu haben. Ich versuchte, Gesprächsfetzen aufzufangen, aber es war zu wenig, um mir einen Reim darauf zu machen.

Gestern wurde ich dann erneut zu Lama Chöne Yeshi gebracht. Er fragte mich, ob ich wenigstens bereit sei, das Wissen, das ich durch mein Studium des Buddhismus über das menschliche Bewusstsein erlangt habe, mit den Forschern zu teilen. Es würde sich für mich lohnen. Plötzlich erhellte sich sein Gesicht und er erzählte mir voller Stolz, dass die Chinesen zusammen mit führenden westlichen Wissenschaftlern hier oben in den Kunlun-Bergen ein geheimes Institut für Bewusstseinsforschung betrieben. Sie nutzen das tibetische Wissen über die Funktionsweise des menschlichen Geistes und machen Experimente mit dem Ziel, das kollektive Bewusstsein von diesem Punkt aus mittels Satellit, Funk- und Schallwellen zu beeinflussen. Mehr erfuhr ich leider nicht, denn der Lama verstummte sofort, als Rondorf das Zelt betrat. Rondorf muss Mittel und Wege gefunden haben, jeden, der mit ihm an diesem Projekt arbeitet, unfrei und abhängig zu machen."

„Wozu soll das gut sein?", fragte ich schockiert.

„Wozu? Seit Jahren tauchen in esoterischen Kreisen immer wieder Verschwörungstheorien auf, die sich hartnäckig halten. Vor allem die amerikanische Regierung soll das Bewusstsein ihrer Bürger mit subtilsten Mitteln beeinflussen, um die Massen von kritischer Meinungsbildung abzuhalten. In der Nähe von New York soll es alte Militärstützpunkte geben, in denen man unvorstellbare Versuche mit dem menschlichen Bewusstsein gemacht haben soll und vielleicht immer noch macht. Der harmloseste Verdacht ist, dass die Regierung das Wetter mittels Schallwellen beeinflussen oder die Gehirnwellen aller Einwohner auf eine bestimmte Frequenz drosseln lässt, um sie so auf fortwährenden Konsum und verminderte Kritikfähigkeit zu polen – sozusagen High-Tech-Propaganda und unsichtbare Volksverdummung. Auch die EU wird verdächtigt. Sie soll die Vorstufe einer Weltregierung sein, die von vielen abgelehnt wird, weil sie nicht auf freiheitlich-demokratischen Prinzipien beruht, sondern auf dem einfachen Prinzip ‚Geld und Macht regieren die Welt'. Globalisierungsgegner warnen überall auf der Welt vor unlauterem Wettbewerb großer Konzerne und anderen unvorstellbaren Dingen.

Ich habe das immer für paranoide Phantastereien überängstlicher Esoteriker gehalten, die die dunkle Seite der menschlichen Kollektivpsyche spiegeln: Machtszenarien, die dem einfachen Bürger seine politische, moralische und menschliche Ohnmacht vor Augen führen; Visionen von einer schrecklichen Zukunft, die nur aufgehalten werden kann, wenn jeder Einzelne bereit ist, sein Bewusstsein zu wandeln. Das dachte ich darüber, bis ich gesehen habe, was Rondorf hier mit Hilfe renommierter Wissenschaftler auf die Beine gestellt hat. Heute kann ich mir zum ersten Mal vorstellen, dass diese Dinge möglich sind und auch tatsächlich umgesetzt werden…"

Ich spürte, wie die Angst mich zu lähmen begann. Eine Weltregierung, die auf der Manipulation des kollektiven Bewusstseins basierte? Das war absurd. Aber es war möglich. „Und du meinst, dass wir hier in einer Zentrale für die Erforschung und Erprobung solcher Methoden sind?"

„Warum nicht? Es wäre ein Leichtes für die Chinesen, die Tibeter mit solchen Mitteln zu unterwerfen und in einer Umgebung wie dieser ungestört mit unterschiedlichen Schwingungen und deren Wirkung zu experimentieren. Legt die Existenz von Shambhala nicht nahe, dass es höhere und niedere Bewusstseinsfrequenzen gibt? Wer sie mit seinem eigenen Bewusstsein nicht zu erfassen vermag, bedient sich eben technischer Hilfsmittel. Der Schritt von der Anwendung der *Siddhis* bis zur technischen *Siddhi*kraft ist nicht groß, Caroline."

„Welcher Wissenschaftler wäre denn bereit, an so etwas mitzuarbeiten?"

„Ich nicht, aber ich habe die Entwicklung des Bewusstseins ja auch Schritt für Schritt erlebt. Die meisten Wissenschaftler sind Materialisten. Für sie zählt so etwas wie Moral nicht. Sie kennen keine Empathie und kein Verantwortungsbewusstsein. Das Einzige, was sie interessiert, ist ihre persönliche Leistung, Pionierarbeit auf unerforschtem Gebiet, die

Entschlüsselung des Codes, der uns Menschen zu Menschen macht und von den Tieren unterscheidet – Selbstbewusstsein. Sie denken wie Rondorf. Glaubst du, irgendjemand wollte einen solchen Schlüssel finden, um ihn dann in die Ecke zu legen und nicht beeinflussend zu nutzen? Viele von uns wollen Gott spielen! Wer ist schon bereit, all seinen persönlichen Wünschen und Begierden zu entsagen?"

„Wenn das Ego nach Einheit und Einfluss strebt und nichts als Ohnmacht und Trennung erlebt, ist es zu allem fähig", murmelte ich. Aus Furcht oder Ohnmacht hatte ich selbst oft genug dazu tendiert, andere zu manipulieren und zu kontrollieren. Wozu waren wir nur fähig, jeder einzelne von uns – Daniel und ich nicht ausgenommen! Es war eindeutig an der Zeit, dass wir zu unserer wahren schöpferischen Kraft erwachten. Wir sprangen fast gleichzeitig auf, bereit, uns einer weiteren Prüfung zu stellen.

Hand in Hand drangen wir tiefer in die Höhle vor. Bunte Stalaktiten und Stalagmiten gaben ihr etwas Geheimnisvolles. Wir betraten kristalline Welten, die so friedlich und unberührt waren, dass die Gedanken, die uns hierher gebracht hatten, sie regelrecht entweihten. Mir war, als könne ich den Kontrast förmlich spüren.

Daniel hörte die Schritte hinter uns zuerst. Erst war es nur ein Stein, der sich auch von selbst gelöst haben konnte, dann noch einer und dann eine ganze kleine Lawine. Wir versteckten uns in einer Nebenhöhle. Und dann hörten wir sie wirklich, die Schritte vieler Stiefel… und aufgeregte Stimmen. Obwohl sie flüsterten, konnten wir hören, dass sie Chinesisch sprachen. Ich sah Daniel fragend an. Was jetzt?

Er zog mich aus unserem Versteck und führte mich den Gang, durch den wir gekommen waren, entlang immer tiefer in die unterirdische Bergwelt. Ich suchte die Wände nach Zeichen ab, nach irgendetwas, das uns den Weg wies. Als wir schon glaubten, dass wir keinen Wegweiser finden und uns entweder verirren oder Rondorf in die Arme laufen würden, wies Daniel stumm mit dem Finger auf etwas. An der Höhlenwand erkannte ich die Zeichnung einer Schlange, die sich selbst in den Schwanz biss. Sie blickte nach rechts, gerade als wir eine kritische Abzweigung erreicht hatten. Von nun an entdeckten wir sie an jeder Weggabelung. Sie war unser Wegweiser.

Im Laufschritt erreichten wir eine Grotte, in der eine heiße Quelle sprudelte. Die Schritte hinter uns waren leiser geworden, der Abstand zwischen uns und unseren Verfolgern hatte sich vergrößert, aber nach wie vor spürten wir die Gefahr im Nacken. Ich erschrak, als ich bemerkte, dass diese Höhle nur einen einzigen Zugang hatte: den Gang, durch den wir gekommen waren. Wir saßen in der Falle. Automatisch trennten wir uns. Daniel ging nach links, während ich die Höhlenwände im Uhrzeigersinn abschritt und nach weiteren Schlangenbildern oder anderen mystischen Zeichen suchte. Wir wurden beide nervös, als wir uns wieder trafen und keiner von uns etwas gefunden hatte. Zu allem Überfluss hörten wir jetzt auch noch laute chinesische Rufe, die immer schneller näher kamen. Da sah ich es: Die letzte Schlange war auf den Boden der heißen Quelle gemalt. Ohne zu überlegen sprang ich in das körperwarme Wasser und tastete den Boden nach einem Versteck ab. Ich blieb lange unter Wasser, länger als ich es selbst für möglich gehalten hätte. Endlich gab ein Stein nach, den ich seitlich berührt hatte. Sofort lief das Wasser der Quelle ab wie aus einer Badewanne, aus der man den Stöpsel gezogen hatte. Daniel sprang zu mir herunter. Als das Wasser fast ganz abgelaufen war, öffnete sich automatisch ein weiterer Stein. Daniel griff vorsichtig in die Öffnung. Seine Augen leuchteten, als er ein Tongefäß zu Tage förderte, das mit einer dünnen Yakhaut bespannt war. Vorsichtig entfernte er die Haut von dem Gefäß und zog drei zusammengerollte Pergamente hervor. Ich war so aufgeregt, dass ich alles andere um mich herum vergaß. Daniel entrollte eines der Pergamente und las den Sanskrittext: „Das sind Suchandras Aufzeichnungen über das höchste Bewusstsein…"

Plötzlich stand Rondorf in der Grotte und richtete sein Maschinengewehr auf uns. Da standen wir nun wie die begossenen Pudel in einer Quelle, aus der kein Wasser mehr sprudelte, umzingelt von zehn chinesischen Soldaten, einem abtrünnigen Lama und Rondorf. Hinter dem Lama entdeckte ich Nyngma, unseren einstigen Begleiter, der sich offensichtlich sehr stark fühlte.

„Jetzt haben Sie mich also doch dahin geführt, wo ich hin wollte, Frau Von und Zu", rief Rondorf großspurig. Ich starrte wie gebannt auf das Gewehr, das er schussbereit im Anschlag hielt. Ein Strudel der Erinnerung erfasste mich… Mein Traum in der Höhle, nachdem ich das Wasser aus der heiligen Quelle getrunken hatte… Ich hatte in diesem Traum die gleiche

Szene gesehen: Rondorf zielte mit einem Gewehr auf Daniel. Plötzlich war ich mir sicher, dass Rondorf Daniel erschießen würde, denn ich hatte es vorausgesehen. Blinde Angst nahm von mir Besitz. Alles was ich über die Angst und ihr Wesen gelernt hatte, war von einer Sekunde auf die andere ausgelöscht. Ich war der Angst hilflos ausgeliefert, zitterte und schwitzte gleichzeitig. Es war zu spät. Ich würde das verlieren, was mir am liebsten war.

„Endlich halten Sie mal die Klappe, Frau Von und Zu."

Selbst Rondorfs Unverschämtheiten konnten mich nicht aus der Verstrickung lösen. Daniel starrte mich erschrocken an. Er merkte, was in mir vorging. „Was ist los, Caroline?", zischte er mich an. Mein Ego hatte Besitz von mir ergriffen. Es sah Trennung, Ohnmacht, Tod und Leid. Es hielt mich umklammert und war gefährlicher als Rondorf, denn es machte Rondorf erst gefährlich. Endlich konnte ich wieder sprechen: „Nichts ist los. Ich habe nur ein Déjà-vu-Erlebnis", raunte ich Daniel zu. Vielleicht konnte er die Macht der Schatten brechen.

„Positiv oder negativ?"

„Verdammt negativ!"

Rondorf meldete sich schreiend zu Wort: „Schluss mit dem Geturtel! Her mit den Dokumenten!"

„Wenn Sie die Dokumente haben wollen, Rondorf, dann müssen Sie sich schon die Füße nass machen", sagte Daniel ruhig.

Selbst wenn wir Rondorf in unsere Wanne locken konnten, waren immer noch mehr als zehn schussbereite Gewehre auf uns gerichtet. Wir selbst hatten keine Waffe. Daniel musste verrückt sein, Rondorf in dieser ausweglosen Situation herauszufordern.

Rondorf zögerte. Langsam und selbstgefällig umrundete er das Bassin. Mit wachsamen Blick beobachtete ich jede seiner Bewegungen und versuchte, seine Gefühlsregungen zu erraten. Und plötzlich begriff ich, weshalb er nicht auf uns schoss und einfach an sich riss, wonach er gierte. Er kostete seinen Triumph aus, wie er es immer getan hatte, wenn wir einander begegnet waren. Er wollte uns schwach und abhängig erleben, seiner Macht unterworfen. Wichtiger als sein gieriges Verlangen nach den Jahrtausende alten tibetischen Geheimlehren war ihm der Sieg über uns. Wir sollten vor ihm zu Kreuze kriechen. Er genoss es, Herr über unser Leben zu sein.

In dem Moment erinnerte ich mich an den Mönch, der mich aus der Höhle geholt und nach Shünlu gebracht hatte. Auch das Gleichnis fiel mir wieder ein, mit dem er mir das Wesen der getrennten Existenz, die Wurzel der Angst, erklärt hatte. Ich sah, dass mein Bewusstsein nicht rein war. Ich selbst gab Rondorf die Macht, über mein Schicksal zu entscheiden. War Rondorf nicht ein Teil jener Kraft, die Daniel und mich bis hierher gebracht hatte? Konnte sein egoistischer Wille stärker sein als diese Kraft? Gedanklich machte ich einen Schritt zurück und gab die Angst ebenso auf wie den Widerstand gegen Rondorf. Ich hörte, wie der Abt von Sakya mir stillschweigend applaudierte: „Willst du vorwärts gehen, mach einen Schritt zurück. Damit gibst du der Kraft des Selbst Raum, für dich zu handeln!"

Eine Welle der Hoffnung und der Energie ergriff Daniel und mich. Ich glaubte, sie fast sehen zu können, fühlen konnte ich sie auf jeden Fall. Rondorf zuckte kaum merklich zusammen, denn offenbar fühlte er die unsichtbare Wand, die meine wiedergewonnene Kraft zwischen uns errichtete. Er stand genau vor Lama Chöne Yeshi, als er über einen Stein stolperte. Der Lama half Rondorf auf, aber im selben Moment, in dem Rondorf wieder zum Stehen kam, hielt der Lama ihm eine silbern blinkende Pistole an die Schläfe und zwang ihn, seine Waffe fallen zu lassen. Unter den Soldaten kam Unruhe auf. Einige wollten Rondorf zur Hilfe eilen, während andere die Männer aus Rondorfs Hilfstrupp mit Gewehren in Schach hielten. Nyngma übernahm augenblicklich das Kommando. Daniel und ich standen wie versteinert in unserer Grube und beobachteten die Meuterei, die sich in Sekundenschnelle abspielte.

Chöne Yeshi kreischte machttrunken: „Sie glauben doch nicht etwa, dass wir unser Erbe einer dahergelaufenen Langnase überlassen." Waren Chöne Yeshi und Nyngma etwa doch auf unserer Seite? „Einzig die Chinesen dürfen das Erbe der Tibeter antreten. Die Chinesen sind unsere wahren Herrscher. Wir werden die Tibeter unterwerfen und den Rest der Welt von unserer wahren Macht überzeugen. Dann wird vom Dach der Welt auch wieder über die Welt geherrscht. Uns gehört der tibetische Weltenthron!"

Rondorf wehrte sich wie ein Tiger. Er schlug um sich und versuchte, sich aus dem eisernen Griff des jugendlich starken Chöne Yeshi zu befreien. Fassungslos schaute ich diesem genau in dem Moment in die Augen, als er den Abzug seiner Pistole zurückzog und Rondorf erschoss. Leblos fiel mein ehemaliger Gegner aus einer winzigen Kopfwunde blutend zu Boden. Da löste sich noch ein Schuss und dann noch einer. Hilflos standen wir inmitten von Menschen, die sich gegenseitig abknallten. Der Blutrausch hatte nur ein Gutes: Die Kämpfenden hatten uns völlig vergessen.

Geistesgegenwärtig sprang Daniel aus dem Wasserbecken und riss mich mit. Dann rannten wir Hand in Hand an den kämpfenden Soldaten vorbei. Niemand versuchte, uns aufzuhalten. Chöne Yeshi stand noch immer mit glasigem Blick und hochroten Wangen über Rondorf gebeugt. Erst als wir längst außer Sichtweite waren, schrie Nyngma auf, weil er unsere Flucht bemerkt hatte. Chöne Yeshi drehte sich wie ein Automat um und schoss blind in die Richtung, in die wir geflohen waren. Dann rannte er zusammen mit einige Marionetten aus seinem gedungenen Gefolge hinter uns her, während die anderen noch mit Rondorfs Leuten kämpften.

Daniel hielt die kostbaren Aufzeichnungen fest umklammert. Erst als die Schritte weit hinter uns zurückblieben, erinnerte ich mich an Lama Khyentses Geschichte vom magischen Schutz der Pergamente. Ich führte mir vor Augen, wie die Höhle zusammengebrochen war, in der mein Großvater und die Naziexpedition die Edelsteine eingesammelt hatten. Und gleichzeitig wünschte ich mir nichts sehnlicher, als dass das Gleiche noch einmal geschah. Die Höhle musste einstürzen und Lama Chöne Yeshi und sein rasendes Gefolge unter sich begraben.

Ich hatte niemals geglaubt, dass ein normaler Sterblicher magische Fähigkeiten erlangen könnte. Jetzt wurde ich eines Besseren belehrt. Wahrscheinlich war dies einer jener seltenen Fälle, in denen Wunsch und Wirklichkeit auf unerklärliche Weise übereinstimmten und die Grenzen des Materiellen überwanden. Jedenfalls hörten wir hinter uns ein bedrohliches Krachen. Staub rieselte auf uns nieder. Wir vernahmen die erstickten Schreie von Menschen, die unter gewaltigen Steinmassen begraben wurden und blieben abrupt stehen. Die Schritte hinter uns waren nicht mehr zu hören.

Es war Daniel, der das Schweigen brach: „Gerade habe ich mir nichts sehnlicher gewünscht, als dass unsere Verfolger unter Steinmassen begraben würden, wie damals dein Großvater…"

Es war eigentlich unmöglich, aber es war geschehen. Durch die Kraft unseres gemeinsamen Wunsches hatten wir die unsichtbare Linie zwischen Wunsch und Wirklichkeit überschritten.

„Ich, ich… ich habe mir gerade das Gleiche gewünscht…“, stammelte ich.

Tränen der Erleichterung rollten über unsere staubigen Wangen, als wir uns umarmten und gemeinsam eine Welt betraten, die so neu war, dass sie alles, was wir bisher geglaubt hatten, auf den Kopf stellte.

29

Nacheinander taumelten Daniel und ich durch den schmalen Höhleneingang hinaus ins Freie und machten uns sofort an unsere nächste wichtige Aufgabe. Solange sich Rondorfs Mitarbeiter in Sicherheit wiegten und davon ausgingen, dass ihr Anführer wichtige Dokumente beschaffte, mussten wir die technischen Geräte im Lager lahm legen. Hier kam uns Daniels scharfe Beobachtungsgabe zur Hilfe. Er hatte sich jedes Detail des Lagers gemerkt. Wir schlichen an den schlafenden Wachen vorbei zum Generator. Er war weder bewacht noch in Betrieb.

„Was hast du vor?", fragte ich flüsternd.

Daniel machte sich im Schein der Taschenlampe an dem Generator zu schaffen. In Windeseile hatte er mehrere Kabel miteinander vertauscht. „Das müsste reichen, um das Ding bei der nächsten Inbetriebnahme in die Luft zu jagen."

Daniel zog mich weiter, hinauf auf das Plateau. Fasziniert beobachtete ich, mit welcher Geschicklichkeit Daniel nun auch die Kabel an der riesigen Satellitenschüssel vertauschte. „Wenn wir Glück haben, setzt sich der Kurzschluss im Generator durch die Kabel fort und lässt auch die Satellitenschüssel hochgehen", erklärte er.

„Wie viele Menschen leben im Lager?", fragte ich.

Daniel schätzte, dass es um die fünf Wissenschaftler, etwa doppelt so viele Hilfskräfte und ebenso viele Soldaten waren. „Außer den Wachen schlafen alle in der Höhle. Wir müssen die Wachen ausschalten und das Tor verriegeln, damit keiner mehr herauskommt. Alles Weitere wird sich ergeben, wenn wir in Sicherheit sind."

Neben dem Generator fanden wir eine Eisenstange. Daniel näherte sich den schlafenden Wachen von hinten und zog ihnen eins über den Schädel, während ich das Lager nach Seilen absuchte, um sie zu fesseln. In einem der Zelte fand ich eine komplette Bergsteigerausrüstung. Ich schnitt das meterlange Seil mit einem Messer in Stücke und rannte damit zu Daniel, der die drei Soldaten nebeneinander gesetzt hatte. „Los, bringen wir sie in die Höhle!", schlug ich vor. Wir brachten die Wachen in Daniels Zelle und fesselten sie. Dann verließen wir die Höhle und schlossen das Tor.

„Hast du noch das Messer, mit dem du das Seil geteilt hast?"

Daniel löste die Metallverkleidung von der automatischen Türverriegelung, trennte mit dem Messer alle Kabel durch und sah mich dann erleichtert an. „Wir haben es geschafft, Caroline. Jetzt bleibt nur noch eines zu tun… Geh du schon voran! Halte dich dicht an den Felsen und laufe so weit du kannst. Sobald du dich irgendwo verstecken kannst, lege dich flach auf den Boden und halte dir Augen und Ohren zu. Warte dort auf mich!"

Daniel schlich zum Generator und warf den Motor an. Ich lief so schnell ich konnte, ohne mich auch nur einmal umzusehen. Es gelang mir gerade noch, mich hinter einen Felsvorsprung zu werfen, als ich von einer ungeheuren Druckwelle erfasst wurde. Ich presste mich an den Boden, drückte meinen Kopf in den Schnee und schützte die Ohren mit den Händen. Unter und über mir vibrierte alles wie bei einem Erdbeben. Eine zweite, noch gewaltigere Explosion erschütterte das Tal. Ich hob den Kopf. Der Generator und die Antenne brannten lichterloh und hüllten das gesamte Bergmassiv in rotgoldene Flammen.

Ein Bild durchzuckte mich. Ich sah einen tibetischen Mönch, gekleidet in kostbare, golddurchwirkte Gewänder. Er trug eine Fackel in der einen und einen glühenden *Vajra* in der anderen Hand und stand im Zentrum der brennenden Satellitenschüssel wie in einem brennenden Rad. Ich sah *Rudra Chakrin*, den zornigen Raddreher aus den alten Legenden. Wie verzaubert schaute ich in sein ebenmäßiges Gesicht, das irgendwie aussah wie das von Daniel. Es war weich und voller Liebe und Mitgefühl. Da wusste ich, dass der künftige König von Shambhala nichts um des Zerstörens willen vernichtete. Seine Kraft, die Entstehen und Vergehen bewirkte, war die Liebe…

Erst als die Antenne mit einem Knall zusammenbrach, verschwand der künftige Herrscher von Shambhala. Zurück blieb die Freude in meinem Herzen und eine Sehnsucht, die ich nur schwer beschreiben konnte. Ich sehnte mich nach der selbstlosen Hingabe, die ich in *Rudra Chakrins* Gesicht gesehen hatte.

Erschöpft, ausgehungert und frierend erreichten wir das Kloster Shünlu. Es wirkte noch zauberhafter als zuvor, noch einladender, noch paradiesischer. Aus einiger Entfernung sah ich, dass Lama Shunyata am Fenster seines Zimmers stand und ernst in den Hof blickte. Wir mussten lange warten, bis sich das Tor endlich öffnete und ein Mönch uns mit distanzierter Freundlichkeit hereinbat. „Lama Shunyata sagt, Sie sollen in aller Ruhe ein Bad nehmen, ausgiebig essen und trinken, und dann schlafen gehen. Er wird morgen mit Ihnen sprechen."

Daniel nahm die gleichgültige Behandlung völlig gelassen hin. Ich dagegen trottete enttäuscht hinter den beiden Männern her und schimpfte innerlich über so viel Respektlosigkeit. Wir hatten kostbare tibetische Schätze gerettet, ja sogar Shambhala, das heilige Königreich, und niemand bedankte sich bei uns.

„Ich glaube, wir sind am Ende unserer Reise!", flüsterte Daniel als wir satt und sauber in unserem Zimmer saßen.

„Ich kann mir kaum vorstellen, bald wieder zurück in Delhi zu sein, ohne Rondorf und ohne Abenteuer…"

„Lass uns noch einen Blick auf die Dokumente werfen!", unterbrach mich Daniel.

Die Dokumente! Ich hatte sie ganz vergessen. Sie spielten keine Rolle mehr. Daniel holte die uralten Schriftrollen und entrollte eine nach der anderen.

Uninteressiert fragte ich: „Und, was sagen sie?"

„Ein Dokument betrifft die geheimen Kalachakra-Lehren. Es beschreibt tantrische Rituale zur Erweckung der *Kundalini* und erklärt die Begriffe Bewusstsein und Leerheit aus der Sicht des Vajrayana. Das zweite Dokument beruht gewissermaßen auf dieser Beschreibung. Es nennt Methoden zur Entwicklung der *Siddhis,* warnt aber vor deren Anwendung, wenn sie auf Verlangen begründet ist. Wer die Leerheit der Erscheinungen erfasst hat, wird niemals *Siddhis* anwenden, denn sie gehören zur phänomenalen Welt und setzen die getrennte Existenz von Subjekt und Objekt voraus. Das dritte Dokument nennt alle Eingänge zum Königreich von Shambhala und eine Formel, die man sprechen muss, um dort eingelassen zu werden. Ein Eingang befindet sich hier in Shünlu. Wir sind also wirklich am Ziel unserer Reise.

Ich wette, dass Rondorf vor allem auf die Erklärungen zur Natur des Bewusstseins und der darauf basierenden yogischen Fähigkeiten scharf war. Er hatte sich in den Kopf gesetzt, auf technischem Wege zu erreichen, wozu die Yogis durch Entwicklung ihres Bewusstseins fähig sind…"

Ich hörte Daniel nicht mehr zu, denn plötzlich erkannte ich, dass Rondorf Shambhala gesucht hatte, das Paradies, genau wie wir und vielleicht alle Menschen. Leider hatte er den Fehler gemacht, das Paradies für eine Erscheinung der relativen Welt zu halten. Er hatte nicht versucht, sich selbst und sein Leben zu transzendieren, um Shambhala jenseits der Dualität zu finden. Rondorf war nicht Visionär genug gewesen, die Utopie für Wirklichkeit zu halten. Er hatte die Wirklichkeit in die Utopie zwingen wollen und sich dafür zweifelhafter Techniken bedient. Doch es hatte sich gezeigt, dass sich mit herkömmlichen Mitteln eben immer nur das Herkömmliche erreichen ließ. Die Welt der unbegrenzten Möglichkeiten und des reinen Geistes stand nur dem offen, der bereit war, unbekannte Wege zu beschreiten und alles zu vergessen, was er jemals geglaubt hatte. Irgendwie war ich Rondorf dankbar. Er hatte mich gelehrt, wahr von falsch zu unterscheiden… Ich war selbst überrascht, als ich feststellte, dass ich Mitgefühl für ihn empfand. Er hatte dasselbe gesucht wie Daniel und ich, aber nicht gewusst, wie er suchen sollte. Er musste sehr gelitten haben!

Daniel riss mich unsanft aus meinen Gedanken: „Caroline. Hallo. Hörst du mir überhaupt zu?"

„Entschuldige, ich war gerade ganz woanders."

„Ich habe dich gefragt, was wir mit den Dokumenten machen sollen. In gewisser Weise sind sie doch auch für uns das, wonach wir immer gesucht haben."

„Sind sie das? Ich habe die Herausforderung gesucht, Erfüllung, Freiheit und Akzeptanz. Wahrheit. Liebe. Können diese Dokumente mir etwas davon geben? Nein. Sie sind irgendwie vergiftet. Zu viele Menschen möchten sie haben, zu viele haben nach ihnen gesucht und sind dabei über Leichen gegangen. Ich glaube, ich muss jetzt die Entscheidung treffen, die mein Großvater schon vor vielen Jahren hätte treffen müssen. Irgendjemand hat uns gesagt, dass alles, was uns als schriftliche Lehre begegnet, nicht die Wahrheit sein kann. Erinnerst du dich? Heute weiß ich selbst, dass das so ist. Das schriftlich Niedergelegte ist ein Werkzeug des Verstandes, der besitzen will. Er will besitzen, und zwar nur für sich. Er will Wissen besitzen, weil er sich von der Weisheit getrennt fühlt. Doch die Wahrheit liegt jenseits des Verstandes. Sie bedient sich der lebendigen Erfahrung. Für mich haben diese Dokumente keinen Wert. Sie gehören nach Shambhala. Gerne würde ich sie dem König zurückgeben, aber ich glaube, wir werden Shambhala nicht finden…"

Daniel schwieg betreten. Ich konnte förmlich hören, wie er sich beschimpfte, weil er die Prüfung nicht erkannt hatte. Er hatte die Dokumente gefunden, und natürlich war dies der Höhepunkt seiner wissenschaftlichen Karriere, aber es war noch viel mehr. Dies war der Punkt, an dem sich Daniel endgültig von seinem alten Selbstverständnis verabschieden musste, um auf eine andere Art und Weise als bisher zu forschen und zu lehren. Dies war der Punkt, an dem Daniel umkehren musste…

„Es tut noch immer weh, sich von einem Teil seines alten Selbstbildes verabschieden zu müssen."

Ich legte sanft meine Arme um Daniel, und wir standen lange in dieser lockeren Umarmung, Stirn an Stirn. Die Gedanken schwiegen und wir fühlten uns so frei wie noch nie.

Shunyata schenkte uns ein warmes Lächeln, als ich Daniel mit ihm bekannt machte, verweigerte uns aber noch immer den erwarteten Dank. Wir frühstückten zusammen, und erst, als der letzte Löffel *Tsampa* verputzt war, interessierte er sich für die Ereignisse der letzten Tage. Daniel schilderte sachlich und genau, was seit unserer gemeinsamen Verhaftung vorgefallen war. Shunyata schien erstaunt, dass Rondorf und die Chinesen schon seit längerer Zeit ein Forschungslager in der Kunlun-Region betrieben hatten.

„Davon hatten wir keine Kenntnis. Ich bin erschüttert. Mein Volk unterliegt vielerlei Zwängen. Es ist schwer genug, sich gegen eine sichtbare Diktatur zu wehren, aber das, wovon Sie mir berichten, übersteigt meine Vorstellungskraft. Wir werden uns um die Gefangenen kümmern. Vielleicht kehrt jetzt endlich Ruhe in Tibet ein."

Die Lamas wussten also doch nicht alles. Ich mischte mich provokant in das Gespräch ein, aus dem Shunyata mich absichtlich auszuschließen schien: „Eins verstehe ich nicht, ehrwürdiger Lama. Sie wussten seit Jahren, dass Rondorf hinter den Dokumenten her war, aber Sie haben ihn nicht davon abgehalten. Sie warteten, bis Daniel und ich den kostbaren Schatz in letzter Sekunde gerettet haben. Warum?"

Shunyata grinste. „Nun… erstens wussten wir lange nicht genug über Rondorfs Pläne, und zweitens waren wir davon überzeugt, dass die magischen Siegel die Pergamente hinreichend schützen würden. Dieser Schutz wurde erst aufgehoben, als Sie sich den alten Texten näherten, denn Ihr Bewusstsein war inzwischen weit und rein genug. Sie durften die Schriften finden. Und damit wurden Sie zu Verursachern der Gefahr, in der die Dokumente waren. Es lag nahe, dass Sie diese Gefahr auch selbst wieder beseitigen mussten. Sie setzten die Ursache und mussten die Folgen der Wirkung tragen. Das ist das Gesetz des *Karma.* Wir alle, die Sie auf Ihrem Weg getroffen haben, waren nur Helfer in Ihrem Entwicklungsprozess. Wir haben die Hinweise gegeben, und Sie mussten daraus lernen."

Ich schwieg betreten, aber Shunyata hielt noch eine bittere Lektion für mich bereit.

„Genau deshalb, Caroline, sollten Sie keinen Dank von mir erwarten. Sie haben getan, was Sie tun mussten. Sicherlich haben Sie unserem Volk einen Dienst erwiesen, aber Sie sollten lernen, die Dinge um ihrer selbst und nicht um des Dankes und der Anerkennung willen zu tun. Dann haben Menschen wie Rondorf Sie auch nie wieder in der Hand. Tun Sie, was Sie tun müssen, tun Sie es mit ganzer Kraft und vergessen Sie es wieder. Machen Sie sich nicht von anderen abhängig, weder von einem alten Mönch, den Sie für weise halten, noch von einem Freund oder dem Mann, den Sie lieben. Erwarten Sie keine Gegenleistung für Ihre Liebe und Hingabe."

Schon wieder war ich auf mein kleines, vorwitziges Ego hereingefallen. Ich schämte mich.

Lama Shunyata setzte sich neben mich und nahm mich mitfühlend in den Arm. „Erwartung erzeugt Enttäuschung. Aber das ist nur eine kleine Lektion im Vergleich zu der, die Sie schon gelernt haben. Sie haben begriffen, dass Druck immer Gegendruck erzeugt, und dass die Kraft, die uns alle bewegt, nur wirken kann, wenn man sich bewusst in ihren Dienst stellt. Der Tantriker nutzt diese Einsicht, indem er all das, was von anderen Buddhisten als Geistesgift bezeichnet wird, bewusst einsetzt, um sich über seine bindende Wirkung zu erheben. Er nutzt das Gift als Gegengift, denn ebenso, wie minus mal minus plus ergibt, heben sich die Geistesgifte gegenseitig auf. Das ist das tantrische Umkehrgesetz, das Sie begreifen müssen, wenn Sie die Magie Ihrer Beziehung verstehen wollen. Tantriker sind nur in den seltensten Fällen strenge Asketen, die zurückgezogen in den Bergen leben. Die meisten nehmen aktiv am Leben teil, wissen aber um die wahre Bedeutung der Erscheinungen. Sie sind weder Sklaven ihrer Bedürfnisse noch unterdrücken sie sie."

Shunyata blickte uns durchdringend an und fragte dann mit gespielter Unschuldsmiene: „Was habt ihr die ganze Zeit über wirklich gesucht?"

Ich war heilfroh, dass Daniel zu sprechen begann: „Schon von frühester Kindheit an habe ich die Heiterkeit und Gelassenheit gesucht, die meine Großmutter verkörperte. Sie hatte diese unbeschreibliche innere Ruhe, die sie immer im Gleichgewicht zu halten schien. Ich glaube, sie wusste einfach, dass es für alles eine Lösung gab. Sie wollte nichts erzwingen und erreichte doch so viel. Seither suche ich nach dem Ort, an dem diese Ruhe, dieses Gleichgewicht herrscht, und irgendwann wurde Shambhala für mich zu diesem Ort."

Ich spürte eine angenehme Wärme und mein Herz weitete sich. Genau das suchte auch ich, doch um meinen persönlichen Wunsch zu konkretisieren, fügte ich hinzu: „Für mich ist bedingungslose Akzeptanz das Entscheidende. Sie bedeutet das Ende der inneren Unruhe und Getriebenheit, die mich immer wieder neue Dinge suchen lässt. Sie bedeutet Freiheit, Ruhe und das Gefühl, zu Hause angekommen zu sein."

Shunyatas Grinsen wurde breiter. „Könnt ihr euch vorstellen, dass ihr die ganze Zeit nach nichts anderem als wahrhafter Liebe gesucht habt?"

Es kam mir vor, als schließe sich ein Kreis. Ich sah mich am Taj Mahal, wo mir zum ersten Mal bewusst geworden war, dass ich mich nach wahrer Liebe sehnte. Ich schien in diesem Gefühl zu zerfließen, mich in ihm aufzulösen. Ja, es gab keinen Zweifel mehr. Ich suchte nach wahrhafter Liebe. Hatte ich sie gefunden?

Daniel sprang auf, goss sich ein Glas Wasser ein und leerte es in einem Zug. Auch er wusste nun, wonach er suchte.

Shunyata registrierte unsere Reaktionen, während er weiter sprach: „Die Suche nach Shambhala ist die Suche nach Gott und nach der göttlichen Liebe, die alles miteinander verbindet, die Grenzen zum Schmelzen und Mauern zum Einstürzen bringt. Diese Liebe ist das Wesen der Transzendenz. Sie ist bedingungslose Akzeptanz, Leben ohne Kampf, Aufhebung der schmerzhaften Trennung, vollständige Integration des Schattens. Hier wird die wahre Bedeutung des Wortes ‚Religion' deutlich, das vom lateinischen *religio*, ‚wieder anbinden, zurückführen', kommt. Durch den Prozess der Läuterung seines Bewusstseins findet das Individuum zu seiner göttlichen Quelle zurück und erkennt, dass es selbst göttlich ist und immer göttlich war. Gott war niemals außerhalb, sondern immer im eigenen Innern. In diesem Sinne ist Gott die Liebe, denn nur die Liebe vermag zu verbinden und zu vereinen.

Die meisten buddhistischen, aber auch christlichen, jüdischen oder moslemischen Methoden haben zum Ziel, die fünf Sinne zu überwinden. Kontemplation, Konzentration, Meditation oder Gebet sollen das Bewusstsein hinter die fünf grobstofflichen Sinne zurückziehen, um dort die Einheit mit dem Göttlichen zu erfahren. Es gibt aber noch einen anderen Weg – den Weg des Tantrikers, von dem ich eben sprach. Der Tantriker weiß um die wahre Bedeutung der menschlichen Wünsche und Begierden, er kennt die Bindungskraft seiner Sinne und macht sie sich bewusst zunutze. Unsere Wünsche und Begierden, vor allem der sexuelle Trieb, sind der Motor, der das Rad des *Samsara* in Bewegung hält. Erst wenn diese Kraft nicht mehr in die Befriedigung der körperlichen Triebe, sondern in die Suche nach der göttlichen Quelle investiert wird, kehrt Ruhe ein und wird Erkenntnis des Göttlichen möglich. Paradoxerweise ist das wirksamste Werkzeug hierfür die sexuelle Vereinigung von Mann und Frau. Der Tantriker verleugnet seine sexuellen Begierden nicht, sondern lebt sie bewusst aus, um sie zu transzendieren und in der göttlichen Ekstase die Grenzen seiner Sinne und seines Körpers zu überschreiten – und damit auch die Grenzen seines individuellen Ichs. Er weiß, dass die sexuelle Energie eine Form reiner göttlicher Energie ist. Er nutzt die körperliche Liebe sozusagen als Vehikel, um die göttliche Liebe in sich und seinem Partner zu entfachen und das eigene Herz ebenso zu öffnen wie das Herz des anderen. Das ist die Erweckung der *Kundalini*, der Schlangenkraft, die zusammengerollt am Ende der Wirbelsäule ruht. Sie wird erweckt, wenn der Tantriker bereit ist, sein wahres Erbe anzutreten, wenn er bereit ist, Gott und die göttliche Liebe in sich selbst zu erkennen und zum göttlichen Gefäß zu werden. Er muss bereit sein, das Individuelle dem Universellen zu opfern."

Ich schluckte. Shunyata hatte, vielleicht ungewollt, einen wunden Punkt in mir berührt. Ich erinnerte mich an meine ersten Begegnungen mit Daniel. Er hatte mich berührt, ich hatte mich zurückgezogen, und das immer wieder. Ich war überzeugt gewesen, dass ich mich so verhielt, weil Daniel nicht frei war, weil ich ihm nicht voll und ganz vertrauen konnte. Aber hatte er mir vertrauen können? Ich war nicht offen gewesen, nicht bereit für die Begegnung mit ihm, die von der ersten Sekunde an eine Begegnung mit meiner göttlichen Quelle bedeutet hätte. Es wäre zu schmerzhaft und zu früh gewesen, all die Dinge, Eigenschaften und Glaubenssätze zu erkennen, die mich von dieser Quelle trennten. Selbstakzeptanz war ein Fremdwort für mich gewesen.

Da begann Shunyata zu singen. Er sang mit der herrlichsten Stimme, die ich je gehört hatte:

„Hier, oh Shariputra, ist Form Leere
und die Leere selber ist Form;
Leere unterscheidet sich nicht von Form,
Form unterscheidet sich nicht von Leere.
Was immer Form ist, ist Leere,
was immer Leere ist, ist Form.
Dasselbe gilt für Gefühle,
Wahrnehmungen, Impulse und Bewusstsein.

Hier, oh Shariputra,
sind alle Dharmas gezeichnet von Leere;
sind sie weder erzeugt noch beendet,
weder beschmutzt noch unberührt,
weder beschädigt noch heil.

Darum, oh Shariputra,
gibt es in der Leere keine Form,
weder Gefühl noch Sinneseindruck,
weder Trieb noch Bewusstsein;
weder Auge, Ohr, Nase, Zunge, Körper noch Verstand,
weder Formen, Töne, Gerüche noch Geschmack,
weder Dinge im Raum noch Dinge im Geist;

weder das Element des Sehorgans noch sonst dergleichen,
bis wir zum Element des Bewusstseins des
  Nicht-Denkens kommen;
es gibt weder Nichtwissen noch Ausmerzen des Nichtwissens,
noch sonst dergleichen, bis wir dorthin kommen,
wo es weder Verfall noch Tod gibt,
noch ein Ausmerzen von Verfall und Tod.
Es gibt kein Leiden, keinen Ursprung, kein Anhalten;
  keinen Weg.
Es gibt keine Erkenntnis, kein Ankommen und kein
  Nicht-Ankommen.

Darum, oh Shariputra,
liegt es an seiner Nichterrungenschaft, dass ein Bodhisattva,
indem er sich auf die Vollkommenheit der Weisheit verließ,
ohne Gedankenschleier bleibt.
In Abwesenheit von Gedankenschleiern
ist er nicht zum Zittern gebracht worden,
hat er überwunden, was schrecken kann,
und am Ende erreicht er Nirvana.

All die, die als Buddhas erscheinen,
in den drei Spannen der Zeit,
sind vollends erwacht zur äußersten,
rechten und vollkommenen Erleuchtung,
weil sie sich auf die Vollkommenheit der Weisheit
  verließen." (5)

Es war sehr still, nachdem Shunyata seinen Gesang beendet hatte. Daniel fand als erster die Sprache wieder, und wie immer dachte er pragmatischer als ich: „Wenn der tantrische Weg zur Erleuchtung in der bewussten Vereinigung beider Geschlechter liegt, dann gibt es doch sicher auch Rituale, die diese bewusste Vereinigung erst möglich machen?"

„Natürlich gibt es bestimmte Körperübungen, die auf die bewusste Lenkung der sexuellen Energie von den Lendenwirbeln über die Wirbelsäule hinauf bis ins Dritte Auge vorbereiten. Aber wie immer ist all das zunächst reine Theorie. ‚Bewusst' sollte niemals mit ‚gewollt' verwechselt werden. Man kann diese Vereinigung nicht bewirken. Man kann sie nur geschehen lassen. Wo die Grenzen ohnehin bereits gefallen sind, weil zwei Menschen sich so sehr lieben, dass sie gedanklich eins geworden sind, braucht es nichts als tiefe Hingabe und die Fähigkeit, im anderen nicht nur den Geliebten, das Individuum, das bekannte Ego zu sehen, sondern auch den göttlichen Aspekt. Mann und Frau begegnen sich dann auf verschiedenen Ebenen: körperlich, mental, emotional, aber auch symbolisch, oder besser gesagt spirituell als Gott und Göttin, *Shiva* und *Shakti*. Sie begegnen sich persönlich und überpersönlich zugleich. Beide Liebenden müssen sowohl zur Abstraktion und zur Loslösung als auch zur Hingabe fähig sein. Sexuelle Vereinigung dient dann nicht mehr der Befriedigung eines Triebes, sondern dem Erwecken der göttlichen Schöpferkraft, die das Blei des individuellen Egos in das Gold des erwachten Selbst verwandeln kann. Das ist die mystische Hochzeit, die Vereinigung der Gegensätze, die in der Welt der Erscheinungen mit der Begegnung zwischen Mann und Frau beginnt und sich bis zum Erwachen des vollen Bewusstseins in jedem Partner fortsetzt. Der Mann repräsentiert die statische Energie des reinen Bewusstseins, *Shiva,* während die Frau die kinetische, schöpferische Energie, *Shakti,* verkörpert, die sich mit der Energie des Mannes verbindet und ein Feuer entzündet, das die letzten Schranken des Geistes beseitigt."

Mich interessierte plötzlich, ob Shunyata aus Erfahrung sprach.

Der Lama deutete meinen leicht schrägen Blick richtig. Er lachte laut, klopfte sich vor Freude auf die Schenkel und fragte: „Ist es so schwer vorstellbar, dass ich aus eigener Erfahrung spreche?"

Ich errötete und schwieg lieber, bevor ich die Situation noch peinlicher machte, als sie ohnehin schon war. Shunyata aber erzählte uns mit kindlicher Begeisterung von seiner *Tantrika,* seiner spirituellen Lehrerin, die ihn mit liebevoller Fürsorge unterwiesen hatte. Er erklärte, dass die tantrischen Weisen in erster Linie Frauen waren, die den Männern ihre Weisheit und ihre Energie schenkten, um das kosmische Bewusstsein in ihnen zu erwecken. Die Stimmung im Raum veränderte sich. Sie zeugte von wacher Aufmerksamkeit, gespannter Konzentration und vibrierender Energie. In Shunyatas Augen spiegelte sich die bewundernde Zuneigung, die er für seine Lehrerin empfand, für die Frau, die seinen Körper und seinen Geist zur Erleuchtung geführt hatte.

„Merkt euch eins. Und ich bin sicher, dass ihr genau das in den letzten Wochen gelernt habt: Es gibt keine Erleuchtung ohne Liebe, keine Freiheit ohne ein offenes Herz. Wenn euer Herz für euch selbst verschlossen ist, wird es auch für die göttliche Gnade verschlossen sein. Nur wer wahrhaft liebt und sich in dieser Liebe selbst vergessen kann, wird Erlösung vom Leiden finden. Gott oder das göttliche Erlebnis, das wir Buddhisten *Nirvana* nennen, kann niemals mit dem Intellekt erfasst werden, sondern nur mit dem Herzen. Denn nur das Herz ist frei von jeglichem Egoismus."

Wieder spürte ich die Wärme, die meine Brust weitete. Daniel, der merkte, dass Shunyatas Lektion beendet war, kam auf die unseligen Aufzeichnungen zurück, die wir immer noch bei uns trugen: „Ehrwürdiger Lama, entschuldigen Sie den raschen Themenwechsel, aber uns brennt ein wichtiges Anliegen auf der Seele. Was soll mit Suchandras Aufzeichnungen geschehen?"

„Was wollt ihr mit den Pergamenten anfangen? Ihr habt sie geborgen. Sie liegen nun in eurer Obhut."

Daniel vergewisserte sich mit einem kurzen Blick auf mich, dass er in meinem Sinne sprach. „Wir sind uns einig, dass wir Ihnen die Dokumente übergeben möchten. Sie haben schon zuviel Unheil angerichtet. Wir glauben, dass es an der Zeit ist, sie zu vernichten."

Shunyata nickte. Er nahm Daniel die Rollen ab, verbeugte sich vor uns und ging hinüber zum Kamin, in dem ein loderndes Feuer brannte. Mit einer leichten Drehung seines rechten Armes warf er die Rollen hinein und wir sahen zu, wie sie in Flammen aufgingen. Wieder glaubte ich, im Feuer das lächelnde Antlitz von *Rudra Chakrin* zu erblicken, der sich mit vor der Brust gefalteten Händen vor uns verneigte. Im selben Augenblick verkündete Lama Shunyata: „Wir haben eine letzte Einweihung für euch vorbereitet. Ihr habt mehr als einmal bewiesen, dass ihr bereit seid, den Pfad bis zum Ende zu gehen…"

30

Die Vorbereitung entsprach beinahe exakt der zu unserer letzten Einweihung, die mir so weit entfernt schien wie meine Kindheit. Während ich in einem hölzernen Badezuber hockte und mich dem dampfenden Wohlgeruch des Kräuterbades hingab, versuchte ich, sämtliche Etappen unserer Reise vor meinem inneren Auge Revue passieren zu lassen. Schnell kam ich mit der Chronologie durcheinander, wusste kaum noch, welches Ereignis weiter zurücklag als ein anderes. Es kam mir fast vor, als fänden die Ereignisse erst jetzt und hier statt, während ich mich an sie erinnerte und über sie nachdachte. Es war, als sei die Vergangenheit nichts als ein Gedankenkomplex in der zeitlosen Gegenwart.

Nach dem Bad rieb ein Mönch meinen Körper mit einem süßlich duftenden Öl ein. Sandelholz sei der Duft, der das Erwachen begleite, erklärte er mir. Das Öl musste auf der nassen Haut trocknen. Geduldig wartete ich, bis auch der letzte Tropfen eingezogen war. Der Geruch des Öles beruhigte mich und bewirkte ein Gefühl von süßer Seligkeit und Geborgenheit. Dann wurde ich wieder in ein Mönchsgewand gehüllt und hielt mich nun für soweit vorbereitet, dass das Ritual beginnen konnte. Aber der Mönch bat mich, eine meditative Haltung einzunehmen und zu warten, bis man mich holte. Ich saß im halben Lotussitz, wie ich es gelernt hatte, und beobachtete meine Denkprozesse, bis sie zur Ruhe kamen. Plötzlich spürte ich einen sanften Luftzug. Die Tür hatte sich geöffnet. Ich blinzelte aus halb geschlossenen Augen über meine Nasenspitze hinweg und sah, dass Shunyata vor mir kniete. „Wie geht es dir, Caroline?"

„Gut. So gut wie noch nie!"

„Glaubst du, dass sich viel verändert hat?"

Lauter als beabsichtigt rief ich: „Viel? Alles hat sich verändert."

„Glaubst du, dass sich noch etwas verändern kann?"

„Ich weiß nicht! Glauben Sie, dass sich noch etwas verändern muss?"

Eigentlich wusste ich es selbst. Auch ich spürte noch ein Hindernis, eine innere Mauer, die mich von der Wirklichkeit trennte. Obwohl ich meine Furcht vor Daniels Tod besiegt hatte, gab es noch eine letzte Angst...

„Kannst du dir vorstellen, dass deine Wandlung noch nicht vollständig vollzogen ist?"

„Ja, Lama Shunyata. Ich weiß, dass sie noch nicht vollständig vollzogen ist. Aber ich weiß nicht, was es noch braucht, um sie zu vollenden."

„Du wehrst dich wie eine Ertrinkende gegen die letzte entscheidende Erfahrung. An einem bestimmten Punkt machst du immer wieder Halt. Du zerstörst alle Möglichkeiten, die dieser Moment birgt und fällst zurück hinter die Grenze, die du eigentlich mutig überschreiten willst. Das ist die Wurzel des Egos, der Ich-Gedanke. Das Ego fürchtet seinen Tod. Es fürchtet, die Kontrolle zu verlieren, wenn du die letzte Grenze zum Nichts überschreitest. "

Ich fühlte mich irgendwie kraftlos, entmutigt; gescheitert.

„Lass die Zügel endlich ganz los, Caroline. Lass sie fallen und schau zu, was dann passiert. Du musst dich mit Haut und Haar, mit Leib und Seele der Liebe hingeben. Du darfst nichts von dir zurückhalten! Nichts! Wer etwas von sich zurückhält, ist ein Betrüger. Er wird niemals alles geschenkt bekommen."

In diesem Moment wusste ich: „Das kann man nicht willentlich tun."

„Nein, aber man kann sich willentlich öffnen, um es geschehen zu lassen. Das geht nur, wenn man die Angst verliert – die Angst vor dem eigenen Tod. Denn physisch mag sich diese Erfahrung tatsächlich anfühlen, als stürbe man, vor allem wenn man sich dagegen wehrt. Schau dir an, was der Tod wirklich bedeutet. Bedeutet er Bewusstlosigkeit oder Erwachen?"

Das Mitgefühl, dass ich in Lama Shunyatas Gesicht sah, trieb mir die Tränen in die Augen. „Ich weiß nicht, ob ich das kann", schluchzte ich.

„Du kannst es!" Shunyata strich mir sanft über das noch nasse Haar. „Bleibe noch ein Weilchen hier. Wir werden dich holen, wenn es soweit ist."

Ich vermutete, dass Shunyata nun zu Daniel ging, um auch mit ihm ein letztes Gespräch zu führen. Ich kehrte, noch immer weinend, zu mir zurück, wandte mich erneut nach innen und suchte die Ruhe der Gedankenlosigkeit. Tiefer und tiefer sank ich durch die unterbewussten und unbewussten Schichten meines Geistes, bis ich tatsächlich zum ersten Mal bewusst die Grenze erreichte, von der Shunyata gesprochen hatte. Sie war wie eine unsichtbare Mauer, hinter der gähnende Leere, erstickende Tiefe, grausame Weite, Furcht erregende Auflösung, erschreckendes Nichts und Bewusstlosigkeit auf mich warteten. Meine Nase kribbelte, mein Herz raste, ich begann zu schwitzen und bekam nur noch schwer Luft. Erschrocken riss ich mich aus der Tiefe, kehrte auf die Ebene meines Tagesbewusstseins zurück und freute mich über die Gegenstände, die ich sah, als ich mich umsah, jene Gegenstände, die mir meine klar abgegrenzte Identität wiedergaben, an denen ich mich festhalten und vor dem Ertrinken retten konnte. Wieder weinte ich, diesmal vor Verzweiflung, weil ich so unfähig war, mich über meine eigene Grenze zu schubsen. Ich fürchtete, dass mich diese Grenze für immer von mir selbst und vom Leben trennen würde.

Irgendwie schaffte ich es, Verständnis für mich selbst aufzubringen. Zum ersten Mal verstand ich, dass man den eigenen Geist erziehen musste wie ein kleines Kind, mit einer gewissen Geradlinigkeit und Strenge, aber vor allem mit sehr viel Mitgefühl und Verständnis. Mir fiel auf, dass ich ein solches Mitgefühl niemals für mich selbst gehabt hatte. Ich hatte mir immer nur etwas abgefordert, und meistens hatte ich meinen Anforderungen nicht genügt. Dann hatte ich mich selbst gehasst. Häufig hatte ich deshalb unter einem unerträglichen inneren Druck gestanden, der mir erst heute bewusst wurde. Und jetzt, wo ich das Entscheidende von mir forderte, fürchtete ich, auch dieser Anforderung nicht gewachsen zu sein. Je verzweifelter ich forderte, desto mehr rückte mein Ziel in unerreichbare Ferne. Mein Wille kam an seine Grenze. Er musste einsehen, dass er allein nichts ausrichten konnte…

Endlich wurde ich abgeholt. Schon auf dem Flur hörte ich den Gesang der Mönche, die das Herz-Sutra rezitierten. Ich wunderte mich, dass ich die Sanskritworte verstand, welche die Gänge des Klosters füllten wie ein gesungener Ton die Lungen des Sängers:

„Iha Shariputra rupam sunyata sunataiva rupam,
rupam na prithak sunyata sunyataya na prithag rupam,…"
„Hier, oh Shariputra, ist Form Leere und die Leere selber
ist Form;
Leere unterscheidet sich nicht von der Form, Form
unterscheidet sich nicht von der Leere…"

Fast dreißig Mönche saßen in Reih und Glied auf ihren Meditationsmatten und sangen. Ich sehnte mich plötzlich nach dem Alleinsein. Ich fühlte mich zu verletzlich, um die Anwesenheit so vieler Menschen zu ertragen.

„…yad rupam sa sunyata ya sunyata tad rupam;
evam eva vedana-samjna-samskara-vijnanam."
„Was immer Form ist, ist Leere,
was immer Leere ist, ist Form.
Dasselbe gilt für Gefühle, Wahrnehmungen, Impulse, Bewusst-
sein…"

Erst als ich vor dem Bild der Kalachakra-Gottheit kniete, wurde Daniel hereingebracht. Ich hatte nicht die Kraft, ihn anzuschauen. Ängstlich hielt ich den Blick auf den Boden gesenkt. Ich musste mich auf mich selbst konzentrieren, damit ich spüren konnte, wann meine innere Grenze erreicht war. Vielleicht fiel es mir in Daniels Nähe leichter, den Sprung zu wagen und sie einfach hinter mir zu lassen.

„Gate gate paramgate parasamgate bodhi svaha –
iti prajnaparamita-hridayam samaptam.
Gegangen, gegangen, hinübergegangen, vollends
hinübergegangen!
Erwacht! Halleluja!
Hier ist das Herz vollkommener Weisheit vollendet." (6)

Daniel setzte sich links neben mich, und im selben Moment verstummte der Chor hinter uns. Der Raum hallte wider von den tiefen, sonoren Klängen des Mönchsgesangs. Ich erschrak, als ich verstand, in welch engem Zusammenhang die gesungenen Worte mit unserer Entwicklung standen…

Mein Herz klopfte aufgeregt, als Shunyata mit der Zeremonie begann. „Kalachakra bedeutet ‚Rad der Zeit'. Sobald ihr die Illusion der getrennten Existenz durchschaut habt, wird die Zeit stehen bleiben, Stunden und Minuten werden zur zeitlosen Ewigkeit. Vergangenheit und Zukunft werden in der Gegenwart erfahrbar, und der Raum wird kein Hindernis mehr sein, genau wie in der Nabe des unentwegt kreisenden Rades nicht Bewegung, sondern ewiger Stillstand herrscht. Das ist das Auge des Wirbelsturms, welches euch die Freiheit schenkt.

Eure Gedanken werden dann sehr kraftvoll sein. Alles, was ihr denkt, alles, was ihr euch wünscht, aber auch alles, was ihr fürchtet, wird sich vor euren Augen manifestieren, denn euer Geist wird seine volle Schöpferkraft wiedererlangt haben. Nichts wird mehr von euch getrennt sein, denn ihr seid zum Höheren Selbst erwacht. Erst dann werdet ihr wirkliche Meister eures Schicksals sein. Sobald ihr diese Meisterschaft erlangt habt, werdet ihr den Meistern von Shambhala begegnen.

Das Sanskritwort *Kala*, Zeit, entstammt derselben Wurzel wie Kali, der Name der indischen Göttin, die oft auch als Göttin der Zerstörung bezeichnet wird. Sie trägt eine Kette aus Totenköpfen und tanzt auf Leichenteilen. Auch *Kali*, die Göttin der Zeit, ist ein Symbol des Wandels, der Nicht-Dauer, wie die Zeit schlechthin für alles Vergängliche und den Kreislauf von Leben und Tod steht. Die Köpfe, die *Kali* an einer Kette um ihren Hals trägt, sind Trophäen, die sie im Zuge des unaufhaltsamen Wandels erwirbt. Sie köpft ihre ‚Opfer', beraubt sie ihres Verstandes, ihres Egos und öffnet ihnen damit den Weg zu ihrem Herzen und zum ungestümen Fluss des Lebens, der nur mit intuitiven Kräften erfahrbar ist. *Kali* weiß, dass nur derjenige die Zeit überwinden kann, der den Verstand überwindet, um in der Ewigkeit der unbegrenzten Möglichkeiten sein Zuhause zu erkennen, das er niemals wirklich verlassen hat. Nur wer den Mut hat, sich selbst zu köpfen und *Kali* seinen Kopf als Opfer darzubringen, hat die Prüfung bestanden und darf schon auf Erden das Jenseits betreten. Kalis schreckliches Antlitz kann nur von einem Mutigen, einem gänzlich Unerschrockenen geliebt werden, von einem Menschen, der den Mut hat, seiner eigenen Hässlichkeit ins Auge zu blicken und dadurch die Dualität zu überwinden."

Lama Shunyata forderte Daniel und mich auf, uns das Kalachakra-Mandala einzuprägen, das an alle vier Wände der Meditationshalle gemalt war, und es vor unserem inneren Auge entstehen zu lassen. Nur ein Blick darauf genügte, und es erschien in voller Farbenpracht vor meinem geistigen Auge und hüllte mich ein wie ein schützendes Tuch. Das Mandala wurde ich, ich wurde das Mandala.

Wieder stimmten die Mönche ihren Gesang an. Ich zuckte kurz erschrocken zusammen, als Shunyata Daniels und meinen Scheitelpunkt gleichzeitig mit der flachen Hand berührte. Eine ungeheuer heiße, fordernde Kraft ging von seiner Handfläche aus. Ich hatte das Gefühl, dass sich mein gesamtes Wesen unter dieser Kraft in der Krone meines Kopfes konzentrierte. Mein Körper entspannte sich, das Kribbeln entlang meiner Wirbelsäule nahm beständig zu. Es glich nun einem leisen, aber stetigen Fließen. Ohne Anstrengung richtete ich meine Aufmerksamkeit weiterhin auf das Kalachakra-Mandala in dem Raum hinter meinen geschlossenen Augen und nahm gleichzeitig jede Bewegung von Shunyata und Daniel wahr, als sei sie meine eigene.

Erst als Shunyata uns aufforderte, das Mandala gehen zu lassen und die Augen langsam wieder zu öffnen, wagte ich, mich den Sinneseindrücken der materiellen Welt zu stellen. Shunyata ging schonungslos mit uns um, als er uns in diese grobe, raue Welt zurückholte und daran erinnerte, dass der Abschied nahe bevorstand. Er ließ uns nicht die Zeit, in dem Zustand der Glückseligkeit zu verharren, dem er uns ein weiteres Stück näher gebracht hatte. „Ihr werdet morgen von einem Treck abgeholt, der euch in die nächste Stadt bringt. Dort steht ein Wagen bereit, der euch nach Lhasa bringt. Von dort fliegt ihr zurück nach Delhi."

Der Übergang von der heiligen Zeremonie zum nüchternen Tagesgeschäft schockierte und verletzte mich. Mühsam erhob ich mich und stakste an Daniels Seite durch einen Gang, den die am Boden sitzenden Mönche gebildet hatten, aus der Meditationshalle.

Wir hatten beide Mühe, einander anzublicken oder das Wort an den anderen zu richten. Die Erfahrung der letzten Stunden war zu stark gewesen. „Hat es dich auch so erschreckt, als er sagte, dass wir morgen von hier fort müssen?", fragte Daniel unsicher.

Ich nickte stumm.

„Ich glaube, ich würde am liebsten immer hier oben bleiben. Das Leben scheint so viel einfacher und klarer zu sein."

„Ich glaube, erst wenn wir das, was wir hier gelernt haben, im Alltag umsetzen können, haben wir einen Teil unserer Aufgabe erfüllt. Wir müssen in der Welt leben, ohne wirklich von der Welt zu sein. Das Leben klösterlicher Isolation kann uns nicht weiterbringen... Wenn wirklich alles eins ist, wie die Lamas beteuern, dann kann es keinen Unterschied zwischen der Welt hier oben und der Welt dort unten geben."

„Ich weiß...", sagte Daniel leise.

Die nächste Frage lag noch in der Luft, die Frage nach unserer gemeinsamen Zukunft und nach Malika... Aber etwas hatte sich auch hier verändert. Mir war die Antwort nicht mehr wichtig. Jetzt ging es nur noch darum, dass Daniel eine freie Entscheidung traf. Für oder gegen Malika hieß längst nicht mehr für oder gegen mich. Ich stand auf und ging auf Daniel zu, der ängstlich geradeaus starrte, weil er offenbar fürchtete, dass ich wieder – wie schon so oft – eine Entscheidung von ihm verlangte. Offensichtlich überraschte ich ihn, als ich ihn in tiefer, erwartungsloser Liebe und in dem Wissen um die Bedeutung der persönlichen Freiheit umarmte und zärtlich küsste. Ich musste innerlich lächeln, als ich seine Überraschung spürte. Noch erwiderte er meine Zärtlichkeit ein wenig verkrampft und mit leichtem Widerstand. Erst als er merkte, dass in meinem Kuss und in meiner Umarmung keine Forderung lag, sondern allein der Wunsch, bedingungslos zu geben, entspannten sich seine Muskeln und er erwiderte meine Küsse ohne spürbaren Vorbehalt. Ich schmeckte Salz zwischen unseren Lippen und wusste nicht, ob es seine oder meine Tränen waren, Tränen der Erleichterung, der Rührung und der Seligkeit, die immer dann fließen, wenn das Herz sich öffnet.

Langsam glitt das orangerote Gewand von meinen Schultern. Ich wusste nicht, ob seine oder meine Hände es geöffnet hatten. Daniel berührte und küsste jede Stelle meines vibrierenden Körpers, und plötzlich fühlte ich, was Pema mir über die Einheit erklärt hatte: Dort, wo Daniel mich berührte, konnte ich meine Haut nicht von seiner unterscheiden. War er ich? War ich er? Wir schienen ein Körper zu sein, der im gleichen Rhythmus atmete, begehrte, streichelte und sich unter den Händen des anderen spannte. Gierig atmete ich den köstlichen Duft von Daniels weicher Haut ein, der durch das Bad und die anschließende Ölung noch intensiver war als sonst. Ich schmeckte ihn auf meinen Lippen, roch ihn auf meiner Haut. Jede Berührung löste einen neuen Schauer des Verlangens aus. Es bedurfte keiner Anstrengung mehr, um auf die synchrone Bewegung unserer Körper konzentriert zu bleiben, die sich wie im Tanz begegneten. Wir waren Achtsamkeit, absolute Gegenwart – sonst nichts. Unser Zusammensein wurde zu einem intensiven Rausch, einem Rausch der energetisierten Gefühle, der sich beständig steigerte. Dieser bewusst erlebte Rausch war begleitet von einem herrlichen Gefühl der Leichtigkeit und Authentizität, der Entspannung trotz körperlicher, sexueller Anspannung.

Daniel erkundete meinen Körper mit seinen Lippen, während ich mich der erregenden Berührung voll und ganz hingab. Funken sprühten in meinem Kopf. Plötzlich fiel mir das Atmen schwer, ein Gefühl der Beklemmung, der Enge breitete sich in mir aus. Angst ergriff mich. Ich riss die Augen auf, um mich sicher in der Realität zu verankern, wie ich es vorhin in der Meditation getan hatte. Daniel spürte meine Angst, hielt inne, setzte sich hinter mich und hielt mich locker umarmt. In der Wärme und Sicherheit seiner Arme beruhigte sich meine Atmung langsam wieder und verbündete sich erneut mit dem Rhythmus seines ruhigen, gleichmäßigen Atems. Ich hatte sie wieder erreicht, die unsichtbare Barriere, die mich von meinem Geliebten trennte. Ich wusste, dass ich sie nicht mit Gewalt überwinden durfte. Also schaute ich sie an und nahm sie hin. Dies war die Wurzel des Egos, die sich als Todesangst äußerst. „Wer hat Angst zu sterben?", fragte ich mich. War ich diesem Ego nicht längst entwachsen? Wusste ich nicht längst, dass ich nicht dieser Körper und dieser Geist, sondern nur das reine Gewahrsein hinter beiden war?

Ich kniete zwischen Daniels Beinen und fand die Gegenwart wieder, die ich durch meine Angst verloren hatte. Liebevoll ließ ich meine Blicke über Daniels Körper gleiten und folgte dem Weg meiner Augen mit meinen heißen, vor Energie vibrierenden Händen. Daniels Schönheit, seine geschmeidige Eleganz, die dunkle Färbung seiner Haut berührten mich. Niemals zuvor hatte ich auf diese Weise begehrt. Niemals zuvor war ich auf diese Weise begehrt worden. Niemals zuvor war ich so sehr ich selbst gewesen und gleichzeitig so sehr eins mit einem anderen.

Ich erschrak, als mir bewusst wurde, dass ich immer geglaubt hatte, Lust sei das Werk von Spannung und Unsicherheit. Zum ersten Mal begriff ich, dass ich bisher nur Männer geliebt hatte, die selbst beim Sex eine glanzvolle Leistung vollbringen wollten und denen es weniger auf die Begegnung mit mir, als vielmehr darauf ankam, aus der Arena der Liebe als Sieger hervorzugehen. Immer hatte die Mauer der Abgrenzung, der Identität und der Kontrolle zwischen mir und meinem Partner gestanden, in intimen Momenten noch stärker als sonst, denn jeder glaubte, sein wahres Gesicht vor dem anderen verbergen zu müssen, weil er es für zu hässlich hielt. In dem Moment löste sich die Mauer der Trennung auf. Sie war sinnlos geworden, denn es zeigte sich, was sie gewesen war: eine Mauer, die uns nicht nur vom anderen trennte, sondern auch vom Strom des Lebens.

Eine winzige Sekunde lang spürte ich, dass auch Daniel zögerte, als die Nähe zwischen uns zu berauschend wurde. Ich sah, dass er vom Schwindel der Furcht ergriffen wurde und die letzte Hürde der Hingabe fürchtete, die er – genau wie ich – jahrelang für Verletzlichkeit gehalten hatte. Diesmal fing ich ihn just in dem Moment auf, als er abzustürzen glaubte. Die gemeinsam erlebte Angst verband uns tiefer als alles, was wir bisher gemeinsam erlebt hatten.

Wir standen endlich gemeinsam am Ufer, zur gleichen Zeit, mit den gleichen Gefühlen und aus den gleichen Motiven. Wir wussten um die Bedeutung der trennenden Angst, weil wir sie beide erlebt hatten. Instinktiv nahmen wir einander an die Hand und wagten gemeinsam den Sprung in das unbekannte, reißende Gewässer der unkontrollierbaren Leidenschaft. Bewusst öffnete ich mich für Daniel in dem Wissen, dass nur diese Öffnung etwas Neues, Größeres schaffen konnte. Gleichzeitig spürte ich, wie meine Öffnung das Gleiche bei ihm bewirkte. Hingabe ermöglichte Hingabe. Es war ganz einfach. Daniels Körper entspannte sich spürbar unter meinen Händen. Intuitiv folgte ich den Impulsen meines Körpers, der plötzlich eine eigene, bezaubernde Sprache zu sprechen schien. Ich schlang meine geöffneten Beine um Daniels Hüften. Bisher hatte ich die Augen geschlossen gehalten, aber plötzlich wollte ich Daniel nicht nur fühlen, sondern auch sehen. Als ich die Augen öffnete, bemerkte ich erstaunt, dass er mich längst betrachtete und leicht und zärtlich meinen Blick suchte.

In der Sekunde, da unsere Körper verschmolzen, verschmolzen auch unsere Blicke und wir lösten uns auf, um endlich nur noch gemeinsam zu sein. Meine Wirbelsäule vibrierte noch stärker. Ich glaubte, einen fremden und dennoch vertrauten, durchdringenden Ton zu hören – das heilige Om, das erste Wort. Der Geruch des Sandelholzöls wurde immer intensiver. Plötzlich sah ich weder Daniel noch mich, sondern nur noch Kaskaden aus Blau und Gold, in denen sich jegliches Gefühl für meine persönliche Identität auflöste. Ohne jede willentliche Entscheidung gab ich mich ganz und gar hin. Aber obwohl diese Hingabe durch Daniel und unsere sexuelle Vereinigung ermöglicht wurde, beinhaltete sie auch etwas Höheres. Intuitiv wusste ich, dass uns unsere persönliche Liebe über uns selbst hinausgetragen hatte. Sie hatte uns für die Hingabe an das Göttliche geöffnet. Das war die Ekstase, die höchste Verzückung, die man erlebte, wenn man sich mit dem Göttlichen vereinigte. Daniel und ich waren nicht nur mit dem Menschen verschmolzen, den wir begehrten. Nein, wir beide waren plötzlich eins, das Ganze, allumfassend. Wir waren die Luft, die wir atmeten, das Feuer der Liebe, das Wasser, das unsere Hände berührten, und die Erde, auf der wir lagen. Wir war Morgen und Abend, Tag und Nacht. Wir wurden zur Welt und die Welt wurde zu uns.

Und plötzlich wusste ich es, ohne es zu wissen…: Das war Nirvana, das Verlöschen des Ichs. Das war das Eine ohne Zweites, die Einheit hinter der Dualität, reines Sein, reines Gewahrsein, reine Glückseligkeit, das Paradies, die Verwirklichung der Leere.

Dann herrschte Ruhe. Ich merkte erst, dass ich zu einem anderen, neuen Bewusstsein erwacht war, als ich sah, dass ich wieder eine körperliche Form hatte und neben Daniel stand. Einen Moment lang wunderte ich mich darüber, dass wir beide bekleidet waren, aber schon bald wunderte ich mich über nichts mehr, sondern wurde ganz zum unbeteiligten Beobachter, der wahrnahm, wie wir nebeneinander in derselben Halle standen, in der Shunyata uns gerade erst eingeweiht hatte. Aber vor uns saß nicht Shunyata, sondern Baba, der Schlangenbeschwörer.

Verzaubert und klar wanderte mein Blick durch die Meditationshalle. Es war dieselbe Halle wie zuvor, da gab es keinen Zweifel, und doch wirkte sie ganz anders. Sie schien von einem grünlich-weißen Licht erhellt zu sein, das alles durchdrang. Ich wusste, dass wir uns im inneren

Heiligtum von Shambhala befanden. Was Utopie gewesen war und woran ich wochenlang gezweifelt hatte, war plötzlich Realität geworden. Oder sollte ich besser sagen, war Wahrheit geworden? Die Wahrheit schien mir heute so etwas wie eine Meta-Realität zu sein; das, was man sehen konnte, wenn man sich über die Gegensätze erhob. Daniel und ich hatten die Dualität gemeinsam hinter uns gelassen. Wir hatten gemeinsam erlebt, dass es ein Erkanntes nur dort gibt, wo auch ein Erkennender ist. Wir waren beide im Erkennen über die Dualität hinausgewachsen und in einer Welt der vibrierenden und belebenden Farben und Klänge erwacht. Hier war alles von allem durchdrungen. Noch vor wenigen Tagen hätten meine Augen diese Pracht nicht aufnehmen und mein Geist diese Intensität des Seins nicht verkraften können. Ich wusste, dass das Leben Daniel und mir ein einzigartiges Geschenk gemacht hatte, das einzige Geschenk, das man für die gänzliche Hingabe an die Liebe erhalten konnte: die absolute Wahrheit.

Liebevoll wanderte mein Blick zurück zu Baba, dem Weisen, der die ganze Zeit mein Führer gewesen war, ohne dass ich es gewusst hatte. Er war ein Shambhala-Meister. Ich fragte mich, ob ich nicht schon bei unserer ersten Begegnung am Taj Mahal mit Baba in Shambhala gewesen war. War Shambhala etwa ein Ort, der sich von jedem beliebigen Punkt auf der Welt aus erreichen ließ? Gab es vielleicht so viele Eingänge in das heilige Königreich, wie es Menschen gab, die aufrichtig um Einlass baten? Ich lachte innerlich, froh darüber, dass es immer noch viele neue Fragen gab; viele Dinge, die ich lernen musste; viele Erfahrungen, die gemacht werden wollten.

Die Schlange des Alten kroch langsam über seinen ausgestreckten Arm, Daniel und mir entgegen. Voller Freude streckte ich dem Tier meinen rechten Arm entgegen und lud es ein, darauf zu schlafen.

„Willkommen im heiligen Shambhala!", grüßte Baba uns lautlos.

Wie aus einem Munde fragten wir: „Wie kommen wir hierher?"

„Ihr habt den Schleier heruntergerissen, der euch von der Wirklichkeit getrennt hat. Gemeinsam habt ihr die Begrenzungen eures Egos überschritten. Das Rad der Zeit kann nur durch Hingabe des Egos angehalten werden. Erst dann münden Zeit und Raum in die Unendlichkeit. Wo das Nichts ist, ist alles eins. Ihr seid zu Shambhala geworden. Deshalb seid ihr hier."

Wir empfanden keinen Stolz, weil wir es endlich geschafft hatten, nur Ruhe, Frieden und tiefe Glückseligkeit.

Baba hielt uns einen Spiegel vor, in dem wir uns gemeinsam betrachten sollten. Wir sahen unsere Körper und ein warmes, vibrierendes Licht, das aus unseren Herz-Chakren gespeist wurde und uns gemeinsam umgab. Baba erklärte: „Die Schlange ist endlich erwacht. Aus der Form wurde die Leere, und nun zeigt sich die Leere in der Form. Die Schlange hat sich entrollt und in den Schwanz gebissen. Die Transformation ist beendet. Ihr seid das Selbst, das im Lotos des Herzens lebt!"

„Dürfen wir hier in Shambhala bleiben?" Ich stellte die Frage spontan und mit kindlichem Eifer, obwohl ich die Antwort bereits kannte.

„Ihr werdet häufig zu uns zurückkehren, aber ihr werdet nicht hier gebraucht, sondern an eurem alten Platz. Wir brauchen viele Vermittler in diesen Zeiten des Umbruchs. Lehrer, die geheilt und erwacht sind und die andere, die noch im Dunkeln tappen, durch den Sumpf ihres Unterbewusstseins führen können. Niemand ist für diese Aufgabe besser geeignet als ein Universitätsprofessor und eine Journalistin. Ihr seid Kinder eurer Zeit und gleichzeitig Kinder des Zeitlosen!"

Noch fiel es mir schwer, allein durch meine Gedanken mit den anderen zu kommunizieren. Es war eigenartig, dass es in dieser geistigen Welt keine Privatsphäre und keine Geheimnisse mehr gab. Mit der Trennung von Subjekt und Objekt hatten sie sich einfach aufgelöst. Und plötzlich wurde mir bewusst, dass es sie eigentlich niemals gegeben hatte.

„Ihr werdet Lehrer für viele sein. Als Erstes werdet ihr ein Buch über eure Reise nach Shambhala schreiben. Veröffentlicht es in so vielen Sprachen wie möglich. Danach werden viele euren Rat suchen. Wartet, bis sie zu euch kommen, und unterweist sie dann in den einfachen Dingen. Lehrt sie die Wendung nach innen und die Erforschung und Reinigung des eigenen Bewusstseins. Führt sie auf den Pfad der Selbsterkenntnis, wie ich und andere euch geführt haben. Lehrt sie Techniken, die ihnen helfen, ihr Bewusstsein von allen Verunreinigungen zu befreien, und bringt ihnen gleichzeitig bei, ihr Bewusstsein zu konzentrieren, damit sie die Kraft sammeln können, die es braucht, um das Ego zu überwinden und die höchsten Höhen des menschlichen Geistes zu erreichen. Ihr wisst, dass nicht jeder eine so beschwerliche Reise unternehmen muss wie ihr. Jedes Bewusstsein schafft sich seine eigenen Lernfelder. Vielen wird es genügen, in eurer

Nähe zu leben. Seid immer ein lebendiges Beispiel für die verwirklichte Einheit, die Leere. Es steht euch frei zu entscheiden, wie ihr eure Aufgabe, euer *Dharma*, erfüllen wollt. Doch vergesst nie, dass ihr von heute an nicht mehr für euch selbst lebt. Das Ziel eures persönlichen Lebens ist erreicht. Von jetzt an lebt ihr nur noch für die anderen!"

31

Wir erlebten Glückseligkeit, Frieden und die Kraft des klaren Lichts, das ohne den Wechsel von Tag und Nacht stetig aus der inneren Tiefe hervordrang und alles erleuchtete. Es war dieselbe Kraft, die uns hierher nach Shambhala geführt hatte, dasselbe Licht, das immer in unserem Inneren geleuchtet hatte, das wir aber erst hier und heute erkennen konnten. Wir sahen Energie und Bewusstsein als eins, als den einen formlosen Urgrund aller Formen. Wir selbst waren dieser Urgrund, ebenso wie alles, was uns umgab.

In meinen kühnsten Träumen hätte ich mir nicht vorstellen können, was es bedeutet, reine Liebe zu sein. Ja, ich begriff tatsächlich erst hier in Shambhala, dass das Gefühl der Verliebtheit, das mich seit meiner ersten Begegnung mit Daniel viele Male ergriffen hatte, nichts im Vergleich zu der Liebe war, die das Wesen des Erwachens und des reinen Geistes ist. Liebe war jetzt kein Gefühl, keine sentimentale Emotion mehr. Sie war ein Seinszustand, ein Bewusstseinszustand, der reine Geist der Buddhanatur, die jeder Erscheinung innewohnte. Alle Symbole, die uns auf unserer Reise in unseren tiefsten Tiefen berührt hatten, waren Spiegel gewesen, in denen wir unser eigenes Wesen erblickt hatten. Heute wussten wir das. Wir erlebten nichts mehr als von uns getrennt. Wir waren jenseits von Subjekt und Objekt. Also gab es auch keine an Raum und Zeit gebundene Erfahrung mehr, denn es gab keinen Erfahrenden und kein Erfahrenes mehr. Es gab kein Begehren mehr und keine Furcht, denn wir waren, was uns umgab, und gleichzeitig waren wir das Gewahrsein, das Formlose, das die Form hervorbringt. Wir waren zum liebenden Beobachter der Schöpfung geworden und erlebten die zeitlose Gewissheit, dass alles gut war, so wie es war.

So war es auch gut, als wir erfuhren, dass wir Shambhala verlassen mussten. Selbstvergessen und heiter traten wir die Rückreise an, ohne an dem zu haften, was wir gerade erst gefunden und zuvor so verzweifelt gesucht hatten. In wenigen Tagen legten wir die Strecke nach Lhasa zurück, für die wir vorher Wochen gebraucht hatten. Mehr als alles andere bewies unsere Rückreise, dass wir tatsächlich frei von egoistischen Bestrebungen und Verunreinigungen des Geistes waren.

Ich kam nicht einmal mehr auf die Idee, die Rückkehr nach Delhi zu fürchten, weil Malika dort auf uns wartete. Malika war keine Gefahr mehr. Ihr Besitz war längst nicht mehr mein Mangel, denn ich wusste, dass es keinen Besitz gab und dass mir nichts fehlte. Gefühle des Neids, der Eifersucht und des Begehrens waren nur eine Erinnerung an eine leidvolle Zeit, in der mein Ego noch so stark gewesen war, dass ich geglaubt hatte, nach den Dingen greifen zu müssen, die ich als von mir getrennt erlebte, um glücklich sein zu können. Ich wusste, dass ich diese Erinnerung brauchen würde, um anderen den Weg weisen zu können. Ich durfte das Leiden nicht vergessen. Die Erinnerung an die leidvolle Existenz der Getrenntheit war von nun an meine einzige Motivation. Sie war die Grundlage für das Mitgefühl, das ich für jeden empfinden würde, der die Glückseligkeit und den Frieden der reinen Buddhanatur nicht kannte, der sein wahres Selbst nicht kannte, sein wahres Selbst, das auch das meine war, den Punkt, an dem Ich und Du sich berühren und einander als sich selbst erkennen.

Wir nahmen den nächsten Flug zurück nach Delhi. Unsere Welt war eine zeitlose, und doch spielte sich alles ab wie sonst auch. Der Flug ging um zwei Uhr nachmittags von Gonggar, wir fanden uns zwei Stunden vorher am Flughafen ein und legten unsere Pässe und Tickets vor wie jeder andere Passagier. Eigentlich hatte sich nichts verändert, nur unsere Wahrnehmung war eine andere geworden. Wir sahen die Welt der kommenden und gehenden Erscheinungen und waren uns ihres zeit- und raumlosen Ursprungs im reinen Gewahrsein bewusst. Zeit und Ewigkeit waren keine Gegensätze mehr. Wir saßen in der Abflughalle und beobachteten das Geschehen so wach und unmittelbar beteiligt, wie es sich nur schwer beschreiben lässt. Wir sprachen nicht miteinander, denn obwohl wir Shambhala verlassen hatten, wussten wir noch immer, was der andere dachte. Wir waren zwei und doch eins, und das würde sich nie wieder ändern.

Und dann war es soweit. Unser Flugzeug setzte zur Landung auf dem Indira Gandhi Airport an. Ich erinnerte mich an die Angst und die Unsicherheit, mit der ich einst hier hergekommen war. Wie glücklich war ich heute über diese Angst. Sie war schon damals ein Ausdruck der Sehnsucht und der inneren Gewissheit gewesen, dass es einen Zustand gab, der frei von Angst und allen anderen Leid verursachenden Emotionen war. Ohne die Angst hätte ich mich vielleicht niemals auf dieses Abenteuer eingelassen. Paradoxerweise war sie zu meinem stärksten Antrieb geworden, denn ich hatte sie unbedingt loswerden wollen. Damals war mir nicht klar gewesen, dass sich die Angst erst dann auflösen konnte, wenn man erkannte, dass nichts in der Welt der Erscheinungen eine eigenständige Existenz hat. Erst die Einsicht in die Leerheit der Formen löste die Angst vor dem Tod und vor der Ohnmacht des Egos auf. Wo es kein eigenständiges Ich gab, gab es auch niemanden mehr, der Auslöschung und Auflösung fürchten konnte.

Daniel und ich schrieben gemeinsam unsere Erlebnisse nieder. Dabei war es, als erlebten wir sie ein zweites Mal. Vieles, das vorher keinen Sinn gemacht hatte, wurde plötzlich eindeutig und klar. Wir blickten noch ein Mal von fern und objektiv auf unser eigenes Leben, und oft saßen wir lachend über dem Manuskript, weil uns unsere eigene Verblendung aus heutiger Sicht lächerlich und einfältig vorkam. Doch auch uns selbst gegenüber empfanden wir vor allem eines: tiefstes Mitgefühl.

Ich löste das Büro am Connaught Place auf und arbeitete noch ein paar Monate weiter von meinem Appartment aus für das „Magazin", bis man in Berlin einen geeigneten Korrespondenten gefunden hatte, der bereit war, sich dem Abenteuer Indien zu stellen. Eines Tages holte ich Michael vom Flughafen ab. Eigentlich hatte mich nicht gewundert, dass ausgerechnet ihm die Aufgabe gestellt wurde, sich im Spiegel Indiens anzublicken. War er nicht wie ich gewesen war: unsicher, ängstlich, schwach und sehnsüchtig nach Liebe und Anerkennung? Ich umarmte ihn herzlich und ganz ohne die ablehnende Verachtung von früher. Michael sah mich verwirrt an, als verstünde er nicht, wie dieselbe Frau, die ihn immer so eiskalt abserviert hatte, heute so liebevoll begrüßen konnte.

Und dann sah ich es in seinen Augen: Eine Sekunde lang verlor er sich in mir. In diesem Augenblick sah er, was ich sah. Er sah die Einheit hinter der Getrenntheit, die Leere der Form und die Form der Leere. Michael sah in mir, was ich vor vielen Monaten in Baba gesehen hatte. Ich sah, dass für ihn die Zeit stillstand, dass ihn ein Gefühl des Glücks und des Friedens überwältigte und er zum ersten Mal zu sich selber fand. Nicht ich war der Auslöser für das tiefe Erkennen, das ich in seinen Augen las. Nein, in diesem Moment verstand ich, was Rentsin gemeint hatte, als er sagte, er sei nur das Werkzeug, dessen sich mein Geist auf dem Weg zur Erkenntnis bediene. Heute war ich das Werkzeug, das Michael brauchte, um sich der Wahrheit zu stellen. Er war bereit, sich selbst zu begegnen. Sonst hätte er auch heute nichts anderes in mir gesehen als zuvor.

Bald darauf reiste ich zurück nach Deutschland, um die Geschichte unseres Abenteuers in meiner Heimat zu veröffentlichen, während Daniel in Indien das Gleiche tat. Und nun stellt man mir nach jeder Lesung und in jedem Interview die gleiche Frage: „Und was ist aus Daniel und Ihnen geworden? Ist er zu seiner Frau zurückgekehrt?"

Jedes Mal lächle ich, denn diese Frage ist wie keine andere Ausdruck des dualen Erlebens und Strebens. Ist die Liebe zwischen Subjekt und Objekt ewig? Gibt es irgendetwas, das ihr im Weg stehen kann? Ist mein Wunsch, mein Begehren in Erfüllung gegangen? Nein, die Liebe zwischen Subjekt und Objekt ist nicht ewig, und ja, ihr können tausend Dinge im Weg stehen. Nur die Wahrheit ist ewig und ungeteilt. Sie liegt jenseits der Erfahrung und jenseits des Verstandes. Sie ist reine Erkenntnis, Einsicht in das Wesen des Lebens. Daniels und meine Geschichte ist nicht die Wirklichkeit selbst. Sie ist nur ein weiteres Symbol, das anderen den unverhüllten Blick auf den reinen Geist ermöglicht – ein Fenster, durch das sie in die tiefen Schichten ihres eigenen Geistes schauen können.

Ich liebe den Moment, in dem die Frage nach Daniels und meiner Beziehung unbeantwortet im Raum steht. Die Stille ist Ausdruck der Leere, die wenige Sekunden lang sichtbar und spürbar wird. Nicht wenige fürchten sie. Das ist der Moment, in dem jeder Einzelne sich selbst zur Frage werden kann: „Warum verspüre ich den dringenden Wunsch, dass Daniel sich von Malika getrennt hat, um mit Caroline zusammen zu sein?" Vielleicht ist diese Frage, dieses Vakuum zwischen den Worten, Bildern und Gedanken der einzige Anreiz für unsere Leser, selbst herauszufinden, was Daniel und ich gemeinsam erlebt haben und immer noch erleben, obwohl wir räumlich voneinander getrennt sind: zwei und doch eins, nichts und doch alles zu sein. Die Antwort lässt sich nur verstehen, wenn man selbst zu ihr geworden ist. Deshalb darf ich sie nicht geben, genau wie die Lamas meine Fragen nur selten direkt beantwortet haben. Meist antworte ich erst nach einer langen Pause mit einer Gegenfrage:

> *„Wo es eine Dualität gibt,*
> *da sieht eins das andere,*
> *da riecht eins das andere,*
> *da schmeckt eins das andere…*
> *Aber wo alles zum eigenen Selbst geworden ist,*
> *womit und wen würde man sehen?*
> *Womit und wen würde man riechen?*
> *Womit und wen würde man schmecken?"*
> *Und womit und wen würde man begehren?*

Quellen

(1) *James Hilton*, Der verlorene Horizont, *Fischer Taschenbuch Verlag,*
     Frankfurt a.M. 1991, Seite 2.

(2) *Gottfried de Purucker*, Fundamentals of Esoteric Philosophy,
     Theosophical University Press, Pasadena CA, 1979, Seite 289.

(3) *Victor und Victoria Trimondi*, Die Schatten des Dalai Lama,
     Patmos Verlag, Düsseldorf, 1999, Seite 794. ursprünglich aus: Bernard Faure,
     Sexualité Bouddhique, Aix-en-Provence, 1994, Seite 56.

(4) *Stephanie Faber*, Tibetisches Tagebuch, *Wilhelm Heyne Verlag,*
     München, 1996, Seite 206.

(5) *Osho*, Das Herz-Sutra. Osho spricht über Buddha, *Innenwelt Verlag,*
     Köln, 1994, Seiten 82, 158, 238.

(6) *ders. Seite 304.*

Leben als geistige Schulung

Eine junge Inderin begegnet
auf ihrer Suche nach Wahrheit
und Selbsterkenntnis der
tantrischen Meisterin Amma —
und findet sich wieder in einer
dramatischen Auseinander-
setzung zwischen Tradition,
Karma und der Liebe ihres
Lebens.

www.daniela.jodorf.de

Daniela Jodorf
Die Meisterschülerin
456 Seiten, Broschur
ISBN 978-3-89901-195-1

Auf der Suche
nach dem wahren Selbst

Die deutsche Ärztin Ellen Jansen
steckt tief in einer Lebenskrise,
als sie die Chance ergreift und
nach einem schweren Erdbeben
zu einem Hilfseinsatz nach
Pakistan reist.

Hier, fern von ihrem alten Leben
und alten Denkmustern, trifft sie
auf Menschen, die sie tief
beeindrucken und die ihr zeigen,
was Heilung wirklich braucht:

Liebe und Mitgefühl.

Daniela Jodorf
Ishama – Göttliche Geliebte
352 Seiten, Broschur
ISBN 978-3-89901-671-0